Hans-Bernd Brosius · Friederike Koschel · Alexander Haas

Methoden der empirischen Kommunikationsforschung

Studienbücher zur Kommunikations- und Medienwissenschaft

Herausgegeben von Günter Bentele, Hans-Bernd Brosius, Otfried Jarren

Herausgeber und Verlag streben mit der Reihe „Studienbücher zur Kommunikations- und Medienwissenschaft" an, das Fachgebiet Kommunikationswissenschaft als Ganzes wie die relevanten Teil- und Forschungsgebiete darzustellen. Die vielfältigen Forschungsergebnisse der noch jungen Disziplin Kommunikationswissenschaft werden systematisch präsentiert, in Lehrbüchern von kompetenten Autorinnen und Autoren vorgestellt sowie kritisch reflektiert. Das vorhandene Basiswissen der Disziplin soll damit einer größeren fachinteressierten Öffentlichkeit zugänglich gemacht werden.

Herausgeber und Verlag wollen mit der Reihe dreierlei erreichen:

- Zum ersten soll zur weiteren Entwicklung, Etablierung und Profilierung des Faches Kommunikationswissenschaft beigetragen werden.
  Kommunikationswissenschaft wird als sozialwissenschaftliche Disziplin verstanden, die sich – mit interdisziplinären Bezügen – vor allem mit Phänomenen der öffentlichen Kommunkation in der Gesellschaft befasst.
- Zum zweiten soll den Studierenden und allen am Fach Interessierten ein solider, zuverlässiger, kompakter und aktueller Überblick über die Teilgebiete des Faches geboten werden. Dies beinhaltet die Darstellung der zentralen Theorien, Ansätze, Methoden sowie der Kernbefunde aus der Forschung. Die Bände konzentrieren sich also auf das notwendige Kernwissen. Die Studienbücher sollen sowohl dem studienbegleitenden Lernen an Universitäten, Fachhochschulen und einschlägigen Akademien wie auch dem Selbststudium dienlich sein. Auf die didaktische Aufbereitung des Stoffes wird deshalb großer Wert gelegt.
- Zum dritten soll die Reihe zur nötigen Fachverständigung und zur Kanonisierung des Wissens innerhalb der Disziplin einen Beitrag leisten. Die vergleichsweise junge Disziplin Kommunikationswissenschaft soll mit der Reihe ein Forum zur innerfachlichen Debatte erhalten. Entsprechend offen für Themen und Autorinnen bzw. Autoren ist die Reihe konzipiert. Die Herausgeber erhoffen sich davon einen nachhaltigen Einfluss sowohl auf die Entwicklung der Kommunikationswissenschaft im deutschen Sprachraum als auch einen Beitrag zur Aussendarstellung des Faches im deutschen Sprachraum.

Die Reihe „Studienbücher zur Kommunikationswissenschaft" wird ergänzt um ein „Handbuch der Öffentlichen Kommunikation" sowie ein „Lexikon der Kommunikationswissenschaft", das von den gleichen Herausgebern betreut wird. Das Handbuch bietet einen kompakten, systematischen Überblick über das Fach, die Fachgeschichte, Theorien und Ansätze sowie über die kommunikationswissenschaftlichen Teildisziplinen und deren wesentliche Erkenntnisse. Das Lexikon der Kommunikationswissenschaft ist als Nachschlagewerk für das gesamte Lehr- und Forschungsgebiet der Kommunikationswissenschaft konzipiert.

Hans-Bernd Brosius · Friederike Koschel
Alexander Haas

Methoden der empirischen Kommunikations-forschung

Eine Einführung

5. Auflage

VS VERLAG FÜR SOZIALWISSENSCHAFTEN

Bibliografische Information der Deutschen Nationalbibliothek
Die Deutsche Nationalbibliothek verzeichnet diese Publikation in der Deutschen Nationalbibliografie; detaillierte bibliografische Daten sind im Internet über <http://dnb.d-nb.de> abrufbar.

1. Auflage Juli 2001 (erschienen im Westdeutschen Verlag, Wiesbaden)
2. überarb. Auflage Februar 2003 (erschienen im Westdeutschen Verlag, Wiesbaden)
3. Auflage Februar 2005
4. Auflage 2008
5. Auflage 2009

Lektorat: Barbara Emig-Roller

VS Verlag für Sozialwissenschaften ist Teil der Fachverlagsgruppe Springer Science+Business Media.
www.vs-verlag.de

Umschlaggestaltung: KünkelLopka Medienentwicklung, Heidelberg
Druck und buchbinderische Verarbeitung: Krips b.v., Meppel
Gedruckt auf säurefreiem und chlorfrei gebleichtem Papier
Printed in the Netherlands

ISBN 978-3-531-16504-2

Inhalt

Vorwort zur 4. Auflage

Die Neuauflage enthält neben etlichen Aktualisierungen und Verbesserungen zwei neue Kapitel, die der Methode der Beobachtung gewidmet sind. Beobachtungsstudien sind in der Kommunikationswissenschaft zwar nicht so weit verbreitet, haben sich jedoch in einigen Feldern wie der Journalismus- oder der Mediennutzungsforschung in den letzten Jahren etabliert und sollten daher auch Eingang in dieses Lehrbuch finden. Wir bedanken uns in ganz besonderer Weise bei Johannes Pfeuffer, der uns bei der Neugestaltung der Abbildungen für diese Auflage unterstützt hat. Für Hinweise, Kritik und Anregungen sind wir natürlich weiterhin dankbar.

Vorwort zur 3. Auflage

Gegenüber der zweiten Auflage ist die Einführung in die Methoden bis auf wenige Korrekturen gleich geblieben. Wenn das Erscheinungsbild dennoch ein so anderes ist, dann liegt das an dem neuen Layout des Verlags für Sozialwissenschaften (VS), der das Buch in Nachfolge des Westdeutschen Verlags betreut. Wir freuen uns, dass unser Lehrbuch mittlerweile eine gute Resonanz gefunden hat und hoffen, dass wir es weiter verbessern und auch erweitern werden können. Für Hinweise, Kritik und Anregungen sind wir daher weiterhin dankbar.

Vorwort zur 2. Auflage

Ein Lehrbuch in der ersten Auflage ist trotz aller sorgfältigen Bemühungen immer noch verbesserungsfähig. Erst im Einsatz in der Lehre machen sich noch vorhandenen Schwächen bemerkbar. Uns haben zahlreiche Kritikpunkte bzw. Verbesserungsvorschläge erreicht, für die wir uns herzlich bedanken und die wir weitgehend eingearbeitet haben. Beispiele wurden anders gewählt, Begrifferklärungen präzisiert und nicht zuletzt wurde die Euro-Umstellung bewerkstelligt. Es wurden des weiteren neuere Literaturangaben eingefügt, wobei wir hier einem Missverständnis vorbeugen wollen: Es geht uns – das sei nochmals betont – um eine verständliche Einführung für Anfänger, so dass wir keine ausufernden Literaturhinweise und ergänzende Fußnoten eingebaut haben. Die fortgeschrittene Wissenschaftlerpersönlichkeit wird daher vermutlich etliches vermissen. Dies haben wir jedoch bewusst so entschieden, um die Einführung übersichtlich und kompakt zu halten.

Wir bedanken uns in ganz besonderer Weise bei Alexander Haas, der uns bei der redaktionellen Arbeit an dieser Auflage unterstützt hat. Seine sorgfältige Redigierarbeit und seine kritischen Nachfragen haben das Manuskript insgesamt und in vielen kleinen Details verbessert.

Vorwort zur 1. Auflage

Dieses Lehrbuch ist in erster Linie für Studienanfänger gedacht und soll einen allgemeinen Überblick zum Thema „Methoden in der Kommunikationswissenschaft" bieten. Dabei kommt es uns weniger auf die vollständige und umfassende Darstellung dieser Methoden an. Ziel ist vielmehr die Vermittlung eines Grundverständnisses dafür, was es heißt, in der Kommunikationswissenschaft wissenschaftlich zu arbeiten. Denn erst mit diesem Grundverständnis ausgerüstet kann man verstehen, mit welchen Inhalten sich die empirische Kommunikationsforschung beschäftigt, warum sie bestimmte Fragestellungen wählt, wie Ergebnisse zustande kommen, und wie man wissenschaftliche Ergebnisse interpretieren muss. Anhand von zahlreichen Beispielen aus der aktuellen Forschungspraxis wird gezeigt, nach welchen Kriterien beispielsweise eine Befragung konzipiert und durchgeführt oder das Kategorienschema einer Inhaltsanalyse aufgestellt wird. Auch hier gilt: Nicht die Aneignung von Detailwissen, das womöglich auswendig gelernt wird, ist das Ziel, sondern die Entwicklung eines kritischen Verständnisses für den Umgang mit diesen Methoden.

Methoden lernt man durch Anwendung: Diese Einführung bietet sich deshalb auch als begleitende Lektüre zu etwaigen Praxisübungen wie „Befragung", „Inhaltsanalyse" und „Experiment" an, in denen die jeweilige Methode theoretisch vertieft und praktisch eingeübt wird. Unabhängig davon, ob Sie sich später mehr mit journalistischer Praxis oder der Kommunikationsforschung im engeren Sinn befassen: Die Kenntnis und kritische Reflexion von Methoden ist wichtig. Auch während des Studiums gehört die Beherrschung kommunikationswissenschaftlicher Methoden zu den ganz zentralen Ausbildungszielen.

Im Schwerpunkt befasst sich diese Einführung mit quantitativen Verfahren. Diese Verfahren werden nicht deshalb bevorzugt dargestellt, weil sie ‚richtiger' oder ‚besser' als andere wären, sondern aus pragmatischen und nutzerorientierten Erwägungen. Ein Großteil der kommunikationswissenschaftlichen Forschungsergebnisse basiert auf quantitativen Methoden.

Das Lehrbuch basiert auf einer einsemestrigen Vorlesungskonzeption, die sich bezüglich der Stoffauswahl und -fülle gut bewährt hat. Der Umstand, dass das Buch einer Vorlesung folgt, ist deshalb erwähnenswert, weil – wie dies in unserem Verständnis stets bei Vorlesungen der Fall ist – nicht nur inhaltliche und didaktische Erwägungen bei der Stoffauswahl eine Rolle spielen, sondern auch persönliche Vorlieben und Überzeugungen, was die optimale Vermittlung des Stoffes betrifft. In diesem Sinn wurde auch die sprachliche und gestalterische Umsetzung gewählt: So haben wir zum Beispiel wichtige Kernsätze optisch herausgehoben. Anders als in angefügten Glossaren bleibt der Stoff auf diese Weise im Zusammenhang erhalten. Weiterführende Literaturhinweise finden sich im Literaturverzeichnis am Ende des Buches und in den Fußnoten.

Wir wollen plakativ und anregend erzählen, Lust auf das Fach machen und eine Hilfestellung für einen vertieften Zugang zum Thema bieten. Methoden müssen nicht trocken und langweilig sein, mit ihnen kann man ein spannendes Feld – und das ist die Beschäftigung mit Kommunikation und Medien – erschließen. Folgen Sie mit Interesse und nicht aus purer (Schein)Pflicht.

1. Kapitel

Was sind Methoden, was ist Empirie?

Die Physik beschäftigt sich mit der Natur, die Medizin im weitesten Sinn mit dem Körper des (kranken) Menschen; die Kommunikationswissenschaft befasst sich mit der gesellschaftlichen oder öffentlichen (Massen-)Kommunikation. Trotz ganz unterschiedlicher Erkenntnisinteressen besteht jede Wissenschaft im Prinzip aus zwei Bereichen: Den Theorien und den adäquaten Methoden, mit denen gesicherte und nachweisbare Erkenntnisse erzielt werden. Der theoretische Bezugsrahmen einer Wissenschaft umfasst die Hypothesen und Aussagensysteme über den jeweiligen Gegenstandsbereich. Mit Hilfe der Methoden versuchen Wissenschaftler, ihre theoretischen Befunde und die theoretischen Überlegungen zu begründen und zu überprüfen. Und auch für diesen Bereich gilt: Jede Wissenschaft hat ihre Methoden, wie sie ihre Gegenstände untersucht und die Ergebnisse absichert.

Ein Beispiel soll dies verdeutlichen: Die Kommunikationswissenschaft beschäftigt sich immer wieder mit der Frage, ob Gewaltdarstellungen im Fernsehen einen negativen Einfluss auf die Rezipienten, also die Zuschauer, haben. Mit den Methoden der Medizin käme man bei der Erforschung dieser Fragestellung nicht sehr weit: Es hätte keinen Sinn, an das Fernsehen ein Hörgerät anzuschließen und zu messen, was das Fernsehen für Geräusche von sich gibt. Es hätte auch keinen Sinn zu versuchen, den Kaliumspiegel des Fernsehers zu bestimmen, und es wäre ebenfalls wenig zielführend, den Kaliumspiegel der Rezipienten zu erheben, weil die Wirkung von Gewaltdarstellungen im Fernsehen vermutlich nicht in einer Veränderung des Kaliumspiegels liegt. Um zu überprüfen, ob Rezipienten nach einem gewalthaltigen Film aggressiv werden, *befragen* Kommunikationswissenschaftler ihre „Patienten“, sie *beobachten* deren Verhalten während oder nach der Rezeption, untersuchen sie im Rahmen eines sozialwissenschaftlichen *Experiments* und erheben Inhalte von Medien mit einer *Inhaltsanalyse.*

Es ist offensichtlich, dass jede Wissenschaft ihr eigenes Inventar von Methoden hat. Dieses Inventar ist notwendig, um in dieser Wissenschaft zu arbeiten. Ohne die Kenntnis der fachspezifischen Methoden kann man die erzielten Ergebnisse weder verstehen noch selbst in einer solchen Wissenschaft forschen. Man muss also diese Verfahren genauso beherrschen lernen wie eine Fremdsprache.

Wissenschaft, also auch die Kommunikationswissenschaft, findet nicht im Elfenbeinturm statt, sondern ist öffentlich. Untersuchungsergebnisse werden in Fachzeitschriften[1] publiziert, auf Tagungen[2] vorgetragen oder in (Lehr-)Büchern aufge-

---

1 Die beiden wichtigsten deutschen Fachzeitschriften für Kommunikationswissenschaftler sind die vierteljährlich erscheinenden *Publizistik* und *Medien und Kommunikationswissenschaft.*

schrieben. Da leuchtet es unmittelbar ein, dass man eine gemeinsame Sprache, gewissermaßen ein Gerüst braucht, um über wissenschaftliche Erkenntnisse zu diskutieren und sie nachvollziehen zu können.

1.1 Empirische versus nicht-empirische Methoden

Welche sind nun die Methoden der Kommunikationswissenschaft, und wie unterscheiden sie sich von anderen Wissenschaftstraditionen? Zunächst einmal ist die Kommunikationswissenschaft im Unterschied zur Theologie oder der Mathematik, die sich nicht-empirischer Methoden bedienen, eine empirische Wissenschaft, so wie andere Sozialwissenschaften auch. Ein Blick auf die Entwicklung des Faches zeigt, dass in der deutschen und in der für die Disziplin wichtigen amerikanischen Kommunikationswissenschaft heute der überwiegende Teil der Fragestellungen mittels empirischer Methoden beantwortet wird. Nicht-empirische Methoden finden sich relativ selten.[3] Es gibt wiederum andere Wissenschaftskulturen, in denen nicht-empirische Methoden zum Standardrepertoire gehören. Dazu zählen in erster Linie die Mathematik, Teile der Geisteswissenschaften oder die Philosophie.

Empirisch versus nicht-empirisch: Diese Unterscheidung ist zunächst das wichtigste Trennkriterium, um das Methodenrepertoire der Kommunikationswissenschaft zu verorten. Was sich leicht anhört, ist nicht so selbstverständlich, wenn man versucht, den Begriff „empirisch“ zu übersetzen. Man kann das vielleicht am besten mit dem Begriff „Erfahrung“, „Erfahrung sammeln“ tun.

- ***Empirisch vorzugehen heißt, Erfahrungen über die Realität zu sammeln, zu systematisieren und diese Systematik auf den Gegenstandsbereich der Kommunikationswissenschaft anzuwenden. Dabei wird das Vorgehen so dokumentiert, dass es intersubjektiv nachvollziehbar ist und somit prinzipiell von Anderen wiederholt werden kann.***

Ein Beispiel für eine empirische Methode ist die Befragung. Wenn Wahlforscher bereits fünf Minuten nach Schließung der Wahllokale sagen können, dass eine Partei 42 Prozent der Stimmen bekommen hat, dann ist dies das Ergebnis der Datenerhebung mit Hilfe einer empirischen Methode: In diesem Fall sind es viele Angaben von Wählern, die in „exit polls“ systematisch gesammelt und ausgewertet werden. Empirisch ist auch, wenn man mit Hilfe einer Inhaltsanalyse die Themenstruktur der Tageszeitungen in den siebziger Jahren ermittelt. Hier sammelt man zwar keine aktuellen Erfahrungen, sondern bewegt sich in der (zeitgeschichtlichen) Vergangenheit, man wird aber auch in diesem Fall systematisch vorgehen.

---

2 Die deutschen Kommunikationswissenschaftler sind im wesentlichen in der *Deutschen Gesellschaft für Publizistik und Kommunikationswissenschaft* (DGPuK) organisiert und treffen sich einmal jährlich zum Austausch neuester Erkenntnisse aus dem Fach.

3 Einen detaillierten Einstieg in die Darstellung und Anwendung verstehender Methoden in der Kommunikationswissenschaft bietet Wagner (1999).

Zentrale Charakteristika empirischen Vorgehens sind somit (1) die Sammlung von Erfahrung, (2) die dabei verwendete Systematik und (3) die intersubjektive Nachvollziehbarkeit. Häufig sind empirische Methoden auch quantitativ, d.h. es werden viele Erfahrungen gesammelt. Eine nicht-empirische Methode zu beschreiben ist nicht ganz so leicht, weil häufig einzelne der drei o.g. Merkmale auch vorliegen, aber nicht alle. Ein Beispiel für eine nicht-empirische Methode ist eine hermeneutische Gedichtinterpretation. Hier sammelt der Forscher auf der Grundlage der bereits vorliegenden Literatur und seines Vorverständnisses Informationen und verdichtet diese in seiner Interpretation. Er mag dabei auch Erfahrungen aus der Realität sammeln, tut dies aber nicht in systematisch-nachvollziehbarer Weise. Ein anderer Wissenschaftler (mit einem evtl. abweichenden Verständnisses der Literatur) kann somit zu anderen Interpretationen kommen, worüber man wiederum diskutieren kann. Häufig beziehen sich nicht-empirische Methoden auch mit einem singulären Gegenstand, einem einzelnen Gedicht, das über oder neben der sozialen Realität steht – heute genauso wie in fünfzig Jahren. Dieses wird vor dem Hintergrund des sozialen Umfeldes des Autors interpretiert. Dabei greift dieser unter Umständen auf eigene Eindrücke und Erfahrungen, Erkenntnisse aus Nachbarwissenschaften und ähnliches zurück. Auch diese Vorgehensweise ist wissenschaftlich, aber eben nicht empirisch.

- ***Nicht-empirisch vorzugehen heißt, einen singulären Sachverhalt aufgrund eigener Erfahrung und des theoretischen, allgemeinen Wissens einer Wissenschaft zu verstehen und systematisch einzuordnen.***

Die Unterscheidung zwischen empirisch und nicht-empirisch ist nicht immer einfach, es gibt durchaus systematische Vorgehensweisen, in denen die subjektive Nachvollziehbarkeit nicht voll gewährleistet ist. Vor allem der Begriff der „Erfahrung" ist hier schwierig. Menschen machen prinzipiell dauernd eigene Erfahrungen, ohne dass dies gleich ein wissenschaftlich-empirisches Vorgehen wäre. Ohne die Systematik und die Nachvollziehbarkeit sind Erfahrungen eben Erfahrungen, aber keine Grundlage für empirisches Forschen.

1.2 Quantitative versus qualitative empirische Methoden

Die empirischen Methoden kann man weiter in quantitative und qualitative Verfahren unterteilen.

- ***Quantitative Verfahren sind solche, in denen empirische Beobachtungen über wenige, ausgesuchte Merkmale systematisch mit Zahlenwerten belegt und auf einer zahlenmäßig breiten Basis gesammelt werden.***

Die Befragung von 2000 Wahlberechtigten mit dem Ergebnis, dass 42 Prozent eine bestimmte Partei gewählt haben, ist demnach eine quantitative empirische Methode. Kennzeichnend für dieses Verfahren ist schon auf den ersten Blick die *Reduktion von komplexen Zusammenhängen auf wenige Aussagen*, die zumeist in Zahlen, Prozent- und Mittelwerten auszudrücken sind.

- ***Qualitative Verfahren beschreiben ein komplexes Phänomen in seiner ganzen Breite.***

Bleibt man beim gleichen Gegenstand, einer Befragung von Wahlberechtigten, so würde eine qualitative Befragung nicht mit 2000, sondern vielleicht mit 20 Bürgern durchgeführt. Man wäre nicht an einfachen Prozentaussagen interessiert, sondern an individuellen, subjektiven und detaillierten Begründungen, warum und wie einzelne Menschen gewählt haben. Qualitative Methoden dienen dazu, Meinungen und Einstellungen dieser 20 Personen zum Thema Wahlen in ihrer ganzen Komplexität abzubilden. Beide Methoden können sich allerdings ergänzen: Direkt nach der Wahl interessiert sich die Öffentlichkeit natürlich zunächst für die Prozentzahlen, für den Ausgang der Wahl. Später können aber komplexe, in die Tiefe gehende Befunde zu Gründen und Ursachen der Wahlentscheidung hilfreich sein. Die Stärke der einen ist die Schwäche der anderen Methode: Während quantitative Methoden (nur) reduzierte Aussagen über eine große Population erlauben, lassen qualitative Verfahren sehr detaillierte Aussagen über (nur) wenige Menschen zu. Quantitative Ansätze liefern die Breite, qualitative die Tiefe.

Empirisch versus nicht-empirisch – quantitativ versus qualitativ: Wissenschaftliche Methoden sind nicht von vorne herein ‚richtig' oder ‚falsch'. Alle bisher beschriebenen Verfahren werden angewendet, um wissenschaftliche Fragestellungen zu beantworten. Aber nicht jedes Verfahren ist für jede Fragestellung gleich gut geeignet. Ob man sich eines quantitativen oder qualitativen Verfahrens bedient; ob man empirisch oder eher mit den „verstehenden Methoden" eine Frage zu beantworten sucht, hängt davon ab, ob die gewählte Methode auf das wissenschaftliche Problem „passt". Die eingangs erwähnten Beispiele haben das schon angedeutet. Nicht zuletzt entscheiden in der täglichen Arbeit aber auch Zeit und Budget über die wissenschaftlichen Verfahren, die gewählt werden (müssen).

In der Kommunikationswissenschaft, aber auch in den Sozialwissenschaften ganz allgemein, verwendet man häufig qualitative Methoden, wenn ein Gegenstandsbereich bislang relativ wenig erforscht ist. In diesem Fall wird man versuchen, detaillierte Gespräche mit Experten auf diesem Gebiet zu führen – eine groß angelegte Befragung der Bevölkerung wäre sinnlos, weil man noch nicht genau weiß, wonach man eigentlich fragen muss. Wenn man dagegen viel über einen Gegenstandsbereich weiß, haben quantitative Methoden den Vorteil, dass Aussagen über die gesamte Bevölkerung dieses Wissen statistisch absichern und dem Wissen hinzugefügt werden können.

Abbildung 1: Überblick über die Methoden der Kommunikationswissenschaft

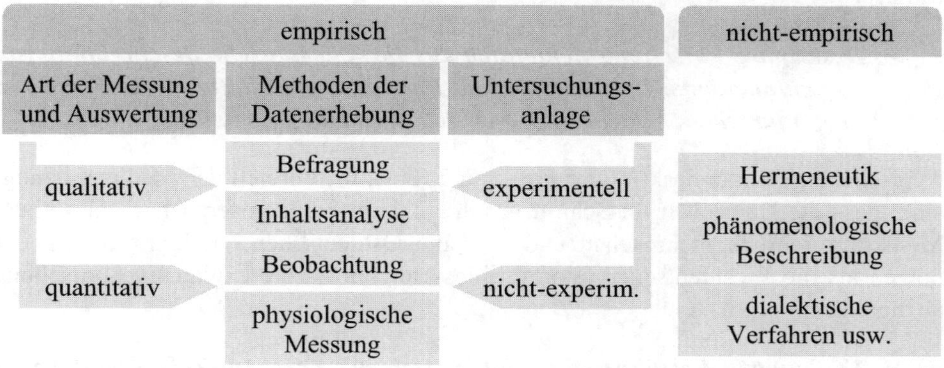

Nach der Entscheidung, ob man empirisch oder nicht-empirisch vorgehen will, muss in Abhängigkeit von der zentralen Fragestellung einer Untersuchung auf drei Ebenen entschieden werden: Welche Methode ist angemessen? Muss die Messung quantitativ oder qualitativ sein? Muss die Fragestellung in ein experimentelles Design überführt werden oder nicht?

1.3 Befragung, Inhaltsanalyse, Beobachtung und Experiment

Innerhalb der empirischen Verfahren unterscheidet man zwischen Methoden der *Untersuchungsanlage* und Methoden der *Datenerhebung*. Die Untersuchungsanlage bzw. das Untersuchungsdesign kann experimentell oder nicht-experimentell sein. Mit einem *Experiment* ist ein spezielles Untersuchungsdesign gemeint, das es ermöglicht, Ursache-Wirkungs-Beziehungen zu identifizieren (Details hierzu in den Kapiteln 13-15 „Experiment“). Die Datenerhebung kann mittels einer Befragung, einer Inhaltsanalyse, durch eine Beobachtung von Personen oder durch psychophysiologische Verfahren erfolgen. Mit der Methode der Befragung erhebt man vorwiegend Einstellungen und Meinungen in der Bevölkerung; mit der Inhaltsanalyse werden Medieninhalte systematisch beschrieben; die Beobachtung erfasst das tatsächliche Verhalten von Menschen. Das Gros der Datenerhebungen in empirischen Untersuchungen erfolgt in der Kommunikationswissenschaft mittels Befragung und/oder Inhaltsanalyse; Beobachtungen und physiologische Messungen sind seltener. Alle Methoden der Datenerhebung können nun im Rahmen experimenteller oder nicht-experimenteller Untersuchungsdesigns angewandt werden. Der Gesamtraum der zur Verfügung stehenden Methoden setzt sich demnach wie in Abbildung 1 dargestellt zusammen.

1.4 Deskriptive und explanative Forschung

Deskription und Explanation, Beschreiben und Erklären, sind die Ziele empirischer Forschung. Bei der deskriptiven Forschung interessiert die systematische Beschreibung bestimmter Phänomene wie etwa die konkrete Mediennutzung in der Bevölkerung.

> ***Deskriptive Forschung richtet sich auf die systematische Beschreibung von kommunikationswissenschaftlichen Phänomenen, häufig in der Form von Prozentanteilen, Mittelwerten oder relativen Häufigkeiten.***

Typische Ergebnisse deskriptiver Forschung (etwa im Bereich der Mediennutzung) sind, dass die Deutschen im Schnitt gut dreieinhalb Stunden fernsehen, dass ältere Menschen deutlich mehr sehen und dass die Ostdeutschen häufiger Privatsender nutzen als die Westdeutschen. Von der deskriptiven ist die explanative Forschung abzugrenzen.

> ***Explanative Forschung beschäftigt sich mit dem Aufdecken von Wenn-Dann-Beziehungen zwischen zwei oder mehr Sachverhalten.***

Dabei geht es in der Regel darum, Zusammenhänge oder Kovariationen zwischen Phänomenen zu suchen. „Wenn Menschen viele gewalthaltige Filme anschauen, dann sind sie auch gewaltbereiter", ist ein Beispiel für eine Fragestellung bzw. ein Ergebnis der explanativen Forschung. Interessanter im Sinne eines Zugewinns von Erkenntnis über die soziale Realität ist natürlich die explanative Forschung. Durch sie lassen sich Zusammenhänge, Folgen und Ursachen für Phänomene finden.

Bei der Suche nach Kovariationen macht die Wissenschaft das, was wir im Alltag ständig tun. „Trau' keinem über 30" ist nichts anderes als der Ausdruck einer Kovariation von körperlichen Merkmalen und Charaktereigenschaften. Wissenschaftlich ausgedrückt: „Wenn das Lebensalter einer Person 30 überschreitet, ist diese Person nicht mehr vertrauenswürdig." Die Identifikation solcher Kovariationsprinzipien gehört zu unserem alltäglichen Leben und erleichtert es, uns im Alltag zurechtzufinden. Man erfasst und klassifiziert Situationen auf diese Weise relativ schnell und erhält Verhaltenssicherheit, weil man aufgrund seiner Erfahrung oder auch nur aufgrund eines Vorurteils ‚weiß', in welcher Situation man sich befindet und was man tun muss: „Wenn schon viele Leute an der Haltestelle stehen, kommt die Trambahn wahrscheinlich bald." Wissenschaftliche Kovariationen sehen prinzipiell genau so aus. Sie sind allerdings systematisch formuliert und gehen über rein subjektive Erfahrungen hinaus. Das heißt, sie formulieren Wenn-Dann-Beziehungen, die unabhängig vom Beobachter oder Forscher in einem systematischen, gesetzmäßigen Zusammenhang existieren. Die Alltagsweisheit „Trau' keinem über 30" mag das Verhalten eines 20jährigen leiten, als wissenschaftliche Erkenntnis wird sie jedoch wenig fruchtbar sein.

1.5 Zur Relevanz empirischer Kommunikationsforschung

1.5.1 Aufgabenstellung der Wissenschaft

An diesem Punkt der Erläuterung erscheint es angebracht, eine prinzipielle Frage zu stellen: Warum treibt man eigentlich Wissenschaft? Wer hat ein Interesse an sozialwissenschaftlicher Erkenntnis? Zu welchem Zweck wird Kommunikationsforschung überhaupt betrieben?

Die Wissenschaft ist nach unserem Verständnis ein Teil der Gesellschaft und hat eine dienende Funktion: Sie soll v.a. zur Lösung von Problemen, die diese Gesellschaft hat, beitragen. Wissenschaft kann deshalb nie Selbstzweck sein; das geflügelte Wort vom Elfenbeinturm mit verschrobenen Professoren weist allenfalls auf Fehler im System, nicht jedoch auf einen Fehler per se hin. Die immer wiederkehrenden Diskussionen um eine größere Effektivität der universitären Ausbildung, die Finanzierbarkeit angewandter Forschung und der internationale Wettbewerb um technologischen Fortschritt zeigen, wie eng die wissenschaftliche Forschung mit ‚der' Gesellschaft verknüpft ist. Natürlich gibt es hinsichtlich des Verhältnisses zwischen Gesellschaft und den Wissenschaften eine Reihe von Streitpunkten, die nach der Relevanz des wissenschaftlichen Forschens fragen.

- *Löst es tatsächlich gesellschaftliche Probleme, wenn wir wissen, wie man ein Neutron aus einem Atomkern abspaltet oder werden dadurch erst welche geschaffen?*
- *Warum ist es wichtig, die Motive für Mediennutzung zu kennen?*
- *Wer beauftragt die Wissenschaft, wer verantwortet die Resultate wissenschaftlichen Forschens, wer verwertet wissenschaftliche Erkenntnisse?*

Ein gesellschaftliches Problem, mit dem sich die Kommunikationswissenschaft seit längerem auseinandersetzt, ist die zunehmende Jugendgewalt und die immer wiederkehrende Vermutung, dass der Medienkonsum dabei eine Rolle spielt. Verschiedene, mehr oder weniger einflussreiche Gruppen diskutieren dieses Problem via Massenmedien, und es gibt annähernd so viele Meinungen wie Diskutanten zu dem Thema: Zum Beispiel werden Kulturvergleiche mit Amerika gezogen; die Debatte wird sich über den Streit erhitzen, ob die Nachrichten nicht auch gewalthaltig sind, ob Sexismus auch Gewalt ist oder ob man nicht auf die Debatte ganz verzichten sollte, weil Gewalt doch sowieso Ausdruck unserer Gesellschaft ist. Wenn jeder einfach nur seine Meinung sagt, wird man ein bestimmtes Problem auf rational vernünftige Weise nicht lösen können. Problemlösungen, also Entscheidungen, brauchen eine verlässliche Grundlage. Und hier kommt die (Kommunikations-) Wissenschaft ins Spiel, die entweder von Interessierten (z.B. Landesmedienanstalten) beauftragt oder von sich aus tätig wird.

Was die empirische Kommunikationsforschung nun von Lobbyisten, Parteistrategen oder Journalisten unterscheidet, ist zunächst einmal die *Herstellung* dieser verlässlichen Grundlage, nämlich die systematische Erhebung von Daten zu dem gesellschaftlichen Problem (vgl. dazu Punkt 1.6) und deren Auswertung, die auf einer anerkannten und nachvollziehbaren Methode beruht. Um die Frage nach dem Zusammenhang zwischen Mediengewalt und der Aggressivität Jugendlicher zu beantworten, werden dann beispielsweise Befragungen von Jugendlichen, Erziehern, Eltern oder Lehrern durchgeführt oder es werden Filme in bezug auf ihre Gewalthaltigkeit analysiert: Die Möglichkeiten der Datenerhebung und -auswertung sind beinahe unbegrenzt. Eine wissenschaftliche Ergebnisdarstellung der zuvor erhobenen Daten über ein soziales Phänomen beruht deshalb nicht auf der subjektiven Einschätzung eines Einzelnen, sondern auf der Grundlage dieser Daten.

1.5.2 Wissenschaftliches Vorgehen: methodisch und systematisch

Wissenschaftler nehmen also Phänomene der gesellschaftlichen Realität nicht unmittelbar und unreflektiert wahr, wie dies zuweilen der sogenannte Alltagsverstand tut. Nicht subjektive Meinung, sondern die Distanz zum Untersuchungsgegenstand zeichnet das Vorgehen aus. Das Ergebnis der Forschung ist unabhängig von demjenigen, der sie durchgeführt hat. Wissenschaftliche Erkenntnis über das Phänomen Jugendgewalt zu erlangen, würde beispielsweise für empirische Kommunikationsforscher hinsichtlich ihrer Vorgehensweise bedeuten, dass sie

- *ihren Untersuchungsgegenstand definieren,*
- *Befragte nach feststehenden Stichprobenverfahren systematisch auswählen und sich nicht mit „irgendwem" unterhalten,*
- *das Erhebungsinstrument, also den Fragebogen, so entwickeln, dass er für den Untersuchungsgegenstand und die Befragten angemessen ist,*
- *die Fragen an jeden Befragten gleich und in der gleichen Reihenfolge stellen,*
- *die Daten mit nachvollziehbaren statistischen Verfahren auswerten und offen legen.*

Ziel ist es also, über subjektive Erfahrungen hinaus systematisch und intersubjektiv nachprüfbar Erkenntnisse über den Gegenstand zu erlangen.

> ***Die systematische und intersubjektiv nachvollziehbare Datenerhebung ist die Grundlage, Prognosen zu formulieren und Erkenntnisse mit quantifizierbaren Größen zu belegen.***[4]

4 Beispiele, in denen zwar empirische Methoden zum Einsatz kommen, ihre Systematik und Nachvollziehbarkeit für andere jedoch vernachlässigt wird, finden sich relativ oft, insbesondere wenn man an Darstellungen zu aktuellen Umfrageergebnissen, etwa zum Wahlverhalten, denkt. Betrachtet man Grafiken in Tageszeitungen oder Wochenzeitschriften, so fällt auf, dass häufig die konkrete Fragestellung fehlt, mit der das dargestellte Ergebnis erhoben wurde, welche Antwortvorgaben zugelassen waren und wie die Daten später genau ausgezählt wurden. Es versteht sich natürlich, dass nicht immer – zumal in einer Publikation, die für eine breite Öffentlichkeit gedacht ist – jeder einzelne Schritt

Eine systematische Datenerhebung ist die unabdingbare Basis für die Nachvollziehbarkeit der Ergebnisse und entsprechender Prognosen. Angenommen, man findet heraus, dass Jugendliche, die viel fernsehen, eher zu Aggressivität neigen. Offenlegung von Daten würde dann bedeuten, dass man zum Beispiel in einem Forschungsbericht erklären müsste, nach welchen Gesichtspunkten der Untersuchungsgegenstand ausgewählt, warum eine Befragung und nicht etwa ein Experiment durchgeführt wurde, warum bestimmte Berechnungsarten gewählt wurden, kurz: Alle Schritte, die zu wissenschaftlicher Erkenntnis geführt haben, müssen offen gelegt werden.

➢ ***Methodisch zu arbeiten heißt, nach einem auf allgemein anerkannten Regeln aufbauenden Verfahren planvoll vorzugehen, um zu wissenschaftlichen Erkenntnissen zu gelangen. Die Befolgung einer Methode ist zugleich die Befolgung eines bestimmten Regelkanons.***

Nur wenn subjektive Meinung und die Erhebung und Analyse der Daten streng voneinander getrennt sind, wird es möglich, diese Ergebnisse auf einem quasi-objektiven Niveau zu beurteilen und mit anderen Untersuchungen zu vergleichen. Dies wird insbesondere durch *die Offenlegung der methodischen Vorgehensweise* erreicht. Sie macht ein kommunikationswissenschaftliches Ergebnis – zum Beispiel zum Thema Jugendgewalt – noch nicht objektiv im Sinn einer mathematischen Formel. Wohl aber ist der Weg zum Ergebnis soweit durchschaubar, dass die interessierte (Fach-)Öffentlichkeit eine rationale Grundlage für die weitere Diskussion vorfindet. Man spricht hier von *intersubjektiver Nachvollziehbarkeit* (vgl. hierzu Kapitel 1.8).

1.5.3 Alles eine Frage der Wahrscheinlichkeit

Die Sozialwissenschaften unterscheiden sich in der Generierung ihrer Aussagen von den Naturwissenschaften. Die Naturwissenschaft postuliert in der Regel *nomothetische* Gesetzmäßigkeiten, sie stellt also Gesetze auf, die immer zutreffen. Ein Stein wird überall auf der Erde zu Boden fallen, vor 500 Jahren genauso wie heute. Die Beziehung zwischen dem Gewicht des Steines und der Erdanziehungskraft ist eine Gesetzmäßigkeit, die für alle Objekte zu allen Zeiten universell gilt. In den Sozialwissenschaften, auch der Kommunikationswissenschaft, sind nomothetische Aussagen oder nomothetische Zusammenhänge nicht denkbar, vielmehr spricht man von *probabilistischen* Aussagen.

➢ ***Aussagen der empirischen Kommunikationswissenschaft sind probabilistisch.***

---

des methodischen Vorgehens geschildert werden kann. Aber dieser Hinweis soll dafür sensibilisieren, Daten und Zahlen, die ja per se etwas Objektives an sich haben, auch zu hinterfragen.

Es existiert keine Gesetzmäßigkeit, dass Fernsehgewalt auf alle Menschen gleich wirkt, sondern es finden sich immer nur bestimmte *Wahrscheinlichkeiten,* unter denen unsere Wenn-Dann-Beziehungen gelten: Wenn Rezipienten relativ viel gewalthaltige Medieninhalte nutzen, ist die Chance, dass sie danach selbst aggressiver sind, vielleicht größer als bei solchen Rezipienten, die wenig Gewalt sehen. Probabilistische Aussagen sind mit einer großen Variationsbreite behaftet: Es mag Menschen geben, die von Gewaltdarstellungen im Fernsehen überhaupt nicht beeinflusst werden, und es mag jene geben, die im Sinne einer Nachahmung aggressiv reagieren. Wenn man in den Sozialwissenschaften mit Wahrscheinlichkeiten operiert, gibt es selbstverständlich auch die Wahrscheinlichkeit, sich zu irren: Diese *Irrtumswahrscheinlichkeit* geht letztendlich auf den Untersuchungsgegenstand, mit dem man sich vorwiegend beschäftigt, zurück: den Menschen. Menschen sind komplex organisiert, zumindest wenn man sie mit Gegenständen der unbelebten Materie vergleicht, mit der sich andere Wissenschaften beschäftigen. Jede Form von Sozialwissenschaft hat demnach eine unscharfe Relation eingebaut, die in der Natur der dynamischen, sich stets entwickelnden Sache selbst liegt. Theorien über soziale oder psychologische Phänomene sind notwendigerweise einem Wandel unterworfen, während der absolute Nullpunkt in der Physik immer der absolute Nullpunkt bleibt. In sozialwissenschaftlichen Theorien, die gewissermaßen mit ihren Untersuchungsgegenständen wachsen, perpetuiert sich die Unvollständigkeit des sozialwissenschaftlichen Gegenstandes. Ziel bleibt natürlich die Annäherung an nomothetische Aussagen, also starke Zusammenhänge zu finden, die mit *großer* Wahrscheinlichkeit zutreffen.

Eine Chance, dem Ziel näher zu kommen, eröffnet die empirische Vorgehensweise selbst. Man versucht das Problem probabilistischer Zusammenhänge dadurch zu lösen, dass man Bedingungen einführt, die diese Zusammenhänge weiter auffächern. So wäre etwa denkbar, dass Jugendgewalt und Medienkonsum nur bei bestimmten Gruppen von Jugendlichen auftreten, nur in einem bestimmten Alter, nur bei bestimmten Medieninhalten, etc. Die allgemeine Aussage eines Zusammenhangs wird dadurch weiter differenziert, indem man auf Seiten der Rezipienten und auf Seiten der Medieninhalte qualifizierende Bedingungen findet, unter denen der postulierte Zusammenhang zutrifft, so dass in diesem eingeschränkten Gültigkeitsbereich die Wahrscheinlichkeit des Zusammenhangs steigt und wir damit nomothetischen Aussagen nahe kommen. Das wird nie vollständig funktionieren. Die *Eingrenzung des Gültigkeitsbereiches* einer Aussage ist allerdings nur so lange sinnvoll, wie diese Aussage ein gesellschaftliches Phänomen noch widerspiegelt und auf ‚die Gesellschaft' in irgendeiner Form übertragbar ist. Diese Differenzierung von Aussagen bringt aber letztlich Erkenntnisgewinn.

Die probabilistische Natur kommunikationswissenschaftlicher Aussagen liegt an der komplexen Natur des Menschen. Verschiedene Menschen reagieren in der gleichen Situation völlig unterschiedlich, ja selbst der gleiche Mensch wird je nach Stimmung oder Vorerfahrung auf die gleiche Situation anders reagieren. Allein schon die Tatsache, dass Menschen wissen, dass sie untersucht werden, verändert ihr Verhalten. Befragte in Interviews geben beispielsweise häufig Antworten, von denen sie denken, dass der Interviewer sie hören will. Steine, Moleküle, Atomkerne als Untersuchungsobjekte dagegen werden sich immer gleich verhalten.

Die Natur probabilistischer Aussagen ermöglicht auch, dass verschiedene Studien zu unterschiedlichen Ergebnissen kommen. Meist bleibt in diesen Fällen die Kritik aus der Gesellschaft nicht aus: „Nun gibt es doch schon 5.000 Studien zur Wirkung von Gewalt und sie wissen immer noch nicht, ob Gewalt schädlich ist oder nicht.“ So oder so ähnlich könnte eine populäre Klage über die „Verschwendung von Geldern“ lauten, besonders dann, wenn das Thema Jugendgewalt – aus welchem Grund auch immer – wieder einmal verstärkt in den Medien auftaucht. Wer sich allerdings die Mühe macht und genauer hinsieht, wird feststellen, dass gerade wegen der großen Variationsbreite der qualifizierenden Bedingungen, unter denen Untersuchungsergebnisse interpretierbar sind, die 5.000 Studien vielleicht einen gemeinsamen Trend aufweisen, jedoch weit entfernt davon sind, einen gesetzmäßigen Zusammenhang zwischen Jugendgewalt und Medienkonsum beweisen zu können.

Abbildung 2: Einsatz empirischer Methoden zur Aufklärung gesellschaftlicher Probleme mittels sozialwissenschaftlicher Theorien

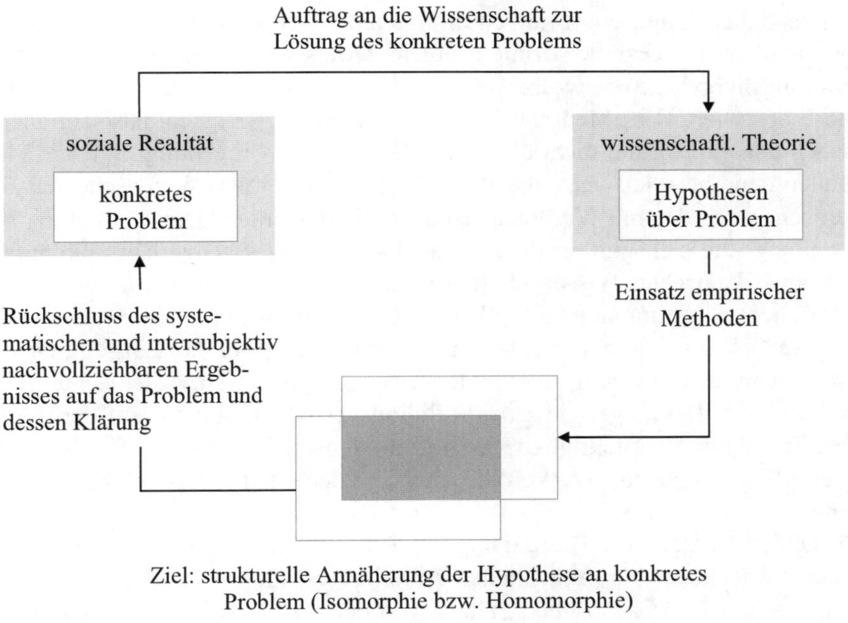

Mit dem Einsatz empirischer Methoden soll erreicht werden, dass die wissenschaftliche Theorie Probleme der Gesellschaft so genau wie möglich abbildet. Ein höherer Grad an Deckungsgleichheit bedeutet einen höheren Grad an Gültigkeit der Theorie. Dies erlaubt eine höhere Präzision beim Rückschluss von der abstrakten Theorie auf das konkrete Problem, das gelöst werden soll.

1.6 Zum Verhältnis von Theorie und sozialer Wirklichkeit

Gesellschaftliche Realität ist in ihrer gesamten Komplexität nicht wahrnehmbar. Nur wenn man sich auf bestimmte Aspekte konzentriert, wird sie erfassbar und damit auch wissenschaftlich bearbeitbar.

Abbildung 2 verdeutlicht den Prozess einer wissenschaftlichen Problemlösung. Am Anfang steht das konkrete, gesellschaftliche Phänomen, die soziale Realität, zum Beispiel der steigende Fernsehkonsum. Im gesellschaftlichen, noch vorwissenschaftlichen Diskurs, etwa in der Medienpolitik, entwickeln sich Vorstellungen und meist kontroverse Meinungen über dieses Phänomen. Unter Umständen wird es als gesellschaftliches Problem definiert, etwa in der allgemeinen Form: „Steigender Fernsehkonsum ist schädlich." In der Phase, in der ein soziales Phänomen als zu lösendes Problem empfunden wird, tritt die Wissenschaft als Teil der Gesellschaft auf den Plan. Sie überführt das Problem in eine wissenschaftliche Fragestellung und formuliert zu überprüfende Hypothesen. Anders ausgedrückt: Im Unterschied zum gesellschaftlichen Diskurs, der in der Regel Einzelfälle herausgreift, mit privaten Ansichten verquickt sowie politische und wirtschaftliche Opportunitäten je nach Standpunkt in die Argumentation einbaut, entwickelt die Wissenschaft in dieser ersten Phase unabhängig vom Einzelfall eine möglichst universelle, allgemeingültige Theorie über das spezielle soziale Problem. Dies sei am Beispiel der sogenannten Kultivierungshypothese nachvollzogen.[5]

Diese postuliert, dass Menschen, die viel fernsehen, ihre Realitätssicht aus dem Fernsehen entnehmen und nicht aus ihrer tatsächlichen Umgebung. Solche ‚Vielseher' halten dann beispielsweise die Welt für gefährlicher als ‚Wenigseher', weil sie im Fernsehen ständig mit Verbrechen konfrontiert werden. Die wissenschaftliche Fragestellung, die sich nun an diesen gesellschaftlichen Sachverhalt anknüpft und die von amerikanischen Wissenschaftlern erstmals untersucht wurde, war also, ob das Fernsehen in bestimmten Ausmaßen die Sozialisation ganzer Generationen übernimmt. Anders ausgedrückt: Lassen sich langfristig generelle Einstellungen und Verhaltensweisen, etwa zum eigenen Rollenverständnis, zum Geschlechterverhältnis, politische Auffassungen oder das Religionsverständnis (auch) auf den Einfluss von Medieninhalten zurückführen? Beziehen Menschen, die sich in hohem Maße dem Fernseher aussetzen, ihr Weltbild eher aus den Medien als solche, die wenig fernsehen?

Tatsächlich würde eine Bestätigung der Kultivierungshypothese bedeuten, dass sogenannte Vielseher den prozentualen Anteil derer, die mit Verbrechensbekämpfung zu tun haben, genauso überschätzen wie den Ärzteanteil in der Bevölkerung. Vielseher würden also eher das für die Realität halten, was das Fernsehen konstruiert; ihr Weltbild wäre in gewisser Weise verzerrt. Mit der Hypothese an sich gibt sich nun die Forschung nicht zufrieden. Sie möchte sie bestätigen. Ziel ist ja,

5 Der Protagonist der Kultivierungshypothese ist der amerikanische Kommunikationswissenschaftler George Gerbner. Eine neuere Zusammenfassung des Ansatzes findet sich bei Schenk (2002).

eine annähernde Deckungsgleichheit zwischen Realität und Theorie herzustellen. Auf Seiten der Wissenschaft, ganz im Sinne einer empirischen, systematischen Vorgehensweise, wird nun nach qualifizierenden Bedingungen gesucht, unter denen die Theorie einer Überprüfung standhalten könnte. Das bedeutet zunächst, dass nicht das komplexe soziale Phänomen „Kultivierung durch die Medien" auf einmal untersucht wird, sondern nur kleine Ausschnitte davon. Man entwickelt Arbeitshypothesen, sozusagen Unterhypothesen, die nach und nach einem Mosaik gleich eine komplexe Theorie untermauern. Mit der Arbeitshypothese beginnt die empirische Phase, in der man mit Hilfe verschiedener Methoden den vermuteten Zusammenhang überprüft.

> ***Die Formulierung von Arbeitshypothesen zerlegt ein komplexes Problem in konkrete, überprüfbare Untersuchungsschritte.***

Die These, dass Vielseher ihre Weltsicht aus den Medien übernehmen, lässt sich also nicht einfach dadurch beantworten, dass man einen Vielseher fragt: „Übernehmen Sie Ihre Weltsicht aus dem Fernsehen?" Einmal abgesehen von einem wenig ergiebigen Ergebnis (was weiß man schon, wenn Befragte mit „ja" oder „nein" antworten?), muss man sich der verschiedenen Schwierigkeiten bewusst sein. Zum einen können die Menschen meistens gar nicht sagen, woher sie ihre Meinung zu bestimmten Themen haben, zum anderen können die Befragten aber auch einfach falsche Antworten geben, weil sie entweder die Frage nicht verstehen oder der Meinung sind, dass sie sich ihre Einstellung zu bestimmten Themen ganz allein gebildet und sicher nicht aus dem Fernsehen übernommen haben. Will man also zur Klärung der Frage nach der Kultivierung durch die Medien beitragen, muss das komplexe Konstrukt „Weltsicht" sinnvoll reduziert und damit messbar gemacht werden. Es würden all jene Erfahrungen und Einstellungen wegfallen, die mit der Kultivierungshypothese vermutlich nichts zu tun haben. Man würde also nicht nach der Benutzung von Verkehrsmitteln oder einer Lieblingsspeise fragen. Auch die Schuhgröße einer Person interessiert in diesem Zusammenhang nicht.

> ***Die Reduktion der komplexen Persönlichkeit eines Menschen auf wenige relevante Merkmale erlaubt eine systematische und empirische Überprüfung der Arbeitshypothesen.***

Man wird immer nur einen Ausschnitt aus der sozialen Realität betrachten und nie die gesamte Realität. Man wird weiterhin versuchen, den oben postulierten Zusammenhang zu konkretisieren. In dem Zusammenhang „Vielseher übernehmen die Weltsicht aus dem Fernsehen" steckt zunächst der *Begriff Vielseher*. Vielseher sind aber so direkt auch nicht feststellbar. Was sollen Menschen auf die Frage „Sind Sie ein Vielseher?" antworten? Eine bessere Frage wäre wahrscheinlich: „Wie viel Stunden am Tag schauen Sie normalerweise fern?" Noch genauer wäre es vermutlich, das Fernsehverhalten sekundengenau zu messen, indem man in das Fernsehgerät ein Zusatzteil einbaut, welches genau misst, wann der Fernseher ein- bzw. ausgeschaltet ist und welche Sender jeweils angesehen werden (Telemetrie). Eine weitere, konkrete Frage wäre dann: „Was glauben Sie denn, wie viele Morde täglich in Deutschland geschehen?"

Die erhobenen Daten einer solchen Befragung würden Aufschluss darüber geben, ob Vielseher eine höhere Zahl nennen als Wenigseher. Eine Interpretation des Ergebnisses könnte lauten: „Die Überschätzung täglicher Gewalttaten ist ein Indikator (unter vielen) dafür, dass die Vielseher ihre Weltsicht eher aus dem Fernsehen übernehmen als die Wenigseher." Ein weiterer Indikator, der denselben Zusammenhang messen soll, wäre die Frage: „Wie groß, glauben Sie, ist die Chance, dass Sie überfallen werden, wenn Sie nachts um 12 Uhr durch eine leere Fußgängerzone gehen?" Auch in diesem Fall würde man vermuten, dass die Vielseher aufgrund der Tatsache, dass sie viel Gewalt und viele Verbrechen im Fernsehen sehen, häufiger oder mit der größeren Wahrscheinlichkeit sagen, „Ja, das kann sein, dass ich Opfer eines Verbrechens werde." Die Konkretisierung der Hypothese, bzw. die Überprüfung der aufgestellten Theorie erfolgt mit einer ganzen Reihe von Indikatoren, aufgrund derer in der Analyse resümierend festgestellt werden kann: „Ja, die Vielseher übernehmen ihr Weltbild in einem stärkeren Maße aus dem Fernsehen als die Wenigseher." Diese Aussage wäre zwar nur ein ganz kleiner Ausschnitt aus der sozialen Realität, aber immerhin: Man hat zu einem gewissen Grad eine Strukturgleichheit zwischen Theorie und Realität festgestellt.

1.7 Empirische Kommunikationsforschung als Prozess

Sowohl der wissenschaftliche Prozess als Erkenntnisprozess als auch jede einzelne Untersuchung gestalten sich häufig sehr viel komplizierter als in Abbildung 2 schematisch dargestellt. Das Prinzip ist allerdings immer ein ähnliches: Man entwickelt eine allgemeine Hypothese, eine Theorie, übersetzt diese in ein empirisches Vorgehen, in diesem Fall eine Befragung, entwickelt Indikatoren, die in eine angemessene Frage ‚gekleidet' werden, und leistet aus den Ergebnissen dieser Untersuchung einen Rückschluss auf die ursprüngliche Überlegung. Mit der Darstellung von Ergebnissen endet der wissenschaftliche Prozess nicht, im Gegenteil. An dieser Stelle lohnt es sich, noch einmal auf den Unterschied von Natur- und Sozialwissenschaft zurückzukommen: Die Sozialwissenschaft stellt keine nomothetischen, sondern probabilistische Theorien auf. Am Ende eines ‚Untersuchungszyklus' wird man vielleicht feststellen, dass der postulierte Zusammenhang: „Je mehr die Menschen fernsehen, desto stärker wird ihr Weltbild von Medieninhalten geprägt", nicht immer stimmt. Also wird man in der nächsten Studie untersuchen, unter welchen Bedingungen der Zusammenhang besonders stark ist. Das kann bei dem Vielseher-Beispiel dazu führen, dass der Zusammenhang differenzierter formuliert wird: „Vielseher aus unteren Bildungsschichten werden stärker von Medieninhalten geprägt als andere Bevölkerungsgruppen", oder: „Vielseher, die selten aus dem Haus gehen, sind ängstlicher als solche, die viele soziale Kontakte haben." Für die Medienseite könnte man ebenfalls differenzieren: „Diejenigen, die Soap Operas sehen, werden eher von Medieninhalten geprägt als solche, die stärker informationsorientiert fern schauen." Generelles Ziel bleibt es immer, eine größtmögliche Strukturähnlichkeit zwischen Theorie und Realität zu erzielen.

Soviel sollte bis hierher klar geworden sein: Ohne Theorie, ohne verallgemeinernde Gedanken über die Realität, ist jede empirische Methode sinnlos. Realität ist nur mit einer Theorie erkennbar. Der Vielseher geistert nicht irgendwo durch die Welt, er wird durch die Kultivierungstheorie erst konstruiert und damit erfassbar. Die Anwendung einer Methode kann nur dann zu neuer Erkenntnis führen, wenn ihr eine theoretische – vielleicht sogar philosophische – Auseinandersetzung mit ‚der Welt' vorausgegangen ist.

➢ ***Empirische Kommunikationsforschung baut auf den grundlegenden Theorien des Fachs auf und entwickelt sie zugleich weiter.***

Nur die theoretische Auseinandersetzung mit einem konkreten Phänomen ermöglicht es der Wissenschaft, Realität zu strukturieren und systematisch an die Aufarbeitung von gesellschaftlich relevanten Fragestellungen heran zu gehen.[6] Die theoretische Vorstellung über einen Sachverhalt zu Beginn des wissenschaftlichen Prozesses schränkt natürlich das ein, was als Ergebnis herauskommen kann. Dabei hat Forschung auch eine historische Dimension. Eine Untersuchung zur Kultivierungshypothese baut auf viele bereits durchgeführte Studien auf und kann von diesen die Indikatoren, vielleicht sogar Teile des Fragebogens übernehmen. Man wird sich diese Indikatoren und Faktoren betrachten (empirische Forschung ist ja intersubjektiv nachvollziehbar) und neue Fragestellungen, neue Untersuchungsansätze entwickeln. So bleibt die Wissenschaft lebendig und interessant.

1.8 Wissenschaftstheorie als Wissenschaftsprogramm

Jede Wissenschaft will möglichst wahre und objektive Aussagen treffen, die mit der Realität übereinstimmen, also über Sachverhalte reden, die unabhängig von der individuellen Betrachtungsweise eines Forschers existieren. Die erkenntnistheoretische Frage, die hinter allen wissenschaftlichen Aussagen steht, befasst sich mit dem generellen Problem von Objektivität und Wahrheit. Ist absolute Wahrheit möglich? Können wir überhaupt wahre Aussagen über die soziale Realität machen? Sind wis-

---

6 Diese Überlegungen sind insofern von Bedeutung, als sie den Streit zwischen „Empirikern" und „Theoretikern", quantitativen und qualitativen Forschern, andeuten, dem alle Studierenden im Verlauf der akademischen Ausbildung begegnen. Der immerwährende Vorwurf an die Empirie, sie sei theorielos und nur verliebt in ihre eigenen Daten, mit denen sie beliebig Ergebnisse aus dem Hut zaubert, befasst sich in der Regel nur mit der Phase der Datenerhebung und -auswertung, nicht jedoch mit dem gesamten Forschungsprozess, in dem immer – unabhängig davon, mit welcher wissenschaftlichen Methode gearbeitet wird – der theoretische Unterbau zur Lösung von Problemen durchdacht sein muss.

senschaftliche Forschungsergebnisse zur Mediennutzung von Menschen oder psychologischen Phänomenen objektiv und wahr?

Im ersten Kapitel wurde die Differenz zwischen Natur- und Sozialwissenschaft mit dem Unterschied zwischen nomothetischen und probabilistischen Aussagen erklärt – gesetzmäßig deterministische versus wahrscheinlichkeitsorientierte Aussagen. Bei der Frage nach Wahrheit und Objektivität der Wissenschaft, insbesondere der Kommunikationswissenschaft, taucht dieser Punkt zum zweiten Mal auf. Es wurde erläutert, dass mittels empirischer Forschung der Versuch unternommen wird, so nahe wie möglich an nomothetische Theorien, gesetzmäßige Aussagen, heranzukommen. Man kann auch sagen: Man versucht, der Wahrheit so nahe wie möglich zu kommen. Heißt dies nun, dass Forschungsergebnisse, wenn sie nicht objektiv und wahr sein können, deshalb subjektiv sind? Kommunikationswissenschaftliche Aussagen sind dem Begriff nach keine objektiven und wahren Aussagen. Dennoch repräsentieren sie keineswegs die willkürliche, subjektive Meinung eines Wissenschaftlers. Nicht die Erkenntnis über einen Sachverhalt ist wahr und objektiv, sondern der wissenschaftliche Forschungsprozess über ihn. So hat sich in der empirischen Sozialforschung ein Begriff etabliert, der außerhalb der Logik von Objektivität und Subjektivität steht: *Intersubjektive Nachvollziehbarkeit.*

- ***Intersubjektive Nachvollziehbarkeit bedeutet, dass sozialwissenschaftliche Aussagen im Rahmen empirischer Forschung mit von jedermann nachvollziehbaren, offen gelegten empirischen Methoden gewonnen werden, d.h. die empirische Untersuchung läuft unabhängig von der Person und den persönlichen Vorlieben des Forschers ab.***

Die Offenlegung des Ablaufs der Untersuchung eröffnet für jeden (intersubjektiv) die Möglichkeit, Daten einzusehen, Berechnungen noch einmal durchzuführen (Nachvollziehbarkeit), die ganze Studie noch einmal unter den gleichen Bedingungen zu wiederholen und auf diese Weise wissenschaftliche Aussagen zu bestätigen oder zu widerlegen.

Was die Aussagen selbst angeht – und das wurde schon im ersten Kapitel betont – so greifen sie immer nur einen Ausschnitt aus der sozialen Realität auf. Ihre Gültigkeit endet stets an der Grenze, die der Forscher mit der Bestimmung seines Untersuchungsgebietes absteckt. Wenn also Ergebnisse innerhalb dieser Grenzen ihre Gültigkeit haben, ist dies stets relativ, immer einschränkend zu würdigen. Man kann sagen: Die Ergebnisse einer kommunikationswissenschaftlichen Untersuchung besitzen immer eine relative Gültigkeit. Sie beanspruchen keine Objektivität im Sinne einer umfassenden Gültigkeit, sie entstammen jedoch einem intersubjektiv nachvollziehbaren Prozess, der in seiner (empirischen) Vorgehensweise Objektivität beanspruchen darf.

Mit der Art und Weise, wie wir Wissenschaft betreiben, beschäftigt sich die Wissenschaftstheorie. Wissenschaftstheorie wird in Zusammenhang mit verschiedenen Fächern gelehrt. Psychologen ebenso wie Pädagogen oder Sozialwissenschaftler: Jede Wissenschaft beschäftigt sich mit ‚der Theorie der Wissenschaft'. So ist diese Disziplin eine *Meta-Wissenschaft*: Sie entwickelt und untersucht die Regeln, nach denen jede Einzelwissenschaft vorgeht. So gesehen ist sie ein *Wissenschaftsprogramm,* das aus der Praxis der Forschung ihren Fundus für die Wissenschaftstheorie schöpft, die wiederum die Praxis fortlaufend beeinflusst. Sie ist die Basis und die Klammer, die alle Einzeldisziplinen unabhängig von den konkreten Forschungsgegenständen zusammenhält.

- ***Wissenschaftstheorie beschäftigt sich damit, wie Wissenschaft zu ihren Aussagen kommt und damit letztendlich mit Fragen nach Wahrheit, Objektivität und Subjektivität. Insofern ist Wissenschaftstheorie auch Erkenntnistheorie.***

Im Rahmen einer Einführung kann Wissenschafts- bzw. Erkenntnistheorie nicht in der notwendigen Tiefe diskutiert werden. Hierzu sei auf die einschlägige Literatur verwiesen (z.B. Ströker, 1992). Dennoch wird jeder, der sich mit empirischer Kommunikationsforschung befasst, schnell auf Fragen, mit denen sich Wissenschaftstheorie beschäftigt, stoßen.

1.9 Begriffe und Definitionen

Einführend wurde erläutert, dass sich die Sozialwissenschaften, also auch die Kommunikationswissenschaft, in aller Regel mit einem komplexen Untersuchungsobjekt bzw. Ausschnitten von ihm befasst: der sozialen Realität. Dabei kann es sich um vergleichsweise einfache Phänomene handeln, wie etwa der durchschnittlichen Sehdauer von Bundesbürgern an einem normalen Werktag. Weit häufiger jedoch befasst sich die Forschung mit abstrakten und komplexen Untersuchungsbereichen, die der direkten Beobachtung nicht zugänglich sind: Gewalt, Eskapismus, Medienwirkung, Glaubwürdigkeit der Medien und vielem mehr. Einen Ausschnitt von sozialer Realität zu untersuchen bedeutet zugleich, dass dieser Ausschnitt, bevor man nachvollziehbare Aussagen treffen kann, definiert werden muss. Wer weiß schon a priori, was Wissenschaftler unter Gewalt oder Glaubwürdigkeit verstehen? Die Definition des Untersuchungsbereiches ist unabdingbare Voraussetzung jeglicher empirischer Forschung und Basis jeder Diskussionsgrundlage. Die Definition von Begriffen ist ein ganz zentraler Bereich der Wissenschaftstheorie.

Man stelle sich das Wort ‚Stuhl' vor. Welche Vorstellungsinhalte kann man assoziieren? Holz, vier Beine, drei Beine, Sitzfläche, Armlehne und so weiter. Vermutlich hat jeder Leser dieser Zeilen automatisch seine Assoziationen, und vermutlich sind diese Vorstellungen in den überwiegenden Fällen ähnlich, aber nicht gleich. Begriffe haben offenbar einen Bedeutungskern, auf den man sich relativ leicht verständigen kann. Und genauso haben Begriffe eine Randzone von Bedeutung, über die eine Verständigung erst erfolgen muss.

1.9.1 Definition von Begriffen

Es hängt natürlich immer davon ab, wie zentral ein Begriff für eine Untersuchung ist. Entsprechend ausführlich und genau muss er definiert werden. Nun ist denkbar, dass dies beim Begriff ‚Stuhl' relativ einfach ist. Wie steht es aber mit einem Begriff wie ‚Gewalt'? Handelt es sich um physische Gewalt? Fällt psychische Gewalt auch unter den Begriff? Und wie lässt sich dann psychische Gewalt definieren? Dass eine Definition überhaupt notwendig wird, liegt an der Erkenntnis, dass der Gegenstand aus der Realität, über den man nachdenkt, nicht identisch ist mit dem Begriff. Der Begriff manifestiert sich im Wort. Das Wort ist zunächst nur eine Kombination von Konsonanten und Vokalen. Man könnte sich für den Begriff S T U H L auch auf die Buchstabenkombination P R I T Z L K W einigen. Die Notwendigkeit einer Definition liegt vor allem daran, dass man Begriffen keine eindeutige Bedeutung zuordnen kann. Im Gegenteil, die Bedeutung und die Vorstellungsinhalte sind im Prinzip unendlich. Der Begriff Stuhl ist demnach nicht identisch mit dem Gegenstand, auf den sich sein Vorstellungsgehalt bezieht.

Im Alltag taucht dieses Problem eher selten auf. Durch Konvention und eine entsprechende Sozialisation ‚haben' die Begriffe ihren Bedeutungskern, ohne, dass man noch lange darüber nachdenken muss. Auf diese Weise bekommen Worte Sinn, so erst wird auch Verständigung in einer Gemeinschaft möglich. In Zweifelsfällen streitet und einigt man sich auf gerade die Bedeutung, die jetzt gelten soll, z.B. „Was verstehst du jetzt eigentlich unter ‚teuer'?" Das heißt, man trifft selektiv nach bestimmten Kriterien eine Auswahl von möglichen, zumeist jedoch nicht allen Bedeutungsinhalten.

Abbildung 3: Begriffsbildung

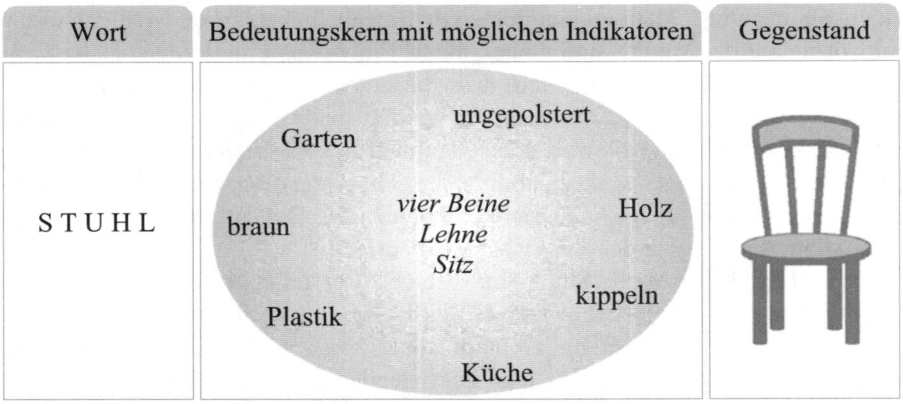

Wenn zwei „Stuhl" sagen, stellen sie sich nicht unbedingt dasselbe vor. Es sei denn, sie sprechen über den ganz bestimmten Stuhl „du weißt schon, der, den wir gestern abgeschliffen haben." – Ein Begriff abstrahiert vom Besonderen und erhält seinen vollen Bedeutungsgehalt erst durch seine definitorische Bestimmung.

In der Kommunikationswissenschaft beschäftigt man sich mit relativ komplexen Begriffen wie Gewalt, mit Vielsehern, mit Kultivierung. Diese Begriffe sind formell genauso angelegt wie der Begriff ‚Stuhl'. Man findet zunächst das Wort, die Buchstabenansammlung vor. Die Buchstabenansammlung an sich ist aber bedeutungslos, erst die gemeinsame Zuschreibung eines bestimmten Inhaltes oder bestimmter Merkmale des Begriffs bewirkt, dass man inhaltlich über ihn diskutieren kann. ‚Kultivierung' ist ein gutes Beispiel, um zu zeigen, dass solche Begriffe sehr viel schwieriger zu fassen sind als ‚Stuhl'. In einer Gärtnerei wird ‚Kultivierung' von den dort arbeitenden Personen wahrscheinlich anders verstanden als im kommunikationswissenschaftlichen Kontext. Gärtner werden vielleicht an Pflanzenzucht denken, Kommunikationswissenschaftler eher daran, dass Menschen ihr Weltbild aus dem Fernsehen übernehmen. Begriffe in der Kommunikationswissenschaft sind in der Regel sehr komplex, so dass der gemeinsame Kern oft klein und die Randgebiete größer sind, als dies bei Begriffen ‚des täglichen Lebens' der Fall ist.

1.9.2 Zum Begriff des Begriffs

Ein Begriff lässt sich als Brücke zwischen Realität und dem Nachdenken über Realität (der wissenschaftlichen Theorie) verstehen. Zwischen Realität und Theorie existiert zunächst keine Verbindung, außer dem individuellen Nachdenken über sie. Begriffe überwinden diese Kluft. Nur in ihnen existiert der Bedeutungsausschnitt, auf dessen Grundlage wissenschaftlich, das heißt theoretisch und systematisch gearbeitet werden kann. Anders ausgedrückt: Im Begriff ist ein Gegenstand – Stuhl – oder ein Konstrukt – Gewalt – seiner bedeutungsmäßigen Randzonen entkleidet und nur noch Bedeutungskern. Was zugleich heißt, dass man durch die Definition von Begriffen bewusst Bedeutungen, die *auch* möglich wären, ausklammert, somit einen Gültigkeitsbereich absteckt und nun innerhalb dieser abgesteckten Bedeutungsgrenzen intersubjektiv nachvollziehbare Aussagen machen kann. Allerdings gibt es hier das Problem, dass Begriffe immer wieder nur über Begriffe definiert werden können, die Barriere zwischen Sprache und Realität bleibt auch bei noch so intensiver Definition eines Begriffs und seiner Bestandteile bestehen.

1.9.3 Typen von Begriffen

Die Kommunikationsforschung befasst sich vorwiegend mit komplexen Phänomenen, die nicht derart gegenständlich existieren wie ein Stuhl oder ein Hund.

- ***Begriffe für Gegenstände in der Realität nennen wir Begriffe mit direktem empirischen Bezug zur Realität.***

Sie gehören etwas Vertrautem an, das man anfassen kann und über das man sich normalerweise nicht den Kopf zerbricht. Begriffe wie „Gewalt" oder „Kultivierung" dagegen sind so in der Realität nicht vorhanden, sie setzen sich aus ganz verschiedenen Bedeutungsinhalten zusammen.

➢ ***Abstrakte Begriffe, die sich nicht unmittelbar in der Realität manifestieren, bezeichnet man als Begriffe mit indirektem empirischen Bezug.***[7]

Für diesen Begriffstyp ist eine Definition unabdingbar, eben weil sie in der Realität so nicht vorkommen. Erst durch die definitorische Festlegung, was genau unter dem Begriff zu verstehen ist, wird das Konstrukt systematisch zugänglich.

Eine weitere Begriffsart bereitet bei seiner wissenschaftlichen Bearbeitung Probleme: Was *bedeutet* eigentlich ‚gut' oder ‚schlecht'? Im Unterschied zu deskriptiven Begriffen, die auf irgendeine Weise wahrnehmbar sind (oder gemacht werden können), handelt es sich hier um (moralische) Wertungen, deren Bedeutung nicht per Definition festgelegt werden kann. Diese sogenannten *präskriptiven Begriffe* sind solche, mit denen man aufwächst, die einem in Fleisch und Blut übergehen, die aber von Kultur zu Kultur vollkommen verschieden ‚gemeint' sein können und gewissermaßen für sich stehen. Diese Problematik wird insbesondere in der interkulturellen Kommunikationsforschung relevant, ist aber auch zu bedenken, wenn internationale Forschungsergebnisse verglichen werden.

Die letzte relevante Gruppe von Begriffen, die sich jedoch per se einer Definition entziehen, sind die *logischen Begriffe*, also Verknüpfungen, die vielleicht aus der Computerprogrammierung bekannt sind: Worte wie ‚und', ‚oder', ‚außer' und ähnliche mehr haben syntaktisch eine verbindende oder eben trennende Funktion; sie stellen einen Zusammenhang, ein Verhältnis zwischen Begriffen oder ganzen Aussagen her.

1.9.4 Gültigkeitsbereich einer Definition/Typen von Definitionen

Definitionen im Verständnis der modernen Sozialwissenschaften stecken den Bedeutungsgehalt von Begriffen ab. Sie beanspruchen für sich keine Gesetzmäßigkeit, deren Wahrheitsgehalt universell und für alle Zeit gültig wäre. Ihre Brauchbarkeit ist auf das jeweilige Untersuchungsgebiet, auf die konkrete Fragestellung zugeschnitten bzw. reduziert. Praktisch bedeutet dies, dass Diskussionen über wissenschaftliche Erkenntnis genau genommen immer nur auf der Grundlage spezieller, für den Anlass erarbeiteter Begriffsdefinitionen zulässig sind.

Anders als auf der Grundlage von sogenannten *Realdefinitionen*,[8] die das endgültige, objektive, wahre Wesen einer Sache erfassen wollen, operieren (empirisch arbeitende) Sozialwissenschaftler in der Regel mit *Nominaldefinitionen*, die eine Festsetzung der *Verwendung* eines Begriffes darstellen. Sie stellen somit eine Konvention darüber dar, was unter einem Begriff zu verstehen ist. Folglich können Nominaldefinitionen nicht wahr oder falsch, wohl aber zweckmäßig oder unzweckmäßig sein. So wäre die in der Biologie gebräuchliche Nominaldefinition des Begriffes

---

7 Vgl. Prim & Tillmann (1983).

8 Realdefinitionen haben hauptsächlich noch eine historische Bedeutung. Heute sind sich Sozialwissenschaftler in der Regel einig, dass „das wahre Wesen" eines Phänomens oder eines Objektes in dieser Form nicht erfassbar ist.

‚Kultivierung' nicht falsch, aber eben für einen Kommunikationswissenschaftler wenig zweckmäßig. Umgekehrt gilt natürlich dasselbe.

Der zu definierende Begriff wird in mehrere Teile zerlegt. Das Definiendum ist der (noch unbekannte) zu erklärende Begriff, das Definiens besteht aus jenen Begriffen, die den Inhalt des Definiendums festlegen. Die Begriffe des Definiens müssen ihrerseits völlig eindeutig und klar sein. Sie legen einzeln und alle miteinander den Bedeutungsraum des Definiendums fest. Hier deutet sich der bereits oben angesprochene endlose Regress an: Begriffe werden immer nur wieder durch Begriffe definiert. Ziel allerdings ist es, möglichst solche Begriffe für eine Definition zu verwenden, die in sich einfach sind und direkten empirischen Bezug haben.

1.9.5 Operationalisierung von Begriffen und operationale Definitionen

In der Kommunikationswissenschaft werden Begriffe (das Definiendum) durch Indikatoren (Definiens) in ihrem Bedeutungsgehalt identifiziert. Indikatoren sind die bedeutungsmäßigen Teilbereiche, die dem gesuchten Begriff seine Identität verleihen. Am Beispiel des Konstruktes ‚Vielseher' soll dies verdeutlicht werden: Der Vielseher spielt in der Kommunikationsforschung eine wichtige Rolle. Wer oder was ist ein Vielseher? In jedem Fall hat man es mit einem Begriff mit indirektem empirischen Bezug zu tun. Man sieht es Menschen nicht an, ob sie Vielseher sind oder nicht. Wir müssen also *Indikatoren* suchen, um deutlich zu machen, was wir mit Vielsehern genau meinen. Wir werden zunächst recherchieren, welche Indikatoren schon in der wissenschaftlichen Diskussion für das Konstrukt Vielseher verwendet wurden. Darüber hinaus werden wir prüfen, ob sich noch andere Aspekte hinter dem Konstrukt des Vielsehers verbergen könnten, für die wir vielleicht neue Indikatoren brauchen.

Ein naheliegender Indikator ist sicherlich die Zeit, die jemand vor dem Fernseher verbringt. Aber was bedeutet ‚viel'? Ist ‚viel' relativ zu anderen zu verstehen, oder ist ‚viel' ein absoluter Begriff? Ist ein Vielseher vor der Einführung des Dualen Systems[9] unter Umständen anders zu definieren als heute? Wie ist die Nutzung von IPTV (also das Fernsehen über das Internet) zu berücksichtigen? Die ersten kommunikationswissenschaftlichen Untersuchungen definierten den Vielseher tatsächlich in erster Linie über die Dauer des Fernsehkonsums. Allerdings gab es auch hier schon Unterschiede. In einigen Studien waren Vielseher diejenigen, die mehr als vier Stunden fernsahen, in anderen Studien lag die Grenze bei drei Stunden. Man kann zu Recht fragen, ob die Dauer der Nutzung allein ein guter Indikator ist. Werden Vielseher einzig anhand dieses Kriteriums identifiziert, wird eine Vielzahl unterschiedlicher Fernsehnutzer in einen Topf geschmissen. Es gibt Menschen, die nur nebenbei fernsehen, während sie z.B. telefonieren oder Hausarbeit verrichten. Andere dagegen sehen sehr intensiv fern. Einige schauen vielleicht vier Stunden Nachrichten und Ratgebersendungen, andere vier Stunden Soap Operas und Talk Shows.

9 Seit 1984 gibt es in Deutschland neben öffentlich-rechtlichen auch private Fernsehsender. Durch die Einführung des Dualen Systems hat sich das Angebot deutlich vermehrt.

Einige schauen zielgerichtet, andere wahllos. Es gibt Fälle, in denen Wenigseher vorübergehend zu Vielsehern werden, wenn beispielsweise eine Fußballweltmeisterschaft stattfindet. Sind das alles Vielseher im Sinne einer Begriffsdefinition? Es ist unschwer zu verstehen, dass Begriffsdefinitionen gerade bei Begriffen mit indirektem empirischen Zugang nicht nur notwendig, sondern auch relativ kompliziert sind. Und dass Studien, die unterschiedliche Definitionen verwenden, möglicherweise schon deshalb andere Ergebnisse produzieren.

- ***Ein Konstrukt bzw. ein Begriff mit indirektem empirischen Bezug muss durch einen, meist aber mehrere Indikatoren näher bestimmt bzw. definiert werden.***

Ein Großteil wissenschaftlicher Auseinandersetzungen lässt sich auf diese Phase des Definierens von Begriffen zurückführen. Gerade weil eine Begriffsdefinition in den Sozialwissenschaften nicht vergleichbar mit dem Aufstellen einer universell gültigen mathematischen Formel ist, besteht natürlich immer die Gefahr der Instrumentalisierung eines wissenschaftlichen Ergebnisses für außerwissenschaftliche Zwecke. Je nachdem, wie zuvor ein Begriff und somit sein Gültigkeitsbereich definiert wurde, wird die Untersuchung im Resultat ganz unterschiedliche Ergebnisse hervorbringen. Man kann sich leicht vorstellen, dass die Einbeziehung von Cartoons bei der Definition von Gewalt die Menge der Fernsehgewalt deutlich höher erscheinen lässt, denn diese Zeichentricksendungen enthalten bekanntermaßen einen hohen Anteil an (allerdings folgenloser) Gewalt – unter Umständen könnte eine entsprechende Untersuchung ergeben, dass das Kinderprogramm gewalthaltiger als das Spätabendprogramm ist, weil Tom und Jerry dauernd gevierteilt werden.

- ***Ziel der Indikatorenbildung ist die operationale (d.h. messbar machende) Definition von Begriffen.***

Mit der operationalen Definition von Begriffen hat man einen wesentlichen Teil zur Konstruktion von Aussagen oder Hypothesen geleistet. Aber dies ist nur die halbe Miete. Erst die Hinzufügung logischer und außerlogischer Begriffe lässt sinnhafte Aussagen (auch ‚empirische Sätze' genannt) über die soziale Realität zu, die mit Methoden überprüft werden können. „Je höher der Fernsehkonsum, desto eher übernehmen Rezipienten ihre Weltsicht aus dem Fernsehen.", wäre ein solcher Satz. Hierbei handelt es sich um Sätze, deren Gültigkeit über ein singuläres Ereignis hinausgeht. Zwei oder mehrere Sachverhalte werden kausal miteinander in Beziehung gesetzt, so dass wir zu einer Erklärung der Realität kommen (explanative Forschung). Es wird eine Abhängigkeit dieser beiden Sachverhalte behauptet, die noch überprüft werden muss. Anders ausgedrückt:

- ***Empirische oder auch hypothetische Sätze haben zum Ziel, wissenschaftlich nachprüfbare Aussagen über die Realität zu machen. Dies entspricht der vorher erwähnten explanativen Forschung.***

Dabei stehen diese Sätze nicht unverbunden nebeneinander, sondern sollen im Idealfall zu einem Netz von Aussagen verknüpft werden, das soziale Realität so allgemeingültig wie möglich widerspiegelt. Eine wissenschaftliche Theorie ist demnach nichts anderes als ein umfassendes und geschlossenes System logisch miteinander verknüpfter Aussagen über einen Realitätsbereich, wobei die einzelnen Sätze möglichst gut empirisch überprüft sind. Diese Aussagen, man sagt auch Sätze, können ganz unterschiedliche Abstraktions- und Allgemeinheitsniveaus besitzen. Wissenschaft sollte dabei möglichst umfassende, im Idealfall sogenannte All-Sätze aufstellen („Alle Menschen sterben einmal"), die nomothetischen Charakter haben. Davon zu unterscheiden sind eingeschränkte Sätze („Die privaten Fernsehanbieter werden häufiger von Vielsehern genutzt"), die eher probabilistischen Charakter haben und – wie schon das Beispiel zeigt – in der Kommunikationswissenschaft wesentlich häufiger vorkommen.

1.10 Theorie und Empirie

Das Verständnis davon, in welchem Verhältnis unsere Theorien über die Realität zur Realität selbst stehen, hat sich im Laufe der Zeit geändert. Eine vergleichsweise naive Vorstellung geht davon aus, dass man einfach durch Verallgemeinerung von Erfahrungen Gesetzmäßigkeiten findet. Man muss die Realität nur hinreichend ausdauernd beobachten, dann zeigen sich ihre Gesetzmäßigkeiten von selbst: Man beobachtet fallende Äpfel und entdeckt darüber das Fallgesetz. Wenn man sich lange genug mit Rezipienten beschäftigt, so in etwa die Analogie, dann werden alle wichtigen Gesetzmäßigkeiten und Theorien, die es im Bereich der Kommunikationswissenschaft gibt, automatisch entdeckt, etwa in der Form: „Ich schaue häufig das Fernsehprogramm an und finde, dass die ARD mehr Information bringt und RTL mehr Unterhaltungsprogramme." In der Wissenschaftstheorie wird dieser Standpunkt als „naiver Empirismus" bezeichnet.

- ***Der naive Empirismus geht davon aus, dass sich durch Kumulation singulärer Beobachtungen alle Gesetzmäßigkeiten, die diese Welt bestimmen, automatisch entdecken lassen.***

Aus der Herangehensweise des naiven Empirismus folgen zwei wissenschaftliche Prinzipien, Induktion und Verifikation. Bei der Induktion handelt es sich um eine Vorgehensweise, die vom besonderen Einzelfall auf das Allgemeine, Gesetzmäßige schließt, vereinfacht ausgedrückt: Induktion ist Verallgemeinerung. Die Induktion ist demnach eine wissenschaftliche Methode zur Entwicklung von Theorien, die im wesentlichen darauf beruht, dass sich der Forscher seinem Untersuchungsgegenstand ohne theoretische Vorstellungen und Konzeptionen nähert. Im wissenschaftlichen Prozess wird dann eine bestimmte Hypothese immer wahrscheinlicher, wenn nacheinander immer wieder dieselben Erfahrungen gemacht werden. Auf dieser Erfahrungsgrundlage basieren dann die Erwartungen an zukünftige Ereignisse.

Auch wenn es so aussieht, Wissenschaft funktioniert *nicht* nach dem Induktionsprinzip. Ohne eine Hypothese über die Realität zu haben, kann man Realität gar nicht wahrnehmen, sie bleibt ein sinnloses raum-zeitliches Kontinuum. Nur wenn Sie die Hypothese haben, dass Sie in einer Vorlesung sitzen, können Sie die Verhaltensweisen der Beteiligten verstehen. Erst kommt die Hypothese über die Realität, dann die Wahrnehmung von Ausschnitten dieser Realität. Induktion ist also logisch gar nicht möglich. Beispielsweise existiert der Vielseher nicht einfach irgendwo, erst durch unsere Kultivierungshypothese nehmen wir Menschen als Viel- oder Wenigseher wahr. Der sogenannte *logische Empirismus* als Weiterentwicklung geht deshalb vom Prinzip der *Deduktion* aus. Durch die Bildung einer Hypothese unterstellt man eine Gesetzmäßigkeit, die man dann durch Beobachtung der Realität (Erfahrung = Empirie) überprüfen kann. Ohne die Hypothese könnte man die Erfahrungen zur Bildung einer Gesetzmäßigkeit gar nicht machen.

Aber nicht nur das Induktionsprinzip, sondern auch das Prinzip der Verifikation von Hypothesen ist kritisiert worden. Der *Kritische Rationalismus*, von vielen als der gegenwärtige Stand der Wissenschaftstheorie angesehen, wendet sich vom Verifikations- hin zum Falsifikationsprinzip. Karl Popper hat 1935 mit seinem Buch „Logik der Forschung" die Grundlagen des Kritischen Rationalismus entwickelt. Er postuliert ebenso wie die ‚logischen Empiriker', dass es keine Induktion gibt, weil allgemeine Theorien nicht aus singulären Sätzen ableitbar sind. Theorien können aber – und hier unterscheidet sich Popper fundamental zu seinen Vorgängern – auch nicht letztlich verifiziert werden, weil die Anzahl der Beobachtungen, mit denen dies geschieht, prinzipiell unendlich ist. Beispielsweise kann selbst das Fallgesetz nicht letztlich verifiziert (für wahr gehalten) werden, weil es in Zukunft unter anderen Bedingungen möglicherweise Dinge gibt, die nicht zu Boden fallen, wenn man sie loslässt. Daraus folgert Popper, dass Theorien letztlich nur falsifiziert (d.h. widerlegt), nie aber verifiziert werden können *(Prinzip der Falsifikation)*. Theorien besitzen nach diesem Verständnis stets den Status von *vorläufigen Hypothesen*. Positive empirische Belege sind für vorläufige Hypothesen demnach logisch irrelevant: Obwohl sie deren Brauchbarkeit bestätigen, können sie nie zur endgültigen Verifikation beitragen. Negative, widersprechende empirische Belege dagegen können eine Theorie sofort falsifizieren. „Der Schluss von den durch ‚Erfahrung' (was immer wir auch mit diesem Worte meinen) verifizierten besonderen Aussagen auf die Theorie ist logisch unzulässig, Theorien sind somit niemals empirisch verifizierbar." (Popper, 1982: 14). Der Ausgangspunkt im Prozess der wissenschaftlichen Erkenntnis ist in diesem Konzept der schöpferische Einfall, der Entwurf einer Theorie. Eine Theorie entwickelt sich nicht aus empirischen Beobachtungen, sondern bildet die Voraussetzung dafür, systematisch Fragen stellen zu können. Aus allgemeinen Aussagen – also aus Hypothesen oder Theorien – werden *deduktiv-logisch* Basissätze abgeleitet, die in *falsifikatorischer* Absicht mit empirisch gewonnenen Aussagen über die Realität verglichen werden.

- ***Der Kritische Rationalismus postuliert, dass wissenschaftliche Theorien, die einen universellen Gültigkeitsbereich beanspruchen, nie verifiziert, sondern lediglich falsifiziert werden können.***

Hinter dieser Logik des Forschens steckt ein Theorieverständnis, das vor allem und zunächst auf nomothetische Theorien zutrifft, also auf ein Netz von Aussagen, die immer und überall zutreffen. Der Forschungsprozess sieht nach Popper verkürzt wie folgt aus: Am Anfang steht eine Theorie bzw. Aussage, die universelle Gültigkeit beansprucht, z.B. „Wenn Menschen fern sehen, dann beziehen sie ihre Weltsicht aus den Medien." Ohne dass die Bedeutung dieser Aussage verändert würde, wird der Satz in seine Negation transformiert: „Es gibt keinen Menschen, der fern sieht und dessen Weltsicht nicht aus den Medien bezogen wäre." Diese Transformation ist nun die Grundlage für den Prozess der Falsifikation. Popper sagt, dass derartige „Es-gibt-nicht"-Aussagen, die nach wie vor Universalität beanspruchen, durch singuläre, auf einen konkreten Sachverhalt bezogene „Es-gibt"-Aussagen, den sogenannten Basissätzen, widerlegt werden können. In diesem Fall könnte man einen *Basissatz* etwa so formulieren: „Der Student Karl aus Köln sieht seit 1996 fern und bezieht seine Weltsicht nicht aus den Medien." Dieser auf ein singuläres Ereignis bezogene Satz wäre im nächsten Schritt zu generalisieren: „Es gibt Menschen, die fern sehen und ihre Weltsicht nicht aus den Medien beziehen." Beide, sowohl der partikulare Basissatz als auch der generelle „Es-gibt"-Satz stehen im Widerspruch zum Ausgangspunkt, somit ist die Theorie widerlegt. Während das Verifikationsprinzip ein nie endendes Beweisprogramm wäre, ‚reicht' nun eine Falsifikation, um die Gültigkeit der Theorie zu widerlegen: Weil es den Studenten Karl gibt, kann die nomothetische Theorie vom Anfang „Wenn Menschen fern sehen ..." nicht aufrechterhalten werden, und dazu ist der singuläre Fall völlig ausreichend.

Kann man Poppers Kritischen Rationalismus auf die Sozialwissenschaften mit ihren probabilistischen Theorien und Aussagen anwenden? Wenn man das tun würde, hätten wir keine brauchbaren Theorien mehr. Wenn man sagt: „Gewalt im Fernsehen führt zu Gewalt bei Rezipienten", dann ist diese Theorie nach der Popperschen Logik falsifiziert, sobald man einen Rezipienten findet, bei dem Gewalt keine negativen Auswirkungen oder keine Gewaltbereitschaft erzeugt hat. Das wird nicht schwer fallen. Analoge Beispiele zu anderen Theorien unseres Faches (Schweigespirale, Wissenskluft, Agenda-Setting) wären leicht zu finden. Insofern wäre das ganze Theoriegebäude, das ja soziale Realität erklären soll, mit einem kurzen Handstreich falsifiziert, und wir könnten nach Hause gehen.

Für die Sozialwissenschaften wurde – beispielsweise von Holzkamp (1972) – der Kritische Rationalismus weiter entwickelt, um dem Dilemma der Falsifizierbarkeit in probabilistischen Kontexten zu entkommen. Der Ausweg liegt im sogenannten *Bewährungsgrad,* eine Art vorläufiger Bericht, der den Stand der kritischen Diskussion einer Theorie zu einem bestimmten Zeitpunkt bewertet. Der Bewährungsgrad ist sozusagen ein Bericht über die bisherigen Leistungen einer Theorie. Je häufiger eine Hypothese durch empirische Forschung bestätigt wurde, desto bewährter ist sie, ohne deshalb gleich als wahr im Sinne eines All-Satzes zu gelten. Je häufiger eine

Theorie widerlegt wurde, desto größer ist ihre *Belastetheit*: Eine Theorie ist also nicht dann schon falsifiziert und muss verworfen werden, wenn eine einzelne empirische Beobachtung gegen die Theorie spricht. Je mehr Falsifikationsversuche eine Theorie übersteht, desto bewährter ist sie, je mehr Falsifikationen erfolgreich waren, desto belasteter ist die Theorie. Jede Theorie hat sozusagen zwei Konten, die mitgeführt werden, das ‚Bewährtheitskonto' und das ‚Belastetheitskonto'. Aus der Belastetheit einer Theorie folgt nun nicht mehr, dass man sie verwerfen muss, sondern man versucht, diese Theorie zu exhaurieren, d.h. man typisiert die fehlgeschlagenen und die gelungenen Falsifikationen und führt somit ex post Bedingungen ein, unter denen die Theorie bestätigt bzw. nicht bestätigt werden kann. Man ‚teilt' die Theorie gewissermaßen in Fälle, die einem bestimmten Muster folgen. Allsätze werden relativiert, indem weitere intervenierende Bedingungen eingeführt werden: ‚außer wenn...'.

1.11 Ablauf des empirischen Forschungsprozesses am Beispiel

Der Ablauf des Wissenschaftsprozesses, insbesondere der empirischen Forschung, ist schematisch in Abbildung 4 dargestellt. Ähnliche Darstellungen finden sich in anderen Einführungen zu den Methoden der empirischen Sozialforschung (vgl. zum Beispiel Friedrichs, 1990; Schnell, Hill & Esser, 2005; Früh, 2001). Dabei ist wichtig zu wissen, dass dieser Ablauf bei jeglicher Methode des Fachs im Wesentlichen derselbe bleibt. Egal, ob eine Befragung oder eine Inhaltsanalyse durchgeführt wird: Die Begriffe ändern sich, das Instrumentarium ebenfalls, nicht jedoch die Struktur. Es ist deshalb möglich, alle Stufen dieses Prozesses für die jeweilige Methode zu ‚übersetzen'.

Man sieht auf den ersten Blick, dass die Beherrschung der Methoden zwar ein zentraler, aber nicht ausreichender Bestandteil wissenschaftlicher Vorgehensweise ist. Bis zum Einsatz des Fragebogens oder einer experimentellen Untersuchungsanlage befasst sich die Forschung – ausgehend vom konkreten sozialen Phänomen – mit dem ihr zur Verfügung stehenden theoretischen Instrumentarium. In der Literatur findet man häufig eine Dreiteilung des gesamten Prozesses, in Entdeckungs-, Begründungs- und Verwertungszusammenhang.

Der Forschungsablauf sei am Beispiel der gesellschaftlichen Debatte über die täglichen Talkshows im Fernsehen erläutert.[10]

10 Vgl. beispielsweise die Beiträge von Paus-Haase et al. (1999) oder Schneiderbauer (2001).

Abbildung 4: Der Forschungsprozess

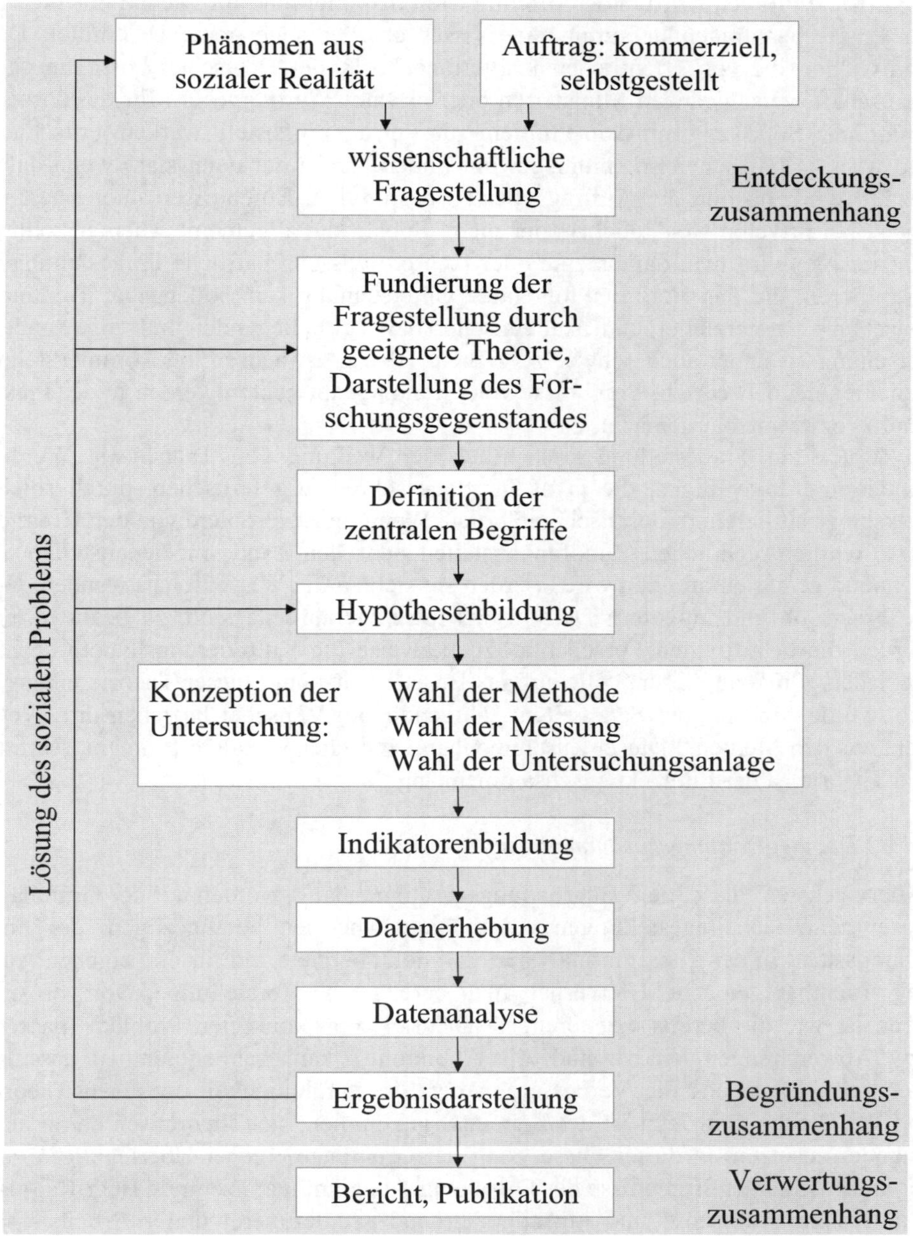

1.11.1 Der Entdeckungszusammenhang

Das soziale Problem wird in der Öffentlichkeit diskutiert und für wichtig erachtet. In der Praxis beantragen daraufhin die Wissenschaftler sogenannte Drittmittel: Das sind Gelder, die von öffentlichen Institutionen, z.B. der Deutschen Forschungsgemeinschaft, verschiedenen Ministerien oder privaten Auftraggebern für die wissenschaftliche Befassung mit dem Problem zur Verfügung gestellt werden. Forschung und wissenschaftlicher Erkenntnisgewinn finden häufig nur dann statt, wenn dafür gezahlt wird, ob nun der Auftraggeber an bestimmten Ergebnissen interessiert ist (meist bei privaten Geldgebern) oder nicht. Sobald die allgemeine Themenstellung skizziert ist, wird man daraus eine oder mehrere wissenschaftliche Fragestellungen formulieren, die das Herz der folgenden Untersuchung sein sollen. Die Trennung zwischen kommerzieller und akademischer bzw. grundlegender und angewandter Forschung ist dabei auch schwer zu ziehen. Häufig erwachsen aus kommerziellen Projekten neue Theorien, Ergebnisse von Grundlagenprojekten werden in der Praxis genutzt bzw. nutzbar gemacht.

Zurück zur Fragestellung hinsichtlich der Wirkung von Talkshows. Werden Kinder und Jugendliche, die ja nachmittags sehr häufig fernsehen, durch solche Talkshows sittlich und moralisch gefährdet? Wenn dieses Problem von den Gremien der öffentlich-rechtlichen Rundfunkanstalten oder den Landesmedienanstalten als brennend genug empfunden wird, werden sie sich an die Wissenschaft wenden. Um die Frage, ob und inwiefern Daily Talks jugendgefährdend sind, zu beantworten, werden die beauftragten Forscher möglicherweise die Kultivierungshypothese heranziehen. Ohne an dieser Stelle auf das Belastetheitskonto dieser Theorie einzugehen, würde zunächst der Satz gelten: „(Jugendliche) Vielseher beziehen ihre Weltsicht aus den Medien." Dieser Zusammenhang zwischen sozialem Problem, Auftrag und Theorie ist der Entdeckungszusammenhang.

1.11.2 Der Begründungszusammenhang

In der nächsten Phase, dem Begründungszusammenhang, werden auf der Grundlage dieser zentralen Fragestellungen einschlägige Theorien herangezogen, der Forschungsstand in der Literatur analysiert und dokumentiert und für den eigenen Auftrag fruchtbar gemacht. Hier erhält man bereits eine Vorstellung davon, ob und wenn ja, wie die bereits existierenden Theorien zum konkreten Problem ‚passen' bzw. Abweichungen denkbar sind. Aus Abbildung 2 kann man entnehmen, dass das Ziel jeden Forschens die Verbesserung der Strukturähnlichkeit zwischen Theorie und Wirklichkeit ist. Jetzt ist der Zeitpunkt gekommen, sich theoretisch damit auseinander zusetzen. In dieser Phase – auf der Grundlage eigener Überlegungen und der entsprechenden Ergebnisse der Forschung – beginnt man, zentrale Begriffe (also zum Beispiel ‚Talkshow' und ‚jugendgefährdend') zu definieren und in Arbeitshypothesen zu überführen. Im ersten Fall handelt es sich um einen deskriptiven Begriff mit indirektem empirischen Bezug, d.h. man muss Indikatoren bestimmen, die genau die Sorte Talkshows eingrenzen, die untersucht werden soll. Man wird also vermutlich die Ausstrahlungsfrequenz, die Struktur der Show selbst (Aufbau, Präsenzpublikum, Gäste) und die Themenstruktur zu Indikatoren erklären, die das Phänomen Talkshow definieren und abgrenzen sollen. Was ist jugendgefährdend? Hier ist der Blick in einschlägige Gesetze angebracht. Dort wird qua Definition festgestellt, was jugendgefährdend ist und welche Sanktionen vorgesehen sind. Aus der Definition dieser Begriffe lassen sich dann Hypothesen entwickeln, die im empirischen Teil der Untersuchung einem Falsifikationsversuch unterworfen werden. Man formuliert also singuläre Sätze, die untersucht werden sollen, z.B.: „Jugendliche, die viele Talkshows sehen, haben eine freizügigere Einstellung zu gesellschaftlichen und moralischen Werten."

Auch wenn man vielleicht schon eine Vorstellung entwickelt hat, welche Methode wohl die geeignetste wäre, so kann man streng genommen erst auf der Basis der Begriffsdefinitionen und Hypothesen entscheiden, welche Methode tatsächlich die richtige ist. In dieser Phase des Begründungszusammenhangs wird die komplette Untersuchung konzipiert: Welche Methode? Experimentell – nicht-experimentell? Qualitativ oder quantitativ? Sind diese Entscheidungen gefallen, beginnt man mit der Entwicklung des Messinstruments: Dies kann ein Fragebogen sein oder das Kategorienschema zu einer Inhaltsanalyse.

Wenn man vermutete Wirkungen von Talkshows auf den Wertehaushalt von Jugendlichen untersuchen will, wird man vermutlich ein *Experiment* konzipieren, denn Wirkungen sind im strengen Sinne nur durch experimentelle Anordnungen zu messen. Man erzeugt künstlich Ursachen, deren Wirkung man später messen will.[11] Vielleicht zeigt man einer Gruppe von Leuten den ganzen Tag Talkshows, der anderen Gruppe von Leuten den ganzen Tag Tierfilme und *befragt* im Anschluss alle Beteiligten, wie ihre Einstellung zu gesellschaftlichen und moralischen Werten ist.

Die Datenerhebung ist in der Regel nicht die anspruchsvollste Tätigkeit, verschlingt aber überproportional viel Zeit. Die für die Datenanalyse erhobenen Daten, etwa aus einer Befragung, müssen nun maschinenlesbar gemacht werden, d.h. sie müssen erfasst und auf ihre Richtigkeit überprüft werden. Auch dieser Prozess ist langwierig, oft ein Geduldsspiel, erfordert eine hohe handwerkliche Konzentration und macht meistens weniger Spaß. Belohnung für diese Mühen findet man in der nun anstehenden Datenanalyse (die in diesem Buch nicht weiter zur Sprache kommen wird): Hier erscheinen am Bildschirm erstmals Ergebnisse zu den Fragen, mit denen man sich schon monatelang theoretisch befasst hatte und dies ist ein wirklich spannender Augenblick. Wer hier nicht streng nach seinen eigenen Vorgaben – sprich seinen selbst aufgestellten Arbeitshypothesen – vorgeht verliert sich in Details und entfernt sich allzu schnell von seinem Erkenntnisinteresse. In die folgende Ergebnisdarstellung gehören dann auch entsprechend nur die Ergebnisse der zuvor aufgestellten Arbeitshypothesen: Hier werden sie entweder bestätigt oder widerlegt.

Findet man bei der Hypothesenprüfung mittels Datenanalyse zwischen beiden Gruppen unseres Experimentes signifikante Unterschiede hinsichtlich gesellschaftli-

11 Näheres dazu in den Abschnitten zum Experiment.

cher und moralischer Wertvorstellungen, hätte die Kultivierungshypothese einen Pluspunkt auf ihrem Bewährtheitskonto.

1.11.3 Der Verwertungszusammenhang

Nun beginnt mit dem Verwertungszusammenhang die dritte Phase, in der die Lösung des konkreten sozialen Problems ansteht. Mit der sorgfältigen und eingehenden Interpretation der Ergebnisse werden die zentralen Forschungsfragen auf der Grundlage der Befunde beantwortet. Dies erlaubt es, zunächst Rückschlüsse auf die zugrundeliegende Theorie zu ziehen: Konnte die Theorie bestätigt werden, oder muss man zumindest einen Ausschnitt verwerfen, weil die eigenen Ergebnisse der Theorie widersprechen?

Anhand der Ergebnisse wird man auch Rückschlüsse auf das Problem treffen und Empfehlungen und Ausblicke auf die Zukunft aussprechen. Man selbst wird einen Forschungsbericht für den Auftraggeber schreiben, die Ergebnisse in Vorträgen präsentieren, vielleicht ein Buch oder einen wissenschaftlichen Aufsatz daraus machen, der dann zur Diskussionsgrundlage sowohl für gesellschaftlich relevante Gruppen als auch für die Fachöffentlichkeit wird. Wie andere damit umgehen, hat man unter Umständen nicht mehr in der Hand, ob also beispielsweise Talkshows mit Auflagen versehen oder gar aus dem Nachmittagsprogramm verbannt werden.

Der *Begründungszusammenhang* umfasst also alles, was während der empirischen Untersuchung geschieht. Eine Qualifizierung von Begriffen, Festlegung von Hypothesen, Festlegung einer Untersuchungsart, Durchführung der Untersuchung usw. Der *Verwertungszusammenhang* bezieht sich dann auf das, was man selber oder was andere mit den Ergebnissen anfangen. Diese Stufen des Forschungsprozesses werden sich in der einen oder anderen Form immer wiederfinden.

2. Kapitel

Messen und Zählen I

2.1 Messen in der empirischen Kommunikationsforschung

Das folgende Kapitel beschreibt die Vorgehensweise, wie Ausschnitte der sozialen Realität für die Forschung wahrnehmbar, erfahrbar, systematisiert und eben intersubjektiv nachvollziehbar ‚gemacht' werden. Die Notwendigkeit einer Transformation liegt auf der Hand: Wer nicht am partikularen Einzelfall interessiert ist, sondern Aussagen über ‚die Bevölkerung', ‚Fernsehanstalten' oder ‚Vielseher' machen will, muss die Realität dieser diversen Gruppen zunächst auf wesentliche Aspekte reduzieren.[12]

- ***Vor allem die quantitative empirische Sozialforschung ist daran interessiert, zu einem bestimmten Phänomen viele Fälle systematisch und intersubjektiv nachvollziehbar zu untersuchen.***

Nicht die fachliche Einschätzung eines Forschers über ein Individuum ist das Mittel der Wahl, sondern die von allen untersuchten Einzelfällen unabhängige Darstellung eines bestimmten Merkmals, das allen Fällen gleichermaßen anhaftet. Dazu muss das Merkmal quasi extrahiert, vom Merkmalsträger gelöst und so dargestellt werden, dass nicht mehr seine spezielle Besonderheit zählt, sondern nur mehr das Merkmal als Objekt unter seinesgleichen: damit wird es messbar.

Wenn man im Alltag an Messen denkt, hat man vermutlich spontan Längen- oder Gewichtsmessung vor Augen. Man denkt an ein Zentimetermaß, an eine Waage, vielleicht auch an eine Geschwindigkeitsmessung. Messen in der empirischen Kommunikationsforschung funktioniert prinzipiell genauso, nur sind die Messinstrumente andere. Ziel ist es, Konstrukte wie ‚Gewaltbereitschaft', ‚politische Einstellung' oder ‚Ängstlichkeit' zu messen. Das bedeutet, dass wir diese abstrakten Konstrukte zunächst durch Indikatorenbildung und operationale Definitionen überhaupt messbar machen und dann geeignete Instrumente zur Messung entwickeln. Messen und Zählen sind in der empirischen Kommunikationsforschung ganz wesentliche Mittel, um Aussagen über Untersuchungsgegenstände intersubjektiv nachvollziehbar treffen zu können. Nach Friedrichs (1990: 97) lässt sich das Konzept des Messens in der empirischen Sozialforschung so formulieren:

---

12 Eine Einzelfallanalyse, etwa in der Psychiatrie, würde vielleicht Videobeobachtung, Tagebucheintragungen, Tiefeninterviews mit dem Arzt und ähnliche Dinge zur Erklärung dieses Falls verwenden.

- ***„Messen [ist] die systematische Zuordnung einer Menge von Zahlen oder Symbolen zu den Ausprägungen einer Variablen, mithin auch zu den Objekten. ... Die Zuordnung (oder genauer: Abbildung) sollte so erfolgen, dass die Relationen unter den Zahlenwerten den Relationen unter den Objekten entsprechen."***

Abbildung 5: Überführung eines empirischen in ein numerisches Relativ

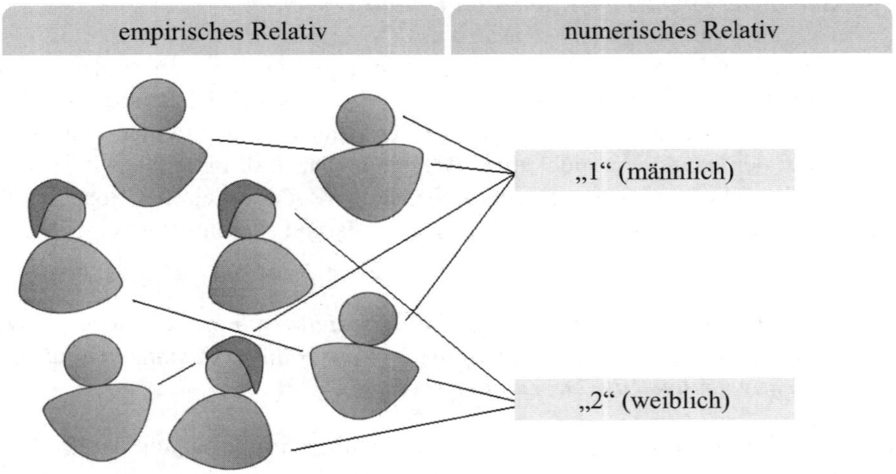

Der Code „1" wird viermal, der Code „2" dreimal vergeben. Die strukturgleiche (in diesem Fall homomorphe) Abbildung des empirischen in ein numerisches Relativ ist vollzogen.

In der empirischen Kommunikationsforschung wird somit nicht die Gesamtheit einer Person in ihrer ganzen Komplexität erfasst, sondern stets nur für die jeweilige Forschungsfrage bedeutsame Ausschnitte (vgl. Abbildung 5). Man will bestimmte Merkmalsausprägungen von Menschen systematisch erfassen, so dass man Aussagen treffen kann wie: „Männer schauen häufiger Sport und Nachrichten als Frauen." In diesem Beispiel ist dann nicht der Wohnort einer Person, sondern nur die Merkmale von Bedeutung, die für die Forschungsfrage relevant sind, also ‚Geschlecht' und ‚Fernsehnutzung'. Messen ist nun der Vorgang, der einem empirischen Relativ, also der Merkmalsausprägung ‚männlich', systematisch ein numerisches Relativ, zum Beispiel die Zahl ‚1', zuordnet. Im numerischen Relativ sind demnach Zahlenwerte niedergelegt, im empirischen Relativ sind Objekte oder Merkmalsträger niedergelegt.

Messen heißt in diesem Kontext, allen Mitgliedern des empirischen Relativs einen Zahlenwert zuzuordnen: ‚Männlich' ist immer ‚1', ‚weiblich' wäre immer ‚2'. Für jedes Mitglied des empirischen Relativs wird ein definierter Zahlenwert zugeordnet, so dass die Relationen im empirischen Relativ den Relationen im numerischen Relativ entsprechen, einander äquivalent sind. Man bildet im Vorgang der Messung die ausgewählte Merkmalsausprägung 1:1 numerisch ab. Die Messung ist also eine Art ‚Übersetzung' in einen Code. Messung ist Datenerhebung: ‚Männlich' und ‚weiblich' bzw. deren numerisches Relativ ‚1' und ‚2' sind Daten, die genau den definierten und kontrollierten Ausschnitt aus der sozialen Realität darstellen, über den wissenschaftliche Aussagen gemacht werden sollen. Mit dem Vorgang des Messens verlässt man die Realität und überführt Merkmale in einen wohlstrukturierten Objektbereich, in dem es nicht mehr ‚Karl aus Köln' mit allen seinen Macken und Vorzügen, sondern nur noch seine Merkmale ‚Geschlecht', ‚politische Einstellung', ‚Fernsehkonsum' und ähnliches gibt.

Dieses Prinzip kann am Beispiel der Schulnotenvergabe verdeutlicht werden. Will man einen empirischen Merkmalsbereich (Leistung von zwanzig Studenten eines Seminars) strukturgleich, also 1:1 abbilden, so impliziert dies eine bestimmte Reihenfolge, die die Leistung (empirisches Relativ) als Note (numerisches Relativ) ausdrückt. Dies geschieht durch das Aufstellen von Regeln, etwa die Vergabe von Punktzahlen für das Lösen von Aufgaben und die Umrechnung von erreichten Punkten in Schulnoten. Die Leistung eines Studenten wird gemessen und findet in einer Note von 1-6 ihren strukturgleichen numerischen Ausdruck. In diesem Fall spricht man von einer *homomorphen Abbildung.*

- ***Von homomorphen Abbildungen spricht man, wenn eine Strukturgleichheit zwar gewährleistet ist, die Überführung des empirischen Relativs in das numerische jedoch nicht mehr eindeutig umkehrbar ist.***

Es wird mehreren Elementen des empirischen Relativs (z.B. besagten zwanzig Studenten) der gleiche numerische Relativ (z.B. die Note Zwei) zugeordnet. Nur durch das Wissen um die Merkmalsausprägung ‚Note' kann man einen Studenten also nicht eindeutig identifizieren.

- ***Von isomorphen Abbildungen spricht man, wenn diese Zuordnung möglich ist, d.h. empirisches und numerisches Relativ umkehrbar und eindeutig einander zuzuordnen sind.***

Dies bedeutet, dass jeder Wert des numerischen Relativs nur einmal vorkommt. So hat beispielsweise jeder Läufer in einem 100-Meter-Rennen in der Regel eine einzigartige Laufzeit. Anhand der vorliegenden Zeit kann ich eindeutig den entsprechenden Läufer identifizieren. Während die Messung des Merkmals ‚Geschlecht' oder ‚Leistung im Seminar' noch recht einfach erscheint, leuchtet es gleich ein, dass eine Messung des Merkmals ‚Gewaltbereitschaft' bereits wesentlich komplizierter ist. Das Geschlecht einer Person ist leichter festzustellen als ihre Gewaltbereitschaft. In der Mehrzahl werden in der Kommunikationswissenschaft Daten erhoben, die ihrem Begriff nach nur einen indirekten empirischen Bezug haben. Auch hier muss der Messvorgang empirische Relative 1:1 in numerische überführen. Die korrekte Abbildung des vollständigen Spektrums des theoretischen Konstruktes ‚Gewaltbereitschaft' muss demnach in einem Objektbereich mit numerischen Relativen 1, 2, ... strukturgleich darstellbar sein.

2.2 Merkmalsträger, Merkmale, Merkmalsausprägungen

Die Kommunikationswissenschaft erhebt nicht nur Merkmale von Personen. Auch bei Fernsehsendern können bestimmte Merkmale identifiziert werden, die von Interesse sind. Dies sind zum Beispiel die Einschaltquote eines Senders, die Anzahl der Beschäftigten bei diesem Sender oder die technische Reichweite. In wissenschaftlichen Untersuchungen kann also auch ein Fernsehsender zum Merkmalsträger werden. Das gleiche gilt für Zeitungsartikel. Wie häufig werden die Kanzlerkandidaten der großen Parteien erwähnt? Welche Eigenschaften werden ihnen zugeschrieben? Wie ist die Themenstruktur in bestimmten Artikeln?

Tabelle 1: Beispiele für Merkmalsträger, Merkmale, Ausprägungen sowie ihre Überführung in numerische Relative

Merkmalsträger	Merkmal	Ausprägung	Numerisches Relativ
Personen	Wahlverhalten	CDU/CSU	1
		SPD	2
		Grüne usw.	3
	Fernsehnutzung	ARD	1
		ZDF	2
		RTL usw.	3
Haushalte	Einkommen	Bis 749	1
		750-1499	2
		1500-2249 usw.	3
	Familienmitglieder	Eltern	1
		Großeltern	2
		Kinder usw.	3
Zeitungsartikel	Thema	Außenpolitik	1
		Innenpolitik	2
		Sport usw.	3
	Quelle der Nachricht	dpa	1
		AP	2
		AFP usw.	3

In diesem Fall ist der Merkmalsträger ein Zeitungsartikel, der bestimmte Merkmale mit bestimmten Ausprägungen aufweist. Man kennt also ganz verschiedene Merkmalsträger, denen die verschiedensten Merkmale in unterschiedlichen Merkmalsausprägungen zu eigen sind. Aus der jeweiligen Fragestellung folgt, mit welcher Methode die Merkmalsträger und ihre Merkmale untersucht werden. Wenn Zeitungsartikel die Merkmalsträger sind, scheidet die Methode der Befragung aus. Zeitungsartikel lassen sich nicht befragen. Personen als Merkmalsträger dagegen kann man befragen oder beobachten, aber keiner Inhaltsanalyse unterziehen.

2.3 Mess- bzw. Skalenniveaus

Durch die äquivalente Überführung empirischer in numerische Relative entstehen *Skalen*. Beispielsweise wird die Länge von Objekten mit einer Skala, dem Metermaß, gemessen. Dabei gibt es verschiedene Typen, die sich hinsichtlich ihres Messniveaus und ihren mathematischen Eigenschaften unterscheiden. Am sogenannten *Skalenniveau* erkennt man, ob zum Beispiel erhobene Werte zusammengezählt und anschließend geteilt werden dürfen, um etwa einen Mittelwert zu errechnen. Wollte man dies mit den Werten ‚1' für männlich und ‚2' für weiblich tun, um dann ‚1,5' herauszubekommen, läge man zwar mathematisch goldrichtig, der Sache nach jedoch ziemlich daneben. Die Überführung von konkreten Merkmalsausprägungen in reine Zahlen birgt durchaus Risiken. Der konkrete, in der sozialen Realität wahrnehmbare Fall, zum Beispiel die politische Einstellung eines Befragten, wird mit dem Messvorgang nicht nur in seiner Komplexität extrem reduziert (es wurde schon mehrfach betont, dass in der empirischen Kommunikationsforschung zumeist nur ein ganz bestimmter Aspekt erhoben und analysiert werden soll). Mit dem kleinen Kreuzchen eines Interviewers bei der Zahl ‚2' (sagen wir, ‚2' stünde für die Antwort eines Befragten „Ich gehe ab und zu auf eine Bezirksversammlung.") ist ein großer Schritt, nämlich mitten in die Mathematik bzw. Statistik, getan. Man kann mit der Zahl rechnen. Um allerdings sachlogischen Unsinn zu vermeiden, ist der gedankliche Rückbezug auf den Ausgangspunkt immer wichtig: Was will man eigentlich mit den Zahlen herausbekommen? Mit welchen Merkmalen hat man es gerade zu tun? Was ‚darf' man überhaupt mit diesen Merkmalen rechnen, ohne Nonsens zu produzieren? Zu dieser Entscheidung gibt es klare Vorschriften, die sich mit den oben schon erwähnten Skalenniveaus auseinandersetzen. Grundsätzlich unterscheidet man drei Skalenniveaus:

2.3.1 Nominale Skalierung

- ***Bei einer nominalen Skalierung werden die Merkmale eines Merkmalsträger so klassifiziert, dass gleiche Ausprägungen gleiches, ungleiche Ausprägungen ungleiches bedeuten.***

Die numerischen Relative (man spricht auch von Ausprägungen) einer nominalen Skalierung schließen sich logisch gegenseitig aus. Wiederum am Beispiel ‚Geschlecht' wird das deutlich: Durch den Messvorgang erhält man zwei Klassen des Merkmals: Männlich = ‚1' und weiblich = ‚2'. Sie schließen sich logisch wechselseitig aus, d.h. die Zugehörigkeit zu einer Klasse bedeutet zugleich immer auch die

Nicht-Zugehörigkeit zu der anderen Klasse. Weitere Beispiele für eine nominale Klassifikation sind ‚Religionszugehörigkeit', ‚Parteienpräferenz', oder ‚Lieblingssender'. Wenn sich alle Merkmalsträger in zwei Ausprägungen einteilen lassen, sprechen wir von *dichotomen* nominalskalierten Merkmalen, wenn es mehr als zwei Ausprägungen gibt, von *polytomen* nominalskalierten Merkmalen.

- ***Dichotome Merkmale sind solche, die genau zwei Ausprägungen haben, polytome Merkmale weisen mehr als zwei Ausprägungen auf.***

Dabei ist zu beachten, dass Merkmale nicht per se dichotom oder polytom sind. Es kommt ganz auf die Fragestellung und die Messvorschrift an, mit der ein Merkmal erhoben wird. Die Frage, ob jemand männlich oder weiblich sei, ist eine Messvorschrift, die zu einem dichotomen Merkmal auf Nominalebene führt. Fragt man nach der Religionszugehörigkeit und gibt als Antwortkategorien katholisch, evangelisch, muslimisch, sonstiges oder gar keine Religion an, erhält man durch diese Messvorschrift ein fünfstufiges polytomes Merkmal ebenfalls auf Nominalniveau. Denkbar wäre allerdings auch, die Religionszugehörigkeit als dichotomes Merkmal zu erheben, indem man beispielsweise nach ‚christlich' und ‚andere' fragt. Im Resultat erhält man ein dichotomes Merkmal mit zwei Ausprägungen auf Nominalniveau, welches das gleiche Merkmal (Religionszugehörigkeit) anders, gröber gemessen hat.

Die Anzahl der möglichen Ausprägungen solcher Nominalskalen reicht von 2 bis theoretisch unendlich. Wenn auf Nominalskalenniveau erhoben wird, werden die Ergebnisse in der Regel als Häufigkeiten oder Prozentwerte dargestellt. Beispiele sind „52,4 Prozent der deutschen Bevölkerung sind weiblich", „38,5 Prozent der Wahlberechtigten haben bei der letzten Bundestagswahl die SPD gewählt" oder „98 Prozent der deutschen Haushalte verfügen über ein Fernsehgerät." Technisch gesprochen können wir nur feststellen, ob zwei Merkmalsträger die gleiche oder verschiedene Merkmalsausprägungen haben. Aus diesem Grund könnte man für nominal skalierte Merkmale auch Buchstaben oder Symbole vergeben, etwa X für männlich und Y für weiblich. Da wir allerdings später mit den erhobenen Daten rechnen wollen, um zum Beispiel bestimmte Anteile beschreiben zu können, ist es praktisch und Konvention, auch nominal skalierte Merkmale in Zahlen zu überführen.

2.3.2 Ordinale Skalierung

- ***Die Messwerte auf einer ordinalen Skalierung lassen sich in eine sachlogische Rangfolge bringen.***

Ordinale Skalen werden deshalb auch *Rangskalen* genannt. Eine Rangskala ist eine strukturgleiche Abbildung, die entweder homomorph oder isomorph sein kann. Ein Notenspiegel ist eine homomorphe Darstellung, weil mehrere Studenten dieselbe Note erhalten können. Die Objekte einer Rangskala werden auf der logischen Ebene eines *Vergleichs* gemessen: Wer ist besser, was ist größer, was kommt häufiger vor *als* das andere Objekt? Das heißt, wie bei den Nominalskalen werden die Qualitäten von Merkmalsausprägungen miteinander verglichen. Allerdings lassen sich nicht nur gleich und ungleich (Platz 1 ist ungleich von Platz 2), sondern auch *größer* und *kleiner* unterscheiden. Wichtig an den Ausprägungen der Rangskala ist nun die Tatsache, dass die ‚Abstände' zwischen den Ausprägungen nicht gleich groß sind. Wohl kann man angeben, dass die Note ‚sehr gut' besser als ein ‚gut' ist, aber sie ist keineswegs doppelt so gut; auch der Abstand zwischen ‚befriedigend' und ‚ausreichend' ist vermutlich kleiner als der zwischen ‚ausreichend' und ‚mangelhaft'. Daher darf man streng genommen keine Mittelwerte berechnen. Bei der Berechnung einer Durchschnittsnote von beispielsweise 2,2 handelt es sich folglich um eine sachlogisch nicht angemessene Rechenoperation. Die Praxis ignoriert diesen Sachverhalt jedoch häufig, was ein Blick auf das eigene Abiturzeugnis belegt.

2.3.3 Metrische Skalierung

Auch die Objekte einer metrischen Skala nehmen eine Rangfolge ein.

- ***Ausprägungen, die metrisch skaliert gemessen werden, können jeden beliebigen Zahlenwert annehmen. Die Abstände bzw. die Intervalle zwischen den möglichen Messpunkten müssen immer gleich groß sein.***

Das Metermaß ist ein typisches Beispiel für eine metrische Skala. Die wichtigste Unterscheidung derartiger Merkmalsausprägungen zu denen auf nominalen oder ordinalen Skalen ist die Tatsache, dass sie der numerischen Metrik folgen. Metrisch skalierte Objekte können nun ihrerseits verschiedene Eigenschaften besitzen, die für die Datenauswertung von großer Bedeutung sind. Man unterscheidet diskrete und sogenannte stetige Merkmale. Diskrete Merkmale haben Ausprägungen, die in ganzen Zahlen darzustellen und insofern abzählbar sind. Dies könnten sein: Anzahl von Studenten in einem Semester, gekaufte Autos in einem Geschäftsjahr oder eingeschaltete Fernsehgeräte um 20 Uhr. Im Prinzip können diese Merkmalsausprägungen einen unendlichen Wert annehmen, sie bleiben der Sache nach aber zählbar.

Im Gegensatz dazu stehen stetige Variablen. Hier kommt es nur darauf an, wie genau das Messinstrument ist, mit dem die Merkmalsausprägung gemessen wird. Man denke sich das Beispiel „Fernsehkonsum einer Person". Will man die Nutzungsdauer – was üblich ist – in Minuten messen, erhält man eine zählbare, diskrete Ausprägung. Theoretisch wäre jedoch denkbar, dass man die Nutzungsdauer von Personen mit so feinen Abstufungen misst, dass sie einer stetigen Funktion nahe kommen bzw. die Ausprägungen auf einem Kontinuum darstellen, deren Abstände unendlich nah aneinander rücken. Typische stetige Maße sind unter anderem Länge, Zeit, Temperatur, Gewicht.

In der Praxis wird allerdings kaum zwischen diskreten und stetigen Merkmalen unterschieden. Man orientiert sich an den Möglichkeiten der Messinstrumente und den Forschungsinteressen. Beispielsweise würde es ungleich mehr Aufwand bedeuten, den Fernsehkonsum als stetiges Datum (also in unendlich feiner Abstufung) zu messen. Der Informationsgehalt einer einfacheren Messung, beispielsweise auf der Basis von Viertelstundenintervallen, ist nur unwesentlich geringer.

Innerhalb der metrischen Skalen kann man *Intervall- und Verhältnisskalen* unterscheiden. Intervallskalen haben keinen absoluten (sondern wie bei der Temperaturmessung in °C allenfalls einen willkürlich gesetzten) Nullpunkt. Beispiele sind Beurteilungsskalen, die von „sehr schlecht“ bis „sehr gut“ reichen, sie gehen von einem Minimalwert bis zu einem Maximalwert. Die Abstände (Intervalle) zwischen den einzelnen Skalenpunkten sind genau gleich groß. Im Gegensatz dazu haben Verhältnisskalen einen absoluten Nullpunkt, z.B. die Fernsehnutzungsdauer in Minuten. Dabei geben die Zahlen die Verhältnisse der Merkmalsausprägungen korrekt wieder. Jemand, der vier Stunden fernsieht, sieht *doppelt so viel* wie jemand, der nur zwei Stunden sieht. Im Gegensatz dazu würde eine solche Aussage bei intervallskalierten Merkmalen nicht sinnvoll sein. Liegt die durchschnittliche Temperatur einer Winternacht bei –8°C, so ist diese nicht „doppelt so kalt“ wie eine Nacht mit einer durchschnittlichen Temperatur von –4°C.

Intervall- und Verhältnisskala zeichnen sich aber beide dadurch aus, dass die Abstände zwischen zwei beliebigen Objekten stets gleich groß sein müssen – im Zweifelsfall unendlich nah beieinander. Der Unterschied zwischen beiden Skalen besteht lediglich in der Feststellung, dass die Verhältnisskala, auch *Ratioskala* genannt, einen natürlichen Nullpunkt besitzt, während der Nullpunkt einer Intervallskala willkürlich festgelegt ist (z.B. beim üblichen Thermometer).

Nominal-, Ordinal- und metrisches Skalenniveau sind „abwärts“ kompatibel: Eine metrische kann auch als Ordinal- oder Nominalskala behandelt werden, eine Ordinal- auch als Nominalskala. Die entsprechenden Rechenoperationen sind also jeweils möglich. Es sei noch einmal betont, dass die Messung und nicht das gemessene Phänomen das Skalenniveau bestimmt. Das Geschlecht muss nicht nominal erfasst werden, obwohl das in der Praxis fast stets so geschieht. Und der Fernsehkonsum muss nicht metrisch erfasst werden. Wenn man Leute lediglich fragt, ob sie überhaupt fernsehen (ja oder nein), hat man Fernsehnutzung nominal-dichotom erhoben. Hier ein paar Beispiele für die verschiedenen Skalenniveaus:

Tabelle 2: Nominale, ordinale, intervallskalierte Merkmale

Merkmal	Nominalskala	Ordinalskala	Intervallskala
Geschlecht	männlich = 1 weiblich = 2		„Weiblichkeits- bzw. Männlichkeitsindex“
Beliebtheit von Politikern	ja = 1 nein = 0	1. Platz 2. Platz 3. Platz	Messung auf Skala von -5 bis +5
Fernseh-konsum	ja = 1 nein = 0	nie = 1 mehrmals pro Monat = 2 mehrmals pro Woche = 3 täglich = 4	minutengenaue Messung der Nutzungsdauer

2.4 Differenziertheit von Messungen

Für die empirische Kommunikationsforschung sind die drei relevanten Skalenniveaus – Nominalskala, Ordinalskala und Intervallskala – hauptsächlich wegen der unterschiedlichen Differenziertheit der Messung interessant. Je höher das Skalenniveau, desto differenzierter die Messung.

➢ ***Je detaillierter ein Sachverhalt gemessen wird, desto genauere Aussagen können über diesen Sachverhalt gemacht werden.***

Da keinem Merkmal a priori das ‚richtige' Skalenniveau anhängt, kommt es auf das Forschungsinteresse an, welches mit einer bestimmten Messung verfolgt wird. Man denke noch einmal an das Beispiel des ‚Vielsehers'. Auf die Frage: „Sehen Sie viel fern?" erhält man genau zwei Merkmalsausprägungen, nämlich ja und nein. Abgesehen davon, dass gar nicht angegeben wurde, was ‚viel' ist, lassen sich die Befragten nur sehr grob in zwei Gruppen einteilen. Bei einer Frage nach dem täglichen Fernsehkonsum in Minuten kann man Vielseher schon sehr viel differenzierter beschreiben. Man hat dann die Möglichkeit, die Befragten in Gruppen einzuteilen (bis zu einer Stunde, bis zu zwei Stunden etc.) und zu prüfen, in welcher Gruppe die meisten Befragten landen. Man kann Minimum und Maximum bestimmen und Mittelwerte ausrechnen. Der Vorteil einer differenzierten Messung liegt also darin, dass mit den Daten mehr Berechnungen vorgenommen und sie daher detaillierter interpretiert werden können. Aus Nominalskalen lässt sich eben nicht so viel herausholen wie aus Intervallskalen. Allerdings ist immer zu bedenken, dass ein intervallskaliertes Messniveau einen größeren Aufwand in der Erhebung, der Auswertung und in der Ergebnisdarstellung bedeutet.

2.4.1 Wahl des richtigen Skalenniveaus

Hier soll noch einmal verdeutlicht werden, dass sich die Wahl des Skalenniveaus am Forschungsinteresse orientiert: Wollte man herausfinden, wie maskulin bzw. feminin Männer und Frauen sind, würde man eine Fragebatterie zu Männlichkeit und Weiblichkeit entwickeln. Man bekäme dann für jede Frau und für jeden Mann einen Männlichkeitswert und einen Weiblichkeitswert heraus, der intervallskaliert zum Beispiel als Index dargestellt werden könnte. Es ist also durchaus denkbar, dass selbst solche Merkmale, die für gewöhnlich nominal erhoben werden, auch als ein stetiges Kontinuum darstellbar sind. Wenn also ein Merkmal im Mittelpunkt des Interesses steht, wird man versuchen, es möglichst differenziert zu erheben, d.h. in der Regel mit Intervallskalen. Wenn umgekehrt ein Merkmal eher am Rande interessiert, dann wird man es vielleicht hinnehmen, es nur mit einer einfachen „ja-nein-Frage" nominal zu erheben. Theoretische Konstrukte wie der ‚Vielseher' müssen demnach mit mehreren Messungen, meist auf Intervallskalenniveau erhoben werden, um der Komplexität des Phänomens gerecht zu werden. Dabei werden die verschiedenen Merkmale (Indikatoren), die man aus seinen theoretischen Überlegungen heraus dem Vielseher-Phänomen zuordnet, unterschiedlich differenziert erhoben.

Fragen nach der Dauer und den Nutzenerwartungen des Fernsehkonsums werden vermutlich sehr detailliert erhoben.

Die Wahl des Messniveaus hängt jedoch nicht nur vom Erkenntnisinteresse, sondern auch vom Merkmalsträger selbst ab. Die Frage nach der politischen Einstellung kann man auf vielerlei Arten konzipieren, und nicht alle Möglichkeiten werden den optimalen Erkenntnisgewinn bringen, weil der Merkmalsträger – also die Person – nicht immer antworten kann. Folgende Situation sei angenommen: Wenn man wissen will, wo ein Befragter im politischen Spektrum steht, könnte man ihn fragen: „Schätzen Sie Ihre politische Präferenz eher links oder eher rechts ein?" Das klingt, als ob es ganz leicht zu beantworten wäre. Nur was tun diejenigen, die sich tatsächlich politisch neutral sehen? Sie haben keine Chance, gültig zu antworten. Man wird also ein verzerrtes Ergebnis bekommen und unter Umständen falsche Schlüsse aus den Daten ziehen. Die Wahl eines nominalen Messniveaus mit dichotomen Ausprägungen ist offenbar nicht angemessen. Anders verhält es sich, wenn dem Befragten für dieselbe Auskunft eine Skala von 0 bis 100 vorgelegt wird, wobei die 0 eine extreme rechte, die 100 eine extreme linke Position darstellen soll. Diese Messung ist sehr viel detaillierter. Man muss sich allerdings fragen, ob eine solch genaue Skala tatsächlich mehr Informationsgehalt bietet und nicht vielleicht den Befragten überfordert. Vermutlich wird kaum einer die Zahl 23 ankreuzen, viele dagegen 50 oder 20 oder 80. Die Skala ist zu differenziert für den normalen Bürger. Eine siebenstufige Antwortmöglichkeit für die Frage: „Sind Sie politisch eher rechts oder links eingestellt?" wird vermutlich ein guter Kompromiss zwischen Differenziertheit einerseits und Realitätsnähe andererseits sein.

2.4.2 Veränderung des Skalenniveaus nach der Messung

Häufig werden nur bestimmte Ausprägungen eines Merkmals differenziert erfasst und damit eine *Restkategorie* in Kauf genommen. Das bedeutet, dass einem Teil der Merkmalsträger, der sich aus unterschiedlichsten „Minderheiten" zusammensetzt, eine quasi zusammenfassende Merkmalsausprägung *Sonstiges* zugeordnet wird. Ein bekanntes Beispiel sind Hochrechnungen zu Bundestagswahlen, wo die Grafiken in der Regel nur diejenigen Parteien ausweisen, die die Fünfprozent-Hürde übersprungen haben oder nur knapp darunter liegen. Hinter der Kategorie ‚Sonstige' verbergen sich sämtliche Stimmen der vielen Parteien, die unter dieser Grenze blieben. Selbstverständlich gäbe es die Möglichkeit, alle sogenannten Splitterparteien aufzuführen, denn es wurde ja bei der Wahl auch detailliert abgefragt (niemand macht sein Kreuzchen bei einer Kategorie ‚Sonstige'...). Das allgemeine Interesse an der Hochrechnung richtet sich aber bekanntermaßen nur auf die ‚Großen'. Deshalb hat der Wahlforscher nach der Datenerhebung, also der Wahl, bestimmte Ausprägungen zusammengefasst, weil es dem allgemeinen Interesse entspricht.

Dieser Vorgang der späteren Zusammenfassung von Ausprägungen ist in der quantitativen empirischen Kommunikationsforschung üblich: Man erfasst zunächst die Daten sehr genau und kann bei der Analyse viele detaillierte Ausprägungen zu neuen, größeren Gruppen zusammenfassen. Ein umgekehrtes Verfahren ist jedoch nicht möglich. Wenn man bei der Datenerhebung die Ausprägungen nur sehr grob misst, kann man nicht im Anschluss aus zwei Gruppen viele kleine machen. Daraus folgt: Intervallskalierte Messvorschriften („Wie viele Minuten schauen Sie täglich fern?") können je nach Erkenntnisinteresse in der Auswertung in Gruppen zusammengefasst werden. Für das Skalenniveau bedeutet das nichts anderes, als dass man die Intervallskala zu einer Ordinalskala reduziert. Zum Beispiel würde die erste Gruppe alle diejenigen umfassen, die bis zu einer Stunde fern sehen, die zweite Gruppe bis zu zwei Stunden usw. Es ist sogar denkbar, nochmals das Skalenniveau zu reduzieren. Eine nominale, dichotome Skalierung könnte dann so ausschauen, dass man Vielseher als diejenigen bezeichnet, die mehr als drei Stunden sehen, die anderen als Wenigseher.

2.4.3 Grenzen der Differenziertheit von Messungen

Zu guter letzt spielt auch das zur Verfügung stehende Budget eine Rolle bei der Frage, wie differenziert man misst. Wissenschaftlich interessant wäre es natürlich immer, möglichst viele Personen möglichst genau zu untersuchen. Dies kostet jedoch zusätzliches Geld. Ein weiterer Grund, der dagegen spricht, möglichst ausführlich und differenziert zu erheben, ist die endliche Geduld der zu Untersuchenden. Zeitungsartikel kann man unendlich detailliert und lange analysieren, das ist nur eine Frage des Geldes (und allenfalls der Belastbarkeit der Codierer). Befragte werden aber bei zu langen Fragebögen ihre physische und psychische Grenze erreichen. Sie würden irgendwann die Befragung abbrechen oder, was viel schlimmer wäre, würden ab einem bestimmten Zeitpunkt nicht mehr aufmerksam zuhören und die Fragen nicht mehr wahrheitsgemäß beantworten.

Die Konzeption einer Studie orientiert sich also nicht nur am wissenschaftlichen Erkenntnisinteresse. Der Forschungsprozess (vgl. Abbildung 4) ist auch bestimmt von zeitlichen und finanziellen Restriktionen sowie pragmatischen Erwägungen, die bis hin zu Überlegungen zur Differenziertheit von Messungen gehen können.

3. Kapitel
Messen und Zählen II

3.1. Skalierungsverfahren

Wie erfolgt nun die Messung von komplexeren Konstrukten in einer angemessenen Form? Im Folgenden werden die gängigsten Verfahren zur Skalenkonstruktion dargestellt. Zunächst einmal unterscheidet man zwischen Skalen und Indizes.[13]

- ***Indizes repräsentieren einen Merkmalsraum, d.h. in einem Index sind bereits mehrere Items rechnerisch zusammengefasst.***

- ***Skalen sind Messinstrumente, die sich aus mehreren Einzelmessungen (Items) zusammensetzen, die alle das gleiche oder ähnliche Merkmale erfassen und sich auf das gleiche Konstrukt beziehen.***

3.1.1 Indizes

Ein Phänomen der sozialen Realität, das mittels einer empirischen Studie untersucht werden soll, kann nicht mit einer Messung vollständig abgebildet werden, sondern erfordert in der Regel eine ganze Reihe von Messungen. Mit der operationalen Definition von Begriffen werden Indikatoren bestimmt, die den Gegenstandsbereich adäquat abbilden sollen. Gewaltbereitschaft wird man eben nicht mit einer Frage, sondern nur mit einem umfangreichen Katalog von Messungen in den Griff bekommen. Trotzdem bleibt es das Ziel der empirischen Forschung, das theoretische Konstrukt systematisch, intersubjektiv nachvollziehbar und im wahrsten Sinn des Wortes berechenbar darzustellen. Die Konstruktion eines Indexes erfolgt genau zu diesem Zweck. Man entwickelt zunächst viele Indikatoren, die ein Konstrukt beschreiben, misst sie und reduziert sie am Ende wieder zu einem Zahlenwert, der dann zum Beispiel das Ausmaß an Gewaltbereitschaft repräsentiert. Dieser Zahlenwert stellt dann den Index dar.

Ganz praktisch kennt jeder die Verwendung dieser Indizes, die für die beliebten Psychotests in Zeitschriften verwendet werden: „Testen Sie Ihr Einfühlungsvermö-

---

13 Man beachte hierbei die unterschiedliche Verwendung des Begriffs „Skala". Beim Skalenniveau, wie es im vorigen Abschnitt diskutiert wurde, bezieht er sich auf die Differenziertheit der Messung, in diesem Kontext zielt er auf die Zusammenziehung mehrerer Einzelmessungen zu einem Gesamtwert.

gen!“, „Sind Sie ein guter Liebhaber?“, „Sind Sie ein guter Autofahrer?“ Diese und ähnlich spannende Selbsteinschätzungen werden mit Hilfe von Indexbildungen plastisch gemacht. Der Test auf die Autofahrerqualitäten besteht dann natürlich nicht in der Frage, ob man sich selbst als guten Autofahrer einschätzt, sondern in einer Batterie von Fragen, die die verschiedenen Indikatoren von Autofahrerqualitäten vollständig und exklusiv abbilden sollten. Er muss vorausschauend fahren, muss auf Sicherheit bedacht sein, darf nicht zu schnell fahren und darf in Krisensituationen nicht den Kopf verlieren. Der Index ‚Guter Autofahrer' setzt sich aus verschiedenen Indikatoren zusammen, und für jeden Indikator nimmt man eine Messung vor in Form einer Frage, die der Leser mit „ja“ oder „nein“ bzw. a, b, c oder d beantworten soll. Das Resultat sind dann Punktwerte, die den Aspiranten einer Gruppe zuordnen. Der Punktwert selbst ist genau der Index, der alle Messungen umfasst.

Egal, ob es sich nun um einen ‚Gute-Autofahrer-Index' oder einen solchen zur Gewaltbereitschaft handelt: Der Einsatz von Indizes hat Implikationen, die unbedingt mit bedacht sein wollen:

- *Indizes reduzieren den Merkmalsraum. Differenzierte Beschreibungen einzelner Indikatoren gehen verloren.*
- *Der Index ist die Summe aller gemessenen Merkmale und darin selbst ein neues Merkmal.*
- *Der Index muss den Merkmalsraum, sprich die Indikatoren eines theoretischen Konstruktes, vollständig und eindimensional abbilden.*[14]
- *Der Index selbst hat das Niveau einer Intervallskala, auch wenn die in ihm steckenden Indikatoren nominal (ja/nein) oder ordinal erhoben wurden.*
- *Die Messungen, die in den Index eingehen, sollten alle dasselbe Messniveau aufweisen, also z.B. nominale, dichotome Skalen.*

Mit dem Vorteil, den ein Index zweifellos bietet, nämlich sozusagen auf einen Blick ein ganzes Konstrukt schön griffig darzustellen, handelt man sich immer auch den Nachteil ein, dass ein Index eine stark verkürzende, vollständig abstrakte Darstellung eines Untersuchungsgegenstandes ist. Deshalb wird man nicht ausschließlich mit Indizes arbeiten und argumentieren, eben weil sie wenig anschaulich sind.

3.1.2 Skalen

3.1.2.1 Thurstone-Skala

Der Leser, der brav alle Fragen zum ‚Gute-Autofahrer-Test' beantwortet hat, zählt in der Regel Punkte zusammen, durch die er am Ende einer bestimmten Gruppe zuge-

---

14 Nicht eindimensional wäre zum Beispiel die Aufnahme des folgenden Indikators in den Gute-Autofahrer-Index: Autowaschhäufigkeit. Würde man diesen Indikator mit aufnehmen, bekäme man am Ende (speziell in Deutschland) wahrscheinlich einen verzerrten Indexwert heraus.

ordnet wird. Wenn dabei nicht bei jeder Frage die gleiche Anzahl an Punkten vergeben wird, handelt es sich bei der zugrundeliegenden Skala um eine Thurstone-Skala. Die Besonderheit der unterschiedlichen Punktevergabe ist in der Konstruktion der Skala begründet. Diese erfolgt in einem zweistufigen Verfahren. Denkbar sind zwei Konstruktionsprinzipien:

Die erste Möglichkeit zur Konstruktion der Skala beginnt mit der Sammlung einer großen Anzahl an Items, die das Konstrukt ‚Qualität des Autofahrers' möglichst in seiner Gesamtheit abbilden. Diese Items werden zunächst einer kleinen Gruppe von Beurteilern vorgelegt. Ebenso wie die Leser der Zeitschrift, beurteilen diese Tester alle Indikatoren, allerdings nicht mit ja/nein, sondern auf einer Skala, die in der Regel elfteilig ist.

Tabelle 3: Kategorienvorgabe zur Beurteilung von Items

schlechter Autofahrer				neutral			guter Autofahrer			
-5	-4	-3	-2	1	0	1	2	3	4	5

Dabei sollen sie nicht ihre eigene Einstellung angeben, sondern lediglich einschätzen, inwiefern dieses Item auf schlechte bzw. gute Autofahrer zutrifft. So würden die Tester das Item: „Wenn ich mir sicher bin, dass ich nicht erwischt werde, fahre ich über rote Ampeln" wahrscheinlich eher dem Pol ‚schlechter Autofahrer' (z.B. Punktwert ‚-4') zuordnen. Ein Item wie: „Sicherheit steht für mich beim Autofahren an erster Stelle, selbst wenn ich dadurch manchmal zu spät komme" würde vermutlich eher dem Pol ‚guter Autofahrer' zugeordnet werden. Für den ‚Gute-Autofahrer-Test' ausgewählt werden nur solche Items, bei denen sich die Beurteiler relativ einig sind. Gleichzeitig wird darauf geachtet, dass die gesamte Breite zwischen den beiden Polen durch Items abgedeckt ist und sich im Test somit Items befinden, denen ‚gute', ‚neutrale', aber auch ‚schlechte' Autofahrer zustimmen würden. Die so auf weniger Items reduzierte und zusammengestellte Skala wird den tatsächlichen Befragten vorgelegt. Diese sollen nur angeben, ob sie dem Item zustimmen oder nicht. Stimmen sie der Aussage bzgl. der roten Ampeln zu, dann erhalten sie für ihre Zustimmung auch genau die Punktzahl, der die Beurteiler das Item zugeordnet hatten, also z.B. minus vier Punkte.

Das zweite Konstruktionsprinzip läuft dagegen so ab: Man definiert erneut den Merkmalsraum eines Sachverhaltes, zum Beispiel ‚Ausländerfeindlichkeit'. Die Indikatoren werden wiederum einer Gruppe von Beurteilern vorgelegt, wobei man annimmt, dass das theoretische Konstrukt, das untersucht werden soll, in der Gruppe normalverteilt vorliegt.[15] Ein Indikator könnte vielleicht ‚Toleranz in der Familie' heißen und mit der Aussage: „Einen Schwiegersohn, eine Schwiegertochter aus einem anderen Land würde ich nicht akzeptieren." erhoben werden. Die Tester sol-

15 Will man zum Beispiel eine Thurstone-Skala zum Begriff Ausländerfeindlichkeit entwickeln, wird man seine Gruppe nicht aus den Reihen einer rechtsradikalen Partei rekrutieren.

len nun anhand der elfstufigen Skala angeben, wie stark *sie selbst* dieser Aussage zustimmen. Nun wird für jedes Item der Wert ermittelt, der die Bewertungen aller Beurteiler in zwei gleiche 50%-Hälften teilt. Wenn also von 30 Testpersonen 15 einen Wert von minus drei oder kleiner angekreuzt haben und somit ausdrücken, dass sie dieser Aussagen nicht zustimmen, erhält diese Frage den Punktwert ‚-3'. Dies ist übrigens kein arithmetisches Mittel, sondern ein anderer Mittelwert, der sogenannte *Median.* In diesem ersten Schritt werden die Indikatoren, die eine Einstellung abbilden, gewissermaßen geeicht, einem festen Wert zugeordnet.

Im zweiten Schritt, der eigentlichen Befragung zur Ausländerfeindlichkeit, wird dann gemessen, ob ein Befragter dieser Frage zustimmt oder nicht. Es wird also, allgemein gesprochen, gemessen, ob eine bestimmte Einstellung, die Teil einer generellen Einstellung, z.B. Ausländerfeindlichkeit, ist, bei Befragten vorliegt oder nicht. Wenn der Befragte einem Einstellungsitem zustimmt, wird der im ersten Schritt ermittelte Skalenwert (in diesem Fall minus drei Punkte) vergeben. Dies passiert im folgenden mit vielleicht zwanzig Items, die alle Indikatoren für eine bestimmte Einstellung sind. Die Werte der zwanzig Items werden zusammengezählt und heraus kommt ein intervallskalierter Wert, der als *Thurstone-Skala* beispielsweise die Einstellung eines Befragten zu Ausländern in Deutschland repräsentiert.

➢ ***Eine Thurstone-Skala besteht aus mehreren Items mit dichotomer oder polytomer Antwortvorgabe, deren Werte, mit bestimmten Punktwerten gewichtet, zu einem Gesamtwert (Index) zusammengefasst werden.***

In der Regel werden Thurstone-Skalen für die Messung von Einstellungen gegenüber sozialen Sachverhalten verwendet. Das erklärt auch, warum häufig unterschiedlich hohe Punktzahlen in den typischen Zeitschriften-Tests vergeben werden: Die beiden Antwortmöglichkeiten bei einer Frage werden dann entsprechend des Vortests gewichtet. Bezogen auf die Autofahrerskala würde also ein „Ja" auf die Frage „Wenn ich mir sicher bin, dass ich nicht erwischt werde, fahre ich über rote Ampeln" mit -4 Punkten gewichtet, die Antwort „nein" dagegen mit 0 Punkten.

Eine weitere Variante liegt vor, wenn ich über einen bestimmten Gegenstandsbereich bereits über Vorinformationen verfüge. Nehmen wir an, wir hätten eine Gruppe von Personen zur Verfügung, die seit 30 Jahren unfallfrei Auto gefahren sind, und eine Gruppe, deren Mitglieder in der Flensburger Verkehrsünderdatei über mehr als 14 Punkte verfügen. Beiden Gruppen legen wir eine große Anzahl von Fragen vor, die sich in der Regel aufs Autofahren beziehen, aber auch auf ganz andere Sachverhalte, z. B. die Lieblingsfarbe. Für die endgültige Skala werden dann die Items verwendet, die beide Gruppen am besten trennen, das kann dann theoretisch auch die Lieblingsfarbe sein. Wenn alle schlechten Autofahrer „rot" sagen und alle guten „blau", dann wäre dieses Item sehr gut geeignet, gute und schlechte Autofahrer zu trennen. Aus dieser Vorgehensweise ist dann auch verständlich, warum in solchen Tests in Zeitschriften häufig nicht direkt erkennbar ist, was eine Frage mit dem entsprechenden Phänomen zu tun haben soll.

3.1.2.2 Likert-Skala

Der zweite Skalentyp, der in der Kommunikationsforschung häufig eingesetzt wird, ist die sogenannte *Likert-Skala.* Bei dieser Likert-Skala sind die einzelnen Skalen-Items intervallskaliert und nicht nominal wie bei der Thurstone-Skala. Sie beziehen sich aber ebenfalls auf jeweils ein theoretisches Konstrukt.

> ***Eine Likert-Skala besteht aus mehreren mindestens fünfstufigen Items, die zu einem Index durch Addition zusammengefasst werden.***

Das Verfahren der Likert-Skala ist ähnlich wie bei der Thurstone-Skala. Es werden mehrere Items gebildet, die ein theoretisches Konstrukt abbilden sollen. Die Antwortvorgaben sind allerdings nicht dichotom (ja/nein), sondern abgestuft (z.B. trifft voll zu, trifft teilweise zu, unentschieden, trifft teilweise nicht zu, trifft gar nicht zu). Die Abstufungen können wie im Beispiel mit Textvorgaben belegt werden oder eine Zahlenskala beinhalten („Auf einer Skala von -5 bis +5, wie sehr mögen Sie diesen Politiker?"). Die Antworten auf die einzelnen Items werden summiert. Bleiben wir bei dem Beispiel der Politikerbeurteilung. Von jemandem, der über mehrere Politiker hinweg einen Wert von +2,5 erhält, würde man annehmen, dass er Politiker schätzt und vermutlich nicht politikverdrossen ist. Von jemandem mit einem Durchschnittswert von -3,5 würde man das Gegenteil annehmen. Es wird sicher Befragte geben, die ausschließlich die Politiker der eigenen Partei mögen, andere werden vielleicht unabhängig von der eigenen Parteineigung urteilen. Der Indexwert einer Likert-Skala bildet jedenfalls die untersuchte Eigenschaft besser ab als ein einzelnes Item. Der Gesamtpunktwert ist für sich aussagekräftiger als der einer Thurstone-Skala, weil die einzelnen Items schon intervallskaliert sind. Außerdem spart man sich die Voruntersuchung (wie bei der Thurstone-Skala), in der die einzelnen Items mit Gewichten versehen werden. Daher ist die Likert-Skala sehr viel gebräuchlicher als die Thurstone-Skala.

Man muss sich natürlich die Frage stellen, ob die entwickelten Skalen (also die definierten Indikatoren und die dazugehörigen Fragen) tatsächlich das messen, was sie messen sollen, nämlich beispielsweise Politikverdrossenheit. Daher versuchen wir auf bereits bewährte Skalen aus anderen Untersuchungen zurückzugreifen, so dass die Ergebnisse der eigenen Untersuchung anschlussfähig sind. Es hätte keinen Sinn, immer wieder ein völlig neues Messinstrument zu konzipieren. Man erfindet ja auch nicht jedes Mal einen neuen Meterstab, wenn man eine Längenmessung vornehmen will.

3.1.2.3 Semantisches Differential

Das *semantische Differential*, von Charles Osgood und seinen Mitarbeiten entwickelt, ist eine typische Anwendung einer Likert-Skala mit dem Ziel, den Bedeutungsgehalt eines Begriffes empirisch zu bestimmen.

Semantische Differentiale bestehen in der Regel aus etwa 10 bis 20 Gegensatzpaaren. Auch hier werden die Befragten gebeten, eine Meinung auf einer fünf- oder siebenteiligen Skala abzubilden. Der Befragte ordnet dem Untersuchungsgegenstand einen Wert zwischen den beiden Polen zu, weshalb man auch von einem *Polaritätenprofil* spricht. Danach werden die ermittelten Werte verbunden, und es entstehen vertikale ‚Fieberkurven'. Beliebt ist die Sonderform der Likert-Skala, wenn man unterschiedliche Bewertungen zu Politikern oder Objekten wie zum Beispiel Städten plakativ präsentieren möchte. Im Prinzip sind auch Vorher-Nachher-Vergleiche möglich, die dann einen Einstellungswandel zu zwei Zeitpunkten darstellen. Vorteil des Semantischen Differentials ist darüber hinaus, dass man ganz unterschiedliche Objekte miteinander vergleichen kann (vgl. Abbildung 6).

Abbildung 6: Auszug aus einem semantischen Differential zur Bewertung zweier Objekte

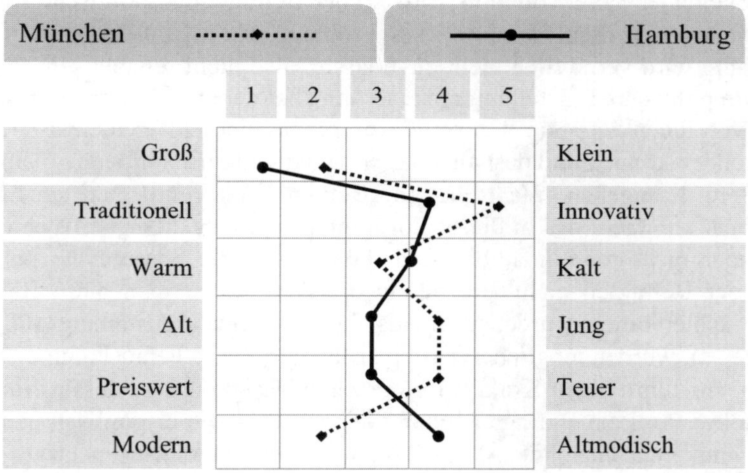

3.2. Reliabilität und Validität als zentrale Forderungen an eine Messung

Wir hatten schon kurz die Frage angesprochen, ob unsere Skalen und Messinstrumente eigentlich geeignet sind, das zu messen, was wir messen wollen. Im diesem Abschnitt werden deshalb zwei Grundvoraussetzungen für ein erfolgreiches Messen und Zählen diskutiert. Das sind die Begriffe Reliabilität und Validität von Messinstrumenten.

- ***Reliabilität eines Messinstruments heißt Zuverlässigkeit der Messung. Wiederholt man die Messung, sollte man das gleiche Ergebnis erzielen.***

- ***Validität wird mit Gültigkeit übersetzt. Validität stellt sicher, dass man das misst, was man messen will.***

3.2.1 Reliabilität

Eine Messung ist dann zuverlässig, wenn das Messinstrument bei wiederholter Messung immer wieder dasselbe Ergebnis anzeigt. Man stelle sich ein Metermaß aus Gummi vor. Es mag zwar sein, dass die Zentimetereinteilung korrekt abgetragen wurde, aber vermutlich werden verschiedene Messungen ein und desselben Objektes immer wieder andere Ergebnisse bringen. Anders ausgedrückt: Das empirische Relativ wird nicht zuverlässig in das ihm adäquate numerische Relativ überführt. Wenn ein Messinstrument derart unzuverlässig ist, ist es für wissenschaftliche Untersuchungen unbrauchbar. Die Kommunikationsforschung verwendet natürlich keine Gummibänder als Messinstrumente, wohl aber Fragebatterien in Befragungen oder Kategorienschemata in Inhaltsanalysen. Fragen sind Messinstrumente, die bestimmte Merkmalsausprägungen zuverlässig und gültig erheben sollen.

Am Beispiel einer Skala von 0 bis 100, auf der Befragte ihre politische Parteienpräferenz darstellen sollten, wurde dieses Problem schon implizit erörtert. Eine solche Messung wird vermutlich nicht zuverlässig, also nicht reliabel sein, weil die Befragten ihre politische Einstellung nicht so fein abstufen können, wie das Messinstrument es von ihnen verlangt. Sie werden zu Recht keine Differenz zwischen ‚23' und ‚27' erkennen können und deshalb einigermaßen willkürlich irgendwo eine Zahl in diesem Bereich angeben. Wenn das alle Befragten tun, wird man am Ende zu einem Ergebnis kommen, das in dieser Form nicht reproduzierbar ist. Wenn Messergebnisse aber nicht reproduzierbar sind, können sie die tatsächliche politische Einstellung der Befragten nicht zuverlässig erfassen. Wenn man diese Befragten eine Woche später bitten würde, nochmals ihre politische Einstellung auf dieser Skala abzutragen, würden möglicherweise ganz andere Werte herauskommen.

Bei einer nur fünfteiligen Skala wäre die Zuverlässigkeit des Messinstrumentes bedeutend höher, weil ein Befragter schon von sich weiß, ob er politisch ganz oder eher rechts, ganz oder eher links steht. Reliabel ist das Messinstrument also dann, wenn es bei wiederholten Messungen das gleiche Messergebnis bringt. Das bedeutet, dass das Messinstrument sowohl unabhängig vom Messenden funktionieren als auch robust gegen bewusste oder unbewusste Einflüsse des Befragten sein muss. Viele Messinstrumente, mit denen wir täglich umgehen, sind fast hundertprozentig reliabel. Wir wären sehr erstaunt, wenn wir einen Gegenstand zweimal mit einem Metermaß messen und unterschiedliche Längen herausbekommen würden.

In den Sozialwissenschaften kämpft man mit zwei grundlegenden Problemen bezüglich der Reliabilität. Eigentlich müsste sich bei jeder Messung mit einem bestimmten Messinstrument immer wieder dasselbe Ergebnis herausstellen, also eine hundertprozentige Zuverlässigkeit. Dies ist jedoch aus zwei Gründen nicht der Fall: Der eine Grund ist, dass alle Messungen in der empirischen Kommunikationswissenschaft mit einem Zufallsfehler behaftet sind. Stellen Sie sich vor, Sie haben einem Interview zugestimmt und erwarten den Interviewer um 10 Uhr morgens. Alles ist soweit vorbereitet. Pünktlich um 10 Uhr erscheint der Mann und beginnt mit seinen Fragen. Nach fünf Minuten beginnt eine Baukolonne, die Straßendecke vor Ihrem Haus aufzureißen... Es ist leicht denkbar, dass Ihre Antworten in so einem

Fall anders ausfallen als unter normalen Umständen. Der zweite Grund für die Unzuverlässigkeit eines Messinstrumentes ist davon nicht ganz unabhängig. Die Untersuchungsobjekte und diejenigen, die die Messung durchführen, sind zumeist Menschen, die sich verhalten und verändern; sie reifen und sie lernen. Angenommen, die Befragung, an der Sie teilnahmen, ist eine sogenannte *Panelbefragung*, d.h. der Interviewer wird ein zweites Mal kommen – vielleicht nach 4 Wochen – und Sie nochmals zu demselben Thema befragen. Vermutlich ist in der Zwischenzeit nicht nur die Baukolonne fertig, sondern auch Sie haben sich verändert: Sie haben über die Fragen nachgedacht, hatten vielleicht Diskussionen mit Freunden, nach denen Sie ihre Einstellung zu einem Thema geändert haben, haben eine bestimmte Einstellung zu dem Interviewer gewonnen, kurz: Sie sind bezüglich dieses Ausschnittes Ihrer Wirklichkeit gereift und haben gelernt. Aber auch ein Interviewer selbst kann die Reliabilität des Messinstrumentes beeinflussen. Auch er entwickelt sich im Laufe der Untersuchung, gerade wenn sich diese über einen längeren Zeitraum erstreckt. Welche Effekte dies haben kann, wird im Zusammenhang mit Versuchsleitereffekten im Rahmen von Experimenten detailliert beschrieben (vgl. Kapitel 14).

- ***Reifungs- und Lernprozesse beeinflussen die Reliabilität eines Messinstrumentes. Reifung führt in der Regel zu einer Unterschätzung der Reliabilität des Messinstruments, Lernen zu einer Überschätzung.***

Zufällige Fehler haben wir bei den uns bekannten Messinstrumenten auch, zumindest wenn wir genau genug messen. Eine digitale Personenwaage wird, wenn sie in Milligramm misst, nicht immer genau das gleiche Gewicht anzeigen. Gravierender ist das Reifungs- bzw. Lernproblem. Denn wenn wir eine Person zweimal befragen und wir stellen Unterschiede in den Antworten fest, so kann das einmal an der mangelnden *Zuverlässigkeit des Messinstrumentes* und einmal an Lernprozessen liegen. In der Praxis wird trotzdem die Reliabilität und damit die Brauchbarkeit des Messinstruments reduziert. Dies bedeutet, dass der Forscher alle Randbedingungen der Untersuchung so weit wie möglich unter Kontrolle haben muss, damit sein Messinstrument weniger anfällig auf Zufallsfehler und Lernprozesse reagiert.

- ***Die Reliabilität von Messinstrumenten beschreibt man als Koeffizienten auf einer Skala von 0 bis 1.***

‚Null' steht für keine Reliabilität, ‚Eins' repräsentiert perfekte Reliabilität. Es handelt sich also um ein *Wahrscheinlichkeitsmaß*, das die Zuverlässigkeit von im Prinzip unendlich vielen Messungen eines Messinstrumentes angibt: Ziel ist es zu zeigen, dass das Ergebnis einer Messung so gut ist wie das aller anderen, und dass das Ergebnis derselben Messung so gut ist wie ihre Messung vier Wochen später. Dies ist schematisch in Abbildung 7 dargestellt. Es gibt prinzipiell zwei Arten, die Reliabilität zu messen, die sogenannte Paralleltest-Methode und die Messwiederholungsmethode (Test-Retest).

➢ ***Die Überprüfung der Reliabilität durch Messwiederholung erfolgt zu zwei verschiedenen Zeitpunkten: Sofern dasselbe Messinstrument an derselben Person zweimal dieselben Ergebnisse erbringt, gilt das Messinstrument als reliabel.***

Die Test-Retest-Reliabilität ist die intuitiv angemessene Methode. Ich messe zweimal und vergleiche diese Ergebnisse. Allerdings haben wir es in der Kommunikationswissenschaft mit Menschen zu tun, die sich daran erinnern, dass wir sie „gemessen" haben. Wenn ich also heute jemanden frage, ob er gerne Talkshows sieht, dann wird er sich morgen daran erinnern und deshalb möglicherweise die gleiche oder vielleicht auch eine andere Antwort geben. Menschen sind zumindest teilweise unberechenbar. Wenn ich also zu kurz hintereinander befrage, wird die Reliabilität des Messinstruments durch Erinnerungseffekte beeinflusst. Wenn ich allerdings zu zwei weit auseinanderliegenden Zeitpunkten befrage, erhalte ich möglicherweise unterschiedliche Antworten, weil der Befragte vielleicht tatsächlich seine Meinung geändert hat. Das Messinstrument wäre zwar reliabel, nur das Untersuchungsobjekt hat sich geändert. Genauso gut könnte ich die Größe von Kindern, die ja kontinuierlich wachsen, im Abstand von einem Jahr mit dem Metermaß messen und mich darüber wundern, dass die beiden Messungen nicht übereinstimmen. In einem solchen Fall wäre zwar das Messinstrument reliabel, durch den zeitlichen Abstand zwischen den Messungen unterschätzt man aber die Reliabilität. Die Test-Retest-Reliabilität ist also mit davon abhängig, wie groß der Zeitabstand zwischen den beiden Messungen ist. Aus diesem Grund, und weil die wiederholte Messung sehr aufwendig ist, wird häufig die Paralleltest-Methode[16] verwendet.

➢ ***Die Überprüfung der Reliabilität durch Paralleltest erfolgt zu einem Zeitpunkt: Eine Gruppe von Personen wird in zwei vergleichbare Teilgruppen unterteilt, die beide untersucht werden. Ergibt sich bei beiden Gruppen ein ähnlicher Messwert, gilt das Messinstrument als reliabel.***

Die Paralleltest-Reliabilität vermeidet also das Problem der wiederholten Befragung der gleichen Person, indem sie mittels Zufallsauswahl zwei Parallelgruppen herstellt und diese jeweils nur einmal befragt. Der Nachteil dabei ist, dass man die Vergleichbarkeit der Gruppen nicht beweisen kann, sondern es aufgrund der Zu-

16 In der Literatur (vgl. Schnell, Hill & Esser, 2004 oder Friedrichs, 1990) wird unter Paralleltest häufig ein anderes, wenn auch selten angewendetes Testverfahren verstanden: Die Messung der Untersuchungsobjekte erfolgt sowohl mit dem zu testenden und mit einem inhaltlich vergleichbaren Instrument, das sich bereits bewährt hat. Der Quotient der Ergebnisse kann dann als Zuverlässigkeit des einen Messinstruments interpretiert werden: Je näher die Ergebnisse beieinander liegen, je stärker also der Zusammenhang zwischen beiden Ergebnissen ist, desto höher ist die Reliabilität des getesteten Messinstruments. Das Problem der Vergleichbarkeit beider Messinstrumente ist allerdings derart gravierend, dass dieser Test selten zum Einsatz kommt. Wir verstehen unter Paralleltest die tatsächlich in der Praxis angewendete Methode, Reliabilität innerhalb der Untersuchung zu testen und sicherzustellen.

fallsauswahl statistisch wahrscheinlich ist, dass in beiden Gruppen die zu messenden Merkmale gleich verteilt sind, eine Messung also gleiche Ergebnisse bringen muss. Problematisch wird dieses Vorgehen dann, wenn man feststellt, dass in einer Gruppe systematisch andere Antwortmuster vorkommen. Dann wäre die Vergleichbarkeit systematisch gestört, der Test müsste mit neuen Gruppen wiederholt werden. Gibt es keine derartigen Verzerrungen, ist der Rückschluss auf die Zuverlässigkeit des Messinstruments möglich.

Abbildung 7: Überprüfung der Reliabilität eines Messinstrumentes durch Paralleltests und Messwiederholung (Test-Retest)

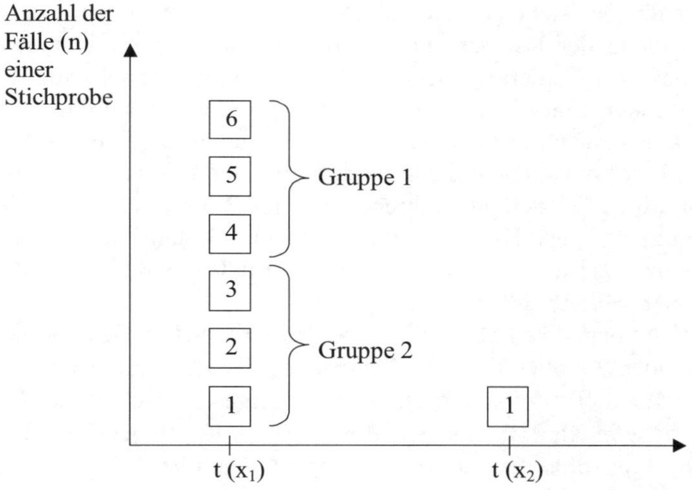

- Paralleltest:

  $$\frac{\text{Übereinstimmende Messungen Gruppe } 1 + 2}{\text{Alle Messungen Gruppe } 1 + 2} = \text{Reliabilitätskoeffizient zwischen 0.0 und 1.0}$$

- Test-Retest: (Messwiederholung)

  $$\frac{\text{Übereinstimmende Messungen Messzeitpunkt } 1 + 2}{\text{Alle Messungen Messzeitpunkt } 1 + 2} = \text{Reliabilitätskoeffizient zwischen 0.0 und 1.0}$$

  tpunkt x

Reliabilitätstests haben vor allem bei der Anwendung von Inhaltsanalysen – neben der Befragung wohl die wichtigste Methode der empirischen Kommunikationsforschung – ihre Bedeutung. Dies wird in den entsprechenden Abschnitten noch ausführlicher dargestellt. Nur soviel schon vorweg: Gerade bei Inhaltsanalysen, die nicht nur bestimmte Worte oder Themen zählen, sondern zum Beispiel Bewertungen von Sachverhalten messen wollen, ist die Zuverlässigkeit der Messung von großer Wichtigkeit. Nur wenn sichergestellt werden kann, dass alle Codierer dasselbe verschlüsseln, ist das verwendete Codebuch reliabel und die Ergebnisse sind verwertbar. An einem Beispiel wird das Problem deutlich: In einer Untersuchung über Ausländerfeindlichkeit wird die Berichterstattung der Massenmedien von zwei Tageszeitungen über sieben Jahre hinweg ausgewertet. Die Codierung wird von einem ganzen Team von Codierern vorgenommen. Sie arbeiten alle nach demselben Codebuch, das heißt nach denselben Anweisungen, welche Artikel überhaupt in die Erhebung kommen, und was bei diesen Artikeln gemessen werden muss. Die Anweisungen betreffen die Messung des Umfanges eines Berichts genauso wie die Erhebung der Themenbereiche innerhalb eines Berichts. Voraussetzung für die Reliabilität der gesamten Analyse ist nun, dass jeder Codierer genau das gleiche tut. Sonst weisen die Ergebnisse innerhalb des siebenjährigen Zeitraumes Schwankungen auf, die nicht auf Entwicklungen in der Realität zurückzuführen sind, sondern nur etwas damit zu tun haben, dass ein Codierer anders als die anderen gearbeitet hatte. Das Problem der Zuverlässigkeit einer Messung geht schon bei der Bestimmung des Umfanges von Artikeln los. Wenn dazu keine besonderen Anweisungen mitgegeben werden, dann wird Codierer A vielleicht die Quadratzentimeteranzahl so berechnen, dass er Aussparungen mit berücksichtigt, während Codierer B dies nicht tut. In dem Fall ist das Messinstrument, diese Kategorie im Codebuch ‚Umfang des Beitrags' nicht reliabel. Noch komplizierter wird es, wenn nicht formale, sondern inhaltliche Gesichtspunkte gemessen werden sollen.

Im ersten Fall erwartet man eine hohe Reliabilität, bei inhaltlichen Kategorien ist man in der Regel mit einem Quotienten von 0,7 zufrieden. Es gibt keine Faustregel, wie hoch der Reliabilitätskoeffizient sein muss. Je schwieriger eine Messung, desto eher nimmt man Abstriche in Kauf. Ergibt sich allerdings ein Koeffizient mit einem Wert kleiner als 0,5 bis 0,6, sollte man auf eine solche Messung verzichten und das Messinstrument in geeigneter Weise verändern.

3.2.2 Validität

Die zweite Anforderung an eine Messung ist sehr viel schwieriger zu erfüllen als die Reliabilität. Es ist die *Validität* - die Gültigkeit einer Messung.

> ***Die Validität eines Messinstrumentes gibt an, ob ein Instrument tatsächlich das misst, was es messen soll.***

Ein Metermaß misst Körperlänge. Der Versuch, mit einem Maßband die Intelligenz messen zu wollen (z.B. durch Messung des Kopfumfanges), wäre natürlich ein absurdes, nicht valides Unterfangen. An diesem Beispiel lässt sich das Verhältnis von Reliabilität und Validität verdeutlichen. Bei Benutzung eines gängigen Maßbandes wäre die gerade beschriebene Messung trotz fehlender Validität hoch reliabel. Reliabilität stellt somit eine *notwendige, aber keine hinreichende* Bedingung für die Validität eines Messinstrumentes dar. In der empirischen Kommunikationsforschung sind ungültige Messversuche selten derart evident. Misst zum Beispiel die

Frage nach Politikverdrossenheit tatsächlich Politikverdrossenheit? Misst sie nicht vielleicht eher soziale Erwünschtheit, weil es ‚hip' ist, politikverdrossen zu sein? Misst eine solche Frage nicht Tagesform, Ausgeschlafenheit, letzte Erfahrungen, die gestern vielleicht beim Stammtisch gemacht wurden? Misst also ein Instrument, das konzipiert wurde, tatsächlich das, was es messen soll? Das Bewertungsmaß ist bei der Prüfung der Gültigkeit ebenfalls (zumindest theoretisch) ein Quotient, der nach derselben Logik wie der Reliabilitätsquotient ermittelt wird. ‚Eins' heißt wiederum, dass das Messinstrument vollständig das misst, was es messen soll, und ‚Null' deutet auf vollständige Ungültigkeit hin. Die Bestimmung der Validität bereitet allerdings Probleme, denn man kann sie nicht einfach dadurch erfassen, indem man wie zuvor zweimal misst oder einen Paralleltest einsetzt. Es geht bei der Validität nicht um das Messinstrument alleine, sondern um inhaltliche Richtigkeit und sachlogische Gültigkeit. Insofern enden Validitätsprüfungen in der Regel nicht mit einem Koeffizienten zwischen 0 und 1, sondern mit Verbesserungsvorschlägen für das Untersuchungsdesign und das Erhebungsinstrument.

An der Entwicklung eines Intelligenztests soll dies demonstriert werden. Mit der Frage, ob Intelligenztests wirklich Intelligenz messen, haben sich ganze Generationen von Psychologen beschäftigt. Eine erste Annäherung geschieht über die Frage nach der Inhaltsvalidität: Was ist überhaupt Intelligenz?

- ***Inhaltsvalidität bezieht sich auf die durch bisherige Forschung ermittelte Vollständigkeit des Konstruktes, das gemessen werden soll.***

Nur wenn dies zuvor bestimmt wurde, kann das Messinstrument auf Inhaltsvalidität untersucht werden: Sind alle relevanten Aspekte der Intelligenz, die gemeint ist, erfasst? Will man beispielsweise Intelligenz als Strukturierungsfähigkeit auffassen, wäre die Aufforderung nach der Fortsetzung einer Zahlenkolonne ein nicht valides Messinstrument, weil mit ihm eher Rechenfähigkeit abgefragt würde. Die Ermittlung der Inhaltsvalidität ist deshalb schwierig, weil man letztlich nicht weiß, ob wirklich alle Dimensionen eines Begriffes berücksichtigt wurden. Dies wird man mittels vorangegangener Untersuchungen, bereits existierender Tests, Expertenbefragungen und eigener Überlegungen versuchen. Ein abschließender Beweis ist dieser Vorgang jedoch nicht. Am Verfahren kann man bereits erkennen, dass hier im eigentlichen Sinn nichts gemessen wird, am Ende keine Zahl zwischen 0 und 1 herauskommt. Die Inhaltsvalidität ist eher ein Gesichtspunkt, bei dem das theoretische Vorwissen eine große Rolle spielt.

Die zweite und bedeutsamere Form der Validitätsüberprüfung nennt man *Kriteriumsvalidität.*

- ***Die Kriteriumsvalidität prüft, ob die erhobenen Daten im Vergleich zu einem anderen Messkriterium gültig sind.***

Zu deren Überprüfung werden die Ergebnisse des Intelligenztests zum Beispiel mit dem Lehrerurteil über die Testperson verglichen. Das Lehrerurteil dient als Kriterium der Feststellung, ob der Intelligenztest tatsächlich Intelligenz der Schüler misst. Auch wenn die Lehrer vermutlich ganz andere Kriterien der Beurteilung haben als das Messinstrument, geht man davon aus, dass im Gesamturteil beide Einschätzungen gleich liegen müssen, weil das Lehrerurteil aufgrund der langjährigen Erfahrungen für so wichtig gehalten wird, dass es gewissermaßen als wahrer Wert im Sinne eines Außenkriteriums genommen werden kann, mit dem sich das Ergebnis des Tests vergleichen lässt.

Auch die Bestimmung der Kriteriumsvalidität ist problematisch, da sich trefflich über die Wahl des richtigen Kriteriums streiten lässt. Ist das Lehrerurteil wirklich ein gutes Außenkriterium für einen Intelligenztest? Wäre es nicht besser, die Kinder zwei Jahre zu beobachten oder die Ergebnisse des Tests mit ihren Schulnoten zu vergleichen? Aber selbst wenn man das richtige Vergleichskriterium gefunden hat, stellt sich gleich im Anschluss die Frage, warum man dann überhaupt noch einen neuen Test entwickeln muss? Ebenso wie bei der Inhaltsvalidität handelt es sich hier eher um eine sachlogische Bestimmung, die in der Planungs- und Konzeptionsphase berücksichtigt werden muss.

Die dritte Methode, die Gültigkeit eines Messinstrumentes zu bestimmen, ist die sogenannte *Konstruktvalidität*, die von der Bestimmung her nicht eindeutig von der Kriteriumsvalidität abzugrenzen ist. Hier wird eher die Brauchbarkeit eines Messinstruments im Forschungsprozess überprüft.

- ***Die Konstruktvalidität eines Messinstruments ist dann gegeben, wenn es im Forschungsprozess erfolgreich angewendet werden kann und sich mit ihm bedeutsame Forschungsergebnisse erzielen lassen.***

Die Logik einer Konstruktvalidierung geht davon aus, dass ein Messinstrument, wenn es in mehreren Untersuchungen erfolgreich eingesetzt wurde, valide ist, indem eine sinnhafte Beziehung des zu messenden Konstruktes mit anderen Konstrukten vorliegt. Wenn man beispielsweise ein Messinstrument zur Politikverdrossenheit entwickelt hat und man in empirischen Untersuchungen feststellt, dass Politikverdrossene seltener wählen, in der Tageszeitung nie den Politikteil lesen und sich stärker den Unterhaltungsangeboten des Fernsehens widmen, dann hat man irgend etwas Brauchbares gemessen. Die Frage bleibt aber, ob das Politikverdrossenheit per se ist.

Für alle drei Methoden der Bestimmung von Validität gilt also, dass im Unterschied zur Reliabilität ein hohes Maß an Unbestimmtheit vorliegt. Man muss aber betonen, dass mit zunehmender Erfahrung bestimmter Untersuchungsgebiete die Sicherheit zunimmt, dass man mit der Feststellung von Inhalts-, Kriteriums - und Konstruktvalidität richtig liegt. Nur kann man eben keinen griffigen Kennwert zwischen 0 und 1 berechnen, der das Ausmaß der Validität zahlenmäßig beschreibt. Je häufiger aber Skalen oder ganze Itembatterien in verschiedenen Untersuchungen zu verschiedenen Themen eingesetzt werden, desto sicherer kann man entscheiden, ob die jeweiligen Indikatoren valide abgebildet und gemessen werden.

4. Kapitel
Auswahlverfahren

Empirische Forschungsvorhaben, die Aussagen über große Populationen, zum Beispiel die deutsche Bevölkerung, machen wollen, untersuchen in der Regel nur einen Bruchteil dieser Population. Es wäre unsinnig und häufig sogar unmöglich, alle zu untersuchen. In diesem Abschnitt geht es darum, zu klären, nach welchen Kriterien Menschen ausgewählt werden, an einer Untersuchung teilzunehmen, warum man auf der Straße gebeten wird, bei einem Interview mitzumachen, oder warum ausgerechnet ein bestimmter Haushalt für die GfK-Messung von Einschaltquoten ausgewählt wird. Warum werden also nicht alle, sondern meistens nur ein winziger Teil der in Frage kommenden Personen befragt? Und sind die Ergebnisse dieser Befragungen dann überhaupt aussagekräftig?

4.1 Grundgesamtheit

Es hängt von der jeweiligen Fragestellung ab, über welche Personen bzw. Merkmalsträger in einer Untersuchung Aussagen gemacht werden. Dieser Geltungsbereich wird *die Grundgesamtheit* von Fällen genannt. Die Untersuchung und anschließende Ergebnisdarstellung bezieht sich ausschließlich auf diese definierte Grundgesamtheit, also eine ganz *bestimmte* Objektmenge. Man kann zum Beispiel nicht Rundfunkräte befragen und in der Diskussion Aussagen über die deutsche Bevölkerung machen. Wie bereits im ersten Kapitel erwähnt, sind in der Regel nicht Individuen in ihrer ganzen Komplexität der Fokus des Interesses, sondern bestimmte Merkmale. Dass ein Wähler, über dessen Wahlverhalten ich in einer Untersuchung Aussagen mache, als Person im ‚wirklichen Leben' auch noch Bahnfahrer, Haushaltsvorstand, Käufer von Waschmitteln ist, interessiert in diesem Moment nicht, denn die empirische Kommunikationsforschung untersucht gerade nur diejenigen Merkmale eines Merkmalsträgers, die für die Fragestellung relevant sind.

- ***Eine Grundgesamtheit ist die Menge von Objekten, über die Aussagen getroffen werden sollen.***

Für die Frage, wie die Grundgesamtheit am besten untersucht werden kann, sind zwei Sachverhalte wichtig: Ist die Grundgesamtheit endlich oder unendlich, und ist sie bekannt oder unbekannt? Es gibt einige wenige Fälle in der empirischen Kommunikationsforschung, in denen die Grundgesamtheit bekannt und endlich ist; zum Beispiel die deutschen Rundfunk- und Medienräte der verschiedenen Rundfunk- und Landesmedienanstalten. Da es nur etwa 1000 gibt, könnte man sie alle befragen. Das Gegenstück dazu sind Fernsehzuschauer. Weder sind alle Fernsehzuschauer dieser

Welt bekannt noch ist ihre Anzahl endlich, weil in jeder Sekunde Menschen geboren werden und sterben, Fernsehgeräte an- oder abschaffen, etc. Das gleiche gilt natürlich auch für die Bevölkerung von Deutschland, weil Menschen ein- und auswandern, ihren Wohnsitz wechseln oder sonst nicht mehr auffindbar sind. In Fällen, in denen die Grundgesamtheit bekannt und endlich ist, kann man durch Auswahlverfahren besonders leicht Teilmengen untersuchen. Die Art und Weise, eine solche Auswahl wissenschaftlich begründet zu treffen, ist Gegenstand dieses Kapitels. Wenn die Grundgesamtheit entweder nicht bekannt oder unendlich ist, dann wird die Auswahl schwieriger, und es kommen andere Algorithmen zur Anwendung.

Die definierte Grundgesamtheit besteht abstrakt gesprochen aus Merkmalsträgern, in den meisten Fällen wohl Personen, aber auch Zeitungsartikeln, Familien, Fernsehsendern oder anderem. In der *Stichprobentheorie* werden die Merkmalsträger *Elemente* genannt:

➢ ***Eine Grundgesamtheit besteht aus Elementen; die Gesamtanzahl der Elemente einer Grundgesamtheit wird für gewöhnlich mit einem großen N angegeben.***

4.2 Voll- und Teilerhebungen

In der empirischen Kommunikationsforschung wird man in der Regel nicht alle Merkmalsträger bzw. Elemente der Grundgesamtheit, über die man Aussagen machen will, untersuchen. Eine sogenannte Vollerhebung wird nur selten stattfinden, weil man zu viele Merkmalsträger untersuchen müsste. Will man beispielsweise eine Untersuchung über die Rundfunkräte machen, ist eine Befragung *aller* Rundfunkräte sinnvoll. Wenn man allerdings wissen möchte, was die Bevölkerung in Deutschland zu einem bestimmten Thema denkt, ist es ökonomisch unsinnig und praktisch nicht durchführbar, alle Leute zu befragen. Zwei Varianten kommen einer kompletten Befragung der deutschen Bevölkerung allerdings recht nahe: Bundestagswahlen wären Vollerhebungen der wahlberechtigten Bevölkerung, wenn alle hingehen würden; und *Volkszählungen* sind Vollerhebungen von allen Personen und Haushalten. Es hängt also zumeist von ‚N' ab, ob eine Voll- oder eine Teilerhebung in Frage kommt. Und wie groß ‚N' ist, hängt wiederum von der konkreten Fragestellung ab. Wer sich intensiv mit der Berichterstattung einer bestimmten Tageszeitung in einem bestimmten Zeitraum befasst, wird wahrscheinlich um eine Vollerhebung nicht herum kommen. Wer das Wahlverhalten der Bevölkerung studiert, wird immer nur einen kleinen Teil der Grundgesamtheit befragen. Auch an dieser Stelle des Forschungsprozesses wird man einen Kompromiss zwischen dem wissenschaftlich Wünschenswerten und Vertretbaren und dem zeitlich und finanziell Machbaren finden müssen. Dabei wird eine notwendige Auswahl jedoch nicht einfach willkürlich getroffen, sondern von statistisch abgesicherten Auswahlverfahren geleitet.

- ***Eine Teilerhebung der Elemente einer Grundgesamtheit wird durch die Ziehung einer Stichprobe vorgenommen. Eine Stichprobe soll dabei ein verkleinertes strukturgleiches Abbild der Grundgesamtheit darstellen. Die Elemente der Stichprobe werden mit ‚n' angegeben.***

4.3 Repräsentativität

In beiden Fällen, sowohl bei einer Vollerhebung als auch bei der Messung eines Teils der Grundgesamtheit, sollen Aussagen über die gesamte Grundgesamtheit bzw. Population gemacht werden. Ziel von Teilerhebungen ist es deshalb, trotz der kleinen Zahl von untersuchten Elementen Aussagen über die Grundgesamtheit machen zu können. Man will von Aussagen über eine Teilmenge auf die Gesamtmenge schließen können. Dieses Verfahren, auch *Repräsentationsschluss* genannt, ist nur dann zulässig, wenn die Elemente aus der Grundgesamtheit in der Teilmenge in der selben Zusammensetzung vertreten sind, die Teilmenge also ein *verkleinertes, strukturgleiches Abbild der Gesamtmenge* ist. Dieser Zustand ist am besten durch das Auswahlverfahren der *Zufallsstichprobe* herzustellen.

Wie kann man also darauf vertrauen, dass die gezogene Stichprobe tatsächlich die definierte Grundgesamtheit adäquat abbildet? Diese Frage ist keineswegs von rein akademischem Interesse. Umfragen sind nicht nur in der politischen Kommunikation ein Instrument, auf dessen Grundlage Entscheidungen getroffen werden. Insbesondere im kommerziellen Bereich spielen Teilerhebungen eine entscheidende Rolle hinsichtlich Produktneueinführungen, face-liftings von Verpackungen oder Namensgebungen von Produkten. Wenn man bedenkt, dass die Einführung eines neuen Produktes viele Millionen Euro kostet, ist klar, dass Produkttests auf Teilmärkten und Befragungen von potentiellen Käufern zuverlässig auf eine gewünschte Grundgesamtheit übertragbar sein müssen und nicht nur für den befragten Ausschnitt gültig sein dürfen. Wenn Marktforschungsinstitute den Auftrag erhalten, das Marktpotential zur Einführung einer neuen Zahncreme herauszufinden und nach der Befragung von zweitausend potentiellen Käufern feststellen, dass 13 Prozent dieser Befragten ihre Zahncreme wechseln würden, hat man a priori keine Möglichkeit festzustellen, ob diese Stichprobe des Umfrageinstituts wirklich den Schluss zulässt, dass auch 13 Prozent *aller* Käufer wechseln würden.

Die Repräsentativität einer Stichprobe zu überprüfen, setzt allerdings voraus, dass man die entsprechenden Merkmale in der Grundgesamtheit kennt. Man muss z.B. den Anteil von Frauen und Männern in Deutschland kennen, um zu beurteilen, ob deren Anteile in der Teilerhebung stimmen. Die beste Chance, einen *strukturellen Abgleich* zwischen gezogener Stichprobe und der Grundgesamtheit der Bevölkerung anzustellen, besteht im Vergleich mit den Ergebnissen der *Volkszählungen.* Zu wissen, wie viel Prozent der deutschen Bürger in Großstädten leben, wie viele männlich sind, welchen Berufen sie nachgehen und in welchen Wohnverhältnissen sie leben, kurz, eine komplette Aufstellung des ‚Inventars' eines Landes zu erheben, ist nur mit einer Volkszählung zu leisten. Die Volkszählung dient als Basis für Institute und Wissenschaftler, um die Qualität ihrer Stichprobe einzuschätzen und damit sicherzustellen, dass sie tatsächlich ein verkleinertes Abbild der Grundgesamtheit ist. Eine weitere Möglichkeit, die Qualität der Auswahlverfahren von Meinungsforschungsinstituten zu beurteilen, sind Wahlprognosen, beispielsweise vor Bundestagswahlen. Am Ende des Wahltages wird die wirkliche, wahre Stimmverteilung in der Grundgesamtheit mit der Prognose der Institute verglichen. Wer den wahren Wert, die wahre Verteilung am genauesten trifft, wird wohl die beste Stichprobe gezogen haben, die sich dann als genaues, verkleinertes Abbild der Grundgesamtheit herausstellte. Deswegen gibt es auch vor jeder Bundestagswahl einen Wettstreit, wer die besseren Prognosen vorweist.

➢ ***Die wahre Verteilung der Merkmale in der Grundgesamtheit ist das ausschlaggebende Kriterium für die Güte einer Stichprobe.***

Insofern ist eine Volkszählung für Sozialwissenschaftler ein wichtiges Instrument. Die Volkszählung findet in relativ großen Abständen statt (die letzte 1987) und ist politisch äußerst umstritten (Spionage des Staats gegen seine Bürger?). Zwischen diesen Vollerhebungen findet jährlich der sogenannte *Mikrozensus* statt. Beim Mikrozensus wird ein Prozent aller Bürger mit Volkszählungsfragen befragt, was einer Teil-Volksbefragung gleichkommt. Der Mikrozensus dient der Fortschreibung der Volkszählung, so dass wir auch zwischen den Vollerhebungen wissen, wie es um unsere Grundgesamtheit ‚Bundesbürger' bestellt ist.

Die Frage nach der Repräsentativität von wissenschaftlichen Aussagen wird dann zum Problem, wenn man eine Vollerhebung plant, die Merkmalsträger jedoch die Mitarbeit verweigern. Wenn man beispielsweise erfahren möchte, wie Bundestagsabgeordnete über das duale Rundfunksystem urteilen, untersucht man eine Grundgesamtheit, die genau bestimmbar ist; zur Zeit N = 614. Man wird also alle Elemente der Grundgesamtheit anschreiben und um die Beantwortung eines Fragebogens bitten. Wenn trotz Nachfassaktionen am Schluss nur 450 Parlamentarier geantwortet haben, hat man ein Problem. Ist es zulässig, Aussagen über die Grundgesamtheit der Bundestagsabgeordneten zu formulieren? Ist die vorliegende Stichprobe ein verkleinertes Abbild der Population? Vermutlich wird das nicht der Fall sein, weil 164 Abgeordnete nach ihren eigenen Kriterien entschieden haben, an dieser Befragung nicht teilzunehmen. Es wäre nun denkbar, dass diese Abgeordneten aus den unterschiedlichsten Gründen keine Lust hatten, krank waren oder im Urlaub. In diesem Fall könnte man von Zufall sprechen und die Stichprobe wäre noch brauchbar. Was passiert jedoch, wenn alle Abgeordneten einer bestimmten Partei oder alle weiblichen Abgeordneten die Auskunft verweigern? Vielleicht sind diese Verweigerer besonders kritisch gegenüber dem dualen System oder haben einen anderen besonderen Grund, nicht zu antworten. Dann wären diese Ausfälle kein Zufall, sondern hätten System, und die Stichprobe wäre unbrauchbar: Sie würde die Grundgesamtheit der Bundestagsabgeordneten nicht mehr verkleinert abbilden.

4.4 Die Zufallsstichprobe

Die zuverlässigste Auswahl von Merkmalsträgern aus einer Grundgesamtheit ist die sogenannte Zufallsstichprobe. ‚Zuverlässig' heißt in diesem Fall: Mit einer Zufallsstichprobe hat man die größte Wahrscheinlichkeit, die wahre Verteilung von Merkmalen einer Grundgesamtheit in einer Stichprobe abzubilden. Zentrales Merkmal für das folgende Auswahlverfahren soll also der *Zufall* sein.

- ***Eine Zufallsstichprobe ist dann gegeben, wenn jedes Element der Grundgesamtheit dieselbe von 0 verschiedene Chance hat, in eine Stichprobe aufgenommen zu werden und ein Zufallsalgorithmus zur Bestimmung der Stichprobenelemente herangezogen wird.***

Dabei sind mehrere Voraussetzungen zu erfüllen: Alle Elemente müssen physisch oder symbolisch anwesend sein, die Anordnung der Elemente in der Grundgesamtheit muss zufällig und jedes Element darf nur einmal in der Grundgesamtheit vertreten sein. Nur wenn alle Elemente zumindest symbolisch (z.B. in Form von Karteikarten oder Einträgen in Computerdateien) präsent sind, kann man durch einen Zufallsalgorithmus die Elemente für die Stichprobe ziehen. Die Bevölkerung Deutschlands ist beispielsweise dadurch bekannt, dass es Einwohnermeldeämter gibt, wo im Prinzip (!) jeder Bürger gemeldet ist. In diesem Fall ist die Grundgesamtheit bekannt. Man ist in der Lage, jedes einzelne Element der Grundgesamtheit für die folgende Zufallsauswahl zu kennzeichnen. Bei anderen Grundgesamtheiten ist die Kennzeichnung nicht möglich, weil man nicht alle Elemente kennt: Wer sind ‚alle deutschen Hausfrauen' oder ‚alle Nichtsesshaften'? In diesen Fällen ist die Grundgesamtheit nicht bekannt; es gibt keine Aufstellung aller Elemente dieser Grundgesamtheit. Man kann folglich keine Zufallsstichprobe ziehen und auch keine repräsentativen Aussagen über ‚die Nichtsesshaften' machen.

Wie und vor allem warum funktioniert nun eine Zufallsstichprobe, warum liefert sie ein verkleinertes Abbild der Grundgesamtheit, obwohl doch beispielsweise nur 2000 Personen der Bevölkerung gefragt werden? Trotzdem soll die Verteilung der relevanten Merkmale in der durch Zufall ausgewählten Stichprobe so wie in der Grundgesamtheit sein. Die Modellvorstellungen der Statistik gehen auf den *Wahrscheinlichkeitsbegriff von Laplace* (1749 - 1822) und die Tatsache von *normalverteilten* Merkmalen in einer Grundgesamtheit zurück. Die Wahrscheinlichkeit, dass ein Ereignis eintritt, definiert Laplace als den Quotienten aus der Zahl der günstigen Fälle geteilt durch die Zahl aller möglichen Fälle. Der Zähler repräsentiert – übertragen auf das Problem der Güte einer Zufallsstichprobe – genau diese Stichprobe; der Nenner repräsentiert die definierte Grundgesamtheit: Jedes Element der Grundgesamtheit hat dieselbe Chance, in die Stichprobe zu kommen. Dass diese Stichprobe nun die wahren Verhältnisse in der Grundgesamtheit widerspiegelt, lässt sich durch Wiederholungen der Stichprobenziehung zeigen.

Angenommen, die Grundgesamtheit seien alle Studierenden der Kommunikationswissenschaft in Deutschland. Die Elemente liegen als Datei vor; N sei 10.000.

Man will herausfinden, wie hoch der Frauenanteil ist. Dazu möchte man nicht alle 10.000 Fälle durchgehen, sondern mittels Zufallsstichprobe den wahren Wert ermitteln. Zunächst wird die Datei ‚gemischt', denn eine Voraussetzung für eine Zufallsstichprobe ist ja, dass die zu erhebenden Merkmale in der Datei zufällig angeordnet sein müssen.

Abbildung 8: Gauß'sche Normalverteilung

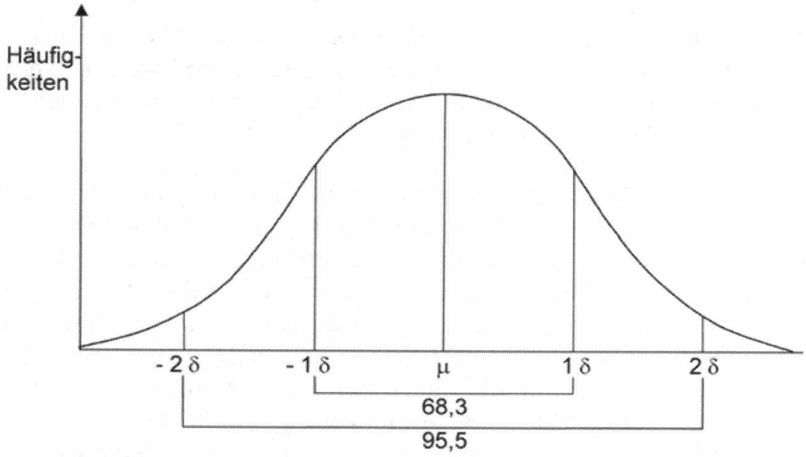

Die Fläche unter der Kurve entspricht der Gesamtheit aller Stichproben-Mittelwerte. Die Normalverteilung wird durch die Parameter μ = Mittelwert und δ = Standardabweichung vom Mittelwert charakterisiert. Das Konfidenzniveau t entspricht δ = -1/1. Bei einem Konfidenzniveau von 95% liegt t bei 1,96. Dieses Niveau ist das in den Sozialwissenschaften meist verwendete.

Mittels Zufallsgenerator werden dann 100 Elemente gezogen, gerade so wie die Wahl eines Loses in einer Lostrommel. Man ermittelt im Anschluss eine Verteilung der Geschlechter von 73 Frauen und 27 Männern. Entspricht diese Verteilung nun dem wahren Wert? Berechtigt die Berechnung der Stichprobenstatistik zu einem Rückschluss auf die Parameter der Grundgesamtheit? Bei einer zweiten Zufallsstichprobe von 100 Elemente erhält man eine Verteilung von 75 zu 25, bei einer dritten von 69 zu 31, usw. Mittels Computersimulation lässt sich zeigen, dass eine genügend große Anzahl unabhängiger Stichproben dazu führt, dass ein Durchschnitt aller dieser Verteilungen dem wahren Wert – sagen wir für dieses Beispiel 75:25 – in der Grundgesamtheit entspricht. Die Verteilung (man sagt auch *Streuung*) aller ermittelten Stichprobenwerte um den wahren Wert herum ähnelt einer Glocke und ist bekannt als die *Gauß'sche Normalverteilung.*

Ohne philosophisch zu werden, kann man feststellen, dass fast alle Elemente in unserer Welt normalverteilt sind: Körpergrößen, Temperaturmessungen über Jahre hinweg – fast immer wird eine Gauß'sche Normalverteilung ermittelt, die zeigt, dass viele Stichprobenwerte nahe an dem tatsächlichen Wert liegen und große Abweichungen vom wahren Wert relativ unwahrscheinlich sind. Der Vorteil dieser – empirischen – Normalverteilung ist nun, dass man sie als theoretisches Modell standardisieren kann: Die Fläche unter jeder Normalverteilung wird als 100% betrachtet. Dann kann man ermitteln, wie viel Prozent einer Fläche in einem definierten Bereich um den wahren Mittelwert einer Grundgesamtheit liegen. Diese Bereiche nennt man *Konfidenzintervalle*. Sie geben Auskunft darüber, wie groß die Wahrscheinlichkeit sein wird, dass eine Stichprobe in diesen Bereich fällt, konkret ausgedrückt: Mit einer definierten Chance sich zu täuschen, kann man die Wahrscheinlichkeit vorhersagen, in einer partikularen Stichprobe dieselbe Verteilung von Merkmalen wie in der Grundgesamtheit zu finden.

Man kann nun zeigen, bzw. es ist mathematisch bewiesen, dass bei einer genügend großen Zahl von Stichproben 95 Prozent der Mittelwerte dieser Stichproben in einem bestimmten definierten Abstand – dem Konfidenzintervall – zum wahren Wert der Grundgesamtheit liegen. Die restlichen 5 Prozent würden außerhalb dieses Bereichs liegen (auf beiden Seiten jeweils 2,5 Prozent).

➢ ***Je häufiger Zufallsstichproben aus derselben Grundgesamtheit gezogen werden, desto näher wird man an den wahren Wert in dieser Grundgesamtheit herankommen.***

Aber genau das – nämlich möglichst große Stichproben zu untersuchen und möglichst viele Stichproben herzunehmen – sollte ja vermieden werden. Man will als empirischer Sozialforscher doch gerade mit *einer* Stichprobe möglichst nahe an die Wahrheit herankommen. Den Beweis dieser sogenannten Normalverteilung muss man nicht stets aufs Neue antreten. Vielmehr ist es Konvention, mit der Möglichkeit, sich zu täuschen, ‚umzugehen'. Wenn bewiesen ist, dass bei unendlich vielen Stichprobenziehungen 95 Prozent aller ermittelten Mittelwerte in einem akzeptablen Abstand zum wahren Mittelwert liegen, kann man davon ausgehen, dass dies auch bei nur *einer* Stichprobe der Fall ist. Die Wahrscheinlichkeit, dass der Mittelwert meiner Stichprobe außerhalb des akzeptablen Bereichs liegt, beträgt 5 Prozent.

➢ ***Die empirische Sozialforschung nimmt in der Regel eine fünfprozentige Irrtumswahrscheinlichkeit in Kauf. Ergebnisse, die sie produziert, sind mit diesem Zufallsfehler behaftet.***

Bezogen auf unser Beispiel heißt das, man akzeptiert, dass mit einer Wahrscheinlichkeit von 5 Prozent der ermittelte Wert der Stichprobe außerhalb des gezogenen Konfidenzintervalls liegt und somit eine verzerrte Verteilung der Geschlechter widerspiegelt.

4.5 Verschiedene Auswahlverfahren

Allgemein spricht man von Auswahlverfahren, wenn die Ziehung der Stichprobe mittels einer nachvollziehbaren Methode erfolgt. Die eben geschilderte Zufallsstichprobe ist nur eines – wenn auch das wichtigste – unter vielen verschiedenen Auswahlverfahren. Um wissenschaftlichen Ansprüchen zu genügen, muss ein Auswahlverfahren sicherstellen, dass die Stichprobe ein verkleinertes Abbild der Grundgesamtheit darstellt. Bei der Zufallsstichprobe wurde dies dadurch sichergestellt, dass jedes Element der Grundgesamtheit die gleiche Chance hat, in die Stichprobe aufgenommen zu werden. Nicht auf dem Zufallsprinzip basieren dagegen die bewusste und die willkürliche Auswahl. Bei der bewussten Auswahl werden die Merkmalsträger anhand logischer Erwägungen, bei der willkürlichen Auswahl dagegen ausschließlich aufgrund ihrer Verfügbarkeit oder anderer subjektiver Selektionskriterien des Auswählenden ausgesucht. Bei einer solchen Auswahl ist weder die Grundgesamtheit ausreichend definiert, noch ist für deren Elemente eine Auswahlwahrscheinlichkeit bezifferbar.

Wie die Wahl der Erhebungsmethode oder der Untersuchungsanlage, hängt auch die Wahl eines Auswahlverfahrens von der Fragestellung und dem Erkenntnisinteresse ab. Stichprobeneinheiten können entweder einzelne Elemente oder Klumpen aus Elementen sein. Typische Klumpen sind Haushalte, Schulklassen, Wohnhäuser. In den Klumpen wiederum sind Elemente enthalten: Personen, Schüler, Haushalte. Auswahlverfahren können demnach einstufig oder mehrstufig sein.

Abbildung 9: Auswahlverfahren

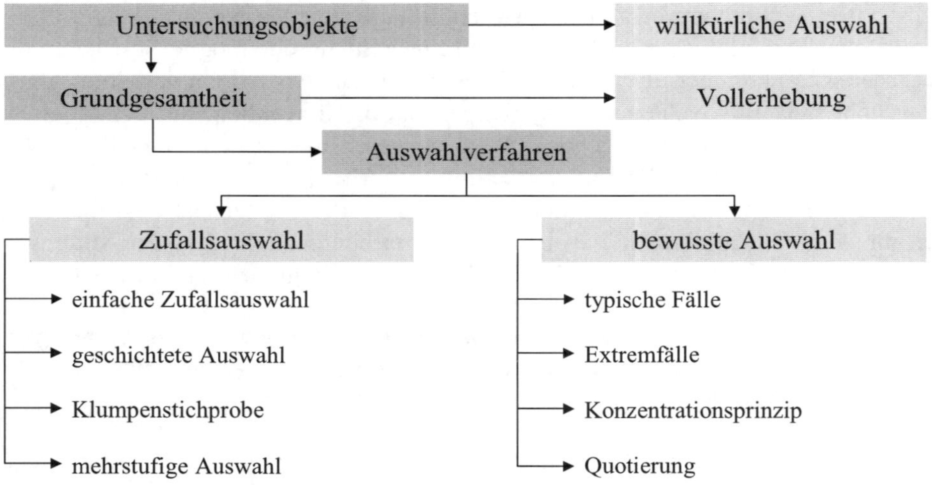

4.6 Willkürliche Auswahl

Neben einer systematischen Zufallsauswahl werden verschiedene andere Verfahren in der empirischen Sozialforschung verwendet, die unter dem Gesichtspunkt des Repräsentativitätsschlusses jedoch problematisch sind: die willkürliche und die bewusste Auswahl.

> ***Bei der willkürlichen Auswahl werden Merkmalsträger nach ihrer Verfügbarkeit ohne besondere Systematik ausgewählt.***

Das klassische Beispiel für eine willkürliche Auswahl sind Straßenbefragungen. Die Interviewer befragen nach Gutdünken alle, die ihnen „über den Weg laufen". Man könnte einwenden, dass in so einem Fall doch zufällig, also korrekt ausgewählt wurde. Betrachtet man jedoch die Bedingungen, die für eine einfache Zufallsauswahl gelten, sieht man schnell, dass Willkür nicht gleich Zufall ist. Will man beispielsweise alle Bürger einer Stadt befragen, dann haben die Elemente dieser Grundgesamtheit nicht dieselbe Chance, in die Stichprobe zu kommen: Manche Leute kommen mehrfach vorbei, sind daher im Zweifelsfall überrepräsentiert; manche kommen gar nicht, weil sie bei der Arbeit und nicht in einer Fußgängerzone vorzufinden sind. Ergebnisse einer solchen Stichprobe wären sicher systematisch verzerrt: Arbeitslose, ältere Menschen, Schulschwänzer und Hausfrauen wären vermutlich überrepräsentiert, Arbeitnehmer und Jüngere dagegen entsprechend ihres Vorkommens in der Grundgesamtheit unterrepräsentiert. Derlei Befragungen sind problematisch, wenn auch nur implizit ein Meinungstrend in der Bevölkerung eingefangen werden soll. Denn dann tut man so, als stünden diese Passantenmeinungen repräsentativ für die Bevölkerungsmeinung. Im Journalismus werden solche Passantenbefragungen häufiger eingesetzt, jedoch sollte man auch als Journalist wissen, dass derlei Ergebnisse in aller Regel nicht geeignet sind, Rückschlüsse auf eine Grundgesamtheit zu ziehen. Wissenschaftlich gerechtfertigt sind Verfahren der willkürlichen Auswahl fast nie, außer alle Mitglieder der Grundgesamtheit verhalten sich gleich. Um beispielsweise den Einfluss von Alkohol auf die Konzentrationsfähigkeit zu untersuchen, könnten Wissenschaftler eine willkürliche Auswahl treffen. Man darf davon ausgehen, dass alle Menschen unter Alkoholeinfluss weniger konzentriert sind.

4.7 Zufallsauswahl

4.7.1 Einfache und systematische Zufallsauswahl

Das einfachste und zugleich mathematisch korrekte Auswahlverfahren ist die ‚einfache' oder auch *‚uneingeschränkte Zufallsauswahl'*. Zu dieser Art der Auswahl gehört zum Beispiel das Lotterieverfahren, d.h. das zufällige Ziehen von Elementen aus einer begrenzten Grundgesamtheit. Bei nur symbolisch anwesenden Elementen, zum Beispiel einer Datei von Identifikationsnummern von Studierenden der Kommunikationswissenschaft, werden nach demselben Zufallsprinzip Zufallstabellen, Zufallsgeneratoren u.ä. zur Auswahl verwendet.

In der Praxis, sprich für die Auswahl von Stichproben für eine Marktforschungserhebung oder für eine wissenschaftliche Untersuchung, werden Auswahlverfahren gewählt, die einer definierten Systematik unterliegen, d.h. jedes n-te Elemente aus einer Grundgesamtheit wird gezogen, wobei genau die Systematik angegeben wird, nach der diese Ziehung erfolgt. Gängige Verfahren sind die sogenannte ‚last-birthday-Methode' oder der ‚Schwedenschlüssel', mit dem die Person in einem Haushalt bestimmt wird, die befragt werden soll (und nicht derjenige, der die Tür aufgemacht hatte...). Bezogen auf das Studentenbeispiel könnte ein Auswahlverfahren nach systematischer Zufallsauswahl diese Anweisung vorgeben: „Ziehe jede 100ste Nummer aus der Studentenkartei." Es leuchtet gleich ein, dass insbesondere bei diesen systematischen Zufallsauswahlen die Ordnung der Elemente der Grundgesamtheit von entscheidender Bedeutung für die Güte der Stichprobe und somit für die Qualität der späteren Aussagen ist. Dass eine Grundgesamtheit nicht nach Geschlecht sortiert sein darf, wenn man eben dieses Merkmal erheben will, ist nachvollziehbar.

- ***Das Kriterium, nach dem eine systematische Zufallsauswahl erfolgt, muss unabhängig von den zu untersuchenden Merkmalen in der Grundgesamtheit verteilt sein.***

Will man für eine experimentelle Untersuchung eine Gruppe von Studenten in zwei Gruppen teilen, deren Merkmale nach dem Prinzip der Normalverteilung in beiden Gruppen anteilsmäßig gleich verteilt sind, so wäre wiederum das Geburtsdatum ein gutes Kriterium einer solchen Aufteilung, weil es in der Regel nichts mit dem Untersuchungsgegenstand zu tun hat: Alle mit geradem Geburtstag in die eine, alle mit einem ungeraden Geburtstag in die andere Gruppe.

Systematische Zufallsauswahlverfahren werden insbesondere dann verwendet, wenn eine einfache Zufallsauswahl zu kompliziert oder unzureichend ist. Typisch dafür ist die Wahl von Telefonnummern aus dem Telefonbuch bei telefonischen Befragungen. Man wird keine Vollerhebung durchführen, sondern eine repräsentative Stichprobe ziehen. Wie kommt man an die richtigen Nummern? Eine einfache Zufallsauswahl, zum Beispiel durch einen Zufallsgenerator, der Telefonnummern erzeugt, würde nicht zum gewünschten Ergebnis führen, weil zum einen Firmennummern, zum anderen nicht geschaltete Nummern oder Faxgeräte in die Stichprobe aufgenommen würden. Diese Probleme löst man durch die *systematische Zufallsauswahl* auf der Basis des Telefonbuchs. Man zählt die Nummern ab und zieht beispielsweise auf jeder Seite die sechste Nummer von oben. Ist dies eine Faxnummer oder ein Geschäftsanschluss wird abwechselnd die vorherige oder die nachfolgende Nummer gezogen. Zusätzlich ruft man nicht die Nummer an, die im Telefonbuch ausgesucht wurde, sondern schlägt auf die letzte Ziffer dieser Nummer eine Ziffer auf. Aus einer Endziffer 2 wird dann eine 3. Das Ergebnis dieser Veränderung der letzten Ziffer ist ein zufällig ausgewählter Telefonanschluss, der auch solche Anschlüsse mit der gleichen Wahrscheinlichkeit erfasst, die nicht im Telefonbuch stehen. Nachteil ist dann allerdings, dass man auch nicht geschaltete Telefonnummern anwählt. Mittlerweile gibt es zu diesem Problem fortgeschrittenere Verfahren, die auf der Basis der Telefonbücher Nummernbereiche identifizieren, die Anzahl der Anschlüsse in diesen Bereichen erfassen und dann bereichsspezifische Nummern nach dem Zufallsprinzip zusammenstellen (vgl. Gabler & Häder, 1997).

Ein Problem bereiten allerdings Menschen mit zwei oder mehr Anschlüssen, z.B. Haushalte mit ISDN-Anschlüssen. Es wurde schon erläutert, dass jedes Element einer Grundgesamtheit nur einmal vertreten sein darf. Sonst verletzt man die Voraussetzung einer Zufallsauswahl, dass jedes Element die gleiche Chance haben muss, in die Stichprobe zu kommen. Leute mit zwei Anschlüssen hätten die doppelte Chance, angerufen zu werden und wären deshalb in der Stichprobe überrepräsentiert.

4.7.2 Geschichtete Zufallsstichproben

Unabhängig davon, ob man die zu untersuchenden Merkmalsträger mittels uneingeschränkter Zufallsauswahl oder mit Hilfe einer Systematik identifiziert, erfolgt die Stichprobenziehung in einem einzigen Schritt. Die beiden folgenden Auswahlverfahren stellen dagegen zweistufige Varianten dar.

- ***Von geschichteten Zufallsstichproben spricht man, wenn man die Gesamtstichprobe anhand eines besonders zentralen Merkmals so teilt, dass dieses Merkmal nicht der Verteilung der Grundgesamtheit entspricht, für jede der Teilstichproben aber dennoch Repräsentativität gewährleistet ist.***

Angenommen, eine Untersuchung beschäftigt sich mit der Wirkung von Arztserien auf Fernsehzuschauer. Dabei ist man insbesondere an der Einstellung von (wirklichen) Ärzten interessiert. Das Merkmal ‚Beruf' mit der Ausprägung ‚Arzt' ist also besonders relevant für diese Untersuchung. Wenn man eine reine Zufallsauswahl zöge, wären nur sehr wenig Ärzte in der resultierenden Stichprobe, so dass man über diese Gruppe von Menschen keine differenzierten Aussagen machen kann. Zöge man eine einfache Zufallsstichprobe von zweitausend Merkmalsträgern, befänden sich in dieser Auswahl vielleicht ein bis zwei Ärzte – ganz nach dem Wahrscheinlichkeitsprinzip von Laplace wäre der Anteil der Ärzte in der Stichprobe proportional so vertreten wie in der Grundgesamtheit. Zu welchen Ergebnissen würde man kommen? Aussagen wie „50 Prozent der Ärzte haben im Ausland studiert" oder „100 Prozent der Ärzte schauen sich Arztserien an" wären aufgrund des geringen Anteils von Ärzten in der Stichprobe nicht valide, weil die Merkmale der zufällig ausgewählten Ärzte viel zu stark in die Auswertung eingehen. Um eine genügend große Auswahl an Ärzten zu erhalten, wird die Stichprobe geschichtet. Man lässt bewusst bestimmte Merkmale bzw. Merkmalsausprägungen einer Grundgesamtheit mit größerer Wahrscheinlichkeit als bei einer einfachen Zufallsauswahl in die Stichprobe eingehen, um überproportional viele Informationen zu diesem Merkmal erheben und analysieren zu können. Wenn also ein besonders relevantes Merkmal in der Grundgesamtheit nur gering repräsentiert ist, konstruiert man eine *disproportional geschichtete Zufallsstichprobe*, d.h. man gewichtet diese Gruppe höher. In diesem Fall würde man aus der Schicht der Ärzte eine Zufallsauswahl von 200 treffen und sie dann mit dem Rest der Stichprobe (1800 Fälle) vereinen. Nun hätte eine Aussage, dass 50 Prozent der Ärzte im Ausland studiert haben, ein ganz anderes Gewicht. Aussagen jedoch, die sich auf die gesamte Stichprobe beziehen – etwa Dauer der

Fernsehnutzung, das Einkommen, die Wohnverhältnisse werfen ein heikles Problem auf. Durch den überproportionalen Anteil einer Berufsgruppe werden natürlich bestimmte Merkmale wie Einkommen derart verzerrt, dass sie zunächst keinen Repräsentativschluss auf die Grundgesamtheit zulassen. Konkret bedeutet dies, dass durch eine Gewichtung, die der Überproportionalität reziprok entspricht, der stärkere Einfluss der Ärzte auf die Ergebnisse ‚herausgerechnet' werden muss. In diesem Fall gingen die Daten von Ärzten (etwa das Einkommen) nur mit einem sehr geringen Faktor in die Auswertung ein.

4.7.3 Klumpenstichproben

Der zweite Sonderfall zufälliger Stichprobenauswahl ist das sogenannte *Klumpenverfahren.* Die Eigenschaften eines Klumpens (in der englischen Literatur *Cluster*) verhalten sich umgekehrt wie die der eben dargestellten Schichten. Während Schichten in sich eher homogener als die Grundgesamtheit sind, erwartet man von Klumpen, dass sich ihre jeweiligen Elemente genauso heterogen verteilen wie in der entsprechenden Grundgesamtheit.

- ***Unter Klumpen versteht man eine raumzeitlich eng umgrenzte Ansammlung von Elementen der Grundgesamtheit, die ein strukturell verkleinertes Abbild der jeweiligen Grundgesamtheit bilden.***

Man wählt daher per Zufallsauswahl eine Anzahl von Klumpen aus und untersucht alle Merkmalsträger, die in diesen Klumpen vorliegen. Ein Beispiel verdeutlicht das Verfahren der Zufallsauswahl: Eine Studie will den Fernsehkonsum von Münchner Jugendlichen untersuchen. Vermutlich wäre die Zusammenstellung der entsprechenden Grundgesamtheit recht langwierig. Schneller, d.h. kostengünstiger wäre deshalb die Zusammenstellung einer Liste von Schulklassen mit Schülern der entsprechenden Altersgruppen. Allgemeiner gesprochen: Bei Problemen, die Grundgesamtheit physisch oder symbolisch aufzulisten, versucht man mit einer Klumpenbildung auf der nächsten Ebene die Elemente zusammenzufassen und darüber überhaupt zu erreichen. Eine Aufstellung von den entsprechenden Schulklassen wäre sicher leicht zu bekommen. Die Annahme ist nun, dass die Untersuchung der Schüler aus einer per Zufall ausgewählten Klasse (Klumpen) dieselben Ergebnisse bringt wie die Untersuchung einer Stichprobe, die durch einfache Zufallsauswahl aus der Grundgesamtheit (alle Schüler Münchens) gezogen worden wäre. Dabei wird unterstellt (und das ist das generelle Problem bei derartigen Klumpenstichproben), dass sich die Elemente eines Klumpens genauso heterogen zusammensetzen wie die Elemente in der Grundgesamtheit. Nun ist leicht denkbar, dass selbst Schüler in Grundschulklassen diese Voraussetzung nicht erfüllen, da die Aufteilung der Schulklassen in der Regel nach Wohngebieten durchgeführt wird, was zu relativ homogenen und daher ungeeigneten Zusammensetzungen der Klumpen führt. Schulklassen aus Arbeiterwohngegenden sind ‚anders gestrickt' als solche aus gutbürgerlichen Wohngegenden. Die Auswahl eines solchen Klumpens (Arbeiterkinder) würde verzerrte Ergebnisse bringen, die keinen Repräsentationsschluss auf alle Münchner Schüler mehr zuließen.

In der deutschen Markt- und Medienforschung gibt es ein prominentes (wenn auch nicht idealtypisches) Beispiel der Klumpenstichprobe: *der Haßlocher Testmarkt*. In Haßloch, einer kleinen Stadt in der Vorderpfalz, verteilen sich die meisten soziodemographischen Merkmale etwa so wie in der gesamten Bundesrepublik: Haßloch erfüllt somit die Anforderungen an eine (hier allerdings bewusste, nicht zufällige) Klumpenauswahl. Die Auswahl *nur eines Klumpens* stellt somit einen Sonderfall dar. Normalerweise werden mehrere Klumpen zufällig ausgewählt. Haßloch gibt aufgrund der beschriebenen Voraussetzungen einen guten Testmarkt ab. In Haßloch selbst sind wiederum – nach einer einfachen Zufallsauswahl – etwa dreitausend Haushalte mit einem sogenannten GfK-Meter am Fernseher ausgerüstet. Dieses Gerät zeichnet nicht nur auf, was die Personen sehen, sondern sendet auch selektiv Fernsehprogramme in die einzelnen Haushalte, zum Beispiel Werbespots. Man ist also in der Lage, eine bestimmte Werbekampagne in die eine Hälfte der Haushalte zu schalten, in der anderen Hälfte werden andere Spots gesendet. Im Anschluss daran wird das Kaufverhalten in den Supermärkten gemessen, mit dem Ziel, festzustellen, ob diejenigen, die eine bestimmte Werbekampagne gesehen haben, mit höherer Wahrscheinlichkeit das entsprechende Produkt kaufen.

4.8 Bewusste Auswahlverfahren

- ***Bei der bewussten Auswahl werden Merkmalsträger danach ausgewählt, wie „brauchbar“ bzw. wie zentral ihre Untersuchung für die Beantwortung der gewählten Fragestellung ist.***

Diese Auswahlverfahren sind problematisch hinsichtlich der Repräsentativität der Ergebnisse in den Stichproben, da die Auswahl nicht nach dem Wahrscheinlichkeitsprinzip, sondern nach sachlogischen Erwägungen erfolgt. Man unterscheidet vier Unterverfahren: Auswahl typischer Fälle, Auswahl nach dem Konzentrationsprinzip, die Auswahl von Extremgruppen und das Quotenverfahren.

4.8.1 Typische Fälle

Insbesondere bei qualitativen Untersuchungsmethoden, mit denen wenige Einzelfälle en detail analysiert werden, ist die Auswahl typischer Fälle angebracht. Was nun ‚typisch' an einem Merkmalsträger ist, liegt allein in der Vorkenntnis und den Hypothesen der Wissenschaftler. Solche Merkmale können ein bestimmter Beruf, bestimmte Hobbies oder auffällige Verhaltensweisen sein. Letzteres Kriterium wird bei Untersuchungen typischer Fälle in der Psychologie oder Psychiatrie angewendet. Dies leuchtet ein: Es hätte beispielsweise wenig Sinn, für eine Untersuchung von autistischem Verhalten, das ja nur ganz selten auftritt, eine uneingeschränkte Zufallsauswahl aus der deutschen Bevölkerung zu ziehen. Die Wahrscheinlichkeit, in der Stichprobe einen Autisten zu haben, wäre viel zu klein, weil Autisten in der Grundgesamtheit aller Deutschen eben auch relativ selten vertreten sind. Eine solche Auswahl würde also nur Zeit und Geld kosten.

Auch in der empirischen Kommunikationsforschung ist es üblich, nach typischen Merkmalen bewusst auszuwählen. Dies geschieht beispielsweise bei Inhaltsanalysen zur (partei-)politischen Neutralität bzw. Einseitigkeit von Tageszeitungen. Bei der Auswahl der zu analysierenden Tageszeitungen kommen dann nicht alle publizistischen Einheiten in die Auswahl, sondern nur solche Zeitungen, die man in ihrer Berichterstattung für besonders typisch hält oder die einen bestimmten politischen Standpunkt repräsentieren: Häufig werden dann die sogenannten Qualitätszeitungen (FAZ, FR, SZ, Welt) einem politischen Spektrum a priori zugeordnet und als typische Fälle ausgewählt.

4.8.2 Auswahl von Extremfällen

In der Literatur wird zwischen typischen und Extremfällen unterschieden. Die erste Gruppe soll Merkmalsträger aufweisen, die besonders charakteristisch für alle Merkmalsträger in der Grundgesamtheit stehen. Extremfälle sind als solche definiert, von denen sich der Forscher besonders detaillierte Informationen zu einem bestimmten, zumeist wenig erforschten Untersuchungsgebiet erhofft, weil die zu untersuchenden Merkmale in besonders extremer Ausprägung vorliegen. Will man etwa wissen, ob sich mit der Nutzung von Online-Angeboten wie E-Mail oder Chatrooms die Sprache der Teilnehmer hinsichtlich Syntax und Semantik verändert, wird man zunächst Personen befragen, die diese Medien sehr intensiv nutzen. Findet man bei diesen extremen Vielnutzern – im Vergleich zur ‚normalen' Bevölkerung – hinsichtlich ihrer Ausdrucksweise Veränderungen, die auf die Nutzung dieser Online-Angebote zurückzuführen sind, wäre ein Rückschluss auf die Grundgesamtheit ‚der Deutschen' sicher falsch. Wohl aber wären Aussagen, die auf Trends und auf potentielle Veränderungen von Sprache hinweisen, angebracht.

Ein Spezialfall für eine derartige Auswahl sind *Expertengespräche*. Um bei dem Beispiel zu bleiben: Man würde also nicht nur ‚heavy user' von Online-Angeboten untersuchen, sondern vielleicht auch Universitäts-Assistenten, die sich schon mit dem Thema auseinandergesetzt haben. Von ihnen erhofft man sich neue, detaillierte Auskünfte über das vermutete Phänomen.

In diesem Zusammenhang ist noch auf eine Besonderheit in der Auswahl selbst hinzuweisen – auf das sogenannte *Schneeballprinzip*. Dabei handelt es sich im Prinzip um eine Mischung aus bewusster und willkürlicher Auswahl, die aber unter Umständen durch den Untersuchungsgegenstand gerechtfertig ist, bzw. die einzig mögliche Art der Auswahl darstellt. Bei neuen Untersuchungsgegenständen hat man häufig das Problem, dass weder eine Grundgesamtheit noch eine bewusst zu wählende Teilmenge genau bekannt sind. Eine Untersuchung zum Thema Berichterstattung der Massenmedien und Eliten (Noelle-Neumann & Kepplinger, 1978) illustriert das Vorgehen nach dem Schneeballprinzip, durch das die Mitglieder einer unbekannten Grundgesamtheit identifiziert werden sollten. Die Untersuchung sollte verschiedene lokale Eliten ‚finden', Wirtschaftselite, politische Elite und kulturelle Elite. Wer gehört nun dazu und wie findet man diese Personen? Man geht davon aus, dass der Oberbürgermeister zur politischen Elite einer Stadt gehört. Er ist also Startpunkt (bewusste Auswahl). Man befragt ihn und bittet ihn am Ende des Interviews diejenigen Personen zu nennen, die seiner Auffassung nach noch zur politischen Elite der Stadt gehören. Man sucht diese Personen auf, befragt sie und bittet sie, weitere Namen zu nennen. Auf diese Weise gelangt man relativ schnell an einen Punkt, an dem immer wieder dieselben Namen genannt werden; ein Zeichen dafür, dass man die Grundgesamtheit der politischen Elite einer Stadt ermittelt hat. Die Verbreitung nach der einmal getroffenen bewussten Auswahl (Festlegung des Oberbürgermeisters) erfolgt eher willkürlich, weil man nur wenig darüber weiß, wie die einmal gewählten Mitglieder andere benennen.

4.8.3 Auswahl nach dem Konzentrationsprinzip

- ***Eine Stichprobe nach dem Konzentrationsprinzip zu ziehen, bedeutet, dass man sich für eine Stichprobenziehung auf den Teil der Grundgesamtheit konzentriert, in dem der überwiegende Teil dieser Elemente vermutet wird.***

Dieses Verfahren setzt allerdings eine gute Kenntnis darüber voraus, wie sich die zu untersuchenden Merkmalsträger räumlich verteilen. Will man etwa eine Untersuchung über deutsche Skifahrer machen und man weiß, dass 95 Prozent aller deutschen Skifahrer in Bayern leben, wird man seine Zufallsstichprobe nur aus der bayerischen Bevölkerung ziehen und alle anderen Bundesländer vernachlässigen. Man schneidet gewissermaßen einen weniger ‚ergiebigen' Teil der eigentlichen Grundgesamtheit weg (*cut-off-Verfahren*), weil man davon ausgeht, dass sich die restlichen deutschen Skifahrer in anderen Bundesländern in den zu untersuchenden Merkmalen nicht von den bayerischen Skifahrern unterscheiden. Man sieht, auch bei dieser bewussten Auswahl verfährt der Forscher nach sachlogischen, nicht nach statistisch korrekten Gesichtspunkten, die es erlauben würden, einen einwandfreien Repräsentationsschluss von den Ergebnissen der Stichprobe auf die Grundgesamtheit zu ziehen. Derartige Überlegungen spielen besonders dann eine Rolle, wenn – wie eigentlich immer – die zeitlichen und finanziellen Mittel begrenzt sind und trotzdem eine möglichst repräsentative Aussage erzielt werden soll.

4.8.4 Auswahl nach Quotierung

- ***Bei der Quotenstichprobe werden Merkmalsträger so ausgewählt, dass ihre Verteilung in der Stichprobe der Verteilung in der Grundgesamtheit entspricht. Quotenvorgaben werden in der Regel anhand von demographischen Merkmalen vorgenommen.***

Die als relevant erachteten und bekannten Merkmale der Grundgesamtheit werden also 1:1 auf die Stichprobe übertragen. Diese Quotierungsmerkmale sind zumeist soziodemographischer Natur, also Alter, Geschlecht, Wohnort, Einkommen u.ä. Zentrale Voraussetzung für dieses bewusste Auswahlverfahren ist die genaue Kenntnis der Zusammensetzung der Quotierungsmerkmale in der Grundgesamtheit. Im letzten Abschnitt wurde erläutert, dass dies nur über eine Volkszählung möglich ist. Insbesondere kommerzielle Marktforschungsinstitute sind also auf die Fortschreibung dieser Daten angewiesen, wenn sie mit diesem Auswahlverfahren arbeiten. Aufgrund der letzten Volkszählung weiß man beispielsweise, dass es in der deutschen Bevölkerung etwa 47 Prozent Männer und 53 Prozent Frauen gibt, 21 Prozent der Deutschen zwischen 16 und 29 Jahre alt sind, usw. Man kennt also die wahre Verteilung. Eine Quotenstichprobe würde nun versuchen, diese Merkmale der Grundgesamtheit auf die Stichprobe zu übertragen. Bei einer Befragung von 1000 Menschen würde eine Quotenstichprobe 470 Männer und 530 Frauen enthalten, es müssten 210 Leute zwischen 16 und 29 Jahren untersucht werden, usw.

- ***Der Vorteil einer Quotierung ist, dass die Stichprobe hinsichtlich der quotierten Merkmale mit Sicherheit ein strukturgleiches Abbild der Grundgesamtheit darstellt.***

Bei einer Zufallsstichprobe dagegen bleibt immer noch die (minimale) Chance, sich zu irren. Es wäre also denkbar, dass nicht 530, sondern 600 Frauen in der Zufallsstichprobe vorkommen und damit überrepräsentiert wären.[17]

Anders als bei der Zufallsstichprobe gibt es auch keine Stichprobenausfälle (siehe unten), welche die Repräsentativität der Zufallsstichprobe stark gefährden. Befürworter von Quotenstichproben argumentieren auch mit den geringeren Kosten des Auswahlverfahrens, weil anders als bei der Zufallsauswahl die Grundgesamtheit weder physisch noch symbolisch vorliegen muss; die Interviewer können im Rahmen der vorgegebenen Quote befragen, wen immer sie für geeignet halten. Ein zentraler Einwand gegen die Quotenstichprobe besteht darin, dass zwar die Quotenmerkmale entsprechend der Grundgesamtheit verteilt sind, jedoch nicht notwendigerweise die Merkmale, die im Mittelpunkt der Untersuchung stehen. Bei diesen nicht-quotierten Untersuchungsmerkmalen kann man eben nicht sicher sein, dass sie in der Stichprobe ebenso wie in der Bevölkerung verteilt sind. Eine annähernd korrekte Verteilung dieser Merkmale ist demnach nur durch die Zufallsauswahl herzustellen. Wichtig bei Quotierungsverfahren ist, dass die Quotierungsmerkmale nicht unabhängig voneinander vorgegeben werden, sondern analog zu den in der Grundgesamtheit vorliegenden Kombinationen. Theoretisch könnte man sonst eine Situation erhalten, in der alle Frauen der Stichprobe über 40 und alle Männer unter 40

17 Dieses Problem löst die Forschung dann beispielsweise durch Gewichtungen: Frauen gehen in die Auswertung mit einem Faktor kleiner 1, Männer mit einem Faktor größer 1 ein.

Jahren alt sind. Merkmale wie Wohnort und Einkommen, Alter und Geschlecht müssen also kombinatorisch vorgegeben und quotiert werden.

Abbildung 10: Quotenplan

Merkmalskombination			Anzahl
Großstadt,	14-29,	weiblich	~~①~~②③④⑤
Großstadt,	14-29,	männlich	~~①②~~③④
Stadt,	14-29,	weiblich	~~①②③~~④⑤⑥⑦
Stadt,	14-29,	männlich	~~①②~~③④⑤⑥
Kleinstadt,	14-29,	weiblich	①②③④⑤
Kleinstadt,	14-29,	männlich	①②③④
Dorf/Land,	14-29,	weiblich	①②
Dorf/Land,	14-29,	männlich	①②
Großstadt,	30-49,	weiblich	~~①②③④~~⑤⑥⑦⑧⑨
Großstadt,	30-49,	männlich	~~①②③~~④⑤⑥⑦⑧
...			

Der Interviewer sucht folglich nicht einen bestimmten Anteil von Frauen und Männern, sondern er muss gezielt Personen mit einer bestimmten Kombination der Quotenmerkmale finden (beispielsweise einen 30-49 Jahre alten Mann, der in einer Kleinstadt wohnt). Die Quotierungsmerkmale müssen also nicht nur auf erster Ebene so verteilt sein wie in der Grundgesamtheit, sondern auch in Kombination miteinander.

4.9 Mehrstufige Auswahlverfahren

Sowohl bei den geschichteten als auch den Klumpenstichproben wurde erwähnt, dass die letztendliche Stichprobe nicht in einem, sondern in mehreren Schritten gewonnen wurde. Mehrstufige Auswahlverfahren haben in den empirischen Sozialwissenschaften eine relativ große Bedeutung. Die Stichprobe, die untersucht werden soll, gewinnt man nicht in einem Durchgang, wie dies bei einer einfachen oder systematischen Zufallsauswahl der Fall wäre. Auch eine bewusste oder willkürliche Auswahl ist stets einstufig.

- ***In mehrstufigen Verfahren werden mehrere unterschiedliche Auswahlverfahren hintereinander geschaltet, wiederum mit dem Ziel, eine Stichprobe zu erhalten, die ein verkleinertes Abbild der Grundgesamtheit darstellt.***

Mehrstufige Auswahlverfahren kommen insbesondere dann zum tragen, wenn die Grundgesamtheit sehr groß oder unbekannt ist. Im allgemeinen werden Untersuchungen über ‚die deutsche Bevölkerung' auf der Basis einer mehrstufigen Auswahl vorgenommen. Am sogenannten *ADM-Mastersample* lässt sich exemplarisch das Vorgehen bei mehrstufigen Auswahlverfahren zeigen. In der Bundesrepublik haben sich die meisten der namhaften Marktforschungsinstitute zum *‚Arbeitskreis deutscher Marktforschungsinstitute, ADM',* zusammengeschlossen. Neben imageorientierten Zielsetzungen verfolgt dieser Zusammenschluss einen ganz pragmatischen Zweck: Der ADM stellt seinen Mitgliedern repräsentative Stichproben zur Verfügung, die nach einem bestimmten Verfahren gewonnen wurden und in einem Pool ihrer Weiterverarbeitung harren. Anstatt für jede Untersuchung aufs Neue das langwierige Procedere der Stichprobenauswahl durchzuführen, schöpfen die Institute aus diesem Pool der auf Vorrat gezogenen Stichproben, die allesamt repräsentativ sind. Die Kosten für das große mehrstufige Auswahlverfahren aller Stichproben werden von den Mitgliedern getragen, was eine enorme Ökonomisierung von Zeit und Kosten bedeutet. Aber nicht nur dies: Auch der Standardisierungsgrad – und somit die Vergleichbarkeit von sozialwissenschaftlichen bzw. auch von kommerziell motivierten Untersuchungen – wächst, wenn die Qualität der Stichproben stets dieselbe bleibt; Ergebnisse werden transparenter, die intersubjektive Nachvollziehbarkeit höher.

1. Stufe: Auswahl der Stimmbezirke = Bestimmung der Primäreinheiten

Die zu ziehenden Stichproben basieren auf den Personen, die in privaten Haushalten in Deutschland leben. Wie schon beim Abschnitt Klumpenstichprobe ausgeführt, steht man auch hier vor dem Problem, dass eine Liste der Grundgesamtheit nicht vorliegt oder nur höchst umständlich (über die jeweiligen Einwohnermeldeämter) zu beschaffen wäre. Ökonomischer ist es deshalb, die Bundesrepublik nach den bereits vorhandenen Stimmbezirken für die Bundestagswahlen aufzugliedern. Dies sind insgesamt rund 80.000 Stimmbezirke. Diese werden zunächst gewichtet, so dass Stimmbezirke entsprechend der Einwohnerzahl der Menschen eine größere oder kleinere Chance haben, gezogen zu werden. Damit haben alle Personen, die in privaten Haushalten leben und mindestens 18 Jahre alt sind, dieselbe Chance, in eine Stichprobe zu kommen.

Im nächsten Schritt werden aus diesen 80.000 Stimmbezirken 25.000 Stimmbezirke per Zufall ausgewählt. Diese Stimmbezirke werden ‚Primäreinheiten' genannt. Durch systematische Zufallsauswahl teilt man diese 25.000 Einheiten in 120 Gruppen ein. Im Resultat liegen nach dieser ersten Auswahlstufe 120 Stichproben von jeweils 208 Stimmbezirken vor. Die erste Stufe des Auswahlverfahrens ist demnach eine Kombination aus einfacher (gewichteter) und systematischer Zufallsauswahl.

2. Stufe: Auswahl der Haushalte = Bestimmung der Sekundäreinheiten

Auch zu diesem Zeitpunkt des Verfahrens liegen weder die Haushalte noch die Personen über 18 Jahre als Liste (Grundgesamtheit) vor. Damit trotzdem jedes Element in den 120 Stichproben dieselbe Chance hat, an einer Befragung teilzunehmen, bedient man sich eines systematischen Auswahlverfahrens, dass diese Haushalte nach einem Zufallsprinzip auswählt: dem *Random Walk*, auch *Random Route* genannt.

Zunächst verfährt die Systematik des ADM so, dass von den 210 Stimmbezirken einer Stichprobe nach einer systematischen Zufallsauswahl bestimmte Bezirke ermittelt werden. Im nächsten Schritt erhält ein Mitarbeiter eine ‚Begehungsanweisung', mittels derer die Adressen der auszuwählenden Haushalte ermittelt werden. Diese ‚Begehungsanweisung' ist nach einem standardisierten Zufallsschlüssel (eben ‚random') zusammengestellt und stets dieselbe. Der Mitarbeiter erhält also Anweisungen etwa der Art: Aufsuchen einer zufällig ausgesuchten Startadresse, erste Straße rechts, drittes Gebäude auf der linken Straßenseite, bei Mehrfamilienhaus ist Zieladresse die 2. Adresse rechts von unten. Danach in derselben Richtung weitergehen bis zur nächsten Kreuzung. Und so weiter und so fort. Am Ende dieses Prozesses erhält man die zufällig ausgewählten Haushalte pro Bezirk, die sogenannten Sekundäreinheiten. Das Random-Route-Verfahren hat sich in der Praxis tatsächlich bewährt, die gewonnenen Zufallstichproben sind verlässlich. Prinzipiell wäre es möglich, nach einem weiteren systematischen Auswahlprozess (dem Schwedenschlüssel, s.u.) die zu befragende Zielperson zu ermitteln und gleich mit dem Interview zu beginnen - wo der Mitarbeiter ja schon einmal an Ort und Stelle ist. Vom Standpunkt der Ökonomisierung wäre dies sicher sinnvoll. Mit der Entzerrung von Adressenermittlung und tatsächlicher Befragung vermeidet man aber, dass beide Prozesse in der Hand eines Mitarbeiters liegen und Verzerrungen durch Interviewerfehler auftreten. Als Ergebnis dieser zweiten Stufe wurden per einfacher und systematischer Zufallsauswahl die Sekundäreinheiten für eine Stichprobe ermittelt.

3. Stufe: Auswahl der Zielperson

Trotz der Mehrstufigkeit des ADM-Mastersamples ist von Anfang an gewährleistet, dass jeder Haushalt und jede Person die gleiche Chance hat, in eine Stichprobe hineinzukommen. Die Stichprobenziehung der ersten beiden Stufen hat durch die anfängliche Gewichtung der Stimmbezirke diese Voraussetzung nicht verletzt. Anstelle einer (praktisch gar nicht vorliegenden) Liste mit über 30 Millionen Haushalten der Bundesrepublik hat man sich Schritt für Schritt dem Ziel, Personen zu befragen, genähert. Indem man sicherstellte, dass auf allen Stufen dieser unterschiedlichen Auswahlverfahren der Zufall waltete, kann man im Resultat sicher sein, dass die befragten Personen Elemente einer repräsentativen Stichprobe sind; die Ergebnisse können auf die Grundgesamtheit aller Personen in Deutschland über 18 Jahren übertragen werden.

Die Auswahl der zu befragenden Person wird in der Regel nicht durch den ‚Begeher', sondern den Interviewer selbst vorgenommen. Das Verfahren ist einfach. Da man nicht diejenigen, die die Tür öffnen, sondern zufällig ausgewählte Personen in der Stichprobe braucht, geht der Interviewer nach dem sogenannten Schwedenschlüssel vor. Dieser Schlüssel hat je nach der Gesamtzahl der im Haushalt lebenden

Personen Zufallszahlen aufgelistet. Die Mitglieder eines Haushalts werden nach Alter sortiert. Falls die Zufallszahl für den nächsten Dreipersonenhaushalt „2“ beträgt, wird die zweitälteste Person für das Interview ausgewählt.

4.10 Stichprobenausfälle

Am Ende dieses Abschnittes soll noch auf ein generelles Problem von Zufallsstichproben hingewiesen werden, das einen großen Einfluss auf die Validität von Untersuchungsergebnissen hat: das Problem der Ausfälle bei zufälligen Auswahlverfahren.

- ***Unter Stichprobenausfällen fasst man alle Fälle zusammen, bei denen ein Element der Stichprobe nicht untersucht werden konnte.***

Ausfälle sind unter verschiedenen Aspekten zu diskutieren und auf verschiedene Weise problematisch. Wichtig ist zunächst die Unterscheidung zwischen *zufälligen und systematischen Ausfällen.* Als zufällige Ausfälle kann man all jene fassen, bei denen Personen in die Stichprobe gezogen wurden, tatsächlich aber nicht mehr einer Grundgesamtheit angehören, wie zum Beispiel solche, die zwar noch in einer Stadt gemeldet, tatsächlich aber umgezogen sind. Andere Personen sind zum Zeitpunkt eines vereinbarten Interviews krank, haben keine Zeit oder fallen aus anderen, nicht-systematischen Gründen aus.

Eine relativ große Anzahl von Ausfällen macht die Gruppe der *Verweigerer* aus. Deren Begründungen müssen genau analysiert werden, um sicher zu gehen, dass es sich bei diesen Elementen der Grundgesamtheit nicht um systematische Ausfälle handelt, die die gesamte Datenanalyse wertlos machen würden. Dieser Gruppe von Verweigerern gilt deshalb ein besonderes Interesse, weil sie im Verlauf der Jahre immer größer wurde. Man schätzt, dass sie bei normalen Bevölkerungsumfragen derzeit bei mindestens 30 Prozent liegt. Man muss davon ausgehen, dass es Menschen gibt, die aus den unterschiedlichsten Gründen generell keine Interviews geben. Dieser Tatbestand ist für sich schon ein interessantes Forschungsfeld. In unserem Zusammenhang interessieren diese Personen allerdings nur als ‚systematische Ausfälle’. Es ist beispielsweise denkbar, dass vor allem Hochgebildete – dazu zählt man Menschen, die mindestens das Abitur abgelegt haben – ein Interview verweigern, weil sie aus politischen Gründen den ‚gläsernen Bürger’ ablehnen. Wenn das so wäre, und dieses Problem einer systematischen Verweigerung nicht erkannt wird, ist die Stichprobe derjenigen, die noch befragt werden, verzerrt, weil zu wenig Hochgebildete in ihr vertreten sind. Die Ergebnisse sind nicht mehr brauchbar. Es gibt viele andere, eher psychologische Gesichtspunkte, die zur Verweigerung führen können. Zum Beispiel gibt es Menschen, die sich schlecht ausdrücken können und deshalb ein Interview verweigern. Das hätte für die Repräsentativität der Stichprobe vielleicht die Konsequenz, dass die weniger gebildeten Personen unterproportional vertreten wären. Auch die Erreichbarkeit einer Zielperson kann zu systematischen Verzerrungen von Ergebnissen führen. Vielleicht wären jüngere, mobile Menschen in einer Telefonbefragung unterrepräsentiert, weil sie seltener zu Hause sind als ältere. Im Grunde müsste man viel über die Grundgesamtheit wissen, um zu entscheiden, ob und welche Teilgruppe einer Population über- oder unterrepräsentiert ist. Ein solcher Abgleich ist nur auf der Grundlage von Daten einer Volksbefragung möglich. Ein Hauptproblem besteht darin, dass man über die Verweigerer nichts weiß, eben weil sie verweigern. Daher sind die Ursachen der Verweigerung und die Auswirkungen auf die Qualität der Stichprobe schwer einzuschätzen.

Diese Probleme treten bei Zufallsstichproben von Zeitungsartikeln natürlich ebenso wenig auf wie bei Quotenstichproben. Bei der Quotenstichprobe gibt es zwar auch Verweigerer, aber hinsichtlich ihrer zu quotierenden Kontrollmerkmale sind solche Personen leicht durch andere zu ersetzen. Wenn ein Abgleich mit der Grundgesamtheit möglich ist, können für die Datenauswertung ex post *Gewichtungen* in der Stichprobe eingeführt werden. Wenn man feststellt, dass von den 1600 Personen, die befragt wurden, die Jungen unterrepräsentiert sind, verleiht man diesen Altersgruppen bei der Auswertung der Ergebnisse ein Gewicht größer als 1. Dadurch stellt man sicher, dass Verzerrungen der Stichprobe wieder ausgeglichen werden. Wie bereits ausgeführt, funktioniert das nur mit den Merkmalen aus der Grundgesamtheit, die bekannt sind. Diese sind in der Regel soziodemographischer Art und spielen bei der Ergebnisdiskussion eine nur marginale Rolle. Wenn systematisch ‚Vielseher' ein Interview zum Thema Medienwirkung verweigern, weil sie ihre Lieblingssendung nicht verpassen wollen, hat man ein Problem, das vermutlich nicht so elegant zu lösen ist, weil man die Menge der Vielseher in der Grundgesamtheit nicht kennt. In diesem Zusammenhang sei auch noch darauf hingewiesen, dass eine nachträgliche Gewichtung nur dann zulässig ist, wenn die Ausschöpfungsquote hinreichend groß ist. Bei manchen Befragungen erzielt man häufig eine Rücklaufquote von nicht mehr als drei bis vier Prozent. In solchen Fällen kann man nicht mehr sinnvoll gewichten.

Systematische Ausfälle werden nicht nur von den Zielpersonen selbst, sondern auch – bei persönlichen Befragungen – durch die Interviewer produziert, wenn diese nämlich Interviews fälschen (vgl. hierzu auch Kapitel 7.1). Je nach Merkmal sind diese Ausfälle relativ schwierig zu kontrollieren und auszugleichen. So ist beispielsweise bekannt, dass eine lange Anreise – etwa aufs Land – bei Interviewern genauso unbeliebt ist wie das Erklimmen des fünften Stockwerks in einem Haus ohne Lift. Während man im ersten Fall mittels Abgleich mit der Grundgesamtheit wahrscheinlich hinter diese Verzerrung kommt, wird es im zweiten Fall schwierig sein festzustellen, ob nicht einfach eine neue Zielperson im 1. Stock ausgewählt wurde.

5. Kapitel

Befragung I: Grundlagen

Die ersten Kapitel haben sich ganz allgemein mit den Funktionen der empirischen Kommunikationsforschung in unserer Gesellschaft und den grundsätzlichen Bedingungen, wie valide und reliable Aussagen über die soziale Realität gemacht werden können, beschäftigt. Im Folgenden wird dargestellt, welche Methoden die Kommunikationswissenschaft in der Regel anwendet, um diese soziale Realität zu erfassen und somit zu Problemlösungen in der Gesellschaft beiträgt. In den nächsten drei Kapiteln geht es um die Methode der Befragung. Ein Teil des begrifflichen Instrumentariums zur Konzeption und Durchführung einer Befragung ist bereits bekannt:

- *Mittels einer Befragung werden Aussagen von Menschen aus einer Grundgesamtheit erhoben. Dabei werden in der Regel Stichproben gezogen.*
- *Diese Aussagen sind Merkmalsausprägungen, die sich auf Merkmale beziehen, die Merkmalsträgern zugeordnet werden.*
- *Die Antworten sind nach den Kriterien einer Nominal-, einer Ordinal- oder einer Intervallskala skaliert.*

Fragen stellen kann doch jeder, oder? Bevor man sich der zentralen Methode in den Sozialwissenschaften widmet, soll noch einmal an das Spannungsverhältnis zwischen Alltagserfahrung auf der einen und der empirischen Sozialforschung auf der anderen Seite erinnert werden. Im Unterschied zur individuellen, subjektiven Erfahrung von Menschen versucht die empirische Methodenlehre Verfahren zu entwickeln, die das Sammeln von Erfahrung (=Empirie!) auf eine systematische und planmäßige Grundlage stellen. Das allgemeine Handwerkszeug zur Herstellung intersubjektiv nachvollziehbarer Ergebnisse, also Messen und Zählen, sowie die verschiedenen Auswahlverfahren sollten soweit bekannt sein, dass sie bei der Entwicklung eines Fragebogens angewendet werden können. Das ist jedoch nur die halbe Miete. Damit eine Befragung tatsächlich ein valides Messinstrument ist, um Daten aus der sozialen Realität zu erheben, muss man sich zunächst darüber klar werden, dass keine Frage a priori richtig oder falsch ist. Zwei Fragen, die im Prinzip auf dasselbe hinaus wollen, können völlig unterschiedliches Antwortverhalten provozieren, und es müssen die mannigfachen Randbedingungen bedacht werden, um unverzerrte Antworten von Befragten zu erhalten. Tatsächlich ist der wissenschaftlich korrekte Umgang mit einer Methode nicht so einfach wie die Anwendung eines Kochrezepts. Man muss verstehen, dass die Anwendung der Methoden eine kritische Distanz und viel Kreativität verlangen, um möglichst optimale Antworten zu erhalten.

5.1 Typische Anwendungsgebiete der Befragung

Ganz allgemein gesprochen hat die Befragung zum Ziel, gesellschaftlich relevante Aussagen über Merkmalsträger zu machen. Merkmalsträger sind hier Personen, die jedoch nicht in ihrer ganzen Komplexität, sondern eben nur als Träger oder Repräsentanten bestimmter, relevanter Aspekte für die Forschung interessant sind. Das kann der Beruf genauso sein wie der Besitz eines Online-Anschlusses. Typische Anwendungsbereiche der Befragung finden sich in den Bereichen der *Mediennutzungs- und Medienwirkungsforschung*. Mit Befragungen werden u.a. folgende Untersuchungsbereiche analysiert:

- *Welche Medientypen nutzen bestimmte Bevölkerungsgruppen in welchem Umfang?*
- *Wer verwendet einen Online-Anschluss mit welchen Anwendungen?*
- *Wie verändert sich der Medienkonsum im Zeitverlauf?*
- *Welche sind die Lieblingssendungen bestimmter Bevölkerungsgruppen?*
- *Welche politischen Themen hält die Bevölkerung für wichtig?*
- *Wie beeinflusst die Medienberichterstattung Meinung und Verhalten von Wählern?*

Die Untersuchungsfragen beziehen sich auf Theorien und Hypothesen. Sie erinnern sich: *Am Anfang von empirischer Forschung steht die Theorie.* Wenn man zum Beispiel nach Lieblingssendungen und Lieblingsschauspielern fragt, könnten dahinter theoretische Überlegungen zum Phänomen der *parasozialen Interaktion* liegen. Die Theorie der parasozialen Interaktion nimmt an, dass manche Menschen eine enge Bindung zu Fernsehcharakteren aufbauen, sich ihnen verbunden fühlen, mit ihnen sprechen, ihnen Briefe schreiben etc. und dass diese „Beziehungen" möglicherweise einen Teil der realen Beziehungen ersetzen. Wenn Menschen nach dem augenblicklich wichtigsten (politischen) Problem in Deutschland gefragt werden, können die erhobenen Aussagen im Rahmen des Agenda-Setting-Ansatzes untersucht werden. Diese Daten tragen dann zur Beantwortung der gesellschaftlich wichtigen Frage bei, ob die Massenmedien mit den Themen, die sie in den Vordergrund stellen (auf ihre Agenda setzen), das beeinflussen, was Menschen für wichtig halten.

Befragungen werden auch dann eingesetzt, wenn sich das Forschungsinteresse auf die Struktur oder die Organisation von Massenmedien richtet. Man kann zum Beispiel Redakteure nach der Struktur ihrer Redaktionen befragen oder Manager in Medienunternehmen nach der Unternehmensorganisation. Diese Fragestellungen werden vor allem in den Bereichen *Medienökonomie und Medienrecht* relevant.

5.2 Befragung im Mehrmethodendesign

Befragungen werden in der Kommunikationswissenschaft häufig nicht allein angewandt, sondern mit weiteren Methoden, insbesondere der Inhaltsanalyse, kombiniert. Das ist zum Beispiel bei Fragestellungen des *Agenda-Setting-Ansatzes* der

Fall. Wenn man wissen will, ob die Themenstruktur der Medien sich darin niederschlägt, wie wichtig Menschen einzelne Themen finden, dann wendet man zur Feststellung der Medienagenda eine Inhaltsanalyse und zur Feststellung der Rezipientenagenda eine Befragung an. In der anschließenden Analyse werden dann diese beiden Datensätze kombiniert und miteinander verglichen. Das gleiche Verfahren gilt für den Bereich der *Kultivierungshypothese.* Wenn man wissen will, ob ‚Vielseher' ihre Weltsicht aus dem Fernsehen beziehen und deshalb den prozentualen Anteil von Polizisten an der Bevölkerung überschätzen, dann muss zunächst mittels einer Inhaltsanalyse der entsprechenden Sendungen festgestellt werden, wie hoch der Anteil der Polizisten im Vergleich zur Bevölkerung in Fernsehsendungen ist. Mit der Kombination aus Inhaltsanalyse der Medien und Befragung der Mediennutzer wird es dann möglich zu untersuchen, ob Vielseher ihre Wahrnehmung der Wirklichkeit eher an der Medienrealität orientieren als Wenigseher.

5.3 Frageformulierung

Doch wenden wir uns zunächst den Grundzügen der Methode zu. Wie wird eine Befragung konzipiert und durchgeführt? In der Regel wird für eine Befragung ein Fragebogen entwickelt, der Fragen in einer bestimmten Reihenfolge enthält.[18] Die Theorie der Frage spielt hierbei eine zentrale Rolle. Ausgehend vom Forschungsinteresse werden zunächst Überlegungen nach dem *Fragetypus* angestellt:

5.3.1 Offene oder geschlossene Frageformulierung?

Offene Fragen (auch W-Fragen genannt) ermöglichen es den Befragten, sich zu einem Bereich nach Belieben zu äußern: „*Was* haben Sie gestern Abend gemacht?" Fragen, die nicht mit einem Fragewort anfangen, werden geschlossenen Fragen genannt: „Besitzen Sie ein Fernsehgerät?" Bei der Entwicklung der einzelnen Fragen steht nicht so sehr die Formulierung selbst im Mittelpunkt der Überlegung, sondern die Vorgabe von Antwortalternativen: Auf welchem Skalenniveau muss gemessen werden, um den Untersuchungsgegenstand hinreichend zu erfassen? Bei offenen Fragen werden keine Antwortkategorien vorgegeben. Bei geschlossenen Fragen eröffnen sich eine ganze Reihe von Möglichkeiten, Antwortvorgaben zu formulieren: vom nominalen, dichotomen Skalenniveau (ja/nein) bis zur Intervallskala (Ankreuzen auf einer Skala von 1 bis 7).

Die Entscheidung, ob man offen oder geschlossen abfragt, hängt u.a. davon ab, ob eine *qualitative* oder eine *quantitative* Auswertung zu dieser Frage vorgenommen werden soll. Qualitative Auswertungen, in denen es auf Details und eher individuelle, subjektive Einschätzungen ankommt, werden bevorzugt mit offenen Fragestellungen erhoben. Man ist hier nicht an Ergebnissen interessiert, die sich in Häufigkei-

18 Wer sich ausführlicher mit dem Thema Befragung befassen will, sei auf das leicht zu lesende Buch von Noelle-Neumann und Petersen (2005) verwiesen.

ten oder statistisch nachvollziehbaren Korrelationen ausdrücken, sondern an einigen wenigen Einzelfällen, die möglichst detailliert dargestellt werden sollen. Dies geschieht häufig in relativ neuen Forschungsbereichen, über die die Wissenschaftler selbst noch nicht viel wissen („Welche Weblogs haben Sie gestern gelesen?"). Allerdings wird man auch bei derartigen qualitativen Untersuchungen darum bemüht sein, intersubjektiv nachvollziehbare Ergebnisse zu produzieren. Man möchte Trends im Antwortverhalten der Befragten aufdecken und Gemeinsamkeiten darstellen. Das heißt, Antworten auf offene Fragen werden häufig *im Nachhinein* relativ aufwendig kategorisiert, was auch unter finanziellen Gesichtspunkten betrachtet werden muss. Für die Erhebung qualitativer Daten wird man dann die Interviewer anweisen, die Antworten in Stichpunkten zu protokollieren, einen Kassettenrecorder mitlaufen zu lassen oder die Befragten selbst anzuweisen, sich im Fragebogen schriftlich zu äußern.

- ***Offene Fragen führen zu Antworten mit größeren Textmengen, die vor einer Auswertung durch Kategorisierung quantifiziert werden können.***

Geschlossene Fragen mit vorgegebenen Antwortkategorien sind in der empirischen Kommunikationsforschung wesentlich häufiger anzutreffen. Und das aus gutem Grund, denn man hat es in der Regel mit großen Fallzahlen zu tun, so dass die Kategorisierung vieler offener Fragen einen enormen Arbeitsaufwand bedeutet. Antwortvorgaben können in Computercodes umgesetzt werden, mit denen man dann in Sekunden Häufigkeitsverteilungen, Korrelationen oder ähnliches berechnen kann. Der Computer sagt auf Knopfdruck, wie viel Prozent der Befragten gestern im Kino waren, wie lange sie fern geschaut haben oder welches das wichtigste Thema in der Bevölkerung ist.

- ***Geschlossene Fragen geben den Befragten eine eng begrenzte Anzahl von Antwortalternativen.***

Ein weiterer Vorteil der geschlossenen Frage ist die Möglichkeit der inhaltlichen Führung. Man kann die Befragten auf das einstimmen, was wirklich interessiert. Fragt man ‚ganz offen' nach dem gestrigen Abend, werden möglicherweise Dinge genannt, die den Untersuchungsgegenstand nicht berühren. Bei offener Frageformulierung besteht die Gefahr, dass Befragte wesentliche Dinge ganz einfach vergessen. Und ein letzter Aspekt ist beim Einsatz offener Fragen zu bedenken: Es gibt Menschen, die keine Schwierigkeiten haben, ein längeres Statement von sich zu geben, während andere sich damit eher schwer tun, was sich möglicherweise auf die Qualität der Antworten bei offenen Fragen auswirkt.

In einer Vorteils-Nachteilsliste lassen sich bezüglich offener Fragen folgende Stichpunkte festhalten, die bei der Konzeption des Untersuchungsdesigns bzw. der Fragebogenentwicklung berücksichtigt werden müssen:

Tabelle 4: Vorteile und Nachteile offener Fragestellungen

Vorteile	Nachteile:
• höhere Komplexität • Erfassung vieler Randbedingungen • Befragte nennen neue Aspekte, an die der Forscher nicht gedacht hat. Dies gilt insbesondere bei unerforschten Gegenständen	• Aufwand der Auswertung • Zersplitterung der Antworten • Ergebnisverzerrung durch unterschiedliche Eloquenz der Befragten

5.3.2 Wahl des Skalenniveaus bei geschlossenen Fragen

Geschlossene Fragen werden mit Antwortkategorien versehen, die jeweils eines der drei Skalenniveaus repräsentieren: Eine Nominalskala erlaubt dichotome oder polytome Antwortvorgaben, die Ordinalskala erlaubt die Vergabe eines Rangplatzes und die Intervallskala die Vergabe eines metrischen Wertes. In Abschnitt 3 wurde bereits erläutert, dass es in aller Regel von der Wichtigkeit der Frage abhängt, auf welchem Skalenniveau ein Datum erhoben wird. Am Beispiel des soziodemographischen Merkmals „Haushaltseinkommen" wird dies verdeutlicht:

Tabelle 5: Typische Antwortkategorien für die drei Skalenniveaus am Merkmal Haushaltseinkommen

Nominales Skalenniveau	Ordinales Skalenniveau	Intervallskala
Frage: „Liegt das Netto-Einkommen Ihres Haushaltes über 1.500 Euro monatlich?"	Frage: „Wie hoch ist das monatliche Netto-Einkommen Ihres Haushaltes? Bitte kreuzen Sie an, was für Ihren Haushalt zutrifft."	Frage: „Bitte geben Sie das monatliches Netto-Einkommen Ihres Haushaltes an. Tun Sie dies bitte bis auf 50 Euro genau, also zum Beispiel 1350,-."
Antwortkategorien: 1= ja, 2= nein	Antwortkategorien: 1= 0-499 Euro, 2= 500-749 Euro, 3= 750-1499 Euro usw.	

Im ersten Fall, in dem das Einkommen mit einer *dichotomen Nominalskala* erhoben wird, ist das Ziel, die Befragten in zwei Gruppen einzuteilen. Dabei spielt das Einkommen von 1500 Euro eine zentrale Rolle. Vielleicht knüpfen sich daran bestimmte Konsumgewohnheiten, sozioökonomische Hypothesen o.ä. Generell ist festzuhalten, dass bei den dichotomen Antwortkategorien ‚echte' dichotome und künstlich dichotomisierte Antwortkategorien existieren. Auf die Frage, ob man einen Fernseher besitzt, wird man nur mit ja oder nein antworten; auf die Frage, ob man der

Steuerreform der Regierung zustimmt, wäre eine ja/nein-Antwortkategorie künstlich dichotomisiert, weil Befragte auch teilweise zustimmen könnten.

Nominalskalen können auch *polytome Antwortkategorien* aufweisen. Die Ausführlichkeit dieser Antwortvorgaben richtet sich nach dem Verhältnis von Aufwand (für den Forscher *und* den Befragten) sowie dem vermuteten Nutzen, den man aus den mehr oder weniger detaillierten Antwortkategorien ziehen will. Möchte man erheben, welche Nebenfächer Studierende der Kommunikationswissenschaft belegen, könnte man natürlich alle Fächer aufführen, die aufgrund der Studienordnung denkbar sind. Diese größtmögliche Genauigkeit würde dann vielleicht hervorbringen, dass *ein* Student Hebräisch belegt hat. Diese Detailgenauigkeit wäre allerdings weder für die Auswertung noch die Entwicklung des Messinstrumentes praktikabel. Man müsste alle denkbaren Kategorien vorsehen, viele von ihnen würden gering besetzt bleiben und in Anbetracht der Tatsache, dass das Gros der Studenten Politikwissenschaft, Markt- und Werbepsychologie oder Recht belegt, bringen die Einzelfälle keinen großen Erkenntnisgewinn. Trotzdem will man die Ausnahmen erfassen, und dies ist ein klassischer Fall der Kategorie *‚Sonstige'*. Darin werden all jene Fälle zusammengefasst, die nicht eigens als Antwortkategorie vorgesehen waren und die allen Befragten eine Antwortchance gibt, für die keine der anderen Kategorien zutrifft. Als Faustregel gilt: Wenn die Kategorie ‚Sonstiges' bei einem beliebigen Sachverhalt eine Häufigkeit von mehr als zwanzig Prozent aufweist, sollte man die Antwortkategorien noch einmal überdenken. Es sind ganz offensichtlich zu viele Informationen durch diese Restkategorie geschluckt worden. In so einem Fall müsste noch einmal theoretisch und empirisch überprüft werden, welche Antwortkategorie ergänzt werden muss.

Zurück zur Tabelle: Wenn man das Einkommen wie im zweiten Fall als *Rangskala* erhebt, will man nicht das genaue Einkommen erfahren, sondern gibt sich mit relativ groben Gruppeneinteilungen zufrieden. Diese Art der Erhebung ist in der Marktforschung üblich, weil man mit diesen Daten (1) gut die Verteilung von Einkommen in der Bevölkerung beschreiben kann, (2) den Befragten nicht zu nahe tritt (wer erzählt schon einem wildfremden Interviewer, was er genau verdient) und sie (3) nicht überfordert (wer weiß schon genau, was ihm im Monat zum Verbrauchen bleibt). In der empirischen Kommunikationsforschung ist ein prominentes Beispiel für den Einsatz von Rangskalen die Erhebung von Nutzungsmotiven im Rahmen des Uses-and-Gratification-Approach. Der Nutzen- und Belohnungsansatz beschäftigt sich mit den Motiven des Medienkonsums: Menschen sehen zum Beispiel fern, um sich zu informieren, sich zu entspannen oder sich zu unterhalten. Befragte werden dann gebeten, eine Präferenzliste zu erstellen: „Kreuzen sie bitte eine 1 an, was für Sie am ehesten zutrifft, eine 2 dafür, was an zweiter Stelle zutrifft und eine 3, was an dritter Stelle für Sie zutrifft", etc.

Die dritte Möglichkeit, das Einkommen zu erheben, besteht in einer Intervallskala, mit der man den genauen Euro-Betrag erfragt. Durch die Vergabe eines Zahlenwertes besteht die Möglichkeit, die Daten in der Auswertung stärker zu verdichten als bei anderen Skalierungen. Man kann das mittlere Einkommen exakt bestimmen, Aussagen über Verteilungen um den Mittelpunkt herum machen, Extremwerte interpretieren und vor allem derartige Verteilungen mit denen aus der Vergangenheit vergleichen.[19]

5.3.3 Differenziertheit von Skalen

Intervallskalen können auch zu differenziert sein. Wir erinnern uns an das Beispiel zur politischen Orientierung, die auf einer Intervallskala von 0 bis 100 nicht sinnvoll erfasst werden kann, weil kaum jemand ‚68' ankreuzen, sondern eher die Zehnerschritte ‚60' oder ‚70' wählen wird. Unter Umständen wird also eine Differenziertheit vorgegaukelt, die tatsächlich bei den Befragten so nicht existiert. Deshalb umfassen Skalen zu Einstellungs- und Verhaltensfragen in der Regel zwischen fünf und neun Abstufungen. Das erfordert von den Befragten nur relativ grobe Entscheidungen. Erstens: Schätzt man sich jenseits oder diesseits vom Mittelwert oder direkt darauf ein; zweitens: Sehe ich mich eher an den Extremen oder irgendwo zwischen Mitte und Extrem? Damit ist bereits die nächste Überlegung angesprochen, die bei jeder Fragebogenkonzeption eine Rolle spielt:

5.3.4 Skala mit oder ohne Mittelpunkt?

Bei der Zahl skalierter Antwortvorgaben gibt es zwei „Philosophien": Wählt man eine Skala mit Mittelpunkt (also z.B. fünf oder sieben Stufen), haben die Befragten die Möglichkeit, sich tatsächlich in der Mitte anzuordnen. Die andere Philosophie geht davon aus, dass man Befragte zu einer Entscheidung für oder gegen eine Sache zwingen und deshalb eine gerade Anzahl von Vorgaben (sechs oder acht Stufen) machen sollte. Beide Überlegungen haben ihre Vor- und Nachteile. Gibt man eine Skala mit Mitte vor, dann haben die Befragten, die wirklich eine indifferente Meinung haben, die Chance, diese auch kundzutun. Anderenfalls sind sie ratlos und können die Frage nicht beantworten. Der Nachteil ist spiegelbildlich: Es ist ‚bequem', auf eine Mittelkategorie auszuweichen und nicht genau über die Frage nachzudenken. Eine Mittelkategorie bietet all denen, die ihre wahre Meinung nicht nennen wollen oder können, die Möglichkeit, eine Antwort zu wählen, von der sie vermuten, dass sie in der Masse untergeht. Durch eine geradzahlige Skala zwingt man diese Befragten, Farbe zu bekennen, erschwert jedoch eine Antwort für diejenigen, die wirklich eine indifferente Meinung haben. Letztlich entscheidet auch hier der Forschungsgegenstand, ob der Aspekt des Polarisierens in die eine oder andere

---

19 An dieser Stelle sei noch einmal erwähnt, dass in der Datenauswertung Kategorien auf intervall- und ordinalskaliertem Niveau *zusammengefasst* werden können und damit nomimalskaliert werden. Durch eine Zusammenfassung von Gruppen wird der Fokus der Analyse stärker auf wichtige Populationen gelenkt, was allerdings zu Lasten detaillierter Information geht. Die Zusammenlegung von Gruppen erfolgt häufig dann, wenn Kategorien an den extremen Rändern einer Dimension nur sehr schwach besetzt sind. Außer für den Fall, dass gerade diese Gruppen hinsichtlich der Forschungsfrage besonders interessant sind, würde man bei intervallskalierten Antwortmöglichkeiten, wie etwa dem Einkommen, extreme Werte der nächsten Wertigkeit zuordnen; bei Ordinalskalen, wie zum Beispiel dem Studienfach, könnte man einzelne Fächer nach Fachbereichen zusammenzufassen. Grundsätzlich ist es also möglich, jede Skala zu dichotomisieren.

Richtung im Vordergrund steht. Wählt man eine Skala mit Mittelpunkt, muss man bedenken, dass die Mitte vom Befragten auch als ‚betrifft mich nicht' aufgefasst werden kann. Erhebt man etwa die Zustimmung zur Gesundheitsreform mit einer siebenstufigen Skala, läuft man Gefahr, dass all diejenigen, denen die Gesundheitsreform eigentlich egal ist, die Mitte ankreuzen. Somit würde man sie in einen Topf werfen mit denen, die tatsächlich eine ausgewogene Meinung zu den Plänen der Regierung haben. Diese Erhebung wäre nicht valide, weil das Messinstrument nicht das misst, was es messen soll. In dem Fall wählt man den Ausweg, dass eine zusätzliche Antwortvorgabe ‚ist mir egal' oder ähnliches angeboten wird.

- ***Für die Konstruktion von Antwortvorgaben gilt generell, dass man die Befragten nicht überfordern darf und die Antwortvorgaben so gestaltet sind, dass sie mit der Realität des Befragten übereinstimmen.***

Es geht also nicht darum, den höchsten Grad an Differenziertheit herauszuholen, sondern die Antwortmöglichkeiten so zuzuschneiden, dass diese vom Befragten sinnvoll bewältigt werden können.

5.4 Antwortverzerrungen aufgrund der Frageformulierung

Um zu ergiebigen und vor allem validen Antworten zu kommen, die der wahren Meinung bzw. dem tatsächlichen Verhalten von Befragten möglichst nahe kommen, ist nicht nur die Wahl der richtigen Skala von Bedeutung. Eingangs wurde schon auf eine bedeutende ‚soziale' Randbedingung, die soziale Erwünschtheit, hingewiesen, die das Antwortverhalten von Befragten verzerren kann. Diese unerwünschten Effekte werden ausführlich in Abschnitt 7 behandelt. Es existieren weitere Phänomene, die unmittelbar mit der Fragebogenentwicklung zusammenhängen und Validitätsprobleme aufwerfen.

5.4.1 Kognitive und affektive Ausstrahlungseffekte

Dies betrifft zunächst die *Reihenfolge der Fragen im Fragebogen*. Hier hat man in zahlreichen Untersuchungen *Ausstrahlungseffekte von einer Frage auf die nächste* nachgewiesen. In einem Leitfaden oder Tiefeninterview sind solche Effekte nicht problematisch, denn die Art der Befragung imitiert mit Absicht ein ‚normales' Gespräch, das Raum für Nachfragen, detaillierte Information und Assoziationen lässt. Dabei kommt es nicht auf die Erhebung und Auswertung quantitativer Daten an, sondern auf eine qualitative Bewertung eines zusammenhängenden ‚Ganzen'. Bei standardisierten Befragungen dagegen handelt es sich um viele aneinander gehängte Einzelfragen, die im Idealfall völlig unabhängig voneinander analysiert und ausgewertet werden sollen. Im demoskopischen Interview will man vermeiden, dass die Befragung wie ein Gespräch verstanden wird. Die Auskünfte der Befragten sollen eben nur die letzte Frage beantworten und nicht – wie im Gespräch sonst üblich – in einen sinnvollen Gesamtkontext gestellt werden. Doch das ist gerade die Schwierigkeit: Befragte sind es einfach gewöhnt, Dinge logisch miteinander in Beziehung zu setzen. Im Resultat bedeutet dies, dass durch bestimmte Vorgaben innerhalb einer Frage und/oder die Reihenfolge von Fragen *inhaltliche Verknüpfungen* zwischen zwei Sachverhalten vorgenommen werden, die das Antwortverhalten beeinflussen. Man erhält Antworten, die nicht die wahre Einstellung der Befragten abbilden, sondern aufgrund der Fragebogenkonstruktion hervorgerufen werden. Neben diesen inhaltlichen Ausstrahlungseffekten hat man emotionale oder affektive Ausstrahlungseffekte nachgewiesen. Diese können bei sozial brisanten und emotional aufgeladenen Themen entstehen. Fragt man etwa danach, ob ein Befragter von den teilweise katastrophalen Lebensbedingungen von Menschen in Entwicklungsländern weiß, und fragt direkt danach, wie groß seine generelle Spendenbereitschaft ist, erhält man sicher positivere Ergebnisse als ohne die vorgeschaltete Frage. Durch die unmittelbar hintereinander geschalteten Fragen produziert der Befragte eine affektive Verknüpfung von zwei Sachverhalten, die eigentlich nichts miteinander zu tun haben. Ausstrahlungseffekte können vermieden werden, wenn man die entsprechenden Fragen im Fragebogen auseinanderzieht oder durch Fragen „puffert“, welche die Aufmerksamkeit des Befragten zwischenzeitlich auf ein anderes Thema lenken.

5.4.2 Konsistenz- und Kontrasteffekte

Befragte neigen dazu, sich während des Interviews möglichst kompetent zu präsentieren. Dazu gehört, dass sie dem Interviewer ein stimmiges Bild von sich vermitteln wollen. Auch wenn der Interviewer vor Beginn der Befragung extra darauf hinweist, dass jetzt keine Prüfung stattfindet und die Befragten spontan antworten sollen, wollen sie einfach ‚gut' dastehen. Das hat zur Folge, dass bei Fragen zu einer Dimension – etwa politische Einstellung – Pseudo-Meinungen produziert werden, die nicht der wahren Auffassung des Befragten entsprechen: So kommt es, dass Befragte, die zwar eine bestimmte Partei favorisieren, jedoch mit dem Kanzlerkandidaten dieser Partei nicht einverstanden sind, im Rahmen der Befragung trotzdem für diesen votieren würden, weil sie meinen, etwas ‚falsch' zu machen, wenn sie zwei vermeintlich divergierende Meinungen vertreten.

Kontrasteffekte finden sich dann, wenn die Frageformulierung ein Antwortverhalten nahe legt, das zwei gegensätzliche oder zumindest unterschiedliche Einschätzungen enthält. Wenn man Personen fragt, ob es ihnen heute gut geht, und wie das vor einem Jahr war, kann diese Formulierung dem Befragten (fälschlicherweise) suggerieren, dass er die erste Frage anders beantwortet als die zweite. Man müsste, um diesen Kontrasteffekt zu vermeiden, diese beiden Fragen im Fragebogen weit auseinander stellen.

5.4.3 Soziale Erwünschtheit

Neben diesen Phänomenen gibt es noch einen weiteren Effekt, der das Antwortverhalten von Befragten beeinflusst: den Effekt der Konformität bzw. sozialen Erwünschtheit. Auslöser für dieses Phänomen ist die Tatsache, dass Befragte nur ungern eine sozial nicht akzeptierte Meinung äußern, mit der sie sich gegenüber der (vermuteten!) Mehrheitsmeinung isolieren. Ein Beispiel hierfür wäre die Frage: „Schauen Sie sich eigentlich pornographische Filme an?“ Dies würden wahrscheinlich viele Befragte nicht zugeben, weil ein solches Verhalten in der Gesellschaft eher negativ beurteilt wird. Diese Frageformulierung würde verzerrte Ergebnisse provozieren, denn vermutlich wird die Anzahl derjenigen, die sich solche Filme ansehen, in der Realität höher sein, als in der Befragung ermittelt wurde. Man findet diese sozialen Erwünschtheitseffekte eigentlich überall dort, wo Werte und Normen der Gesellschaft direkt oder indirekt berührt sind. Die Schwierigkeit besteht darin, dass ‚die’ Gesellschaft einerseits sozial konformes Verhalten erwartet, der Kommunikationsforscher andererseits keine angepasste, sondern die wahre Einstellung der Menschen erfragen will. Selbst bei Studierenden der Kommunikationswissenschaft kann man dieses Verhalten beobachten. Wenn wir diese Studenten befragen, ob sie eher Informations- oder Unterhaltungssendungen im Fernsehen einschalten, geben sie mehrheitlich erstere an, weil sie glauben, dass das von ihnen erwartet wird. Untersucht man dagegen das tatsächliche Fernsehverhalten mit telemetrischen Daten, sieht man, dass der Unterhaltungsanteil überwiegt.

Effekte sozialer Erwünschtheit kann man zum Teil durch die Frageformulierung selbst vermeiden, indem man zum Beispiel die Häufigkeit der ‚problematischen’ Handlung relativiert: „Jeden Tag schaut man natürlich keine Pornos, aber es kann ja schon mal vorkommen – wie ist das bei ihnen: Sehen Sie sich auch mal einen solchen Film an?“ Man erleichtert es dem Befragten, eine sozial nicht erwünschte Antwort zu geben. In bestimmten Fällen, in denen man überhaupt nicht erwarten kann, dass ein Befragter von sich aus ehrlich antwortet, werden sogenannte *Projektionsfragen* gestellt. Man fragt nicht direkt nach dem eigenen Verhalten, sondern nach dem des unmittelbaren sozialen Umfeldes, also dem Verhalten der Nachbarn, der Freunde, des Bekanntenkreises. Dahinter steckt die Vermutung, dass der Befragte eine soziale Gruppe repräsentiert, ihr angehört und das Verhalten dieser Gruppe auch von ihm gebilligt, wenn nicht sogar praktiziert wird. Auf unser Beispiel bezogen könnte dann eine mögliche Frage lauten: „Denken Sie einmal an Ihren Bekanntenkreis. Gibt es da Leute, die hin und wieder pornographische Filme sehen?“

5.4.4 Non-Opinions

Insbesondere bei nicht alltäglichen Themenbereichen, zu denen Befragte ihre Meinung äußern sollen, kann das Problem der sogenannten ‚non-opinions’ auftreten. Manche Personen sind der Auffassung, sie müssten zu jedem Thema eine Meinung haben. Sollte dies einmal nicht der Fall sein, äußern sie in Interviews dennoch eine Meinung, auch zu Bereichen, über die sie sich vorher noch nie Gedanken gemacht hatten. „Was glauben Sie: Sollte sich Bertelsmann stärker im Business-to-Business-Bereich betätigen?“ Viele Menschen haben sich darüber noch nie Gedanken gemacht und haben auch keine Meinung dazu. Trotzdem äußern sie sich in der Befragung. Man hat dies untersucht, indem man eine Frage zu einem Thema, das es gar nicht gibt, stellt: „Sind Sie eigentlich für oder gegen die Abschaffung von Artikel 148 des GG?“ Viele wissen dann, dass es den Artikel nicht gibt. Viele sagen auch, dass sie dazu keine Meinung haben, einige geben aber auch an, dass sie entweder dafür oder dagegen sind, bis zu zehn Prozent der Befragten äußern solche non-opinions. Auch bei Fragen, die ein bestimmtes Wissen unterstellen, kann das Problem auftreten. „Und nun hätte ich noch eine Frage zur gerechteren Sitzverteilung im Bundestag: Sind Sie eigentlich für oder gegen Überhangmandate?“ Auch in diesem Fall produziert man Artefakte, also Antworten, die nur aufgrund der Befragung zustande kommen, weil Befragte, die nicht wissen, was ein Überhangmandat ist, trotzdem eine Antwort geben. In solchen Fällen müsste man zunächst fragen, ob der Befragte weiß, was Überhangmandate sind, und nur diejenigen weiter fragen, die „ja“ angeben. Generell sollten alle Fragen so formuliert werden, dass sie von allen Befragten verstanden und daher adäquat beantwortet werden können.

5.4.5 Primacy/Recency-Effekte

Bei Fragen mit mehreren Antwortvorgaben findet man sogenannte Primacy- oder Recency-Effekte. Sie treten im Zusammenhang mit der Reihenfolge der Antwortvorgaben auf. Man stelle sich vor, ein Interviewer liest dem Befragten eine Liste von zwanzig Freizeitaktivitäten vor. Die ersten Antwortvorgaben, das ist der Primacy-Effekt, und die letzten, das ist der Recency-Effekt, haben erfahrungsgemäß eine größere Chance, genannt zu werden als die mittleren Antwortvorgaben der Liste.[20] Dieser Effekt hat gravierende Auswirkungen auf die Ergebnisse von Untersuchungen. Beispielsweise werden in Deutschland regelmäßig Erhebungen von Nutzungswahrscheinlichkeiten einzelner Print- und Funkmedien durchgeführt, beispielsweise in der Media-Analyse (MA) oder der Allensbacher Werbeträgeranalyse (AWA). Die Ergebnisse dieser repräsentativen Umfragen sind auf der einen Seite für die Medienunternehmen die Berechnungsgrundlage der Anzeigenpreise, auf der anderen Seite für die werbetreibende Wirtschaft bzw. deren Mediaagenturen die Basis zur Streuung der Mediabudgets. Unter dem Gesichtspunkt möglicher Primacy- oder Recency-Effekte wird deutlich, dass Antwortverzerrungen relativ schnell viel Geld kosten können. Eine Zeitschrift, beispielsweise „Focus“, wird wesentlich häufiger genannt werden, wenn sie als erste oder letzte vom Interviewer vorgelesen wird, als wenn sie in der Mitte „untergeht“.

- ***Unter Primacy- bzw. Recency-Effekten versteht man die Tendenz einer selektiven Erinnerung von Vorgaben am Anfang bzw. am Ende einer Antwortliste.***

Wie kann man das Problem nun umgehen, dass Zeitschriften, die am Anfang oder am Ende stehen, mit größerer Wahrscheinlichkeit genannt werden? Man behilft sich

---

20 Entdeckt wurde dieser Effekt schon relativ früh im letzten Jahrhundert. Herrmann Ebbinghaus, ein Psychologe, hat sich in einem Selbstversuch Worte mit drei Buchstaben ohne Bedeutung vorgelegt, zum Beispiel ‚gah'. Er legte sich mehrere dieser sinnlosen Silben vor und versuchte, sie zu lernen. Im Resultat stellte er fest, dass er diejenigen Silben, die am Anfang und am Ende der Liste standen, eher wiedergeben konnte als die aus der Mitte der Liste.

damit, dass man den Befragten keine Liste, sondern Kärtchen vorlegt, die für jeden Befragten neu gemischt werden. Die Kärtchen, die jeweils eine Zeitschrift repräsentieren, erhalten durch Mischen eine zufällige Reihenfolge. Nun ist es natürlich nach wie vor so, dass die Befragten die Titel am Anfang und am Ende dieser Kärtchen-Reihenfolge eher nennen als die in der Mitte. Wenn man sich jedoch hier an die Stichprobentheorie erinnert, weiß man, dass die durch das Mischen entstandene Reihenfolge eine uneingeschränkte Zufallsauswahl darstellt. Bei einer genügend großen Stichprobe von Befragten wird jede Zeitschrift etwa gleich häufig mal am Anfang, mal am Ende und mal in der Mitte sein.

6. Kapitel
Befragung II: Fragebogenkonstruktion: Wie fragt man?

Das letzte Kapitel hat gezeigt, dass bevor noch die erste konkrete Frage formuliert ist, eine ganze Reihe von Bedingungen erkannt und berücksichtigt werden müssen, will man valide Messergebnisse erzielen. In diesem Abschnitt soll nun ganz eng am eigentlichen Gegenstand der Befragung – der Frage im Fragebogen – die Entwicklung dieses für die Kommunikationswissenschaft so zentralen Messinstrumentes dargestellt werden.

Wie fragt man richtig? Man muss sich darüber im klaren sein, dass die zentralen Forschungsfragen und das, was man die Befragten tatsächlich fragt, nie identisch sind. Will man zum Beispiel das soziale Phänomen des Vielsehers wissenschaftlich erfassen, wird man mit der Frage: „Sind Sie Vielseher?" nicht weit kommen. Es gibt Fragen, die man als Wissenschaftler beantworten will und solche, die der Befragte beantworten soll. Will man wissen, ob die Deutschen heute politikverdrossener sind als noch vor zehn Jahren, kann man keine ergiebige Antwort auf die Frage: „Sind Sie heute politikverdrossener als vor zehn Jahren?" erwarten. Die Fragen, die man den Befragten stellt, müssen ganz anders aussehen. Sie müssen konkreter an das Problem herangehen, müssen dem Befragten ermöglichen, das eigene Verhalten bzw. die eigenen Einstellungen zu artikulieren. Natürlich kann man fragen: „Ist Ihrer Meinung nach die Politikverdrossenheit angestiegen?" Dabei erhebt man dann allerdings Daten darüber, ob die Öffentlichkeit glaubt, dass Politikverdrossenheit angestiegen sei und nicht über das theoretische Konstrukt Politikverdrossenheit selbst.

➢ ***Die Fragen, auf die der Forscher eine Antwort erhalten will, nennen wir Programmfragen, die Fragen, die Interviewpartnern gestellt werden, nennen wir Testfragen. Beide unterscheiden sich fundamental.***

Es wird also notwendig sein, ein theoretisches Konstrukt wie Politikverdrossenheit begrifflich so zu zerlegen, dass man zunächst (vgl. Kapitel 1) die Dimensionen des Konstruktes herausarbeitet und Indikatoren bildet. Beim Konstrukt ‚Politikverdrossenheit' könnten geeignete Indikatoren zum Beispiel sein:

- *Wahlverhalten*
- *Grad der politischen Partizipation*
- *Nutzung informationsorientierter Medieninhalte*

Alle diese Dimensionen sind geeignet, Politikverdrossenheit näher zu beschreiben. Geht jemand zur Wahl, engagiert sich politisch und nutzt Informationsinhalte der Medien? Dies sind die Programmfragen. Mit diesem ersten Schritt – Überführung der allgemeinen Forschungsfrage in konkretere Programmfragen – hat man Indikatoren gebildet, die zentralen Begriffe definiert, jedoch noch keine Frage entwickelt, die man einem Befragten vorlegen könnte. Programmfragen sind immer noch ungeeignet, möglichst ergiebige Antworten zu erhalten. Es zeichnet sich jedoch schon eine Struktur ab, welche Themenbereiche der Fragebogen abdecken soll; in unserem Beispielfall drei große Bereiche. Im nächsten Schritt werden die drei großen Dimensionen wiederum in einzelne, ganz konkrete Indikatoren zerlegt. Bei dem Indikator „Grad der Partizipation" wären dies zum Beispiel:

- *Mitgliedschaft in einer politischen Partei*
- *Teilnahme bei Demonstrationen*
- *Engagement in Bezirksausschüssen*
- *Teilnahme an Bürgerversammlungen*

6.1 Fragetypen

6.1.1 Testfragen

Diese Konkretisierung führt nun im Sinne einer operationalen Definition zu den sogenannten *Testfragen*, also jenen, die dann später tatsächlich dem Befragten vorgelegt werden. Sie könnten dann zum Beispiel so lauten:

- *„Sind Sie Mitglied in einer politischen Partei?"*
- *„Waren Sie schon einmal Mitglied in einer politischen Partei, sind aber ausgetreten?"*
- *„Üben Sie in dieser Partei eine aktive Funktion aus?"*
- *„Wie viel Zeit verwenden Sie als Parteimitglied für die Parteiarbeit?"*

Die Testfragen sind, wenn man so will, das eigentliche Filetstück einer Befragung. Auf die Erhebung dieser Daten kommt es letztendlich an. Dabei gilt: Die Testfragen müssen so formuliert sein, dass sie jeder, der an der Befragung teilnimmt, auch verstehen kann. Fremdworte sind dabei ebenso tabu wie Schachtelsätze. Die Frage sollte hochdeutsch sein, nicht im Telegrammstil daherkommen und nicht in einer Wissenschaftlersprache formuliert sein. Die Befragten sollen in der Lage sein, die Testfragen alle zu beantworten. Sowohl von der Schwierigkeit als auch vom ganzen Stil her sollte die Frage auf ein Niveau zugeschnitten sein, dass keinen Befragten überfordert. Dabei ist zu berücksichtigen, über welche Grundgesamtheit Aussagen gemacht werden sollen. Sicher wird man bei repräsentativen Bevölkerungsumfragen ein anderes Sprachniveau wählen als bei der Befragung von Rundfunkräten. Dabei kommt es nicht darauf an, dass der Interviewer die Frage versteht. Der Interviewte muss die Frage verstehen. Ein Interviewer kann durchaus eine Befragung unter Maschinenbauern machen, ohne zu wissen, was ein Flansch ist. Wichtig ist nur, dass der Befragte die Frage versteht. Sobald beim befragten Maschinenbauer allerdings Nachfragen zur Flansch X95 entstehen, ist der Interviewer natürlich am Ende seines Lateins. Dies ist jedoch nicht sein Fehler, sondern der des Forschers, der diese Situation nicht bedacht hatte.

Die konkrete Frageformulierung ist das Produkt einer ganzen Reihe von Überlegungen, Diskussionen und Testläufen. Auf sie sollte viel Zeit verwendet werden: Ohne gute Fragen wird es keine guten Ergebnisse geben. Ziel muss es sein, jede einzelne Frage so zu formulieren, dass alle denkbaren Antwortverzerrungen, Missverständnisse und Zweideutigkeiten ausgeschaltet sind, und die Fragen möglichst optimal für den jeweiligen Zweck konzipiert werden. Häufig besteht dann die Testfrage nicht aus einem einfachen Was-, Wie- oder Wer-Satz, sondern kann durchaus zur Verdeutlichung zwei oder mehr Sätze umfassen. Bei jeder Fragebogenausarbeitung ist folglich eine Checkliste abzuarbeiten (vgl. ausführlich Noelle-Neumann & Petersen, 2005). Je länger man sich mit der Konstruktion von Fragebögen befasst, desto umfangreicher wird diese Checkliste werden. Denn durch die zunehmende Erfahrung wird man immer wieder aufs Neue die Psychologie von Befragten entdecken und verstehen lernen. Hier sind die wichtigsten Überlegungen für eine Checkliste:

- *Ist die Frage für jedermann verständlich formuliert?*
- *Wird der zu erfragende Sachverhalt konkret und plastisch dargestellt?*
- *Kann der abgefragte Sachverhalt von jedermann eindeutig wahrgenommen (und dann beschrieben) werden?*
- *Werden durch die Frageformulierung zu hohe Ansprüche an die sprachliche Ausdrucksfähigkeit gestellt?*
- *Ist die Frage eindimensional formuliert, ist es also eindeutig, welche Antwort vom Befragten verlangt ist?*
- *Kann die Frage unter Umständen das Gedächtnis des Befragten überfordern?*
- *Kann die Frage auch dann noch beantwortet werden, wenn der Befragte schon ermüdet ist?*
- *Provoziert die Frageformulierung soziale Erwünschtheit?*
- *Enthält die Frage suggestive Formulierungen, die schon ein bestimmtes Antwortverhalten nahe legen?*
- *Ist die Frage unter Umständen zu privat?*
- *Könnten sich Befragte durch die Art der Antwort bloßgestellt vorkommen (und dann ‚unwahr' antworten)?*

6.1.1.1 Sachfragen

Die Testfragen kann man nun in *vier Subtypen* unterteilen, die jeweils nach unterschiedlichen Inhalten fragen, jedoch nicht immer völlig voneinander abzugrenzen sind. Zunächst gibt es die sogenannten *Sachfragen*. Sachfragen sind Fragen, die jeder Befragte sofort beantworten kann, ohne groß nachzudenken. Sachfragen haben also nichts mit dem psychischen Befinden, mit Wissen oder mit den Einstellungen der Befragten zu tun. „Besitzen Sie ein Fernsehgerät?" ist eine typische Sachfrage. Es gibt allerdings auch Sachfragen, die unter Umständen eine Recherche erfordern. Die sollte man in einer allgemeinen Bevölkerungsumfrage möglichst vermeiden. Dies trifft zum Beispiel auf die Frage nach dem frei verfügbaren Einkommen im Monat zu. Abgesehen davon, dass die meisten Befragten der Auffassung sind, das ginge den Interviewer nichts an, müssten sie wohl längere Zeit nachdenken und recherchieren, bis sie alle Fixkosten beisammen hätten. Dieser Aufwand wäre für die Untersuchung kontraproduktiv, weil hier die Befragten gerne ‚aussteigen'. Sachfragen können auch dann zu Verzerrungen führen, wenn das Gedächtnis der befragten Personen zu stark beansprucht wird: „Wissen Sie noch, wie teuer Ihr erster Urlaub war?"

6.1.1.2 Wissensfragen

Die zweite Gruppe der Testfragen bezeichnet man als *Wissensfragen.* Will man etwas über den Informationsstand der Bevölkerung wissen, muss man Fragen stellen, die nichts mit Meinung zu tun haben: „Wer ist der deutsche Innenminister?", „Welche Nationen gehören der NATO an?" oder „Wer wählt den Bundespräsidenten?" Auch wenn derlei Daten für bestimmte Untersuchungen wichtig sind, erkennt man sofort den Nachteil solcher Wissensfragen. Mit zu vielen oder zu schwierigen Fragen frustriert man die Befragten, so dass sie möglicherweise entnervt das Interview abbrechen. Die Kommunikationsforschung arbeitet im Zusammenhang mit der sogenannten *Wissensklufthypothese* mit Wissensfragen. Die Wissensklufthypothese vermutet, dass neue Informationen von sozial höher gestellten Personen schneller adaptiert werden als von sozial niedrig gestellten. Menschen, die sowieso schon mehr wissen, eignen sich neues Wissen schneller an, weil sie eher Zugang zu Informationsquellen – zum Beispiel dem Internet – haben, weil sie vielleicht regelmäßiger die Tageszeitung nutzen oder weil sie einen Bekanntenkreis haben, der auch schon viel weiß. Auf diese Weise entsteht eine immer größer werdende Kluft zwischen dem, was die Bessergestellten wissen, und dem, was die weniger Privilegierten wissen. Will man nun Personen in Gutinformierte und Schlechtinformierte gruppieren und dann deren Mediennutzungsverhalten vergleichen, müssen Wissensfragen gestellt werden, die mit dem genannten Problem behaftet sind. Als Lösung bietet sich hier an, schwere und leichte Fragen zu mischen.

6.1.1.3 Einstellungs- und Meinungsfragen

Die dritte Gruppe von Fragen sind die sogenannten *Einstellungs- und Meinungsfragen.* Hier fragt man in der Regel nach Dingen, zu denen Befragte eine bestimmte Meinung haben. Das sind im Bereich der Kommunikationswissenschaft hauptsächlich politische oder gesellschaftliche Themen – für oder gegen Abtreibung, für oder gegen das duale System, für oder gegen die Hochschulreform. Neben diesen Themen werden häufig auch Einstellungen zu Personen, vorwiegend zu Politikern, erhoben: Zu diesem Zweck wird dann ein *semantisches Differential* vorgelegt, bei dem der Befragte zwischen gegensätzlichen Attributen abgestuft wählen soll: glaubwürdig – unglaubwürdig, sozial – unsozial, modern – konservativ usw. Wie bereits im letzten Abschnitt beschrieben, können bei Einstellungsfragen die sogenannten non-opinions auftreten. Viele Befragte machen sich erst im Moment der Fragestellung Gedanken über das Problem, mit dem sie konfrontiert werden und produzieren Pseudo-Meinungen, die sie wahrscheinlich bei genauerer Kenntnis des Sachverhalts revidieren oder zumindest relativieren würden.

Ein weiteres generelles Problem bei Einstellungsfragen eröffnet sich bei der Formulierung der Frage selbst. Empirische Kommunikationsforschung will ja Ausschnitte aus der sozialen Realität abbilden und erklären. Erkenntnisfortschritt kann dann gelingen, wenn die Ergebnisse intersubjektiv nachvollziehbar vorliegen und mit anderen Analysen zum selben Sachverhalt verglichen werden können. In Bezug auf die Entwicklung von Befragungen bzw. die Entwicklung der Fragen selbst, bedeutet dies, dass tatsächlich nur haargenau dieselbe Fragestellung in zwei Untersuchungen die Ergebnisse vergleichbar macht. Das heißt nicht nur, dass man gerade in groß angelegten repräsentativen Bevölkerungsumfragen immer wieder auf solche Fragen zurückgreift, die schon an anderer Stelle Ergebnisse hervorgebracht haben. Man muss sich darüber hinaus über die Wirkung jedes Wortes im klaren sein. Es gibt Fragebogenexperimente, anhand derer man zeigen kann, dass das Wort „eigentlich“, eingefügt in die Frageformulierung, ganz verschiedene Antworten hervor bringt. „Glauben Sie an Gott?“ oder „Glauben sie eigentlich an Gott?“ Beide Fragen erbringen ganz verschiedene Ergebnisse: Im zweiten Fall erhält man mehr positive Antworten, denn man „erwischt“ auch die Skeptiker, die Indifferenten. Man kann also durch ganz leichte Veränderungen der Frageformulierung deutliche Antwortänderungen bekommen. Dies trifft vor allen Dingen auf den Bereich der Einstellungsfragen zu.

6.1.1.4 Verhaltensfragen

Die letzte Gruppe innerhalb der Testfragen ist der Komplex der Verhaltensfragen. Mit diesem Fragetyp versucht man etwas über das konkrete Verhalten eines Befragten herauszufinden. Letztlich ist die Erhebung und Analyse von Verhaltensweisen der zentrale Punkt empirischer Sozialforschung, denn das konkrete Verhalten manifestiert gesellschaftliches Mit- und Gegeneinander, konstituiert und verändert Werte und Normen, ist eben soziale Realität. Man will wissen, ob Eltern ihre Kinder schlagen, wie ausländerfeindlich die Deutschen wirklich sind oder ob heutzutage weniger Informationssendungen als noch vor zehn Jahren genutzt werden.

Verhaltensfragen haben gegenüber Einstellungsfragen den Vorteil, dass sie das messen, was tatsächlich passiert. Dabei kommt es wieder sehr auf die Formulierung an, ob es gelingt, das Verhalten von Befragten so genau zu schildern, dass sich der Befragte darin wiedererkennt. Fragt man, wie viele Stunden jemand an einem normalen Werktag fernsieht, ist dies zwar eine Verhaltensfrage, aber immer noch zu weit weg vom tatsächlichen Verhalten. Wenn man hingegen dem Befragten ein Fernsehprogramm vorlegt und ihn bittet alles anzukreuzen, was er gestern gesehen hat, macht man das Verhalten plastisch und nachvollziehbar und erzielt vermutlich validere Antworten. In diesem Beispiel steckt eine Besonderheit, die es bei Verhaltensfragen zu beachten gilt, insbesondere dann, wenn es um banale, alltägliche Verrichtungen geht. Dann fragt man am besten nach dem Verhalten, das sich auf den letzten oder vorletzten Tag bezieht. Ermittelt man zum Beispiel die wöchentliche und nicht die tägliche Fernsehnutzung, werden Erinnerungsverzerrungen produziert, weil man unter Umständen nicht mehr das tatsächliche Verhalten, sondern eher die Einstellung zum eigenen Verhalten abfragt. Dieses Problem stellt sich generell ein, wenn Personen zu vergangenem Verhalten befragt werden. Dabei ist zu beobachten, dass unangenehme Ereignisse zeitlich eher weiter in die Vergangenheit verdrängt und angenehme Ereignisse näher an die Gegenwart herangeholt werden. Man kann also nur bedingt nach weit in der Vergangenheit liegenden Ereignissen fragen, weil es dabei zu Erinnerungseffekten kommt.

6.1.2 Funktionsfragen

Ganz grob lassen sich zwei Typen von Fragen unterscheiden. Wie oben dargestellt, arbeitet man mit einer Reihe verschiedenartiger Testfragen, die die eigentlichen Inhalte einer wissenschaftlichen Untersuchung betreffen. Die Testfragen sind das, was interessiert, worauf sich die Erhebung der Daten bezieht. Die Testfragen allein garantieren allerdings noch keinen guten Fragebogen. Es sind die sogenannten Funktionsfragen, die den Gesamtablauf der Befragung steuern und dadurch zu ergiebigen Antworten führen.

- ***Funktionsfragen steuern den Ablauf des Fragebogens und stellen sicher, dass die Testfragen korrekt angewendet werden.***

6.1.2.1 Eisbrecherfragen

Eine Untersuchung befasst sich mit den Sexualgewohnheiten der Deutschen. Der Interviewer klingelt an der Haustür, erklärt, von welchem Institut er kommt, setzt sich in die Küche und fragt sein Gegenüber, wie oft er in der Woche Geschlechtsverkehr hat. Im günstigsten Fall erhält man ‚nur' verzerrte Antworten, weil der Befragte über einen derartigen Überfall verwirrt ist. Im Normalfall allerdings wird der Interviewer hochkant aus dem Haus fliegen. Es handelte sich in diesem Fall zwar um eine Testfrage, die wichtige Informationen für die Untersuchung bringen sollte. Sie jedoch direkt an den Anfang eines Interviews zu stellen, ist extrem kontraproduktiv. Zunächst muss man eine Beziehung zu dem Gegenüber aufbauen. Auch bei privaten Treffen fällt man ja nicht „mit der Tür ins Haus", sondern beginnt erst ein mal mit etwas „Small-Talk". Deswegen beginnen die meisten persönlichen Interviews mit einer *Eisbrecherfrage.* Um die Gesprächssituation aufzulockern, fängt das Interview mit einer Frage an, die für die eigentliche Untersuchung relativ unwichtig ist und die meistens nicht einmal ausgewertet wird. Eine Frage also, die die Situation entspannen und den Befragten ins Reden bringen soll. Man darf nicht vergessen, dass es sich bei einem Interview um eine *soziale Situation* handelt, in der sich zwei vollkommen fremde Menschen gegenüber sitzen, von denen der eine relativ private Dinge wissen will. Eine Eisbrecherfrage sollte also ein Thema behandeln, zu dem jeder etwas zu sagen hat und das zum Reden ermuntert. Damit versucht man,

Hemmschwellen gegenüber dem Interviewer zu überwinden und die ganze Situation in eine interessantere, anregende Atmosphäre münden zu lassen.

Eine typische Eisbrecherfrage ist die nach der Meinung zum aktuellen Fernsehprogramm. So ein Thema ist von allgemeinem Belang, jeder kann etwas dazu sagen, und die Frage ist als offene Frage formuliert, so dass auch Schweigsame mehr als ja oder nein sagen können. Sofort ist die Atmosphäre etwas gelockerter und man kann in den Themenbereich einsteigen, der eigentlich interessiert.

6.1.2.2 Überleiterfragen

Eine zweite Art von Funktionsfragen, die ähnlich steuernd wirken, sind die sogenannten Überleiterfragen. Zumeist behandelt man in einem Fragebogen mehrere Themenbereiche. Dabei ist es sinnvoll, die Themenbereiche auch für den Befragten erkennbar voneinander abzugrenzen. Dies erleichtert es den Befragten, der Logik des Interviews zu folgen und sich gedanklich auf die jeweiligen Themen einzustellen. Hat man etwa schon fünfzehn Minuten lang Fragen zur Politikverdrossenheit gestellt und will jetzt etwas über Mediennutzung wissen, ist es günstig, eine Überleiterfrage zu stellen, um es dem Befragten zu ermöglichen, das erste Thema im Geiste abzuschließen und offen für ein neues Thema zu sein. Man könnte diese Fragen auch Erholungsfragen nennen, weil sie dazu dienen sollen, während eines längeren Interviews kurz abzuschalten. *Überleiter- oder Erholungsfragen* dienen also nicht nur der Abgrenzung verschiedener Themenblöcken, sondern erlauben es dem Befragten, ähnlich wie bei der Eisbrecherfrage, locker vor sich hin zu plaudern. Auch diese Überleiterfragen haben in der Regel keine Relevanz für die eigentliche Untersuchung.

6.1.2.3 Trichter- und Filterfragen

Ein wesentliches Instrument zur Strukturierung von Fragebögen sind Trichter- und Filterfragen. Sie dienen dazu, dass Testfragen nur von denen beantwortet werden (müssen), die es tatsächlich betrifft. *Trichterfragen* sortieren in einem mehrstufigen Vorgang alle die Befragten aus, die keine Antwort auf die eigentliche Testfrage geben können. Wenn man etwas über die Mediennutzungsgewohnheiten von Pay-TV-Nutzern wissen will, wäre die erste Frage, ob der Befragte überhaupt einen Fernseher hat. Im nächsten Schritt würde man den Empfangsmodus erfragen und im dritten Schritt nur noch diejenigen befragen, die tatsächlich Pay-TV nutzen. Alle anderen Befragten überspringen diesen Block. *Filterfragen* arbeiten mit derselben Logik, wobei man sogenannte Auskoppelungen und Gabelungen unterscheidet. Die *Auskoppelung* funktioniert nach dem Muster der Trichterfrage: Es werden dann Fragen übersprungen, wenn mit einer Vorfrage festgestellt wurde, dass der Befragte nicht sinnvoll antworten kann. *Gabelungen* werden dann eingebaut, wenn man Auskünfte von der ganzen Stichprobe braucht, jedoch bestimmte Teilpopulationen in unterschiedlicher Formulierung befragen muss. Am Beispiel Pay-TV wird das deutlich. Mittels Trichterfragen wird die Stichprobe in zwei Gruppen geteilt: solche, die Pay-TV anschauen und jene, die nur Free-TV nutzen. Nun könnte man mit einer

Gabelung beide Gruppen danach fragen, wie sie die jeweiligen Sendungen oder Genres finden, die typischerweise in dem einen oder anderen Empfangsmodus angeboten werden.

Eine typische Filterfrage, die ebenfalls mit Gabelungen arbeitet, ist die nach dem liebsten Medium. Die folgenden Fragen werden dann speziell auf diejenigen zugeschnitten, die Fernsehen, Radio oder Zeitung genannt haben. Bei den ‚Fernsehleuten' fragt man dann nach dem Lieblingsgenre, während man die ‚Zeitungsleute' nach dem Lieblingsressort befragt. Nach diesem Block werden die Gruppen wieder zusammengeführt und allen Befragten wieder dieselben Fragen gestellt. Filter- bzw. Trichterfragen werden also eingesetzt, um unnötige Fragen zu überspringen und einzelne Teilgruppen mit jeweils auf sie zugeschnittene Fragen zu konfrontieren.

Filter- oder Trichterfragen können jedoch auch Fehlerquellen darstellen, wenn der Ablauf der Befragung dadurch sehr kompliziert wird. Wenn der Interviewer zum Beispiel im Fragebogen hin- und herblättern, dabei womöglich Kärtchen zücken und Extrablätter hervorzaubern soll, kommt es nahezu zwangsläufig zu Fehlern. Im Zeitalter computerunterstützter Interviews kann jedoch der Computer auch bei komplexen Filterführungen helfen.

6.1.2.4 Kontrollfragen

Eine weitere Gruppe von Fragen sind die sogenannten Kontrollfragen. Das sind Fragen, mit denen in einer alternativen Formulierung an anderer Stelle im Fragebogen noch einmal abgefragt wird, was weiter vorne schon erhoben wurde. Solche Kontrollfragen dienen vor allem in sensiblen Bereichen dazu, aufzudecken, ob der Befragte konsistent antwortet. Kontrollfragen können zum Beispiel bei der Abfrage der politischen Einstellung vorkommen. Stellt man zuerst die Frage: „Welche Partei wählen Sie?" und der Befragte antwortet „CDU", während er bei einer späteren Kontrollfrage: „Wie sympathisch ist Ihnen eigentlich die SPD?" die SPD als sehr sympathisch einstuft, liegt offensichtlich eine *Inkonsistenz* vor. Welche Konsequenzen haben inkonsistente Antworten für die Beantwortung der Forschungsfragen? Handelt es sich tatsächlich um ein inkonsistentes Antwortverhalten, haben also diese Befragten zufällig so geantwortet, oder steckt dahinter vielleicht ein bestimmtes inhaltliches Muster? Es kann ja durchaus sein, dass ein Befragter eine bestimmte Parteienpräferenz hat, aber gleichzeitig auch einzelne Politiker einer anderen Partei als sympathisch einstuft. Manchmal kann die Inkonsistenz selbst interessant sein: Schon in den vierziger Jahren hat Lazarsfeld das sogenannte „cross-pressure-Phänomen" beschrieben. Menschen, die inkonsistente soziale Merkmale oder Einstellungen haben, werden leichter von Medien beeinflusst als andere. Häufig jedoch können inkonsistente Antworten als Hinweis darauf dienen, dass der Fragebogen nicht aufrichtig beantwortet oder möglicherweise sogar gefälscht wurde.

Zu den Kontrollfragen gehören auch sogenannte *Lügenfragen,* die die Wahrheitsliebe der Befragten aufdecken sollen. Man versucht Sachverhalte anzusprechen, von denen man annimmt, dass sie jeder schon einmal mitgemacht hat. Gibt der Befragte bei relativ eindeutigen Fragen eine Antwort, die höchst unwahrscheinlich ist, hat man zumindest einen Hinweis darauf, dass der Befragte möglicherweise nicht immer wahr antwortet. „Haben Sie in ihrer Kindheit schon einmal genascht?“, wäre eine solche Lügenfrage. Wer „nein“ sagt, hat vermutlich gelogen. Lügenfragen werden vor allem dann eingesetzt, wenn sich die Befragung mit gesellschaftlich sensiblen Bereichen befasst, wie etwa der Einstellung zu Pornographie, Züchtigung von Kindern oder Fremdenfeindlichkeit. Ebenso wie mit Kontrollfragen versucht man mit diesem Fragetyp, soziale Erwünschtheit oder Inkonsistenzen, allgemein gesprochen: verzerrte Antworten von Befragten zu identifizieren.

- ***Eisbrecher-, Überleiter-, Filter- und Kontrollfragen sind Fragen, die den Ablauf eines Fragebogens steuern oder die Qualität der Antworten einschätzen lassen, ohne zum eigentlichen Erkenntnisinteresse der Untersuchung etwas beizutragen.***

6.1.2.5 Soziodemographische Merkmale

Eine besondere Form sind Fragen nach soziodemographischen Merkmalen. Diese Fragen sind insofern nicht inhaltsgebunden, als sie in jeder Befragung gestellt werden. Die meisten Umfrageinstitute haben für diesen Bereich ein Standardmodul entwickelt, das an den Schluss des Fragebogens gehängt wird. Typischerweise werden Alter, Geschlecht, Schulbildung, Haushaltsvorstand, Nettoeinkommen, Religionszugehörigkeit und Ehestand ermittelt. Dass die soziodemographischen Merkmale jeweils am Ende eines Fragebogens stehen, hat zwei wesentliche Gründe. Zum einen sind die Fragen eher langweilig, so dass die Motivation der Befragten schnell nachlässt. Wenn man dies zu Beginn machen würde, bestünde die Gefahr, dass der Befragte das Interview frühzeitig abbricht. Zum anderen können die Fragen auch als sensibel empfunden werden. Dies ist insbesondere bei der Frage nach dem Einkommen der Fall. Deswegen ist es günstig, die Fragen am Ende zu stellen, damit zumindest die anderen Antworten schon einmal erhoben sind. Steigt der Befragte bei der letzten Frage nach dem Einkommen aus, kann man seine vorhergehenden Antworten in der Regel trotzdem verwenden.

6.2 Standardisierungsgrad von Befragungen

6.2.1 Vollkommen standardisiertes Interview

Im nächsten Abschnitt werden die verschiedenen Typen von Befragungen dargestellt. Bisher wurde implizit immer wieder von der sogenannten *standardisierten Bevölkerungsbefragung* gesprochen. Bei einer standardisierten Befragung ist tatsächlich alles festgelegt. Das beginnt bei dem Wortlaut der Fragen, geht über genau festgelegte Antwortvorgaben, bezieht sich auf die Reihenfolge der Fragen und legt bis ins Detail fest, wie sich der Interviewer zu verhalten hat: Was muss er vorlesen, was darf er auf gar keinen Fall vorlesen? Wann muss er welche Kärtchen oder Listen vorzeigen? Muss er bestimmte Fragen betonen? Die Standardisierung soll sicherstellen, dass alle Befragungen nach genau dem gleichen Muster ablaufen. Wäre dies nicht der Fall, beispielsweise weil Fragen ausgelassen werden, in einer anderen Reihenfolge oder an anderer Stelle gestellt werden oder Antwortvorgaben einmal vorgelesen werden und einmal nicht, beeinträchtigt dies die Vergleichbarkeit der Interviews und damit die Qualität der Ergebnisse. Nur wenn alle Interviews völlig *gleich* ablaufen und die Befragungssituation keinen Einfluss auf die Ergebnisse hat, kann man die Ergebnisse von der Stichprobe auf die Bevölkerung übertragen. Der *Repräsentativschluss* erfordert demnach nicht nur eine entsprechende Stichprobenziehung, sondern stellt auch Anforderungen an das Design der gesamten Untersuchung bis hin zur Fragebogenkonzeption. Umfrageinstitute gestalten aus diesem Grund bei standardisierten Befragungen den Fragebogen beispielsweise so, dass alles, was der Interviewer vorlesen soll, in Anführungsstrichen steht. Alles, was er nicht vorlesen soll, steht analog nicht in Anführungszeichen.

Derartige Befragungstypen werden immer dann verwendet, wenn wir mit großen Stichproben arbeiten oder wenn mittels Repräsentativschluss eine Aussage über ‚die Bevölkerung' oder bestimmte Teilgruppen gemacht werden soll. Standardisierte Befragungen sind in der Regel so konzipiert, dass Forscher und Interviewer unterschiedliche Personen sind. Die Interviewer sollen möglichst wenig über den Zweck der Befragung und die wissenschaftlichen Hintergründe wissen. Ihre Aufgabe ist es, die Befragung im Sinne der ihnen gestellten Vorgaben professionell durchzuführen. Der Forscher wiederum ist deshalb kein Interviewer, damit er nicht – bewusst oder unbewusst – den Ablauf der Befragung in seinem Sinn beeinflusst.

Die nachfolgende Abbildung stellt die erste Seite eines Fragebogens einer standardisierten schriftlichen Befragung dar. Die Grundgesamtheit der Untersuchung waren Jugendliche. Bei einer standardisierten schriftlichen Befragung ist darauf zu achten, dass die Ansprache im Fragebogen und Begleitschreiben auf die Grundgesamtheit abgestimmt ist und dass diese die Frageformulierungen versteht.

Abbildung 11: Fragebogenausschnitt eines standardisierten schriftlichen Interviews

Ludwig-Maximilians-Universität München

Institut für Kommunikationswissenschaft

Vielen Dank, dass du an unserer Befragung teilnimmst. Alle deine Antworten sind natürlich freiwillig, werden absolut vertraulich behandelt und anonym ausgewertet. Bitte fülle folgenden Fragebogen so vollständig wie möglich aus und bedenke dabei, dass uns deine persönliche Meinung interessiert. Es gibt keine richtigen oder falschen Antworten. Denke über eine Frage nicht zu lange nach, denn uns liegt mehr an deinen spontanen Antworten. Falls etwas unklar ist, frage uns.

Im Laufe des Fragebogens tauchen immer wieder Fragen nach folgendem Muster auf.

Beispiel: Wie oft schwänzt du die Schule?

Nie — sehr häufig

☐ – ☒ – ☐ – ☐ – ☐

So solltest du ankreuzen, wenn du nur sehr selten die Schule schwänzt.

Vielen Dank für deine Mitarbeit! Und los geht's!

1. Wie lange hörst du durchschnittlich an einem Tag Musik?

☐ Weniger als 1 Stunde ☐ Mehr als 3 Stunden

☐ 1 bis 3 Stunden ☐ Eigentlich höre ich gar keine Musik

2. Es gibt sicherlich viele Gründe, warum du Musik hörst. Wie sehr treffen die unten aufgeführten Aussagen auf dich zu?

Ich höre Musik ...	Trifft nicht zu — trifft zu
weil es mir Spaß macht.	☐ – ☐ – ☐ – ☐ – ☐
bevor ich abends ausgehe.	☐ – ☐ – ☐ – ☐ – ☐
wenn ich gestresst oder genervt bin.	☐ – ☐ – ☐ – ☐ – ☐
aus reiner Gewohnheit.	☐ – ☐ – ☐ – ☐ – ☐
um in meinem Freundeskreis mitreden zu können.	☐ – ☐ – ☐ – ☐ – ☐
wenn mir langweilig ist.	☐ – ☐ – ☐ – ☐ – ☐
wenn ich mich alleine fühle.	☐ – ☐ – ☐ – ☐ – ☐
wenn ich mit meinen Freunden zusammen bin.	☐ – ☐ – ☐ – ☐ – ☐
weil Musik ein extrem wichtiger Teil in meinem Leben ist.	☐ – ☐ – ☐ – ☐ – ☐

6.2.2 Unstrukturiertes Interview

Das Gegenstück zu dieser standardisierten Form ist eine *vollkommen unstrukturierte Form der Befragung*. In diesen Fällen ergeben sich die Fragen hauptsächlich aus dem Kontext, der Zeit und der Länge des jeweiligen Interviews. Nicht alle Befragten erhalten notwendigerweise dieselbe Frage: Sie beeinflussen mit ihrem Antwortverhalten die nächste Frage. Es existiert kein vorgefertigter Fragebogen, sondern höchstens ein Stichwortkatalog. Man erhält unterschiedliche, untereinander nicht direkt vergleichbare Interviews. In diesen Fällen ist häufig der Forscher auch der Interviewer. Ein professioneller Interviewer hätte nicht das Hintergrundwissen, das er bräuchte, um etwa nach bestimmten Antworten adäquat nachzufragen. Dieser Befragungstyp wird in qualitativen Forschungsvorhaben, bei denen der Untersuchungsgegenstand relativ unbekannt ist, eingesetzt. Ein Beispiel: Wie intensiv werden eigentlich Bannerwerbungen im Internet genutzt? Das ist ein relativ neues Thema, welches vor allen Dingen die Werbetreibenden interessiert. Bevor sie nicht wissen, wie viele Personen aus welchen Zielgruppen mit Internetwerbung erreicht werden, werden sie im Internet keine Werbung schalten. Um zunächst erste Anhaltspunkte zu bekommen, wie Internetwerbung überhaupt genutzt wird, wird man in diesem Fall wenige Internetnutzer befragen, z.B. wie sehr Bannerwerbung akzeptiert wird, welche Typen von Bannerwerbung die Nutzer unterscheiden, etc. Dieser Typ von Befragung ist dann sinnvoll, wenn man selbst noch wenig über ein Thema weiß und durch die Ergebnisse erst ein Forschungsgebiet vollständig exploriert werden kann. Die Ergebnisse erlauben selbstverständlich keinen Repräsentationsschluss – zum Beispiel auf alle Internet-Experten oder gar die Bevölkerung. Was man jedoch erreicht hat, ist eine Stoffsammlung, um in einem bestimmten Bereich Informationen und Meinungen zu bekommen, die den Kenntnisstand derart erweitern, dass vielleicht auf dieser Grundlage später einmal ein standardisiertes Interview mit einer repräsentativen Stichprobe möglich wird.

6.2.3 Leitfadeninterview

Beide bisher dargestellten Befragungstypen sind Extrempole. Zwischen beiden Extremen werden nun verschiedene Abstufungen von Befragungstypen angewendet. Das heißt, bei der Konzipierung einer Befragung bewegt man sich auf einem Standardisierungs-Kontinuum. Je nach Forschungsgegenstand und Detailinteresse wird die Befragung mehr oder weniger standardisiert sein. Zu den halbstandardisierten Befragungen zählt das *Leitfadeninterview,* in der Literatur als *Tiefeninterview* bezeichnet. Bei diesem Typ konzipiert man im Vorfeld mehr als nur ein paar Stichworte. Hier wird ein *Leitfaden* entwickelt und damit die Reihenfolge der Fragen vorgegeben. Die Befragten erhalten dann im Interview die Möglichkeit, mehr Information zu geben als man vielleicht ursprünglich dachte, der Interviewer kann entsprechend mit spontanen Fragen nachhaken, so dass am Ende zwar jedes Interview Antworten zu den gewünschten Bereichen enthält, jedoch in unterschiedlicher Detailliertheit.

6.2.4 Gruppeninterviews als Sonderform der Befragung

Alle Interviewtypen, die bisher erläutert wurden, gehen implizit von einer face-to-face-Situation aus: *Ein* Interviewer befragt persönlich *eine* Person. Tatsächlich werden sowohl in der angewandten Marktforschung als auch in der Kommunikationsforschung auch *Gruppeninterviews* durchgeführt. Gruppeninterviews ähneln in ihrem Verlauf den Leitfadeninterviews. Der Interviewer hat eine Liste mit Themenbereichen, die abgearbeitet werden sollen. Gruppeninterviews werden hauptsächlich in der Marktforschung eingesetzt, wenn es beispielsweise um die Einführung neuer Produkte, veränderte Produktnamen oder neue Produktverpackungen geht. In so einem Fall werden fünf bis zehn Nutzer des Produktes zu einem Gruppeninterview gebeten. Der Interviewer beginnt die Diskussion mit Fragen wie „Was fällt Ihnen an dieser Verpackung besonders auf?", „Finden Sie rot oder grün sympathischer?" usw. Es entwickelt sich eine Diskussion zwischen den Teilnehmern, die vom Interviewer mittels seines Interviewleitfadens gesteuert wird. In der Regel wird die Diskussion per Video aufgezeichnet, von der Marktforschung ausgewertet und hilft den Marketingabteilungen der Unternehmen bei der Entscheidungsfindung.

Durch die Gruppe, das ist der Vorteil dieser Gruppendiskussion, werden Meinungen, auch abseitige, stimuliert und formuliert. Das Gespräch zwischen den Teilnehmern fördert die Generierung von Meinungen. Allerdings sind solche Meinungsfindungen stets mit Vorsicht und vermutlich auch nur mit einer größeren Zahl von Gruppendiskussionen zu interpretieren. Die Vorstellung, man könne aufgrund von einer Diskussion valide Auskünfte über Marktpotentiale erhalten, ist sicher übertrieben. Insofern können Gruppeninterviews in der Marktforschung immer nur ergänzendes Instrument zum Erkenntnisgewinn sein. Denn einmal abgesehen von möglichen Ergebnisverzerrungen, die durch die Gruppendynamik entstehen (Isolationsfurcht, totales Verstummen mancher Teilnehmer, übergebührliche Dominanz anderer Teilnehmer, uvm.), sind die Resultate nicht auf die Bevölkerung zu übertragen.

Standardisierte Gruppenbefragungen sind wenig sinnvoll, da der positive Effekt einer Gruppendiskussion verloren ginge, fragte man nacheinander zum Beispiel soziodemographische Daten ab. Darüber hinaus kann man mit negativen Ausstrahlungseffekten rechnen, wenn in Gruppeninterviews Meinungs- und Einstellungsfragen wie in einem Einzelinterview gestellt werden. Es erscheint recht naheliegend, dass die Meinung des einen die Meinung der anderen beeinflussen kann, weil Menschen beispielsweise dazu neigen, sich Mehrheitsmeinungen anzuschließen. Dadurch, dass sich die Teilnehmer gegenseitig in ihren Antworten beeinflussen, sind Gruppeninterviews also nicht geeignet, Einzelinterviews durch die Gruppensituation ökonomischer durchzuführen.

6.3 Befragungsmodus

Fast alle Befragungen werden in einem von drei Befragungsmodi durchgeführt: *das persönliche face-to-face-Interview, die schriftliche sowie die telefonische Befra-*

gung, die zwar auch mündlich zwischen Interviewer und Befragtem, aber eben nicht von Angesicht zu Angesicht abläuft.

6.3.1 Face-to-face-Interviews

Persönliche Interviews bieten hinsichtlich ihres Standardisierungsgrades die volle Variationsbreite: Voll standardisierte Interviews, die bis zu drei Stunden dauern können, werden etwa in der angewandten Mediennutzungsforschung eingesetzt, um das konkrete Mediennutzungsverhalten der Bevölkerung darzustellen; Leitfadeninterviews bis hin zu vollkommen unstrukturierten Gesprächen mit Experten oder individuellen ‚Fällen' sind vorwiegend bei qualitativen bzw. nicht-repräsentativen Untersuchungen anzutreffen. In allen Fällen bedeutet dies den Einsatz qualifizierter Mitarbeiter, und das heißt immer: hohe Kosten und relativ hoher Zeitaufwand. Man muss bedenken, dass persönliche Interviews einer recht langen Vorbereitung bedürfen: Will man etwa eine repräsentative Stichprobe der Bevölkerung befragen, müssen zunächst die Adressen, dann die zu befragende Person ausgewählt und ein Termin mit ihr vereinbart werden. In den seltensten Fällen werden die ausgewählten Personen bereit und in der Lage sein, ohne vorherige Terminabsprache ein mehrstündiges Interview mitzumachen.

Dieses zeitintensive Verfahren hat jedoch den großen Vorteil, dass die ausgeschöpfte Stichprobe ganz besonders hoch ist: Im Unterschied zu anderen Befragungstypen hat man bei face-to-face-Interviews eine geringere Abbrecherquote, die Befragten ‚halten länger durch'. Im Resultat bedeutet dies, dass die Qualität der Stichprobe hoch ist und die Repräsentativität gewahrt bleibt.[21] Die Rücklaufquote (auch ausgeschöpfte oder Netto-Stichprobe genannt) ist bei face-to-face-Interviews im Vergleich zu schriftlichen oder telefonischen Befragungen am höchsten. Man kann mit etwa 60 bis 70 Prozent rechnen. Diese Angaben schwanken, weil allein schon die Bereitschaft für eine Teilnahme unterschiedlich ist. Man kann sich leicht in die Lage eines Befragten versetzen, der zum Beispiel telefonisch um einen Interviewtermin gebeten wird: Möglicherweise wird man den Interviewer eines bekannten Instituts, der womöglich einen wissenschaftlichen Forschungsauftrag hat, eher in seine Wohnung lassen als jemanden, der für seine Firma Interviews durchführen soll.

6.3.2 Schriftliche Befragung

Grundsätzlich lassen sich bei diesem Befragungsmodus zwei Gruppen unterscheiden: Die schriftliche Befragung per Postweg und das schriftliche Gruppeninterview, bei dem an eine zuvor definierte Gruppe – zum Beispiel Belegschaften in Unter-

21 Man darf nicht vergessen, dass Interviewausfälle bei repräsentativen Stichproben nicht einfach durch den nächsten Nachbarn ersetzt werden dürfen, weil in diesem Fall keine Zufallsauswahl mehr gegeben wäre.

nehmen oder Schulklassen – Fragebögen zur Beantwortung ausgeteilt und anschließend wieder eingesammelt werden.

Bei der postalischen Befragung kann man den Verlauf der Befragung nicht mehr beeinflussen, wenn der Brief erst einmal in der Post ist. Dabei sind zwei Hauptprobleme zu nennen: Postalische Befragungen haben meist eine geringe Rücklaufquote, so dass die Repräsentativität in Frage gestellt wird. Die Motivation der Befragten ist meist geringer, weil der soziale Kontakt zu einer anderen Person fehlt. Darüber hinaus weiß man nichts über die Situation, in welcher der Fragebogen ausgefüllt wird. Diese kann sehr unterschiedlich sein, die Befragten können in einer großen Stress-Situation oder völlig entspannt sein. Letztlich weiß man nicht einmal, *wer* antwortet: War es wirklich die ausgewählte Person oder vielleicht die Sekretärin oder der Sohn?

Bei kommerziellen Befragungen fällt die Rücklaufquote teilweise sehr niedrig aus; zum Teil liegt sie bei nicht einmal zehn Prozent. Höhere Quoten erreicht man nur, wenn man den Befragten einen Zusatznutzen verspricht, etwa die Teilnahme an einem Gewinnspiel. Ebenso wie bei persönlichen Interviews kann man auch bei diesem Befragungsmodus einen Seriositätsbonus für die großen Sozialforschungsinstitute bzw. wissenschaftliche Untersuchungen verzeichnen. So steigen etwa die Rücklaufquoten, wenn die Befragten glauben, dass sie einen Beitrag zu gesellschaftlich relevanten Fragestellungen liefern, oder wenn man das Ansehen eines Universitätsinstituts oder einer sonstigen bekannten Einrichtung in die Waagschale werfen kann. In solchen Fällen können die Rücklaufquoten bei bis zu 80 Prozent liegen. Steigerungsfähig ist die Quote auch über flankierende Maßnahmen, die jedoch alle Geld kosten: Vor dem Versenden der Fragebögen kann man sie telefonisch ankündigen, um den Befragten stärker zur Teilnahme zu motivieren. Man kann weiterhin eine sogenannte Nachfassaktion starten, d.h. nach dem Versenden telefonisch oder schriftlich nachfragen, ob der Fragebogen schon beantwortet wurde. Mit Briefmarken auf dem Umschlag, einem frankierten Rückumschlag, der persönlichen Unterschrift des Projektleiters, etc. kann man den Rücklauf ebenfalls steigern. Eine ganze Batterie von Studien hat sich der Verbesserung von Rücklaufquoten bei schriftlichen Befragungen gewidmet (vgl. Dillman, 1978).

Schriftliche Befragungen sind nur auf den ersten Blick kostensparend, weil man keine Interviewer braucht. Wenn man all die eben genannten Maßnahmen betrachtet, kommt relativ schnell ein großer Betrag zusammen. Man setzt sie wegen ihrer Nachteile hauptsächlich unter bestimmten Voraussetzungen ein: Vor allem Personen, die man persönlich nur schwer erreicht, zum Beispiel Bundestagsabgeordnete oder Rundfunkräte, lassen sich schriftlich gut befragen. Der Fragebogen wird dann irgendwann im Flugzeug ausgefüllt. Schriftliche Befragungen sind auch dann sinnvoll, wenn man Antworten braucht, die der Befragte nicht unbedingt aus dem Kopf beantworten kann; sei es, dass man ihn bittet, Dinge in persönlichen Unterlagen nachzuschauen oder bestimmte Fragen mit Hilfe einer Fernsehzeitung zu beantworten. Auch Langzeituntersuchungen, die den Befragten über einen gewissen Zeitraum hinweg begleiten, können nur schriftlich durchgeführt werden. Dies ist etwa bei sogenannten Tagesablaufstudien der Fall, wenn man das Mediennutzungs- und Freizeitverhalten von Befragten messen will. In jedem Fall ist der schriftliche Befragungsmodus nicht das preisgünstige und schnelle Mittel, wie es auf den ersten Blick erscheint. Gerade durch Nachfassaktionen dauert die Feldzeit wesentlich länger als bei anderen Befragungsmodi. Die Entscheidung für diesen Befragungsmodus fällt eher aus inhaltlichen und nicht aus finanziellen Gründen.

6.3.3 Telefonische Interviews

Nicht zuletzt wegen drastisch fallender Telefongebühren wird diese Form der Befragung immer beliebter und hat sich insbesondere bei professionellen Befragungsinstituten weitgehend als gängiger Befragungsmodus durchgesetzt. Telefonumfragen eignen sich besonders dann, wenn buchstäblich von heute auf morgen Trends in der Bevölkerungsmeinung erhoben und dargestellt werden sollen. Ohne Computerunterstützung hätte das Telefoninterview allerdings nicht den Stellenwert erhalten, den es heute hat (vgl. dazu den nächsten Abschnitt). Im Grunde braucht man nur einen Raum mit 20 Telefonkabinen, ähnlich einem Sprachlabor in der Schule, sowie 20 geschulte Interviewer. Die Verbilligung der Kosten, die Konzentration und Zentralisierung des Interviewerstabes hat entsprechende Institute wie Pilze aus dem Boden schießen lassen – nicht immer mit ausreichender Qualifikation. Denn auch für die Konzeption einer Telefonbefragung gilt, dass sie zum Erkenntnisinteresse passen muss und nicht umgekehrt wegen der Bequemlichkeit einer telefonischen Befragung die Untersuchung passend gemacht wird. Es muss bedacht werden, dass im persönlichen face-to-face-Interview mit wesentlich vielfältigeren Medien als am Telefon gearbeitet werden kann. So werden bei der Abfrage von Zeitschriftentiteln im persönlichen Interview kleine Titelkärtchen vorgelegt, damit der Befragte sich besser erinnern kann und Verwechslungen mit ähnlich lautenden Produkten ausgeschlossen sind. Am Telefon ist so etwas ad hoc nicht möglich – die Qualität der Ergebnisse leidet. Sämtliche Formen visueller Hilfsmittel sind nicht einsetzbar. Außerdem muss bedacht werden, dass die Abbrecherquote bei Telefonumfragen höher als im face-to-face-Interview ist. Wenn die Befragung zu lange dauert oder unangenehm wird, legt der Befragte einfach auf. Im persönlichen Interview hat der Interviewer aufgrund der sozialen Situation mehr Möglichkeiten, diesen Abbruch zu verhindern.

Gerade weil man am Telefon auf die visuelle Vorstellungskraft des Interviewten angewiesen ist, muss dieser Umstand auch bei den Antwortvorgaben mit berücksichtigt werden. Sitzt man an einem Küchentisch und legt dem Befragten siebenteilige Skalen zur Beantwortung vor, wird man validere Ergebnisse erhalten als bei einer Telefonbefragung. Je detaillierter man also an einem Gegenstand interessiert ist und je schwieriger ein Befragungsthema ist, desto eher wird man auf das Medium Telefon verzichten müssen, weil die Gefahr der Überforderung von Befragten besteht.

6.4 Telefonisches Interview mit Computerunterstützung

Nachdem zuvor ein Überblick über die verschiedenen Befragungsmodi und die wichtigsten Kriterien des Einsatzes gegeben worden ist, soll das Telefoninterview noch etwas genauer dargestellt werden – gerade wegen seiner Praxisrelevanz in der angewandten Sozialforschung. Die Überbrückung geographischer Distanzen und die Computerunterstützung bei der Befragung, der Datenverarbeitung und Ergebnispräsentation sind wohl die wesentlichen Merkmale des Siegeszuges dieses Befragungstyps, kurz *CATI – Computer Assisted Telephone Interview* – genannt.

6.4.1 Der elektronische Fragebogen

Wie schon im letzten Kapitel angedeutet, birgt der Einsatz eines Fragebogens diverse Fehlerquellen, die bei der Datenerhebung und -weiterverarbeitung passieren können. Einen Fragebogen korrekt und vollständig auszufüllen hört sich leichter an als es ist. Häufig fällt dann erst bei der Datenbereinigung auf, dass manche Antworten gar nicht oder nur unvollständig ausgefüllt und Filter- oder Trichterfragen nicht korrekt beachtet wurden. Derartige Fehler machen einen Fall unbrauchbar – das kostet Zeit und Geld und mindert die Qualität der Stichprobe. Gerade bei der Verhinderung dieser Fehler liegt die große Stärke der Computerunterstützung, denn der Fragebogen liegt in diesem Fall als Datei vor. Genauso wie in der konventionellen Form erhält der Interviewer seine Anweisungen schriftlich – allerdings mit dem Unterschied, dass er in der Papierform trotz aller Anweisungen Fehler machen konnte, die ihm nun der Computer nicht gestattet. Die Programmierung läuft so, dass etwa bei Filterführungen der Interviewer bei bestimmten Antworten automatisch zur ‚richtigen' nächsten Frage geleitet wird und der Ablauf der Befragung nur dann weitergeht, wenn er die vorherige Antwort des Befragten korrekt eingegeben hatte. Auch falsche Eingaben akzeptiert das Programm nicht und bittet den Interviewer, einen korrekten Wert einzugeben.

Neben der Vermeidung von Fehlern unterstützt die Technik auch die Rotation von Itembatterien. Unter dem Stichwort Primacy/Recency-Effekte wurde beschrieben, dass die Erinnerung nachweisbar eher an erst- und letztgenannten Items (etwa Titeln von Zeitschriften) hängen bleibt als an denen in einer Mittelposition. In face-to-face-Befragungen ist der Interviewer deshalb angehalten, solche Vorlagen zu mischen, um eine Zufallsauswahl herzustellen; ein recht umständliches Procedere. Diesen Vorgang übernimmt der elektronische Fragebogen selbständig und liefert bei der entsprechenden Stelle immer eine zufällig hergestellte Reihenfolge von Items: die Validität der Ergebnisse wird gesteigert.

Ein erheblicher Zeit- und (somit auch) Kostenfaktor bei face-to-face-Interviews ist die Dateneingabe und -bereinigung. Kreuzchen auf dem Papier müssen als Daten in den Computer gefüttert werden. Das kostet nicht nur Zeit, sondern ist eine weitere Fehlerquelle, die mit dem Einsatz des CATI wegfällt, denn der Interviewer gibt seine Kreuzchen gleich in Form von Daten ins Programm ein. Das ist zugleich auch die Datenbereinigung, weil das Programm nur korrekte und vollständige Daten akzeptiert.

6.4.2 Stichprobenziehung mit Hilfe des Computers

Die Güte der Stichprobe ist bei telefonischen Interviews ein besonderes Problem. Dies beruht nicht zuletzt darauf, dass man nur die Personen in seine Stichprobe bekommt, die über einen Telefonanschluss verfügen! Insbesondere nach der deutschen Wiedervereinigung war das problematisch, denn während bei den Westdeutschen etwa 97 Prozent der Haushalte ein Telefon haben, waren es Anfang der 90er Jahre in den Neuen Ländern weniger als die Hälfte. Dieses Missverhältnis ist mittlerweile ausgeglichen, aber genau genommen hat man bei diesem Befragungstyp nie eine korrekte, repräsentative Stichprobe der Grundgesamtheit ‚der Münchner', ‚der Deutschen' etc. Man gibt nicht jedem Element n dieselbe Chance in die Stichprobe zu gelangen: Bürger ohne Telefon fallen aus jeder Untersuchung heraus. So erhebt man beispielsweise über Telefonbefragungen nie die Einstellungen von Leuten ohne Telefon, Nicht-sesshaften oder Gefängnisinsassen. Allerdings sind diese Gruppen mit anderen Methoden vermutlich auch nicht erreichbar.

Die Identifikation von Haushalten erfolgt bei Telefonstichproben entweder über Telefonbuchauswahl oder durch die Generierung von Zufallszahlenketten.[22] Das Telefonbuch als Kartei oder Liste für die Stichprobenauswahl hat, wie bereits erwähnt, seine Schwächen, denn hier fehlen nicht nur die Nicht-sesshaften und Sträflinge, sondern auch Chefärzte, Prominente und viele alleinstehende Frauen. In den USA schätzt man den Anteil derer, die nicht im Telefonbuch gelistet sind, auf über 25 Prozent. Auch in der Bundesrepublik ist die Tendenz zu „unlisted numbers" steigend. Hinzu kommt noch, dass vermehrt Leute gar keinen Festnetzanschluss mehr haben, sondern nur noch ihr Handy nutzen. Das Telefonbuch birgt weiterhin das Problem der doppelten Listung. Viele private Anschlüsse sind über zwei verschiedene Nummern erreichbar, zudem finden sich auch Firmenanschlüsse, die nicht immer als solche erkennbar sind. Auch hier wird die Chancengleichheit aller Elemente als Voraussetzung einer Stichprobe verletzt. Trotzdem werden Telefonbücher nach wie vor verwendet, gerade wenn man lokal angelegte Untersuchungen durchführt. Hierbei wird zumeist auf *einfache oder systematische, mehrstufige Zufallsauswahlen* zurückgegriffen. Man wählt zunächst aus der Grundgesamtheit der Seiten durch echte Zufallsauswahl eine Seite aus; auf der zweiten Stufe wird ebenfalls durch einfache Zufallsauswahl ein Privathaushalt gezogen. Dieses (etwas umständliche) Verfahren wird so lange wiederholt, bis die Stichprobengröße erreicht ist. Eine weitere Variante der Zufallsauswahl ist eine Kombination aus echter und systematischer Ziehung. Man wählt zunächst eine Seite zufällig aus und arbeitet sich dann mit einem System (z.B. „Ziehe jede 38. Telefonnummer") durch das Telefonbuch, das natürlich auch als Computerdatei verwendet werden kann.

---

22 Bei Telefonbefragungen kann die Random-Route-Technik, die bei face-to-face-Befragungen eingesetzt wird, nicht zur Identifikation von Haushalten verwendet werden.

Beim *Random Digit Dialing*, einer Auswahltechnik auf der Basis von Zufallszahlen, zieht der Computer eine Zufallskombination von Zahlen, und diese Zufallskombination wird angewählt. Die Voraussetzung ist, dass die Telefonnummern gleichmäßig über das ganze Zahlenspektrum verteilt sind, und dass alle Telefonnummern gleich lang sind, sonst genügt das Verfahren nicht dem Gebot der Zufallsauswahl, die bei repräsentativen Stichproben zwingend ist. In der Bundesrepublik kann dieses Verfahren deshalb so nicht angewendet werden, weil nicht alle Telefonnummern gleich lang sind, wie etwa in den USA, wo jeder private Anschluss über eine insgesamt zehnstellige Telefonnummer verfügt. Konsequenz aus den unterschiedlich langen Telefonnummern ist, dass die kürzeren eine höhere Chance haben, in die Stichprobe zu gelangen. Daher lehnt der ADM, der Arbeitskreis deutscher Markt- und Sozialforschungsinstitute e.V. diese Form der Stichprobenziehung ab. Ein Kompromiss zwischen beiden Verfahren ist die Kombination von Telefonbuchauswahl und Zufallsfaktor, die *Add-a-Digit-Methode*. Zunächst wird wie bei der Telefonbuchauswahl durch einfache oder systematische Zufallsauswahl eine Stichprobe privater Haushalte aus dem örtlichen Telefonbuch gezogen, d.h. man sondert auch hier bewusst die Firmenanschlüsse aus. In einem zweiten Schritt wird dann die letzte Ziffer der jeweiligen Nummer durch Addition oder Subtraktion einer zufällig ausgewählten Zahl verändert: Aus 308090 wird dann 308091. Auf dieser zweiten Stufe erreicht man, dass nun aufgrund der neuen Zufallszahl auch die Geheimanschlüsse eine gleiche, von Null verschiedene Chance haben, in die Stichprobe aufgenommen zu werden. Eine Variation besteht darin, dass man den „Nummernstamm“, also beispielsweise die ersten vier Ziffern, beibehält und statt der letzten drei Ziffern eine dreistellige Zufallszahl würfelt.

Unabhängig davon, mit welcher Methode die Stichprobe realisiert wird: Mit Hilfe des Computers entfällt während der Interviewphase das pausenlose Anwählen, was ebenfalls dazu beiträgt, Zeit und Kosten zu sparen. Nachdem auch meistens beim ersten Kontakt nicht gleich das Interview geführt, sondern ein Termin mit der zu befragenden Person vereinbart wird, unterstützt der Computer weiterhin mit einem integrierten Kalender die Terminplanung der Interviewer und wählt automatisch die Nummer zum festgelegten Zeitpunkt an.

6.4.3 Die „last-birthday“-Methode

Ein weiteres Problem, zu einer repräsentativen Stichprobe zu gelangen, trifft face-to-face-Interviews genauso wie Telefonbefragungen. Beim ersten Schritt (Klingeln an der Haustür bzw. des Telefons) hat man nicht eine Person, sondern einen Haushalt ausgewählt. Da man jedoch keinen Haushalt, sondern in der Regel Personen als Grundgesamtheit definiert (z.B. die deutsche Bevölkerung über 18 Jahre), muss in einem zweiten Schritt per Zufall eine Person aus dem Haushalt ausgewählt werden. Und das ist bei beiden Befragungsmodi ein heikler Schritt. Würde man gleich die Person befragen, die ans Telefon kommt, würden Leute, die häufiger zu Hause sind (Frauen, Rentner, Arbeitslose), überrepräsentiert sein. Die unterschiedliche Verfügbarkeit von Personen führt dazu, dass sie mit unterschiedlich großer Wahrscheinlichkeit ans Telefon gehen, und die Umfrage für den angestrebten Repräsentationsschluss unbrauchbar wird. Deshalb ist wie bei der persönlichen Befragung ein Selektionsschritt vom Haushalt zur Person notwendig. Im persönlichen Interview wird meist der bereits erwähnte Schwedenschlüssel, eine Zufallszahlentabelle, eingesetzt. Beim Telefoninterview hat sich die sogenannte last-birthday-Methode durchgesetzt: Nicht derjenige, der ans Telefon geht, wird befragt, sondern eine zufällig ausgewählte Person.

Während der Schwedenschlüssel als Zufallsauswahlverfahren bei face-to-face-Interviews noch relativ leicht zu realisieren ist, hat er sich bei Telefoninterviews als nicht praktikabel erwiesen. Wenn man *am Telefon* von einer wildfremden Person gebeten wird, Alter und Anzahl der Mitbewohner zu nennen, führt dies zu einer deutlich erhöhten Verweigerungsrate – solche Fragen sind einfach zu privat, und es ist für den Befragten nicht erkennbar, welchem Zweck diese Fragen dienlich sind. Deswegen fragt man einfach nach demjenigen, der als letzter Geburtstag hatte. Man geht davon aus, dass es sich hierbei um eine reine Zufallsauswahl handelt, die nicht in irgendeiner Weise mit den Fragen kovariiert. Die last-birthday-Methode hat jedoch einen Haken. Geburtstag heißt Geschenk – und wer bekommt nicht gerne etwas zum Geburtstag geschenkt. Also flunkern diejenigen, die zunächst an Telefon gehen, hin und wieder und behaupten, sie hätten gerade Geburtstag gehabt. Jedenfalls ist die Anzahl der „Geburtstagskinder" unter diesen Personen größer, als man nach dem Zufallsprinzip erwarten müsste.

6.4.4 Andere Formen computergestützter Befragungen

Neben dem computerunterstützten Telefoninterview mit menschlichem Interviewer kennt man vor allem in der Marktforschung auch die Form, bei der der Befragte per Computer durch das Interview geführt wird. Es klingelt, man hebt ab und erfährt, dass man mit einem Computer redet, nicht gleich auflegen und warten soll. Dann sagt der Computer: „Wir machen eine Umfrage. Wenn Sie an dieser Umfrage teilnehmen möchten, dann drücken Sie jetzt bitte eins. Wenn ich Sie später noch einmal zurückrufen soll, dann drücken Sie bitte zwei. Wenn Sie gar nicht teilnehmen möchten, drücken sie bitte die 9." Man gibt also alle Antworten per Tastendruck oder per Wählscheibe. Bei solchen Telefonumfragen, die mit Hilfe eines Computers durchgeführt werden, ist die Abbrecherquote sehr hoch. Auch die Chance, dass die Befragten Fehler machen, ist hoch. Aus Sicht eines Betreibers liegen die Vorteile natürlich in der unkomplizierten und kostengünstigen Durchführung: Man kann den Computer einfach laufen lassen, Tag und Nacht, weil er so lange Leute anruft, bis die Stichprobegröße erreicht ist. Wegen ihrer Nachteile ist diese Befragungsmethode äußerst umstritten und aus wissenschaftlicher Sicht kaum zu vertreten. Über die Qualität solcher Umfragen deckt man dann lieber den Mantel des Schweigens.

Neben der dargestellten Form des computerunterstützten Telefoninterviews (CATI) kennt man weitere Varianten der Computerunterstützung: CAPI und

CSAQ.[23] CAPI ist das *Computer Assisted Personal Interview*, also eine face-to-face-Befragung, in der ein Interviewer nicht mehr mit einem Fragebogen, sondern mit einem Notebook kommt und ähnlich wie bei CATI der Computer die Fragebogenadministration übernimmt. Die Vorteile liegen auf der Hand. Ebenso wie bei CATI werden Interviewerfehler vermieden: Das Programm führt durch den Fragebogen, akzeptiert nur korrekte Eintragungen, hilft bei der Filterführung, macht die Antworten sofort datenlesbar und analysierbar. Trotzdem hat sich das System bisher nicht voll durchgesetzt. Dies liegt in erster Linie an den hohen Anschaffungs- und Instandhaltungskosten der Notebook-Computer. Während bei CATI der Interviewerstamm verkleinert und zentralisiert werden kann, die Kosten für Telefonlabors und PC ständig im Sinken begriffen sind, muss das Institut, dass seine Interviewer mit Notebooks losschickt, nach wie vor dieselben Personalkosten tragen und teure Computer anschaffen.

Anders verhält es sich bei CSAQ, dem *Computerized Self-Administrated Questionnaire*. Hier kann der Befragte ohne die Hilfe eines Interviewers einen als Datei vorliegenden Fragebogen bearbeiten. Denkbar ist, dass der Fragebogen auf Diskette vorliegt oder als E-Mail im Internet verschickt wird. Im Prinzip handelt es sich also um eine Variante der schriftlichen Befragung, mit allen ihren Vor- und Nachteilen. Die ständig steigende Verbreitung von PCs ebenso wie die wachsende Kompetenz im Umgang mit EDV begünstigen die Entwicklung. Unkontrollierbar bleibt genau wie in der Papierform, wer den Fragebogen ausgefüllt hat. Nachteil bei allen computergestützten Befragungen ist, dass die Umfrageinstitute weniger Interviewer einsetzen, so dass der Einfluss eines einzelnen Interviewers auf das Ergebnis der gesamten Umfrage steigt. Ein nicht korrekt arbeitender Interviewer aus einem Interviewerstab von 200 Personen trägt einen halben Prozentpunkt zu den Ergebnissen bei, bei nur 20 Mitarbeitern macht einer aber schon fünf Prozent aus.

6.5 Online-Befragungen

Mit der Verbreitung des Internet haben viele Forscher auch die Möglichkeit erkannt, mit seiner Hilfe Befragungen durchzuführen. Das größte Hindernis, mit dem Internet allgemeine Bevölkerungsbefragungen durchzuführen, ist die immer noch zu geringe Verbreitung dieses Mediums. Mehr als ein Drittel aller Bundesbürger gehört zur Gruppe der ‚Offliner' kann somit durch Online-Befragungen nicht erreicht werden. Bestimmte soziodemographische Gruppen (ältere Personen und solche mit geringer Schulbildung) sind in der Gruppe der ‚Offliner' deutlich überrepräsentiert. Daher werden selbst Studien, die sich mit dem Internet und seiner Nutzung selbst befassen, häufig noch als Telefon- oder face-to-face-Befragung durchgeführt (z.B. die jährliche ARD-ZDF-Onlinestudie; vgl. van Eimeren & Frees, 2006).

---

23 Einen ausführlichen Überblick über computergestützte Befragungsverfahren liefern Knobloch und Knobloch (1999).

Auch wenn man sich auf die Online-Nutzer beschränkt, sind repräsentative Stichproben via Internet nur sehr schwer zu handhaben, da es bisher keine vollständigen Verzeichnisse dieser Personen (vergleichbar mit dem Telefonbuch) gibt, so dass man die Grundgesamtheit nicht identifizieren kann. Besser sieht es aus, wenn man eine klar umrissene Gruppe von Nutzern hat, die entweder regelmäßig eine bestimmte Homepage besuchen oder deren Email-Adressen bekannt sind. Dies ist etwa dann der Fall, wenn Angehörige einer Firma oder Abonnenten von bestimmten Homepages die Grundgesamtheit bilden. Hier haben die Umfrageinstitute mittlerweile erste Tools entwickelt. Beispielsweise gibt es Software, die jeden n-ten Besucher einer Website automatisch auf einen Fragebogen umleitet. Ob dieser Benutzer den Fragebogen dann tatsächlich selbst ausfüllt, sei dahingestellt, auf jeden Fall haben wir es hier mit einer systematischen Zufallstichprobe zu tun, die nachher einen Rückschluss auf die Grundgesamtheit der Besucher dieser Seite erlaubt. Fragebögen im Internet können formularbasiert als HTML-Text vorliegen. Der Befragte kann an entsprechenden Stellen im Dokument Markierungen vornehmen, die dann später von anderen Tools automatisch ausgelesen und in computerlesbare Daten überführt werden. Prinzipiell ist die Online-Befragung also mit einer schriftlichen Befragung vergleichbar. Zusätzlich kann man aber multimedial arbeiten, also den Befragten beispielsweise Bilder, Töne oder audiovisuelles Material zeigen. Ansonsten treffen zahlreiche Probleme der schriftlichen Befragung auch bei Online-Befragungen zu.

Eine zweite Möglichkeit der Online-Befragung besteht in der Versendung des Fragebogens (als Attachment) oder eines Links zu diesem Fragebogen mittels E-mail-Nachricht an eine Stichprobe von Nutzern. Wenn von einer Grundgesamtheit die Email-Adressen vorliegen (z.B. Studierende einer Universität), kann man relativ schnell Stichproben bilden. Hier liegt sogar die Versuchung nahe, die Grundgesamtheit selbst zu befragen, denn ein Mehr an Email-Nachrichten zu verschicken, verursacht ja via Internet keine zusätzlichen Kosten. Aber auch wenn die Email-Adressen nicht bekannt sind und somit keine Zufallsstichprobe gezogen werden kann, ist in Einzelfällen eine Online-Befragung sinnvoll. Dies trifft z.B. bei Fragen nach der Nutzung von Diensten, die über das Internet verbreitet, aber bislang von wenigen genutzt werden, zu. Will man beispielsweise die noch vergleichsweise kleine Gruppe der Podcast-Nutzer untersuchen, müsste man sehr viele Interviews führen, um Auskünfte von genügend Nutzern zu erhalten. Hier besteht die Möglichkeit, den Link zum Fragebogen in Online-Foren zu ‚posten', die das Thema ‚Podcast' zum Inhalt haben. Evtl. könnte man dies mit der Bitte an die Leser solcher Foren verknüpfen, den Link an Freunde und Bekannte zu verschicken, die auch Podcasts nutzen (vgl. Schneeballprinzip). Wichtig ist bei einer solchen Vorgehensweise, dass die Ergebnisse immer unter Berücksichtigung des Auswahlverfahrens zu interpretieren sind. Den Anteil der Podcast-Nutzer innerhalb der Gesamtbevölkerung wird man so ebenso wenig identifizieren, wie man repräsentative Informationen über soziodemographische Merkmale der Gesamtheit der Podcastnutzer erhält.

Ausführliche Literatur zu diesem Thema ist bisher relativ wenig vorhanden. Einen guten Überblick über die bisherigen Ansätze liefert Janetzko (1999). Pötschke und Simonson (2001) diskutieren die Probleme und Fehlerquellen im Zusammenhang mit dem Einsatz der Online-Befragung in der empirischen Sozialforschung. Zusammenfassend kann man davon ausgehen, dass für klar umrissene Grundgesamtheiten (Firmen, Besucher einer Site, etc.) Internetbefragungen bereits jetzt möglich sind. Allerdings sind etliche Vor- und Nachteile gegenüber herkömmlichen Befragungsmethoden zu berücksichtigen:

Tabelle 6: Vor- und Nachteile einer Online-Befragung

Vorteile	**Nachteile**
Kostengünstiger Versand und Rückversand	Stichprobenziehung, nur bestimmte Teilgruppen sind sinnvoll befragbar
Schneller Rücklauf möglich	*Rücklauf in der Praxis gering, hohe Verweigerungsraten**
Geringer personeller Aufwand, keine Interviewer notwendig	Selbstselektion der Befragten, Motivation zur Teilnahme gering
Multimediale Präsentationsmöglichkeiten	Darstellungsprobleme bei unterschiedlichen Browsern
Große Stichproben oder sogar Vollerhebungen ohne Mehraufwand möglich	Fragebogen muss kurz sein, komplexe Sachverhalte werden im Netz nur ungern bearbeitet
Automatische Dateneingabe durch Einbindung in Datenbank-Strukturen	*Keine Möglichkeit, Situation des Ausfüllens zu kontrollieren**
Optimale Filtermöglichkeiten auf Serverseite	Mögliche doppelte Teilnahme durch mehrfache Email-Adressen
Modularisierung des Fragebogens in mehrere Formulare möglich	*Unklar, wer Fragebogen ausfüllt**
	Voraussetzung: Computer-/ WWW-Kompetenz der Befragten
	*Bei Abbruch durch Befragte Verlust der Angaben**

** Diese Nachteile treten allerdings auch bei einer schriftlichen Befragung per Postweg auf.*

7. Kapitel

Befragung III: Das Interview – Interviewer und Befragte

Nach der Fragebogenkonstruktion geht es in diesem Abschnitt um das Interview als soziale Situation, in der ein Befragter und Interviewer in unterschiedlichen Rollen aufeinandertreffen. Was haben sie für Vorstellungen voneinander? Welche Einschätzungen entwickeln sie zur Interviewsituation? Was hat dies alles für Auswirkungen auf das Ergebnis der Befragung? *Dass* ganz offensichtlich Auswirkungen zu erwarten sind, wurde bereits in Kapitel 5 unter dem Punkt „Antwortverzerrungen" angedeutet, die hier noch einmal zur Sprache kommen werden. Generell muss man davon ausgehen, dass die Befragung als Methode empirischer Sozialforschung ein *reaktives Verfahren* ist, in welchem die befragte Person auf die Situation und die Befragung selbst reagiert, also in ihrem (Antwort-)Verhalten vom Untersuchungsinstrument beeinflusst wird.

7.1 Interviewerauswahl, -schulung und -einsatz

Interviewer müssen viele Eigenschaften haben, um in ihrer Rolle erfolgreich zu sein: Sie sollen genug Persönlichkeit, Ausstrahlung und Freundlichkeit besitzen, um überhaupt zum Interview gebeten zu werden. Wer lässt schon gern jemanden in seine Wohnung, der einen unsympathischen Eindruck macht? Wer am Telefon eine unangenehme Stimme hat, wird ebenso wenig erfolgreich sein. Gleichzeitig wird aber von Interviewern verlangt, dass sie sich neutral verhalten, dass ihre Anwesenheit das Antwortverhalten der Befragten also nicht beeinflusst. Sie sollen immer wieder aufs Neue die Frage mit derselben Stimme vorlesen wie beim ersten Interview; sie sollen keine erkennbare Meinung zu einer Frage entwickeln und ihre ganze Persönlichkeit so zurücknehmen, dass Reaktivität auf Seiten des Befragten minimiert wird. Dabei sollen sie allerdings keinen gelangweilten Eindruck vermitteln, das Interview nicht herunterspulen, so dass der Befragte sich wie eine Nummer vorkommt, sondern dem gerade Interviewten dieselbe Aufmerksamkeit widmen wie dem vor zehn Tagen. Und zu guter Letzt wird von ihnen moralische Integrität und Ehrlichkeit verlangt: Sie sollen keine Interviews fälschen, und all das bei eher niedriger Bezahlung. Sicher führt es hier zu weit, die gesamte Komplexität von Interviewer-Organisationen, der Rekrutierung und Ausbildung der Kandidaten zu beschreiben. Der kleine Einblick, der hier geboten werden kann, soll aber dazu dienen, eine problemorientierte Vorstellung davon zu entwickeln, in welchem Maße der

Interviewer selbst Einfluss auf die Ergebnisse einer Studie nimmt oder nehmen kann.[24]

Professionelle Institute haben bei ihrer Rekrutierung in jedem Fall mit einem Problem zu kämpfen, denn die Tätigkeit des Interviewers ist kein Beruf, bietet also auch keine Ausbildung, die außerhalb dieser Berufssphäre eine Perspektive bieten würde. So kommt es nicht von ungefähr, dass diese in den meisten Fällen als Nebenjob ausgeübt und deshalb unter Umständen nicht mit der gebotenen Professionalität verfolgt wird. Entsprechend hoch sind die Fluktuationsraten. Man rechnet mit etwa dreißig Prozent Austausch jährlich. Trotzdem investieren seriöse Institute in ihren Interviewerstamm, denn die Qualität der Interviewer bestimmt letztlich die Qualität der Umfragen, und damit das Image des Unternehmens.

Das Interviewernetz, ob zentral oder dezentral organisiert, umfasst je nach Größe des Instituts bis zu fünfzehnhundert feste Interviewer, die zum Einsatz kommen, gehegt und gepflegt werden: Neue Kandidaten müssen ausgewählt und geschult werden, der Stamm muss permanent betreut und auf neue Aufgaben vorbereitet werden, die Mannschaft muss durch Incentives bei Laune gehalten und über neueste Entwicklungen informiert werden. Letztlich muss die Zentrale dafür sorgen, dass durch stichprobenartige Kontrollen schwarze Schafe aus der Organisation entfernt werden. Die Qualität einer Befragung hängt also in hohem Maße davon ab, wie gut die Interviewer geschult und betreut werden. Die Interviewer müssen wissen, wie sie sich zu verhalten haben, wie sie bestimmte Effekte vermeiden können; ganz allgemein, sie müssen mit dem Interview als sozialer Situation vertraut sein. Die allgemeinen Ziele von Schulungen sind in wenigen Punkten zusammenzufassen:

- *Einheitliches Verhalten aller Interviewer;*
- *Zurücknahme der Persönlichkeit bzw. des Charakters der Person, die interviewt, hinter die professionelle Rolle des Interviewers;*
- *Vermeidung von Routine im Sinne schlechter Angewohnheiten (Befragte unterbrechen, Ungeduld, Antworten antizipieren u.ä.);*
- *Schwarze Schafe frühzeitig entdecken und aussondern.*

Wie schon oft in dieser Einführung angedeutet, stellt sich auch hier die Frage nach einem möglichst optimalen Kosten-Nutzenverhältnis für die Institute. Welcher Bezahlungsmodus bringt die wenigsten Probleme? Wie groß muss der Interviewerstamm sein, um valide Aussagen machen zu können? Wie viele Interviews kann man einem Interviewer zumuten, damit die Messung valide bleibt? Die Antworten auf diese Fragen hängen wie immer von der Art der Befragung (standardisiertes oder Leitfadeninterview), vom Thema und nicht zuletzt von den finanziellen Möglichkeiten des Instituts ab. Noelle-Neumann und Petersen (2005) gehen bei allgemeinen Bevölkerungsumfragen davon aus, dass für zweitausend Interviews zwischen dreihundert und vierhundert Interviewer eingesetzt werden sollen. Diese recht kleine Quote fördert die Gültigkeit der Ergebnisse. Erhält ein Interviewer den Auf-

24 Detaillierte Informationen zu dem Thema bieten u.a. Noelle-Neumann und Petersen (2005).

trag, zu einer Umfrage sieben Menschen zu befragen, geht man davon aus, dass das bewusste oder unbewusste Einwirken der Person des Interviewers oder gar böswillige Täuschungsabsicht kaum ins Gewicht fällt. Außerdem gilt: Wer nur sieben Interviews zu führen hat, kommt nicht so schnell in Versuchung, Freunde und Bekannte ‚einzusetzen' oder Fragebögen selbst auszufüllen. Wenn der Untersuchungsgegenstand noch neu ist, bleibt der Interviewer interessierter bei der Sache, er wird Antworten exakter notieren, wird weniger selektiv zuhören, insgesamt also weniger gelangweilt an seine Aufgabe herangehen.[25]

Dass ein Interviewer fälscht, kann nie ganz ausgeschlossen werden und ist für die Qualität der gesamten Befragung ein geringes Problem, denn die Anzahl weniger gefälschter Fragebögen fällt im Verhältnis zur Gesamtzahl einer großen Stichprobe statistisch nicht ins Gewicht. Wer einen großen Interviewerstamm einsetzt, kann also wenige gefälschte Interviews als Zufallsfehler betrachten, die die Validität der Untersuchung nicht tangieren. Soweit die rein mathematische Betrachtung. Selbst wenn ein negativer Effekt nicht nachweisbar ist, ruinieren allerdings schwarze Schafe den Ruf der angewandten Sozialforschung. Man kennt durchaus Versuche, Interviewer in große Umfrageorganisationen einzuschleusen, um dann nachzuweisen, wie leicht man dort fälschen kann. Derartige Aufdeckungen werden dann zumeist kurz vor einer Wahl lanciert, wenn um die möglichst genaue Prognose des Wahlausgangs konkurriert wird. Die Umfrageunternehmen bemühen sich deshalb, Fälscher rechtzeitig zu identifizieren. Dabei ist auch zu bedenken: Interviewer stehen natürlich unter einem gewissen Druck. Je mehr Interviews sie abliefern, desto mehr verdienen sie.

7.2 Das Interview als soziale Situation

Trotz aller Sorgfalt bei der Schulung und Betreuung des Interviewer-Stammes können negative Effekte nie ganz ausgeschaltet werden. Es handelt sich eben nicht um eine naturwissenschaftliche Versuchsanordnung, wenn zwei Menschen aufeinandertreffen und sich über Mediennutzungsgewohnheiten oder ähnliches unterhalten. Sowohl das telefonische als auch das face-to-face-Interview sind eine soziale Situation, in der zwei Menschen sich miteinander unterhalten, allerdings unter Umständen, wie sie im normalen Leben nicht vorkommen.[26] Die Situation ist künstlich hergestellt und dient allein dem Zweck der Datenerhebung. Der Befragte ist sich dabei keineswegs darüber im klaren, dass nicht er als Person, sondern nur als Merkmalsträger interessant ist, und auch der Interviewer fungiert im Prinzip als verlängerter Arm des Messinstrumentes, des Fragebogens. Beide Beteiligte schlüpfen in eine Rolle, die zumindest für den Befragten unbekannt und deshalb verunsichernd

25 Wer allerdings schon einmal selber um ein Interview gebeten wurde, merkt schnell, dass diese Vorgaben manchmal nicht der Realität entsprechen. Aus Kostengründen wird gespart, und das geht am einfachsten bei den Personalkosten. Wenige Interviewer machen viele Interviews.

26 Im folgenden gehen wir besonders auf die face-to-face-Situation ein.

ist. Dabei findet auch während des Interviews ein dauernder Rollentausch statt: Wer den Interviewer in die Küche bittet, ist Gastgeber, kein Merkmalsträger. Wenn zwischendurch das Telefon klingelt, antwortet kein Merkmalsträger, sondern der Telefonbesitzer, und so fort. Das Interview als soziale Situation ist an sich ein Widerspruch, der jedoch nicht auszumerzen, sondern nur möglichst gut zu kontrollieren ist – angefangen von der Entwicklung der gesamten Untersuchung über die Konzeption des Fragebogens bis hin zur Interviewerschulung.

7.3 Unerwünschte Effekte

In Kapitel 5 kamen Effekte zur Sprache, die sich unmittelbar aus der Formulierung einer Frage bzw. dem Fragebogendesign ergaben. Es wurde gezeigt, dass die Stellung einer Frage im Fragebogen eine Rolle spielen kann, die Formulierung einer Frage möglicherweise zu sozial erwünschten Antworten führt oder die Frage selbst Meinungen generiert, die quasi exklusiv für die Befragung ‚erfunden' werden. Unerwünschte Effekte, die die Validität der Untersuchung extrem beeinflussen, sind auch aufgrund des Interviewers selbst bzw. der sozialen Situation an sich nachweisbar, was in zahlreichen Untersuchungen auch belegt wurde. Unerwünschte Effekte dieser Art sind im folgenden kurz dargestellt:

Die Probleme beginnen schon beim ersten Kontakt. Jeder Mensch, ob bewusst oder eher unbewusst, hat ein Image von sich selbst, das er in der Regel positiv bewahren will. Wer will schon in einem schlechten Licht dastehen? Eher möchte man dem Gegenüber einen positiven Eindruck von sich vermitteln: Die sogenannte *looking-good-Tendenz.* Dieser Effekt wurde schon im Zusammenhang mit der Frageformulierung angesprochen. Im Resultat kann diese Tendenz dazu führen, dass der Befragte nur Antworten gibt, von denen er denkt, dass sie gut für das Image sind, das der Interviewer vermutlich von ihm hat. Man gibt Antworten, die nett sind, Antworten, die sozial erwünscht sind. Diese Effekte müssen im Vorfeld durch die Frageformulierung minimiert werden, aber auch der Interviewer kann gegensteuern. Je neutraler der Interviewer als Person im Hintergrund bleibt, desto weniger wird der Befragte Vermutungen über die Person, den Geschmack, die Vorlieben des Interviewers entwickeln und deshalb auch seine eigene Person weniger in den Vordergrund spielen. Die Situation wird dadurch insgesamt professioneller. Anders ausgedrückt: Je weniger stark das Interview vom Befragten als soziale Situation empfunden wird, desto aufgabenorientierter wird sich der gesamte Ablauf gestalten und Resultate hervorbringen, die dem wahren Wert, der wahren Meinung nahe kommen.

7.3.1 Interviewereffekte

Es gibt allerdings eine Reihe von Studien, die zeigen, dass die Person des Interviewers dennoch einen großen Einfluss auf die Ergebnisse der Befragung haben kann. Nachzuweisen sind solche Interviewereffekte in *Fragebogenexperimenten.* Man teilt den Interviewerstamm nach bestimmten Merkmalen in zwei Teilgruppen ein und lässt die Befragung ansonsten gleich ablaufen. Die Interviewer wissen in solchen

Fällen nicht, dass sie selbst Gegenstand der Untersuchung sind. Sie sind vielmehr der Auffassung, dass sie wie üblich eine Befragung zum Beispiel zur Verwendung der heimatlichen Mundart machen. Tatsächlich wird das Merkmal Mundart bei den Interviewern systematisch variiert: Der eine Teil spricht Dialekt, der andere Teil der Interviewer Hochdeutsch. Man kann nun anhand der Ergebnisse nachweisen, dass der Dialekt tatsächlich einen Interviewereffekt zur Folge hat. Bei der Frage: „Können Sie sich eigentlich in Hochdeutsch besser ausdrücken als im Dialekt?“, antworten rund 60 Prozent der Befragten mit ja, wenn der Interviewer hochdeutsch sprach. Aber nur 10 Prozent bejahen die Frage, wenn er Mundart verwendete. In dem Fall hat ein Merkmal des Interviewers, nämlich dessen Sprachniveau, die Antworten ganz deutlich beeinflusst.[27]

Auch das Geschlecht des Interviewers kann starke Verzerrungen im Antwortverhalten auslösen, besonders (aber nicht nur) bei geschlechtsrelevanten Inhalten (vgl. Haunberger, 2006). Generell gilt, dass natürliche Merkmale der Interviewer vor allem dann zu berücksichtigen sind, wenn sie in irgendeiner Form mit der Frage zusammenhängen können. Dies lässt sich wiederum an dem Beispiel nach der Frage des Sehens von pornographischen Filmen verdeutlichen. Hier ist es mehr als Wahrscheinlich, dass es zu einer Interaktion zwischen dem Geschlecht des Befragten und dem des Interviewers kommen wird. Werden Männer von Frauen befragt, dürfte sich ein niedriger Wert finden, als wenn sie von Männern befragt werden.

Auch vierzig Jahre nach Alice Schwarzer erhält man völlig disparate Ergebnisse zum Thema „Männer und Hausarbeit“, wenn Männer von Männern oder von Frauen befragt werden. „Emanzipierte“ Männer bzw. solche, die ein entsprechendes Bild von sich haben, übertreiben ihre Mitarbeit, wenn sie von einer Frau interviewt werden, während ‚Machos’ vermutlich generell untertreiben. Der wahre Wert, auf den es der Forschung ankommt, wird bei solchen Interviewkonstellation nicht erhoben. Auch die Rassenzugehörigkeit des Interviewers hat einen unterschiedlichen Einfluss auf das Antwortverhalten von Schwarzen und Weißen. Nicht nur die manifesten, auch *latente Merkmale* der Interviewer haben einen Effekt auf die Antworten der Befragten. Wenn der Interviewer gesprächsbereit ist, die Fragen mit eigenen Kommentaren ausschmückt, dann schmückt auch der Befragte seine Antworten eher aus, ist gesprächsbereiter. Wenn der Interviewer einen sogenannten zielorientierten Stil

---

27 Vgl. Laatz (1993). Man muss sich vor Augen halten, dass derartige Befunde das Resultat des wissenschaftlichen Forschungsprozesses in seiner zeitlichen Entwicklung sind. Dass es Interviewereffekte gibt, weiß die Forschung nicht von Beginn an. Erst die Auseinandersetzung mit intersubjektiv nachvollziehbaren Ergebnissen aus Befragungen, die Wiederholung eines schon vorliegenden Forschungsdesigns, die unter Umständen plötzlich ganz andere Ergebnisse zu Tage fördert, schärft den wissenschaftlichen Blick auf Randbedingungen, die zuvor nicht berücksichtigt wurden. Man erinnere sich deshalb noch einmal an das Einstiegskapitel, in dem die Problematik der empirischen Sozialforschung dargestellt wurde: Der Grund, weshalb empirische Untersuchungen so transparent wie möglich sein sollten, wird an dieser Stelle noch einmal deutlich: Man erhält als Forscher die Chance, bisher unbekannte Effekte festzustellen und sie beim nächsten Mal kontrolliert in die Untersuchung einbauen zu können – wie zum Beispiel Interviewereffekte. Dieser Prozess der Verfeinerung der Messinstrumente, der Kontrolle der Erhebungssituation etc., ist dynamisch.

hat und die Fragen schnell herunter liest, wird man ein entsprechendes Antwortverhalten beim Befragten vorfinden.

7.3.2 Sponsorship-Effekt

Ein weiterer Effekt, der schon implizit angesprochen war, ist der sogenannte Sponsorship-Effekt: Sobald der Befragte merkt, welcher Auftraggeber wahrscheinlich hinter der Befragung steckt, wird er anders antworten. Dabei kann es sein, dass sich der Interviewer direkt als Mitarbeiter eines Unternehmens vorstellt; möglich ist allerdings auch, dass der Befragte aufgrund der Inhalte nur vermutet, dass der Interviewer zum Auftraggeber gehört. Der Sponsorship-Effekt verzerrt in jedem Fall das Antwortverhalten positiv. Der Befragte will dem Interviewer einen Gefallen tun, indem er sich möglichst ‚passend' äußert: Wenn Greenpeace eine Umfrage startet, findet man unter Umständen einen höheren Anteil an Atomgegnern als die tatsächliche Verteilung in der Bevölkerung ist. Wenn das ZDF befragt, kommt unter Umständen das öffentlich-rechtliche Rundfunksystem besser weg, als wenn ein privater Rundfunkanbieter befragen würde. Hier beeinflussen Vermutungen des Befragten sein Antwortverhalten. Generell gilt deshalb: Je geringer der Einfluss des Interviewers, desto besser sind die Ergebnisse. In so einem Fall könnte man zum Beispiel vor Beginn des Interviews erwähnen, dass man einem unabhängigen Institut angehört, das keinen Einfluss auf die Verwendung der erzielten Ergebnisse der Untersuchung hat.

7.3.3 Anwesenheits- und Zustimmungseffekt

Zwei weitere Effekte, die auf der Grundlage der sozialen Situation entstehen können, sind Anwesenheits- und Zustimmungseffekte, die man unabhängig vom Inhalt einer Frage feststellen kann. Im ersten Fall handelt es sich um die Anwesenheit Dritter beim Interview, etwa der Ehepartner. Es ist zu vermuten, dass hier zwei Rollen des Befragten miteinander in Konflikt geraten können: Seine Rolle als Befragter und die als Ehepartner. Kommt es (zufällig) zu einer Frage, bei der die Partner nicht einer Meinung sind, wird vermutlich das Antwortverhalten verzerrt. Aus diesem Grund bestehen Interviewer in der Regel auf eine echte face-to-face-Situation, bei der keine andere Person anwesend ist.

Zustimmungstendenzen von Befragten werden über *kontrafaktische Frageformulierungen* aufgedeckt. „Abtreibung sollte generell verboten werden" und „Abtreibung sollte generell erlaubt werden." Wer beide Male zustimmt, tut dies offenbar nicht aufgrund seiner Überzeugung, sondern um dem Interviewer allein durch sein Zustimmen einen Gefallen zu tun. Nach Schnell, Hill und Esser (2005: 354-355) gibt es zwei Ursachen für diese Zustimmungstendenz. Zum einen wird sie vor allem bei *Befragten mit geringer Ich-Stärke* vermutet, zum zweiten kann man sie bei sozioökonomisch Unterprivilegierten als *soziale Behauptungsstrategie* identifizieren. Gerade der letztgenannte Aspekt ist für die empirische Kommunikationsforschung von Belang, denn in einer ganzen Reihe von Forschungsfeldern wird der ökonomische Status von Personen als Erklärung für bestimmte Zusammenhänge mit herangezogen.

Der sozioökonomische Status spielt noch in einer anderen Hinsicht eine wichtige Rolle beim Phänomen „Interview als soziale Situation“: Der Interviewer klingelt und wird von einer älteren Dame eingelassen, die offenbar allein lebt, in Rente ist und vermutlich viel Zeit hat. An der nächsten Tür bekommt er Eintritt von einer Mutter mit vier Kindern, von denen eines gerade die Windeln voll hat und im dritten Fall öffnet eine PR-Agentin. Es bedarf nicht viel Phantasie, sich die Unterschiedlichkeit des Ablaufes vorzustellen: Im ersten Fall ist man herzlich willkommen, der Kaffee steht schon auf dem Tisch, man hat sich Zeit genommen und freut sich über die Abwechslung. Die beiden anderen Personen wollen das Interview so schnell wie möglich hinter sich bekommen, die Mutter ist unkonzentriert, die PR-Agentin sehr aufgabenorientiert und professionell. Will man später die Antworten der drei Befragten ‚in einen Topf‘ werfen, muss der Interviewer in der Lage sein, die Situation möglichst gleichmäßig zu bewältigen. Im Vorfeld wird er sicher die übliche Dauer des Interviews angegeben haben; er wird durch sein Verhalten klarstellen müssen, dass es allein auf die Beantwortung der Fragen ankommt. Allgemein gesprochen: Alter, Geschlecht, die verfügbare Zeit, vielleicht auch der zur Verfügung stehende Interviewort in einer Wohnung sind zu berücksichtigen. Um unerwünschte Interviewer-Effekte zu verhindern, versucht man den Einsatz der Interviewer so zu streuen, dass diese bei möglichst vielen verschiedenen Umfragen eingesetzt werden. Auf diese Weise verhindert man Routine-Effekte, die sich in verzerrtem Antwortverhalten der Befragten niederschlagen können.

7.4 Ablauf und Konzeption einer Befragung

Zum Abschluss soll noch einmal Konzeption und Ablauf einer Befragung summarisch dargestellt werden. Man kann den ganzen Prozess anhand von sieben Punkten unterteilten. Dabei werden Sie gleich die Ähnlichkeit zur Darstellung des typischen Ablaufs empirischer Forschung im Allgemeinen aus dem ersten Kapitel erkennen. Dort wurde schon darauf hingewiesen, dass lediglich die verschiedenen Erhebungsmethoden, also Befragung, Inhaltsanalyse oder Beobachtung, diesen typischen Ablauf variieren. Hier seien nun die speziellen Aspekte im Zusammenhang dargestellt.

7.4.1 Die wissenschaftliche Fragestellung

Das Beispiel sei wieder das Konstrukt „Politikverdrossenheit“. Als Kommunikationsforscher interessiert man sich vielleicht unter dem Aspekt der Mediennutzung dafür: „Hängt das Mediennutzungsverhalten von Rezipienten mit dem Grad ihrer Politikverdrossenheit zusammen?“ oder „Ist jemand, der regelmäßig Tageszeitung nutzt, weniger politikverdrossen als jemand, der beim Fernsehen systematisch Unterhaltungsslalom betreibt?“ Politikwissenschaftler leiten vielleicht vom Grad der Politikverdrossenheit den Demokratisierungsgrad einer Gesellschaft ab. Die konkrete Fragestellung hängt also von der eigenen wissenschaftlichen Fragestellungen ab, möglicherweise aber auch von den Interessen eines Auftraggebers.

Zunächst wird man versuchen, herauszufinden, was bereits zum Thema vorliegt. Das heißt, der Gang in die Bibliothek, die Recherche in Datenbanken steht an. Dabei lässt sich prüfen, inwieweit man auf vorliegende Ergebnisse aufbauen kann. Oder anders: Gibt es Dinge, die noch nicht geklärt sind? Welche Ursachenkomplexe zur Politikverdrossenheit sind noch nicht untersucht? Gibt es möglicherweise Studien zum Thema, die schon lange zurückliegen und die man in der heutigen Mediensituation wiederholen sollte? Dabei betrachtet man auch die verwendeten Methoden und die Art der Frageformulierung. Welche Fragen wurden bisher gestellt? Welche Fragedimensionen sind bisher berücksichtigt worden? Gibt es bereits standardisierte Fragen, die in jeder Untersuchung zu Politikverdrossenheit gestellt werden? Man versucht also, das Thema erst einmal auf alle relevanten Informationen hin abzuklopfen und den Status quo herauszubekommen.

7.4.2 Aufteilung der Fragestellungen in Dimensionen

Im zweiten Schritt entwickelt man darauf aufbauend ein Konzept für die eigene Untersuchung. Man teilt die Fragestellung(en) in Dimensionen auf. Auch dieser Schritt entspricht wieder dem allgemeinen Schema aus dem ersten Abschnitt. Das Konstrukt Politikverdrossenheit wird jetzt beispielsweise aufgespaltet in:

- *Abwendung von Politik,*
- *Unzufriedenheit mit Politik,*
- *(Des-)Interesse an Politik allgemein,*
- *Vertrauen in Politiker,*
- *Wahlverhalten und so weiter.*

Aus diesen Dimensionen ergeben sich dann im Fall der Befragung die Programmfragen (vgl. Kapitel 6).

7.4.3 Operationalisierung

Im dritten Schritt wird das Untersuchungskonzept umgesetzt. Operationalisierung bedeutet im Fall der Befragung die Überführung von Programm- in Testfragen, also jenen, die man später dem Befragten vorlegt. Die herausgearbeiteten Dimensionen zum Konstrukt Politikverdrossenheit werden in einzelne Indikatoren aufgespaltet, die jeweils wiederum mit einer oder mehreren Fragen konkretisiert werden. Wenn man das Wahlverhalten als einen Indikator für Politikverdrossenheit definiert hat, würde man wahrscheinlich fragen:

- *„Sind Sie bei der letzten Bundestagswahl zum Wählen gegangen?“*
- *„Gehen Sie prinzipiell bei jeder Wahl zum Wählen?“*
- *„Wenn nein, bei welcher Wahl gehen Sie nicht hin?“ usw.*

7.4.4 Fragebogendesign und Pretest

In diesem Schritt werden die Testfragen in eine Reihenfolge gebracht. Es werden Funktionsfragen wie die Eisbrecherfrage, Filter- und Trichterfragen, Fragen nach soziodemographischen Merkmalen, Überleitungsfragen und Auflockerungsfragen eingebaut, so dass am Ende dieses Vorgangs ein vollständiger Fragebogen vorliegt. Dieser sollte allerdings nicht ohne weiteres verwendet werden. Noch können Schwächen, ja gar Fehler enthalten sein, die uns bei der Konzeption entgangen sind. Ganz zentral für einen guten Fragebogen – und nur mit guten Fragebögen erzielt man valide Ergebnisse – ist ein Pretest, ein erster Test auf die Brauchbarkeit des Fragebogens. Der Pretest sollte immer mit „echten" Befragten durchgeführt werden, nicht etwa mit eigenen Mitarbeitern und Kollegen. Auch sollte man nicht eine, sondern zahlreiche Befragungen vorsehen, und dabei auf eine heterogene Zusammensetzung der Befragten achten. Der Pretest gibt Aufschluss darüber, ob alle Fragen verständlich sind, ob die Formulierungen stimmen, ob der Fragebogen für den Interviewer gut handhabbar ist, etc. Möglicherweise müssen Skalen noch verändert werden, Antwortvorgaben erweitert oder gar zusätzliche Fragen eingebaut werden.

7.4.5 Durchführung der Befragung

Der fünfte Schritt ist die Durchführung der Befragung. Darunter fällt die Stichprobenziehung und die sogenannte ‚Feldarbeit', also die Tätigkeit der Interviewer vor Ort, in einem Telefonstudio oder die Zeit, in der ein schriftlicher Befragungsbogen bei den zu befragenden Personen liegt. Die einzelnen Schritte der Durchführung sollten durch die Wissenschaftler jeweils kontrolliert werden, die Rücklaufzeit muss vorher festgelegt worden sein.

7.4.6 Auswertung und Ergebnisdarstellung

Im sechsten Schritt kommt es zur Auswertung der Daten (in der Regel computerunterstützt). Da die Datenauswertung ein eigener Bereich der wissenschaftlichen Ausbildung ist, seien hier die einzelnen Schritt nur stichpunktartig erwähnt:

- *Dateneingabe in das Datenverarbeitungsprogramm;*
- *Datenbereinigung, d.h. ausmerzen von Eingabefehlern und offensichtlichen Inkonsistenzen, Berücksichtigung von Gewichtungsfaktoren;*
- *Plausibilitätskontrolle, d.h. Kontrolle auf Stimmigkeit der Antworten eines Befragten, Vergleich der verschiedenen Interviews eines Interviewers (hier deckt man nicht nur Schlampigkeiten, sondern auch Fälscher auf) und Vergleich der Interviews unterschiedlicher Interviewer zur Aufdeckung systematischer Interviewereffekte;*
- *Analyse der Daten, z.B. zur Aufdeckung von Zusammenhängen oder Abhängigkeiten verschiedener Variablen.*

7.4.7 Ergebnispräsentation, Beantwortung der Fragestellung

Im siebten Schritt wird die ursprüngliche Forschungsfrage beantwortet. Bis hierhin vollzieht sich ein Spannungsbogen, der vom Erkenntnisinteresse hin zum Erkenntnisgewinn führt. An diesem Punkt werden die Ergebnisse aufgeschrieben, interpretiert, graphisch aufbereitet und zur Publikation bzw. Präsentation vorbereitet. Folgende Punkte sind hierbei relevant:

- *Graphische und tabellarische Aufarbeitung der Ergebnisse;*
- *Rückbezug der Ergebnisse auf die ursprüngliche Fragestellung und die zugrundeliegenden Theorien;*[28]
- *Interpretation der Befunde;*
- *Beantwortung der zentralen Forschungsfrage(n);*
- *Abfassung des Forschungsberichts, z.B. der Magister- oder Diplomarbeit;*
- *Präsentation, z.B. vor dem Auftraggeber und Publikation der Ergebnisse.*

7.5 Möglichkeiten und Grenzen der Methode Befragung

Befragungen sind nur dann sinnvoll, wenn Einstellungen und Meinungen zu bestimmten Problemen einigermaßen stabil sind und nicht erst in der Situation des Interviews ad hoc gebildet werden. Man muss also annehmen, dass Menschen eine widerspruchsfreie, über einen längeren Zeitraum hinweg feste Auffassung von Sachverhalten haben, die sie dann in Befragungen sozusagen 1:1 wiedergeben. Wäre dies nicht der Fall, könnten Befragungen immer nur zufällige Momentaufnahmen einer bestimmten Grundgesamtheit sein, deren Ergebnisse hinsichtlich ihrer Repräsentativität und Relevanz für die Erklärung sozialer Realität unbrauchbar wären. Wenn man zum Beispiel nach dem täglichen Fernsehkonsum fragt, nimmt man an, dass dieser zumindest für einen gewissen Zeitraum relativ stabil ist, die Befragten also ihr tatsächliches Mediennutzungsverhalten angeben. Der Fernsehkonsum mag sich zwar langfristig und aufgrund von Ereignissen (z.B. einer Fußballweltmeisterschaft) ändern, er darf jedoch nicht völlig erratisch sein. Konstantes Verhalten und stabile Einstellungen sind Prämissen, von denen die Wissenschaft ausgehen muss, wenn sie empirische Sozialforschung betreibt, um Merkmale von Personen zu erheben.

Häufig stimmen Auskunft und tatsächliches Verhalten nicht überein, was beispielsweise an den besprochenen Effekten *sozialer Erwünschtheit* liegen kann. Die Diskrepanz zwischen Einstellung und Verhalten ist auch in anderen Wissenschaftszweigen bekannt. In der Psychologie ist diese Einstellungs-Verhaltensdiskrepanz

28 Dies wird in empirischen Abschlussarbeiten oftmals vernachlässigt, ist aber ein wichtiges Qualitätskriterium für die Ergebnisdarstellung.

lang und ausführlich beschrieben. Die erste Untersuchung wurde von Sherif in den 30er Jahren durchgeführt. Er fuhr mit seiner Frau, einer Inderin, durch die USA. Er reservierte vorher Hotels mit der Nachfrage, ob auch Ehepaare aufgenommen würden, von denen ein Partner nicht weiß sei. Viele der Hotels lehnten ab. Doch siehe da: Vor Ort wurden sie fast überall aufgenommen. Verhalten und Selbstauskunft der Hoteliers waren nicht kongruent. In wichtigen Forschungsgebieten (Minoritätenforschung, Gewaltbereitschaft von Menschen oder der Pornographieforschung, also in Gebieten, die soziale Tabufelder berühren), findet man starke Diskrepanzen zwischen dem, was die Menschen sagen, was sie tun, und dem, was sie tatsächlich tun. Das bedeutet für die Konzeption einer Befragung, dass insbesondere die Formulierung und Reihenfolge der Fragen so entwickelt werden müssen, dass man nahe an das Verhalten bzw. die wahre Meinung der Befragten herankommt.

Neben solchen inhaltlichen Erwägungen hinsichtlich der Frageformulierung existiert die generelle Schwierigkeit, dass die Untersuchungsobjekte in der Regel Menschen sind, die eben nicht durch Naturgesetze berechenbar sind, sondern in ihrer sozialen Komplexität zu *Inkonsistenzen* und irrationalem Verhalten neigen. Es ist bekannt, dass Befragte beispielsweise leicht zu einem ‚ja' neigen, wenn sie etwas gefragt werden. Bei reinen Wissens- bzw. Sachfragen („Besitzen Sie einen Fernsehapparat?") ist diese Jasage-Tendenz vermutlich geringer. Bei Fragen allerdings, die sich mit sozialem Verhalten befassen, ist dies schon gravierender. Ein ähnliches Problem betrifft die sogenannte *Tendenz zur Mitte*. Es gibt Befragte, die versuchen extreme Antworten zu vermeiden. Wenn man auf einer Skala von 0 ganz links bis 100 ganz rechts angeben soll, wie man sich selbst politisch einschätzt, dann gibt es kaum jemand, der null oder 100 angibt. Viele Befragte neigen dazu, eine gemäßigte Position zu vertreten, und a priori ist schwer zu entscheiden, ob dies tatsächlich ihrer politischen Einstellung entspricht oder nicht.

Man stelle sich weiterhin vor, eine Befragung zum individuellen Mediennutzungsverhalten dauert vier Stunden, was übrigens tatsächlich vorkommt: Wie sorgfältig und stimmig wird die Antwort von Befragten sein, die nach drei Stunden immer noch kein Ende des Interviews erkennen? Verschärft wird diese Situation besonders dann, wenn ihnen zuvor versichert wurde, die Befragung dauere nur eine Stunde. Die Antwortqualität hängt also auch von der *Dauer der Befragung* ab. Auch die *Erhebungssituation* selbst ist in die Konzeption der Befragung einzubeziehen. Findet die Befragung am Küchentisch oder in einem Studio statt? Befragte antworten in gewohnter Umgebung anders als in einer fremden. Diese Bereiche sollen hier einleitend nur angeschnitten werden, um dafür zu sensibilisieren, welche Erwägungen vor der konkreten Frageformulierung in Rechnung gestellt werden müssen, um ergiebige Ergebnisse zu erhalten. Es ist bis hier festzuhalten, dass die richtige Frage und ihre Formulierung vor dem Hintergrund folgender Phänomene beurteilt werden muss:

- *soziale Erwünschtheit*
- *Instabilität im Antwortverhalten*
- *Jasage-Tendenz*
- *Tendenz zur Mitte*

Zusammenfassend sollen noch einige Aspekte im Sinne eines kritischen Problembewusstseins ergänzt werden. Mit der Methode der Befragung kann nicht jedes wissenschaftliche Problem gelöst werden. Das klingt banal, ist aber gerade für Wissenschaftsanfänger wichtig zu verstehen. Man entwickelt im Verlauf des Studiums bestimmte Vorlieben: Dem einen fallen Befragungen leicht, der andere arbeitet lieber für sich und bevorzugt deshalb die Inhaltsanalyse. Man findet also seine Favoriten innerhalb des methodischen Handwerkszeugs. Das ist ganz normal. Die Affinität zu einer Methode darf jedoch nicht dazu führen, dass man zur Beantwortung einer interessanten Fragestellung immer dieselbe Methode anwendet. Jede Methode hat ihre Grenzen. Im Sinne einer kritischen Zwischenbilanz sollte man sich deshalb folgende Fragen stellen:

- *Leistet die gewählte Methode hinsichtlich des Untersuchungsgegenstandes tatsächlich eine Hilfestellung zur Erklärung und Prognose der sozialen Wirklichkeit?*
- *Kann man mit der Befragung das wahre Verhalten, die wahre Einstellung zu dem zu untersuchenden Problem ermitteln? Oder sind die Menschen gar nicht in der Lage, valide Auskünfte zu der Problemstellung zu geben?*
- *Kann man also mittels der gewählten Methode ein verkleinertes Abbild sozialer Realität darstellen?*
- *Ist das Vorgehen tatsächlich systematisch, erlaubt also das Forschungsdesign ein planmäßiges Vorgehen und einen kontrollierten Ablauf wie es im Prozess des Entdeckungs-, Begründungs- und Verwertungszusammenhangs angelegt ist?*
- *Kann man mit der gewählten Methode bzw. dem entwickelten Instrumentarium das messen, was gemessen werden soll? Sind die Messinstrumente valide und reliabel?*
- *Sind Messniveau und Messinstrumente angemessen? Stimmen also Skalenniveaus und der Umfang und die Konzeption des Fragebogens?*
- *Ist die Stichprobengröße angesichts der Forschungsfrage und den zeitlichen und finanziellen Rahmenbedingungen richtig gewählt?*
- *Stimmen Aufwand und Ertrag? Kann man vorgegebene Kosten einhalten? Sprengt der anvisierte Aufwand den Rahmen (häufig ein Problem bei Abschlussarbeiten)?*

8. Kapitel

Inhaltsanalyse I: Grundlagen

8.1 Grundzüge und Herkunft

Die Inhaltsanalyse ist diejenige Methode, die in der Kommunikationswissenschaft am weitesten verbreitet ist. Die Kommunikationswissenschaft ist sozusagen die Wissenschaft, die Inhaltsanalysen kultiviert und auch weiterentwickelt hat. In den anderen Fächern, wie etwa der Psychologie, spielt sie eine geringere Rolle. Wie bei anderen Begriffen, mit denen sich diese Einführung befasst, findet man auch zum Begriff ‚Inhaltsanalyse' Synonyme. Zunächst ist in der deutschsprachigen Literatur die englische Fassung geläufig: *Content Analysis*. Aber auch die direkte Übersetzung *Kontentanalyse* und *Medienresonanzanalyse* finden sich zuweilen.

Der Erste Weltkrieg war der erste Krieg, der unter massivem Einsatz von Propaganda und Gegenpropaganda betrieben wurde. Die Zersetzung des Gegners durch Propaganda und Falschmeldungen, durch alle möglichen Arten von Kommunikationsmitteln, war im Ersten Weltkrieg zum ersten Mal eine Waffe bei einer kriegerischen Auseinandersetzung. Im Zweiten Weltkrieg wurde dieses Mittel noch perfektioniert. Zum Beispiel warfen die Kriegsparteien Flugblätter im Feindesland ab, in denen auf die desolate Situation und auf die marode Führerschaft hingewiesen wurde. Im Zusammenhang mit den vermuteten Propagandamöglichkeiten der Massenmedien wurde dann in den USA die Inhaltsanalyse systematischer entwickelt. Dabei ging es in dieser Phase vor allem um die Frage, was eigentlich die Inhalte dieser Botschaften sind und wie diese Botschaften von Menschen verstanden und verarbeitet werden. Es ging also um ein ganz profanes kriegerisches Ziel, nämlich die Propaganda des eigenen Landes zu optimieren und die Propaganda des Gegners in ihrer Effektivität einzuschränken. In diesem Kontext, etwa in den 40er Jahren, entstand die Inhaltsanalyse, bzw. deren Vorläufer. Wichtige Namen aus dem Bereich der Kommunikationsforschung sind in dem Zusammenhang Lasswell, Lazarsfeld und Berelson, einige der Gründerväter des Fachs.[29]

---

29 Dies ist übrigens nicht der einzige Fall, in dem der Zweite Weltkrieg für die Kommunikationsforschung eine entscheidende Rolle gespielt hat. Carl Hovland hat nach dem Krieg in den sogenannten ‚Yale Studien' Experimente zur Wirkung von persuasiven Botschaften durchgeführt, um festzustellen, wie die Wirkkraft einer (politischen) Botschaft optimiert werden kann. Hovland und sein Team (Hovland, Janis und Kelley, 1953) untersuchten dabei nicht das Propagandamaterial gegen den Feind, sondern interessierten sich für die Propaganda innerhalb der eigenen Reihen: Was könnte man unternehmen, um die eigenen Leute stärker zu mobilisieren? Wie bekommt man sie leichter zum Kriegsdienst? Wie agitiert man die Bevölkerung, für die Kosten des Krieges einzustehen und zu spenden, Kriegsanleihen zu kaufen oder im zivilen Bereich Dienste zu leisten. Diese und andere Auf-

Neben der *politischen Kommunikationsforschung*, die auf die Propagandaforschung zurückgeht, und die auch heute noch das wichtigste Forschungsgebiet ist, in dem diese Methode eingesetzt wird, werden Inhaltsanalysen in der Kommunikationswissenschaft außerdem in der *Gewaltforschung,* der *Forschung über Minderheiten* sowie der *Public Relations* angewandt. Auf einzelne Fragestellungen wird im Verlauf dieses Abschnitts noch näher eingegangen. Doch zunächst zu der Frage, was Inhaltsanalyse eigentlich bedeutet.

8.2 Definitionen

Die erste wichtige Bestimmung dieser Methode geht über einen Vergleich: Der Untersuchungsgegenstand der Inhaltsanalyse sind *nicht Personen* wie bei der Befragung, sondern es sind in der Regel Medienprodukte. Dies können *Texte aus Tageszeitungen* sein, aber ebenso werden *Rundfunksendungen, Musik, Filme, Werbespots oder Propagandamaterial,* also sämtliche Formen von textlichen oder visuellen Botschaften, die massenmedial verbreitet werden, analysiert.

Bernard Berelson war es, der 1952 ein grundlegendes Buch vorlegte, in dem die Methode erstmals systematisch und theoretisch fundiert dargestellt wurde: *„Content Analysis in Communications Research"* ist der Titel, und wer sich einmal dezidierter mit dieser Methode auseinandersetzen will, dem sei das Buch auch heute noch als Lektüre empfohlen. Um der Inhaltsanalyse auf die Spur zu kommen und um die Entwicklungslinien bis heute zu verstehen, lohnt sich ein Blick auf die verschiedenen Definitionen, wie sie in einschlägigen Lehrbüchern angeboten werden. Bei näherer Betrachtung wird man schnell erkennen, dass sich hinter diesen kurzen Abhandlungen recht unterschiedliche wissenschaftliche Auffassungen über die Methode verbergen. Zunächst die ursprüngliche Definition von Berelson:

- ***„Content analysis is a research technique for the objective, systematic, and quantitative description of the manifest content of communication." (Berelson, 1952: 18)***

Die beiden weit verbreiteten Lehrbücher über Inhaltsanalyse im deutschen Sprachraum (Früh und Merten) haben diese Definition der Inhaltsanalyse etwas unterschiedlich interpretiert und eigene Definitionen vorgelegt:

- ***„Die Inhaltsanalyse ist eine empirische Methode zur systematischen, intersubjektiv nachvollziehbaren Beschreibung inhaltlicher und formaler Merkmale von Mitteilungen; (häufig mit dem Ziel einer darauf gestützten interpretativen Inferenz)" (Früh, 2001: 25)***

---

träge wurden (und werden?) in Zeiten, in denen es ‚ums Ganze' geht, (auch) an die Wissenschaft herangetragen.

> ➢ ***„Die Inhaltsanalyse ist eine Methode zur Erhebung sozialer Wirklichkeit, bei der von Merkmalen eines manifesten Textes auf Merkmale eines nicht-manifesten Kontextes geschlossen wird." (Merten, 1995: 59)***

8.2.1 Manifeste oder latente Bedeutung von Texten?

Alle drei Definitionen bestimmen die Inhaltsanalyse als eine *empirische Methode,* mit deren Hilfe sich etwas *beschreiben* lässt: „Inhalte von Texten", „Merkmale von Mitteilungen", „soziale Wirklichkeit". Der Scheideweg, an dem sich die drei Definitionen trennen, wird mit den Begriffen „manifest" und „nicht-manifest"[30] bestimmt. Während Früh in der Folge seiner Definition explizit die Verwendung dieses Begriffes ablehnt, da sie („in der Vergangenheit oft mehr Verwirrung gestiftet als zur Klärung beigetragen haben", Früh, 2001: 25), stellt Merten klar, dass die Methode (d.h. systematisches, planvolles Vorgehen) der Inhaltsanalyse dazu dienen muss, aufgrund vorliegender, also manifester, Texte soziale Wirklichkeit, d.h. nicht-manifeste Kontexte, zu erfassen, respektive zu verstehen. Sobald man also über den analysierten Text hinausgeht, führen die dabei notwendigen Inferenzen (was hat der Kommunikator gemeint?, welche Wirkungen hat die Botschaft wohl gehabt?) zu einer Interpretation, die nicht-manifest ist, weil sie sich nicht mehr *direkt* aus dem Text erschließt.

Berelson erhob in seiner Definition die zentrale Forderung, dass nur die manifesten Inhalte von Texten in Kategorien messbar sind, man also sicherstellen müsse, dass Kommunikator, Leser und Forscher ein und desselben Textes tatsächlich dasselbe Verständnis über diesen Text hätten. Er spricht in diesem Zusammenhang von einem *„common meaning ground, where understanding is simple and direct".* Genau diese Forderung ist aus heutiger Sicht problematisch. Kann man wirklich davon ausgehen, dass Informationen derart allgemein verarbeitet werden, dass alle alles gleich verstehen? Oder haben nicht Alter, Bildung, Kulturkreis oder individuelle Lebenskonzeption zur Folge, dass eben nicht alle alles gleich verstehen? Dies gilt um so mehr, wenn man eine historische Dimension anlegt. Können wir heute noch Texte aus den fünfziger Jahren so verstehen, wie die Menschen sie damals auch verstanden haben? Manifeste (*offenkundige*) bzw. latente (*der Möglichkeit nach vorhandene*) Bedeutungen von Begriffen sind vermutlich nicht so einfach zu bestimmen, wie es Berelson versuchte. Man kann Textinhalte nur schwer danach unterteilen, welche Inhalte latent oder manifest im Sinne des „common-meaning-ground" sind. Selbst ganz einfache Aussagen können in einem bestimmten Kontext eine latente Bedeutung haben, die sich nur aus dieser konkreten Situation heraus ergibt. Dies gilt ganz eklatant für den Sprachstil von Subkulturen, die vermeintlich ganz eindeutigen Begriffen neue Bedeutungen beimessen. Weiß man wirklich, was

---

30 Das begriffliche Gegenstück zu "manifest" wird üblicherweise mit "latent" bezeichnet. Warum Merten und Teipen (1991) den Begriff "nicht-manifest" verwenden, wird im Verlauf ihrer Darstellung nicht weiter erläutert.

gemeint ist, wenn man das Wort „Zecke" liest? Wahrscheinlich gibt es Botschaften, die offenkundiger zu sein scheinen als andere. Vielleicht ist der Inhalt einer Börsennachricht tatsächlich manifest*er* als der einer Kulturkritik. Aber auch da muss man schon wissen, dass es sich um diesen Kontext handelt. Eine Dichotomie latent – manifest, ein „entweder – oder" gibt es wohl nicht: Vielmehr scheint die semantische und syntaktische Eindeutigkeit von Texten auf einem Kontinuum zwischen Offenkundigkeit und Verborgenheit zu liegen, worauf auch Berelson schon hinweist.

Die kann am an dieser Stelle angeführten Beispiel aus der ersten Auflage dieses Buches verdeutlicht werden. In einem bestimmten Kommunikationskontext, Anfang 1999, ‚wusste' vermutlich ein großer Teil der deutschen Bevölkerung etwas mit Begriffen wie Nussecken und Gildo Horn anzufangen. Aber gibt es tatsächlich ein common meaning ground? Anhänger einer klaren Unterscheidung zwischen latenten und manifesten Inhalten hätten ihre Schwierigkeiten gehabt: Nicht jeder kannte den „Meister" und seine Vorliebe für Nussecken. Anders ausgedrückt: Konnotationen, d.h. gedankliche Verknüpfungen zwischen einem manifesten Text (Nussecke) und einer Abstraktion (Lieblingsspeise) konnte und wollte die erste Definition von Inhaltsanalyse nicht erfassen. Gleichwohl wird an diesem Beispiel deutlich, dass sich der Sinn oder die Bedeutung von Begriffen häufig erst zur Gänze über das erschließt, was man *zwischen den Zeilen* liest. Wäre man 1965 mit Nussecken und Gildo Horn konfrontiert worden, hätten diese Begriffe in einem völlig anderen Bedeutungskontext gestanden: „Gildo Horn? – kenne ich nicht." Das gleiche gilt aber wahrscheinlich inzwischen *wieder*. Im Jahr 2008 dürfte ein Großteil der 20-jährigen mit dieser Figur nicht mehr viel anfangen können. Wenn man so will, ist der common-meaning-ground wieder „verschwunden". Anders ausgedrückt: Möglicherweise sind Texte ohne ihren Zeitbezug, ohne die Messung dessen, wie die Leser diese Texte verstehen bzw. verstanden haben, inhaltsanalytisch nicht zu erfassen. Der große Vorteil, den diese Methode bietet, nämlich raum- und zeitunabhängig Texte aller Art zu erfassen und zu analysieren, ginge mit dieser Sichtweise verloren. Deshalb ist es bis heute das Anliegen, theoretisch wie praktisch Möglichkeiten zu finden, die Texte über ihren Aktualitätsbezug hinaus messbar zu machen.

8.2.2 Quantitativ...

Inhaltsanalysen sind natürlich nicht die einzige Methode, mit der man wissenschaftlich Texte bearbeitet. Und neben der Kommunikationswissenschaft beschäftigen sich auch andere Disziplinen mit der Analyse von Mitteilungen, wie etwa die Literatur- und die Sprachwissenschaften oder die Psychologie – jede der Disziplinen mit ganz unterschiedlichen Intentionen. Deshalb sind auch die methodischen Herangehensweisen verschieden. Beispielsweise ist die *Hermeneutik,* die man vielleicht als methodisches Gegenstück zur *quantitativen* Inhaltsanalyse betrachten kann, eine Methode, die Situation des Entstehens, die Motivation und Intentionen des Verfassers zu analysieren. Die Hermeneutik ist also eine Lehre zur Interpretation von Kommunikationsinhalten. Die Anwendungen reichen von der rein werkimmanenten

Interpretation eines Gedichts bis hin zur Interpretation von Texten in ihrer Funktion innerhalb der sozialen Realität.

Die quantitative Inhaltsanalyse versucht im Gegensatz dazu, nicht einen singulären Text zu interpretieren, sondern große Textmengen.

> ➢ ***Eine Inhaltsanalyse, wie sie in aller Regel in der Kommunikationsforschung zum Einsatz kommt, hat das Anliegen, formale und inhaltliche Merkmale großer Textmengen zu erfassen.***

Die Zerlegung von Texten in Kategorien heißt natürlich zunächst, dass Bedeutungen, semantische Differenzierungen und Singularitäten, das Verständnis von Texten im Sinne sozialer Beziehungen und ähnliches, alles, was sich eben zwischen den Zeilen abspielt, außer acht gelassen wird. Darin gleicht die Inhaltsanalyse der Befragung. Nicht die ganze Komplexität eines Textes/einer Person wird erfasst, sondern nur wenige ausgewählte Merkmale derselben werden reduktiv analysiert. Typische Fragestellungen in der Kommunikationswissenschaft sind:

- *Wie häufig verwendet der Sprecher/die Sprecherin der Tagesschau männliche und weibliche Endungen?*
- *Wie häufig und in welchen thematischen Kontexten wurde das Thema AIDS in den letzten 10 Jahren in den deutschen Tageszeitungen besprochen?*
- *Verwenden Teilnehmer von Chatrooms eher Verben oder Substantive?*
- *Welche Kommunikatoren kommen in bestimmten Zeitungsmeldungen vor?*
- *Welche Persuasionstechniken werden in Werbespots eingesetzt?*
- *Wie wurden die Kanzlerkandidaten bei den letzten Bundestagswahlen dargestellt?*

Solche Fragestellungen sind ganz typisch für einfache quantitative Inhaltsanalysen. Im Ergebnis stellt man dann fest, dass zum Beispiel männliche Endungen wesentlich häufiger gebraucht werden und dass sich daran seit 30 Jahren nichts geändert hat. Oder man stellt fest, dass das Wort AIDS in deutschen Zeitungen sehr häufig im Kontext mit Homosexualität und Drogenkonsum verwendet wurde. Große Textmengen werden auf ganz bestimmte Merkmale hin untersucht, häufig wird nur gezählt, wie oft bestimmte Wörter beispielsweise in Zeitungstexten vorkommen.[31] Die reine Häufigkeit eines Merkmals, eine Prozentzahl oder ein Koeffizient sind für sich gesehen noch nicht besonders ergiebig. Ein Zahlenwert erhält erst dann eine Relevanz, wenn man einen Vergleichsmaßstab hat. Wenn man etwa feststellt, dass 1970 in 30 Prozent aller Werbespots Hausfrauen vorkamen, während das 1990 nur noch auf zehn Prozent der Spots zutraf, wenn man also Rückschlüsse auf die Darstellung

31 So etwas erledigen mittlerweile Computer, indem man sie mit einem Suchbegriff füttert, dazu mehr in Abschnitt 10.

von Geschlechterrollen in der Werbung ziehen kann, dann werden die Zahlenwerte interessant. Dies gilt natürlich nicht nur für den Einsatz der Inhaltsanalyse, sondern trifft auch auf Befragungen zu. Auch deren Ergebnisse können im Vergleich sinnvoller interpretiert werden. Wenn z.B. Vielseher von Krimis, Krimiserien und Gerichtshows den Wert derer, die beruflich mit der Durchsetzung von Recht und Gesetz befasst sind (Polizisten, Richter etc.), auf zehn Prozent schätzen, kann man daraus kaum Schlüsse ableiten. Interpretierbar wird dieser Wert erst, wenn man ihn mit der Einschätzung der Wenigseher (fünf Prozent) und den Realdaten (nicht einmal ein Prozent) abgleicht. Bei der Inhaltsanalyse können solche Vergleichsmaßstäbe durch unterschiedliche Zeitpunkte, unterschiedliche Medien oder unterschiedliche Kulturen hergestellt werden.

8.2.3 ... und intersubjektiv nachvollziehbar

Mit systematisch und objektiv, bzw. intersubjektiv nachvollziehbar, ist das gemeint, was jeder wissenschaftlichen Methode zu eigen ist und bereits im ersten Kapitel besprochen wurde: Derartige Inhaltsanalysen sind nur dann wissenschaftlich korrekt durchgeführt, wenn das Ergebnis unabhängig vom Forscher ist und heute wie übermorgen nachvollzogen werden kann. Das betrifft den gesamten Forschungsablauf von der theoretischen Fundierung über die Hypothesenbildung, die Stichprobenziehung, die Konzeption des Messinstrumentes bis hin zur statistischen Auswertung. Es betrifft aber auch, und das ist ein ganz wesentliches Merkmal des Ablaufes einer Inhaltsanalyse, das Verständnis, das zwischen den Mitarbeitern, sie heißen hier Codierer, die die ausgewählten Texte lesen (respektive messen), hergestellt werden muss. Intersubjektive Nachvollziehbarkeit bedeutet ganz praktisch, dass jeder, der einen Text vorgesetzt bekommt, dieselbe Messung vornimmt.[32] Es muss sichergestellt sein, dass die Codierer, die natürlich zuvor solide geschult werden müssen, im Prinzip austauschbar sind, dass sie alle zu jeder Zeit jeden Text so wie der Kollege ‚verstehen', also bestimmte Begriffe gleich häufig finden und für denselben Begriff dieselbe Codenummer vergeben.[33] Unter der Prämisse der intersubjektiven Nachvollziehbarkeit erschließt sich dann die Bedeutung von manifest durchaus neu. Während Berelson noch davon ausging, dass die Begriffe a priori einen manifesten bzw. latenten Charakter haben, werden die Begriffe nach der modernen Auffassung erst durch die Bestimmung ihres Bedeutungskerns *manifest gemacht.* Ob der Prozess gelungen ist, erschließt sich dann indirekt über die Reliabilität des inhaltsanalytischen Messinstruments.

32 Das Thema wird unter dem Stichwort Reliabilität weiter unten behandelt, vgl. aber auch Kapitel 3.
33 Man erinnere sich an die Überführung eines empirischen in ein numerisches Relativ im zweiten Kapitel.

8.3 Inhaltsanalyse als Methode zur Erfassung sozialer Realität

Die Analyse von Botschaften kann verwendet werden, um auf den Kontext der Berichterstattung, die Motive und Einstellungen der Kommunikatoren oder auf die mögliche Wirkung bei Rezipienten der Botschaften zu schließen.

8.3.1 Rückschlüsse auf den Kontext

Die typischen Ergebnisse einer Befragung befassen sich mit Einstellungen, Meinungen und dem Verhalten von Personen, z.B. mit dem Pro und Contra zur Atomkraft, der doppelten Staatsbürgerschaft, dem Wahlverhalten, kurz, allen aktuellen Sachverhalten, die im weitesten Sinn die Meinung der Bürger widerspiegeln. Bei der Inhaltsanalyse erhält man ganz ähnliche Aussagen: Man beschreibt zum Beispiel die *Tendenz der Berichterstattung* hinsichtlich des Pro und Contra zur doppelten Staatsbürgerschaft, ebenfalls in Prozentpunkten. Wie schon im letzten Absatz ausgeführt, bleibt es jedoch selten bei der reinen Frequenzmessung bzw. Häufigkeitsauszählung. Das eigentlich Spannende ist der Schluss auf den Kontext.

Ein Beispiel soll dies verdeutlichen. Mit einer Inhaltsanalyse soll erfasst werden, wie viele Gewaltakte bei den Fernsehsendern pro Tag dargestellt werden. Wiederum sind die nackten Zahlen für sich genommen uninteressant (beispielsweise 70 Morde pro Tag; vgl. Groebel & Gleich, 1993). Erst der Schluss auf den aktuellen Kontext, nämlich die medienpolitische Debatte über die Qualität der privaten und öffentlich-rechtlichen Rundfunksender, verleiht den Zahlen Relevanz. Dasselbe gilt für aktuelle Studien zur Konvergenzdebatte, d.h. der Frage nach einer inhaltlichen Angleichung des öffentlich-rechtlichen Fernsehprogramms an die Privaten. Rückschlüsse von erhobenen Textmengen können natürlich auch auf historische Kontexte gezogen werden, wie etwa die Propagandaforschung über das Dritte Reich, oder, um einen etwas aktuelleren Bezug zu nehmen, die Berichterstattung der Medien über Atomkraft. Ohne den gesellschaftspolitischen Bezug, z.B. ohne die Berücksichtigung des atomaren GAU von 1986 in Tschernobyl, sind die gewonnenen Zahlen, die man dann in einem Graphen als Fieberkurve ausdrücken kann, ganz und gar unverständlich. Man muss eben wissen, was 1986 los war, um den ‚Knick' in der Tendenz der Berichterstattung angemessen interpretieren zu können. Der Rückschluss von einem bestimmten Datenmaterial bzw. dessen Ergebnis auf einen die Forschungsfrage betreffenden Kontext berücksichtigt folgende Aspekte:

- *Historischer bzw. aktueller Kontext, d.h. das gesellschaftliche Verständnis von Sachverhalten der jeweiligen Zeit.*
- *Kultureller Kontext, einmal im Laufe der Zeit innerhalb einer Gesellschaft, wie etwa Enttabuisierungen, einmal interkulturell, etwa im Vergleich Deutschland – Japan.*
- *Sozioökonomischer Kontext, d.h. die unterschiedliche Informationsverarbeitung von Menschen innerhalb einer Gesellschaft aufgrund ihres sozialen und/oder ökonomischen Status.*

Die Rezeption von Texten kann also nicht objektiv sein, sondern nur intersubjektiv nachvollziehbar, und dies heißt, sie ist gebunden an einen bestimmten raumzeitlichen Kontext. An dieser Stelle ist noch einmal ein Rückbezug auf die Definition von Inhaltsanalyse notwendig: Während Berelson diesen Gesichtspunkt nicht in Erwägung zieht, macht die Definition von Merten diesen Aspekt deutlich: Man schließt von Merkmalen eines manifesten Textes auf Merkmale eines nicht-manifesten Kontextes. Das methodische Instrumentarium der Inhaltsanalyse muss also gewährleisten, dass Texte so messbar gemacht werden, dass sie valide erfassen, auf welchen Kontext sich die Inhalte beziehen, welche soziale Wirklichkeit sie widerspiegeln.

8.3.2 Rückschlüsse auf den Kommunikator

Die zweite Interpretationsmöglichkeit von Inhaltsanalysen ist der Rückschluss von Texten auf Motive, Ursachen und Gründe der Berichterstattung durch den Kommunikator. Im Fall der Kommunikationswissenschaft sind das natürlich hauptsächlich journalistische Urheber, aber es ist nicht ausschließlich darauf beschränkt. Man schließt auf die Motivation, die einen Journalisten zu dem jeweiligen Beitrag veranlasst hat oder versucht, anhand des Textes auf seine Einstellungen zu schließen. Dieser Gesichtspunkt ist immer dann relevant, wenn es darum geht, eine bestimmte Art der Berichterstattung in den Medien zu bewerten.

Angenommen, man will etwas über die Berichterstattung zum „Garchinger Atomei", dem größten deutschen atomaren Forschungsreaktor wissen. Man würde vielleicht die Berichterstattung der Süddeutschen Zeitung und die des Münchener Merkurs, einer regionalen Tageszeitung, zu diesem Thema untersuchen und die Häufigkeit sowie die Tendenz der Berichterstattung erheben. Angenommen, man käme zu dem auf den ersten Blick etwas überraschenden Ergebnis, dass die Süddeutsche Zeitung im Trend äußerst negativ über dieses Atomei berichtet, während der Münchener Merkur eher ausgewogen schreibt, die Süddeutsche wenige Wissenschaftler zu Wort kommen lässt, dafür aber viele Politiker, der Merkur dagegen erstaunlich viele Wissenschaftler. Jetzt wäre erst einmal eine Kontextfolgerung fällig: Die Süddeutsche Zeitung gilt als überregional verbreitete Qualitätszeitung, beim Münchner Merkur handelt es sich um eine lokale Abonnementzeitung, und man würde deshalb eigentlich erwarten, dass die Süddeutsche über die besseren, ausgewogeneren Quellen verfügt. Irgend etwas scheint nicht mit unseren Erwartungen übereinzustimmen. Man würde sich dann das verwendete Untersuchungsmaterial, also die Artikel vornehmen, und überprüfen, wer die Artikel geschrieben hat, und würde feststellen, dass alle negativen Artikel in der Süddeutschen von einer einzigen Person stammen. Die wenigen positiven Artikel sind entweder Agenturmeldungen oder kommen von anderen Urhebern. In dem Fall könnte man schlussfolgern: Offenbar schreibt die persönliche Einstellung eines einzelnen Journalisten mit, prägt die Berichterstattung eklatant. Und man würde recherchieren, warum das wohl so ist und vielleicht darauf kommen, dass dieser Journalist selbst in Garching wohnt und in seiner Freizeit bei einem Bürgerkomitee gegen das Atomei engagiert ist. In dem

Fall stellt man also eine Verbindung zwischen den Motiven, den Einstellungen, den Wünschen von Journalisten und der Berichterstattung her.

Schwieriger wird der Rückschluss von Texten auf die Einstellungen von Journalisten bzw. Kommunikatoren, wenn es sich um ältere Texte handelt, und der Urheber nicht mehr lebt. Es gibt zum Beispiel Inhaltsanalysen zur Berichterstattung von Qualitätszeitungen in der Weimarer Republik. Diese Untersuchungen versuchen zu ermitteln, warum eigentlich die Presse so wenig gegen die zunehmende Radikalisierung in der Politik unternommen hat. Auch in diesem Fall schließt man von der Berichterstattung, also von dem, was man inhaltsanalytisch herausgefunden hat, auf die Motive der Journalisten. Man würde sich vielleicht mit Biographien, Tagebüchern und ähnlichem Sekundärmaterial behelfen und auf diese Weise eine Außenvalidierung vornehmen. Rückschlüsse auf den Kommunikator wollen also Aussagen über Einstellungen und Motive machen, befassen sich aber auch mit dessen sozialer und künstlerischer Herkunft, seinem Stil oder der Verständlichkeit von Texten. Insgesamt muss man aber festhalten, dass der Rückschluss auf den Kommunikator nicht allein aufgrund seiner Texte erfolgen kann, sondern nur mit weitergehenden Recherchen abgesichert ist. Genau genommen bewegt man sich gerade bei Rückschlüssen auf Einstellungen und Motive von Kommunikatoren auf einem spekulativen Feld.

8.3.3 Rückschlüsse auf den Rezipienten

Die dritte Interpretationsrichtung nimmt von inhaltsanalytischen Ergebnissen Rückschlüsse auf Rezipienten vor. Dieser Bereich der Inhaltsanalyse ist wissenschaftlich umstritten, aber trotzdem sehr beliebt. Bereits die Propagandaanalyse im frühen zwanzigsten Jahrhundert ging mit einer aus heutiger Sicht problematischen Prämisse an die Untersuchung von massenmedial verbreiteten Texten heran. Man hoffte, dass Medieninhalte die Einstellung und das Verhalten von Rezipienten unmittelbar verändern: Kaum wären fünf Millionen Flugblätter abgeworfen und gelesen, schon würden alle Deutschen ihren König davonjagen und kapitulieren. Diese Wirkungsvorstellung ist in der Öffentlichkeit, im kollektiven Bewusstsein, fest verankert und bis heute anzutreffen: „Werbung korrumpiert die Leute", „Gewalt im Fernsehen macht gewalttätig", sind die prominenten Beispiele. Man unterstellt dabei eine direkte Beziehung zwischen der Tendenz oder Häufigkeit von bestimmten Inhalten und dem, was Leute aus diesen Inhalten machen.

Aufgrund einer Inhaltsanalyse auf die Wirkung bei den Rezipienten zu schließen, beruht auf einer Wirkungsvorstellung, wie sie das sogenannte *Stimulus-Response-Modell* vertritt (zur Relevanz dieses Modells vgl. Brosius & Esser, 1998). Ein bestimmter Stimulus führt immer und bei allen Menschen zu der gleichen Reaktion. Dass Medienwirkung statt dessen ein komplexer, allenfalls langfristig nachweisbarer Prozess ist, der von vielschichtigen Randbedingungen abhängt, ist heute unstrittig. Zwischen Medieninhalt und messbarem Verhalten agieren aktive Rezipienten, die bestimmte Inhalte aussuchen, andere überhaupt nicht beachten, die ihre festen politischen und religiösen Überzeugen haben, kurz, die Medien sehr selektiv nutzen.

Wirkungen sind daher von vielen Randbedingungen auf Seiten der medialen Darstellung (Gewalt ist nicht gleich Gewalt) und der Rezipienten (Zuschauer ist nicht gleich Zuschauer) abhängig. Dem trägt man methodisch Rechnung, indem nicht einfach von Medieninhalten auf Meinungen der Rezipienten geschlossen, sondern Rezipienten zu ihren Meinungen befragt oder in einem wissenschaftlichen Experiment untersucht werden. Folglich hat man sich nicht allein auf die Ergebnisse der Inhaltsanalyse verlassen, sondern weitere Methoden, z.B. die Befragung herangezogen. Parallelen zum Fall einer Inhaltsanalyse, die Rückschlüsse auf den Kommunikator ziehen möchte, sind erkennbar: Das Hinzuziehen einer zweiten Methode ist notwendig, um den Zusammenhang zwischen den beiden Untersuchungsebenen herzustellen.

8.4 Anwendungsgebiete und typische Fragestellungen

Nach diesen generellen Überlegungen soll die Anwendung der Methode anhand typischer Fragestellungen bzw. Praxisbeispielen konkretisiert werden.

8.4.1 Inhaltsanalysen auf dem Feld der politischen Kommunikation

Auf dem Feld der politischen Kommunikation werden Inhaltsanalysen häufig eingesetzt für die Erfassung von:

- *Themenspektren von verschiedenen Medien,*
- *Wahlwerbeanalysen,*
- *Propagandaforschung,*
- *Zeitliche Entwicklung der Berichterstattung über Themen,*
- *Feststellung von Tendenzen der Berichterstattung.*

Die politische Kommunikation ist sicherlich das bedeutendste Feld der Inhaltsanalyse. Wie Medien über Politik berichten, spielt für eine Gesellschaft, in der wir fast alle politischen Sachverhalte und Personen nur über Medien vermittelt bekommen, eine ganz zentrale Rolle. Politische Einseitigkeit, Bevorzugung bestimmter Kandidaten und Parteien sowie die Herausstellung bestimmter Themen und Standpunkte sind zentrale Diskussionspunkte der Gesellschaft. Hier ist die Kommunikationswissenschaft immer wieder gefragt. Die Kernfrage des Fachs, ob und wenn ja wie, unter welchen Bedingungen, Massenmedien bei den Rezipienten *wirken*, spielt hier implizit eine Rolle. An einem Beispiel sei dies verdeutlicht:

Man erinnere sich an den Truppeneinmarsch der USA in Somalia, der genau zur amerikanischen Hauptsendezeit stattfand. Es ist kein Geheimnis, dass dies kein Zufall war, sondern zwischen Militär und CNN bis ins Kleinste abgestimmt. Die Kameras waren die Vorhut und konnten die einmarschierenden Soldaten optimal filmen. Natürlich führt kein Land Krieg wegen der Medien, aber in diesem Fall handelt es sich um ein Ereignis, dass ohne die Medien sicher zu einem anderen Zeitpunkt und in einer anderen Art und Weise stattgefunden hätte: ein typisches *mediatisiertes* Ereignis. Sie unterscheiden sich von sogenannten *genuinen Ereignissen* wie etwa Naturkatastrophen dadurch, dass sie aufgrund der Präsenz der Medien anders stattfinden, in der Regel so, dass damit eine intendierte Wirkung auf die Rezipienten ins Kalkül gezogen wird. Das Ereignis findet also bei Anwesenheit der Medien anders statt als ohne Medien. Schließlich kennt man noch *Pseudoereignisse.* Diese finden *nur* statt, weil es die Medien gibt, bzw. weil die Medien dabei sind. Klassisches Beispiel hierfür sind Pressekonferenzen, die es ohne die Medien nicht gäbe. Mittels einer Inhaltsanalyse lässt sich nun der Frage nachspüren, ob sich der Anteil der verschiedenen Ereignistypen am gesamten Nachrichtenaufkommen im Zeitverlauf verändert hat. Damit könnte man die gesellschaftspolitisch brisante Frage beantworten, ob die Politik in den letzten Jahren einen stärkeren Einfluss auf die Berichterstattung nimmt. Ein Anstieg des Anteils der Pseudoereignisse wäre ein Indikator für diese These. Um diesen Sachverhalt zu prüfen, würde man etwa folgende Bausteine für die Untersuchung festlegen:

- *Zeitraum,*
- *Auswahl der zu untersuchenden Medien,*
- *Festlegung der Untersuchungseinheiten (z.B. welche Rubriken in Tageszeitungen, welche Sendungen in Fernsehen und Radio),*
- *Festlegung der Stichprobe,*
- *Definition dessen, was Pseudo-, mediatisierte und genuine Ereignisse sind.*

Nach der Entwicklung des entsprechenden inhaltsanalytischen Messinstruments, dem Codebuch, kann das Codieren beginnen. Als Ergebnis würde man für die einzelnen Jahre, die verschiedenen untersuchten Anteile der drei Ereignistypen erhalten und könnte beispielsweise zeitliche Entwicklungen darstellen. Unter Berücksichtigung aller Randbedingungen lassen sich nun Rückschlüsse eines manifesten Inhaltes (der Anteil der Pseudoereignisse) auf einen nicht-manifesten Kontext (Einfluss des politischen Systems auf das Mediensystem) treffen.

8.4.2 Inhaltsanalysen in der Gewaltforschung

In der Kommunikationswissenschaft wird Gewaltforschung häufig aus der theoretischen Perspektive der „Kultivierungshypothese“ betrachtet. Auch hier spielen Inhaltsanalysen eine Rolle. Gerbner selbst hat jährlich sogenannte Violence-Profiles erstellt, in denen detailliert die Anzahl der Gewaltakte pro Sendung und Stunde, die Merkmale der Täter und Opfer, etc. ausgezählt wurden. Die erwähnte Studie von Groebel und Gleich hat nach dem eben beschriebenen Schema gezählt, wie häufig im Fernsehen Menschen umgebracht werden. Die Zahl der Morde an sich besagt nicht viel; erst durch entsprechende Kontexte wird ihnen Aussagekraft verliehen, indem man beispielsweise nach Sendern und Tageszeiten differenziert, Vergleiche mit früheren Studien oder anderen Ländern anstellt. In diesem Zusammenhang werden häufig Methodenkombinationen gewählt, um festzustellen, ob und in welchem Maße die Medieninhalte das Weltbild der Rezipienten prägen. Mittels Inhaltsanalyse stellt man beispielsweise fest, wie viel Prozent der Protagonisten in Fernsehserien mit Verbrechensbekämpfung beschäftigt sind. Anschließend ermittelt man mit einer Befragung, wie viel Prozent der Bevölkerung nach Meinung von Viel- und Wenigsehern mit Gewaltbekämpfung beschäftigt sind. Von einander abweichende Prozentzahlen könnten dann ein Indiz für die Kultivierungshypothese sein. Hier muss noch einmal betont werden, dass eine Inhaltsanalyse allein nichts über die *Wirkung* eines Mediums aussagt, sondern nur die Inhalte des Medium erhebt. Wenn man also feststellt, dass 70 Morde im deutschen Fernsehen pro Tag verübt werden, heißt das noch nicht, dass Gewalt im Fernsehen schädlich ist. Rückschlüsse auf nichtmanifeste Kontexte sind immer heikel und nur unter der Bedingung möglich, dass man zuvor diesen Kontext genau untersucht, definiert und kontrolliert hat.

8.4.3 Inhaltsanalysen in der Minderheitenforschung

Mittels Inhaltsanalyse wird hier festgestellt, wie häufig und in welchen Rollen verschiedene Minderheiten in den Medien dargestellt werden. Die Ergebnisse belegen immer wieder, auch im internationalen Vergleich, dass die dargestellte Realität in den Medien von der tatsächlichen Realität abweicht. Beispielsweise sind im Fernsehen die Figuren in Serien meist zwischen 20 und 40 Jahre alt. Ältere Menschen und kleine Kinder werden kaum gezeigt und wenn überhaupt, dann nur in bestimmten, klischeehaften Rollenkontexten. Das heißt, man findet per Inhaltsanalyse Verteilungen, die man zunächst einmal mit denen aus dem wirklichen Leben vergleicht. Ein weiterer Befund aus dieser Forschungsrichtung zeigt, dass Frauen zumeist jünger als Männer sind, im Schnitt etwa zehn Jahre. Die Beispiele zeigen, dass man nicht nur Texte im engeren Sinne inhaltsanalytisch untersuchen kann, sondern auch bildliche Darstellungen. Ein interessanter Unterschied in dem Zusammenhang beruht auf dem sogenannten *face-ism index*, den man für Inhaltsanalysen entwickelt hat. Hierbei wird gemessen, wie viel Prozent der gesamten sichtbaren Darstellung eines Körpers der Kopf einnimmt. Je kleiner der Index, desto stärker ist die entsprechende Person körperbetont dargestellt. Auch hier sind die Befunde über Grenzen, Zeiträume und Kulturen hinweg sehr ähnlich: Frauen werden körperbetonter dargestellt als Männer. Das heißt, Männer werden entsprechend ‚kopflastiger' abgebildet. In derartigen Studien werden dann nicht nur Zeitschriften und Nachrichtensendungen der Gegenwart untersucht, sondern auch Gemälde des 15. Jahrhunderts und auch damals war es so, dass Männer häufiger kopfbetont dargestellt wurden als Frauen.[34]

34 Wie bei der Darstellung der Gewaltforschung schon angedeutet, erhält die Minderheitenforschung ihre Brisanz aus der Kontrastierung der Medieninhalte mit statistischem Datenmaterial über die Realität. Ob es allerdings die Funktion von Soaps und Sitcoms ist, Realität abzubilden, erscheint fraglich. Ein vergleichender Rückschluss auf soziale Realität ist also nicht in jedem Fall angemessen.

8.5 Die Vorteile der Inhaltsanalyse gegenüber anderen Methoden

8.5.1 Darstellung vergangener Kommunikationsprozesse

Die erste Stärke der Inhaltsanalyse gegenüber Befragung oder experimentellem Design ist die Tatsache, dass man Aussagen über Medieninhalte und Kommunikationsprozesse der Vergangenheit machen kann. Der Forscher ist unabhängig von der physischen Anwesenheit der Personen; Tote kann man nicht befragen oder sie als Versuchspersonen in einem Labor einsetzen. Vergangene Kommunikationsprozesse sind für sich schon sehr erhellend und gewinnen noch an Aussagekraft, wenn sie als vergleichendes Material zu aktuellen sozialen Problemen hinzugezogen werden.

Ein Beispiel: Heutzutage wird allgemein angenommen, dass unsere Gesellschaft gewalttätiger ist als früher. Es wird vorstellig gemacht, die Art der Berichterstattung und die zunehmende Präsentation von Gewalt in den Medien führe dazu, dass auch die Menschen immer aggressiver und gewalttätiger würden. Eine Inhaltsanalyse historischer Dokumente, zum Beispiel damaliger Tageszeitungen, trägt dann unter Umständen dazu bei, solche Vorurteile abzubauen, durch Studien, die über längere Zeiträume die Berichterstattung über Kriminalität und Gewalt untersuchen. Man könnte zum Beispiel ein Kategoriensystem entwickeln, das nicht die großen Verbrechen zählt, sondern die kleinen Meldungen, die gerade noch die Schwelle zur Berichterstattung überspringen und als Fünfzeiler im Lokalteil oder den vermischten Meldungen auftauchen. Wenn man dann herausbekommt, dass in den Kurzmeldungen der fünfziger Jahre immer nur über Taschendiebstähle oder ähnliche kleine Verbrechen berichtet wird, in den neunziger Jahren dagegen häufiger über schwere Körperverletzungen und Raubüberfälle, dann könnte man daraus schließen, dass heute gewalthaltigere Ereignisse zur Auswahl der Berichterstattung stehen, so dass kleinere Verbrechen die Publikationshürde für Kurzmeldungen nicht mehr schaffen. Was in der Darstellung vergangener Kommunikationsprozesse nicht sichtbar wird, sind *Wirkungsprozesse in der Vergangenheit*. Man kann zwar untersuchen, ob Medieninhalte vor fünfzig Jahren weniger gewalthaltig waren als heute. Und man könnte sogar zusätzlich Dokumente wie Tagebücher oder Fotografien auswerten, um die Gewaltbereitschaft in der damaligen Gesellschaft zu erschließen. Man darf aufgrund dieser beiden Datenquellen allerdings keinen Wirkungszusammenhang zwischen Medieninhalten und Gewaltpotential der Bevölkerung in dieser Zeit konstruieren.

8.5.2 Papier ist geduldig - Befragte sind es nicht

Der zweite Vorteil der Inhaltsanalyse gegenüber anderen empirischen Methode ist die Tatsache, dass der Forscher nicht auf die Kooperation von Befragten oder Versuchspersonen angewiesen ist. Man hat keine Verweigerungsraten oder Abbrecher, die in jeder Befragung ein Problem darstellen, niemand muss sich an der Tür beschimpfen lassen. Zeitungsartikel und Videobänder laufen nicht weg. Man kann sie zeitunabhängig analysieren, und man kann sie immer wieder untersuchen. Sie verändern sich in der Regel nicht. Für einen Magisterkandidaten spielt es keine Rolle, ob er seine Zeitungsartikel morgens, mittags oder in der Nacht codiert, Papier ist geduldig und immer erreichbar. Abgesehen von der Verfügbarkeit ist es natürlich ein Unterschied, ob man Menschen morgens beim Frühstück oder nach der Arbeit interviewt. Sie könnten je nach Stimmung und Tagesform unterschiedliche Antworten geben. Das heißt, sie reagieren in irgend einer Form mit dem Untersuchungsinstrument.

- ***Die Inhaltsanalyse dagegen gilt allgemein als ein nicht-reaktives Verfahren[35], d.h. der Untersuchungsgegenstand verändert sich nicht, egal wann und wie oft man ihn untersucht.***

Daher sind Inhaltsanalysen prinzipiell auch beliebig reproduzierbar und damit auch modifizierbar. Man kann eine Inhaltsanalyse, die irgendjemand gemacht hat, in genau der gleichen Form wiederholen, wenn man das Ergebnis anzweifelt. Der gleiche Gegenstand kann wiederholt untersucht werden, ohne dass er sich verändert. Man kann zwar auch die gleiche Person wieder befragen, aber sie wird nicht mehr dieselbe sein wie noch vor zwei Tagen.

Der Reproduzierbarkeit sind natürlich Grenzen gesetzt. Und diese Grenzen liegen in der Reliabilität, der Zuverlässigkeit des Messinstruments. Eine Untersuchung völlig zu reproduzieren, setzt voraus, dass das Messinstrument, in dem Fall das Codebuch der Inhaltsanalyse, vollständig reliabel ist. Das bedeutet praktisch, dass neue Codierer genau zu dem gleichen Ergebnis kommen müssen wie die alten Codierer. Und da stößt man schnell an Grenzen, wenn zwei gleiche Untersuchungen zeitlich weit auseinander liegen. Die Reliabilität des Messinstrumentes (des Codebuchs) hat vermutlich ein Verfallsdatum. Anders als ein Zentimetermaß misst es nach fünfzig Jahren nicht mehr dasselbe, weil sich der soziale, kulturelle und politische Kontext verändert hat, in dem Codierer leben. Unter diesem Aspekt erscheint die Inhaltsanalyse dann als reaktives Verfahren, weil die Codierer, nicht der Untersuchungsgegenstand selbst, auf das Messinstrument reagieren.

Um das Verständnis der Methode zu erleichtern, haben wir abschließend noch einmal die wesentlichen Elemente der beiden Methoden zusammenfassend einander gegenüber gestellt.

---

35 Eine ausführliche Diskussion des Konzepts Reaktivität findet sich bei Merten und Großmann (1996).

Tabelle 7: Elemente von Befragung und Inhaltsanalyse

Kriterien	**Befragung**	**Inhaltsanalyse**
Grundgesamtheit	Bevölkerung, Teile davon	Berichterstattung der Massenmedien, Teile davon
Merkmalsträger	Personen	Texte, Spielfilme, Reden Artikel, Teile davon
Datenerhebung	Interview	Codierung
Erhebungsinstrument	Fragen	Kategorien
Reaktivität	Ja	Nein
Realitätsbezug	Gegenwart	Gegenwart, Vergangenheit

9. Kapitel
Inhaltsanalyse II: Kategorien und Codebuch

9.1 Kategorien als Erhebungsinstrument der Inhaltsanalyse

In diesem Abschnitt wird genauer auf das Erhebungsinstrument, das Kategoriensystem bzw. das Codebuch, eingegangen. Ebenso wie in den Abschnitten zur Befragung die Fragen im Mittelpunkt der Darstellung standen, ist für das Verständnis dieser Methode die Kategorienbildung essentiell. Was bei der Befragung der Fragebogen ist, ist für die Methode der Inhaltsanalyse das Kategorienschema. Man sollte sich hierbei noch einmal den Abschnitt 2 vor Augen führen, in dem Messen und Zählen sowie die verschiedenen Skalierungsmöglichkeiten erläutert wurden. Denn das Prinzip, nach dem Messinstrumente entwickelt werden, ist immer dasselbe, nur die Form verändert sich je nach Methode!

9.1.1 Inhaltliche Kategorien

Kategorien sind vergleichbar mit den Programmfragen einer Befragung. Die Kategorien sind zunächst einmal die exakte Definition dessen, was erhoben bzw. gemessen werden soll. Wie man für eine Befragung die Programmfragen in Testfragen, also solche, die dann tatsächlich im Fragebogen stehen, ausformuliert, werden die Kategorien aufgrund der Indikatoren, mit denen man seine Fragestellung entfaltet hat, gebildet. Je nach Differenziertheit der Fragestellung werden sie in Unterkategorien aufgeteilt. Am Ende der Kategorienbildung steht dann die Festlegung der Merkmalsausprägungen an. Das lässt sich wieder mit der Fragebogenkonstruktion vergleichen: Je nach Untersuchungstiefe entwickelt man unterschiedlich differenzierte Kategorienausprägungen. Zusätzlich wird häufig die Ausprägung ‚Sonstiges' vergeben.

Ein Beispiel: Es geht um die Frage, ob sich die Anforderungen an den Beruf des Journalisten in den letzten dreißig Jahren gewandelt haben. Um dies herauszufinden, sollen Stellenanzeigen inhaltsanalytisch untersucht werden, weil angenommen wird, dass der Stellenmarkt ein guter Indikator für Veränderungen (Ausdifferenzierung oder Professionalisierung) von Berufsbildern abgibt. Eine ganz zentrale Dimension sind natürlich die Fähigkeiten, die in diesen Stellenanzeigen an Bewerber gestellt werden. Die Hauptkategorie wird also *„Geforderte Eigenschaft des Bewerbers"* genannt. Man wird dann bei der Entwicklung der *Unterkategorien* empirisch vorgehen und alle denkbaren Anforderungen auflisten. Dabei ist an formelle Anforderungen wie *Schulbildung* oder *Berufserfahrung* genauso zu denken wie an die persönlichen Eigenschaften eines Bewerbers, also Kontaktfreudigkeit oder Zuverlässigkeit. Im nächsten Schritt müssen die Merkmalsausprägungen der Kategorien (Skalierung!) festgelegt werden. Beispiele für solche Kategorien einschließlich der Merkmalsausprägungen finden sich in Tabelle 8.

Tabelle 8: Beispiel für die Darstellung der beiden Kategorien Studienabschluss sowie Berufserfahrung in bestimmten Medien

Studienabschluss (Uni, FH, TU, Journalistenschule)
0 = nicht gefordert
1 = Studium gewünscht, Abschluss nicht gefordert (z.B. „einige Semester Kommunikationswissenschaft“)
2 = Studienabschluss gewünscht
3 = Studienabschluss gefordert bzw. unabdingbar

Berufserfahrung in bestimmten Medien
0 = nicht gefordert
1 = allgemein Medien („journalistischer Bereich“)
2 = Print
3 = Hörfunk
4 = Fernsehen
5 = Verlag
6 = Presseagentur
7 = Sonstiges

Wenn im Text einer Anzeige ein Journalist mit Studienabschluss und Erfahrung im Verlagswesen gesucht wird, müsste in der ersten Kategorie eine „2“, in der zweiten Kategorie eine „5“ vergeben werden. Neben den konkreten Ausprägungen der Kategorie „Studienabschluss“ sind zusätzlich Vermerke (hier in Klammern) angebracht. Dies ist die operationale Definition des Begriffs „Studienabschluss“. Hier handelt es sich natürlich um ein simples Beispiel, aber es demonstriert das Prinzip. Immer wenn die Kategorie nicht eindeutig für sich spricht, muss angegeben werden, was mit dieser Kategorie genau gemeint ist. Die Begriffsbestimmung ist ja der zentrale Punkt einer Untersuchung, an dem aufgrund einer theoriegeleiteten Hypothese eindeutig bestimmt wird, was hier untersucht wird. So wird Transparenz und intersubjektive Nachvollziehbarkeit hergestellt.

9.1.2 Formale Kategorien

> ***Formale Kategorien beschreiben die formalen Merkmale der jeweiligen Untersuchungseinheit.***

Das können ganze Artikel oder auch nur die Überschriften von Artikeln sein. In unserem Beispiel bildet jede Stellenanzeige eine Untersuchungseinheit, die exakt identifiziert werden muss: Wann ist sie erschienen? In welchem Medium? Welche Größe hat sie? Diese formalen Variablen dienen nicht nur der Wiedererkennung, sie sind besonders dann wichtig, wenn formale Gesichtspunkte bei der Forschungsfrage eine Rolle spielen. Wenn also, wie in diesem Fall, eine Trendstudie vorgenommen wird, ist das Erscheinungsjahr natürlich wesentlich. Auch der Umfang kann entscheidend sein, wenn man etwa herausfinden möchte, wie intensiv über ein bestimmtes Thema berichtet wird. Im Falle der vorliegenden Studie sehen die formalen Kategorien etwa so aus, wie Tabelle 9 zeigt.

Tabelle 9: Beispiele für formale Kategorien

Medium (Erscheinungsmedium der Anzeige) 1 = journalist 2 = ZV + ZV 3 = Die Feder 4 = FAZ 5 = SZ 6 = Die Zeit
Tag (sofern vorhanden, zweistellig eintragen)
Monat (zweistellig)
Jahr (zweistellig)
Seite (dreistellig)
Lfdnr (laufende Nummer der Anzeige pro Seite)
Text (Textanfang im Klartext)
Rubrik (Anzeigenrubrik nur bei SZ, FAZ, ZEIT) 0 = keine Rubriken vorhanden 1 = Anzeige in Medienrubrik 2 = Anzeige in Rubrik „Dienstleistung“ 3 = Anzeige in anderer spezifischer Rubrik 4 = Anzeige in Rubrik „Sonstige“, platziert
Illustration 0 = keine Illustration (nur Fließtext) 1 = nur Firmenlogo 2 = nur Bild/Grafik 3 = Bild, Grafik und Firmenlogo 4 = sonstiges

Anhand dieser Kategorien sind alle Anzeigen eindeutig zu identifizieren und zu codieren. Bei Inhaltsanalysen zur Medienberichterstattung werden üblicherweise noch Angaben zur Größe des Textes und der Platzierung gemacht. Es gibt Codierungen des Umfanges eines Beitrags, die relativ grob sind. Die Ausprägungen könnten zum Beispiel: 1 Seite, ½ Seite, ¼ Seite, 1/8 Seite heißen. Bekanntermaßen wählt man die Skalierung nach der Wichtigkeit des Merkmals für die Untersuchung. Eine grobe Skalierung deutet also an, dass der Umfang keine besondere Rolle spielt. Anders ist es, wenn der Umfang in Quadratzentimetern oder bei elektronischen Medien in Sekunden, also intervallskaliert, gemessen wird.[36]

Die Platzierung eines Berichtes, sei es in der Zeitung oder in Nachrichtensendungen, sagt im weitesten Sinn etwas über die diesem Beitrag zugeschriebene Relevanz aus. Dinge, die auf der ersten Seite stehen, hat die Redaktion für wichtiger gehalten als eine Meldung im Blattinneren. Rezipienten lesen Meldungen auf der Titelseite auch häufiger als Meldungen im Inneren der Zeitung. Derartige Gesichtspunkte sind zum Beispiel für Agenda-Setting-Studien von Belang.

Die formalen Kategorien stehen – ebenso wie die soziodemographischen Daten in Befragungen – nicht im eigentlichen Zentrum der Untersuchung, liefern aber wichtige Zusatzinformationen. Aber mit ihnen können schon einige wichtige Aussagen getroffen werden, im Fall der Journalistenstudie beispielsweise darüber, ob das Anzeigenaufkommen im Zeitverlauf zu- oder abgenommen hat.

- *Wie hat sich das Anzeigenaufkommen in den untersuchten Medien im Vergleich entwickelt?*
- *Ist vielleicht ein Trend hin zu den überregionalen Tageszeitungen zu entdecken, oder sind es die Fachblätter, in denen sich der Stellenmarkt materialisiert?*
- *Werden heute Anzeigen aufwendiger gestaltet als früher, legen also die Firmen mehr Wert auf ihre Selbstdarstellung?*

Konkret wird so vorgegangen, dass unter der Kategorie „Medium“ die entsprechende Ausprägung codiert wird. Stammt eine Anzeige aus der FAZ, vergibt man beispielsweise eine „4“. Analog verfährt man mit den folgenden Merkmalsausprägungen. Man notiert den Tag bis hin zum „Textanfang“, einer quasi offenen Antwortkategorie, in der die ersten Worte der jeweiligen Anzeige vermerkt werden.

9.2 Codebogen

Auf dem sogenannten Codebogen protokolliert der Codierer die Ergebnisse seiner Messung. Der Codebogen enthält in Spalten angelegt die „Plätze“ für die Vergabe der entsprechenden Codes. Die Reihen repräsentieren den einzelnen Fall, d.h. die

36 Zur Erinnerung: Daten, die intervallskaliert erhoben werden, eröffnen mehr Möglichkeiten der Datenanalyse. Während nominale Skalen "nur” Häufigkeitsauszählungen zulassen, kann man mit intervallskalierten Daten Durchschnittswerte berechnen.

Untersuchungseinheit, in unserem Beispiel also die einzelne Stellenausschreibung. Man nehme noch einmal das Beispiel der Journalistenstudie. Gegeben sei eine Anzeige vom 23.7.1994 aus der Süddeutschen Zeitung. Die Kategorie „Medium" wurde zuvor einstellig vergeben, so dass man in dem dafür vorgesehenen Kästchen eine „5" vergibt. Die nächste Kategorie muss zweistellig angelegt werden, denn „Tag" kann wie in diesem Fall zweistellig werden; man vergibt eine „23". „Monat" und „Jahr" sind ebenfalls zweistellig angelegt. Am Ende liegt eine Zahlenreihe vor, die sich entsprechend der angegebenen Informationen so liest: 5230794... . Hier wird deutlich, was es praktisch heißt, empirische Fakten in ein numerisches Relativ zu überführen (vgl. Kapitel 2). Nach der Vercodung hat sich die konkrete Stellenausschreibung in einen „Fall" gewandelt. Man spricht dann in der Phase der Datenanalyse auch von Fällen. Aus dem Text mit seinen vielen Besonderheiten ist eine lange, maschinenlesbare Zahlenreihe geworden, die nur noch die interessierenden Merkmale enthält.

9.3 Codebuch

Woher wissen die Codierer, was sie zu tun haben? So wie alle Instruktionen für die Befragung im Fragebogens stehen, brauchen Codierer genaue Handlungsanleitungen, wie sie mit den zu analysierenden Medieninhalten umgehen sollen. Diese sind im Codebuch vermerkt, ohne dieses sind die Codierer orientierungslos. In den Codieranweisungen wird jede Kategorie im Detail beschrieben. Ziel ist eine größtmögliche Reliabilität und Validität der Kategorien: Alle involvierten Codierer sollen im Idealfall jeden beliebigen Text gleich verstehen, also dieselben Codierungen vornehmen. Als Beispiel hierfür dient wieder eine Aussage aus einer fiktiven Stellenanzeige aus der Journalistenstudie: „Wir suchen einen Wirtschaftsjournalisten mit möglichst weitreichenden Kenntnissen der gängigen Datenanalyseprogramme." Handelt es sich hier um eine Anforderung, die der Bewerber erfüllen muss oder um einen Wunsch? Diese Differenzierung ist wichtig für die Ausgangsfrage, ob und inwiefern sich das Berufsbild des Journalisten verändert hat. In der Codieranweisung liest sich das dann folgendermaßen:

- *„Wunsch versus Forderung": Forderungen sind erkennbar entweder am Fehlen einer Einschränkung („Wir suchen Dipl.-Journalisten mit mind. dreijähriger Berufserfahrung") und am Terminus „Voraussetzung". Wünsche sind meist an Einschränkungen („möglichst", „eventuell", „vielleicht") oder konkreten Wunschformen („wünschenswert wäre", „von Vorteil wäre") geknüpft.*

Codieranweisungen können neben operationalen Definitionen wie der oben genannten auch allgemeine Hinweise enthalten. Zum Beispiel zur Frage, was als Fall bzw. Analyseeinheit zu betrachten sei. Hier wieder eine entsprechende Codieranweisung:

- *Analyseeinheit ist die angebotene Stelle. Eine Stellenanzeige kann mehrere Angebote enthalten, siehe Anweisung unter „laufender Nummer". Codiert werden alle Stellenangebote, in denen Journalisten im Sinne der folgenden Definition gesucht werden: (es folgt eine ausführliche Definition des Begriffs Journalist.)*

Auch die Durchführung der Codierung kann unter Umständen, je nach Kompliziertheit der Codierung, genau festgelegt werden: Es kann beispielsweise vorkommen, dass man eine Untersuchungseinheit mehrmals lesen oder am Video anschauen muss, bis man alle Codierungen durchgeführt hat. Das trifft vor allen Dingen dann zu, wenn man mit Fernseh- oder Radiomaterial arbeitet, bei dem bis zu fünf Durchgänge notwendig werden, um alle Kategorien zu erfassen. Es gibt Codieranweisungen, die vom Codierer verbindlich fordern, den Beitrag mindestens dreimal jeweils nach verschiedenen Kriterien anzusehen und legen zugleich fest, bei welchem Durchgang welche Kategorien zu vercoden sind. Das könnte in etwa so lauten:

- *Erster Durchgang: Der Beitrag wird vollständig angesehen. Dabei wird die Laufzeit des Beitrags verschlüsselt. Zweiter Durchgang: Alle Themen und ihre Urheber, die im Beitrag vorkommen, werden verschlüsselt. Dritter Durchgang: Für jeden Urheber werden Stilformen verschlüsselt.*

Auch bei Zeitungen kann man solche Anweisungen geben. Jeder Beitrag wird zunächst einmal kursorisch überflogen. Das ist notwendig, denn obwohl jede inhaltliche Information in einen Zahlenwert verwandelt wird, muss der Codierer erst einmal verstehen, um was es sich hier handelt. Im zweiten Durchgang erhält der Codierer dann die Anweisung, detaillierte Codierungen vorzunehmen. Damit ist das Erhebungsinstrument einer Inhaltsanalyse vollständig. Das Codebuch enthält somit:

- *Allgemeine Hinweise und Hintergrundinformationen,*
- *Haupt- und Unterkategorien,*
- *Operationale Definitionen,*
- *Codieranweisungen,*
- *Codebogen.*

9.4 Formale Anforderungen an Kategorien: Vollständigkeit und Trennschärfe

9.4.1 Vollständigkeit von Kategorien

Am einem Beispiel soll gezeigt werden, welche prinzipiellen Anforderungen an die Bildung von Kategorien gestellt werden müssen. Nehmen wir an, wir hätten in der Studie über journalistische Stellenanzeigen folgende Kategorie entwickelt:

Tabelle 10: Beispiel für die Kategorie Journalistische Studienrichtung I

Journalistische Studienrichtung
0 = nicht gefordert
1 = Kommunikationswissenschaft
2 = Diplom-Journalistik
3 = Sonstiges

Bei einer Probecodierung stellt sich heraus, dass die Ausprägung „Sonstiges" sehr häufig vergeben wurde. Das ist nicht gut, denn hier werden Informationen zusammengeworfen, die später nicht mehr auseinander zu dividieren sind. Man will ja etwas über die (gestiegenen) Anforderungen an Journalisten herausfinden. Wenn im Ergebnis herauskommt, dass 15 Prozent der Firmen keine Anforderung stellen, 25 Prozent Kommunikationswissenschaft, 30 Prozent Diplom-Journalistik und 30 Prozent „Sonstiges" fordern, ist dieses Ergebnis nicht detailliert genug, weil man von fast einem Drittel nur weiß, dass etwas gefordert wurde, aber nicht, was. In so einem Fall muss man tatsächlich im vorliegenden Untersuchungsmaterial nachprüfen, was sich unter „Sonstiges" verbirgt. Es gibt verschiedene Möglichkeiten: Zum einen ist es wahrscheinlich, dass eine wichtige Ausprägung nicht berücksichtigt wurde. Es gibt zum Beispiel nicht-akademische Studienrichtungen, wie den Kommunikationswirt, der praxisorientiert ausgebildet wird. Stellt man dann fest, dass sich vielleicht noch einige weitere typische Studiengänge (Germanistik, Politik) in den „Sonstigen" verbergen, hat man diese Kategorie auf ein erträgliches Maß reduziert. Nach der Probecodierung wird man also die genannten Ausprägungen „Kommunikationswirt", etc. mit aufnehmen, so dass die Kategorie „Studienrichtung" jetzt sechs Ausprägungen besitzt. Offenbar war diese Kategorie vor der Probecodierung nicht vollständig.

- ***Vollständigkeit ist eine zentrale Forderung an ein Kategorienschema, denn nur unter dieser Voraussetzung kann die zentrale Forschungsfrage auch erschöpfend beantwortet werden.***

Wenn bestimmte Aspekte nicht in die Kategorien aufgenommen werden, ist eine Untersuchung unvollständig und im schlimmsten Fall unbrauchbar. Ob ein Begriff, überführt in eine inhaltsanalytische Kategorie (oder eine Reihe von Testfragen in einer Befragung) vollständig erfasst ist, lässt sich anhand älterer Studien zum selben Thema, zugrunde gelegter Theorien und nicht zuletzt dem gesunden Menschenverstand und der eigenen Erfahrung entscheiden. Insgesamt muss ein vollständiges Kategorienschema mit allen Unterkategorien und ihren Ausprägungen das theoretische Konstrukt der Untersuchung *umfassend und exklusiv* widerspiegeln. Erst unter dieser Voraussetzung misst das Messinstrument das, was es messen soll, ist also valide.

9.4.2 Trennschärfe der Kategorien

Die Inhaltsanalyse zerlegt Begriffe in wohldefinierte Bedeutungsräume, die in Form von Daten vorliegen und weiterverarbeitet werden. Die Sezierung dieser Textmengen wird vorgenommen, um auf verallgemeinerbare Zusammenhänge über die singulären Texte hinweg zu stoßen. Dazu ist es nicht nur notwendig, alle Begriffe der Forschungsfrage gemäß vollständig zu erfassen und abzubilden, sondern sie auch sauber voneinander zu trennen. Trennschärfe ist eine Anforderung sowohl innerhalb einer Kategorie als auch zwischen Kategorien. Hier wieder das bekannte Beispiel:

Tabelle 11: Beispiel für die Kategorie Journalistische Studienrichtung II

Journalistische Studienrichtung
0 = nicht gefordert
1 = Kommunikationswissenschaft
2 = Diplom-Journalistik
3 = Kommunikationswirt (FH)
4 = Germanistik
5 = Politikwissenschaft
6 = Sonstiges

Trennschärfe wäre dann *nicht* gegeben, wenn eine weitere Ausprägung „Geisteswissenschaft" lauten würde, weil Germanistik-Absolventen sowohl dort als auch unter „Germanistik" verschlüsselt werden könnten.

- ***Kategorien sind trennscharf, wenn sich die einzelnen Ausprägungen wechselseitig ausschließen, und wenn alle Ausprägungen sich auf das gleiche Merkmal beziehen.***

Der Codierer könnte nicht entscheiden, welche Ausprägung er wählen soll: Im Prinzip müsste er zwei Codes vergeben. Der Informationsgehalt und auch die Reliabilität einer nicht trennscharfen Kategorie sinken, weil Codierer uneinheitlich codieren werden. Man kann Trennschärfe auch unter dem Aspekt der Eindimensionalität innerhalb einer Kategorie betrachten. Im vorliegenden Beispiel wären zwei Dimensionen angesprochen, nämlich konkrete Fächer und allgemeine Studienrichtungen. Eine Kategorie darf nur eine Antwortdimension oder -ebene zulassen.[37] Es ist ein wenig wie bei dem Kinderspiel: Welcher Ausdruck passt nicht in diese Reihe: Huhn, Fasan, Ente, Geflügel? Ein noch deutlicheres Beispiel: Eine Codierung von Akteuren nach einer Kategorie mit den beiden Ausprägungen „männlich" und „katholisch" würde die Forderungen nach Vollständigkeit und Trennschärfe einer Kategorie in besonderem Maße verletzen. Das allgemeine Ziel einer Inhaltsanalyse bleibt,

37 Das gilt in gleicher Weise natürlich auch für Antwortvorgaben im Fragebogen. Auch diese müssen vollständig und trennscharf sein.

Aussagen über große Textmengen zu machen. Dies erfordert eine exakte Identifizierung und Sortierung jedes Falls. Dies ist nur gegeben, wenn Trennschärfe und Vollständigkeit vorliegen.

9.5 Feststellung der Validität und Reliabilität des Kategorienschemas

Misst das Messinstrument, was es messen soll, und misst es das auch zuverlässig? Diese generellen Fragen zur Gültigkeit und Zuverlässigkeit finden hier ihre konkrete Anwendung.

Zur *Validitätsprüfung* ist in diesem Abschnitt schon gesagt worden, dass die Forderung nach Vollständigkeit ein zentrales Kriterium für die Güte der gesamten Untersuchung ist. Ob nun das Kategorienschema vollständig, also valide ist, lässt sich anhand früherer Forschungsdesigns, Plausibilitäten, theoretischer Überlegungen und anderer Außenkriterien prüfen. Je häufiger zum Beispiel ein Gegenstand schon untersucht wurde, desto sicherer kann sich der Forscher sein, alle relevanten Aspekte berücksichtigt zu haben. Es ist dann noch seine eigene Aufgabe, aus dem vorhandenen Material die für seine konkrete Forschungsfrage relevanten Definitionen, sprich Kategorien, explizit zu machen.

An dieser Stelle der Konzeption berühren sich Validität und Reliabilität des Messinstrumentes. Generell kann man sagen, dass eine hohe Validität, die jeden noch so kleinen Aspekt des theoretischen Konstruktes zu umfassen versucht, zu Lasten einer hohen Reliabilität geht. Je detaillierter die Verschlüsselung wird, zum Beispiel die Verschlüsselung von Bewertungen politischer Nachrichten, desto größer ist die Fehlerquote bei der Codierung. Umgekehrt gilt natürlich, dass ‚harte' Indikatoren wie etwa formale Kategorien eine nahezu 100-prozentige Reliabilität fordern. Wenn ein Codierer nicht in der Lage ist, das Medium, in dem eine Stellenanzeige erscheint, mit der richtigen Codeziffer zu versehen, ist das keine fehlende Reliabilität des Codebuchs, sondern ein Problem des Codierers.

Der Codierer ist die vernunftbegabte Zählmaschine des Forschers. Er entscheidet, um welche Ausprägung eines Merkmals es sich bei einem konkreten Begriff, Satz oder Textbaustein handelt. Das ist keinem in die Wiege gelegt, und deshalb bedarf es einer genauen Schulung für jede einzelne Studie. Meist werden sich mehrere Codierer die Arbeit teilen, so dass es nicht nur notwendig ist, das Codebuch gut zu beherrschen, sondern auch die bei allen Codierern gleichbleibende genaue und eindeutige Verschlüsselung. Wenn dies der Fall ist, gilt das Kategorienschema als reliabel.

- ***Eine Reliabilitätsprüfung, die sowohl während der Pretestphase als auch während der Codierung selbst vorgenommen wird, misst, wie groß die Übereinstimmung zwischen verschiedenen Codierern ist, und wie zuverlässig gleichbleibend ein Codierer sein Material verschlüsselt.***

Die Ergebnisse, ausgedrückt in einem Koeffizienten, geben Auskunft über die Zuverlässigkeit des Messinstruments. Die sogenannte *Intracoderreliabilität* misst man, indem ein Codierer einen Teil seines verschlüsselten Materials in gebührendem zeitlichen Abstand zum zweiten Mal codiert. Man geht davon aus, dass sich niemand an einzelne Verschlüsselungen erinnern kann, beim zweiten Mal also nicht aus der Erinnerung codiert wird. Die Prüfung der *Intercoderreliabilität* misst die Übereinstimmung zwischen zwei oder mehr Codierern. Die einfachste Art der Messung ist die Feststellung eines Quotienten: Man nimmt die Anzahl der übereinstimmenden Codierungen von zwei Codierern und teilt diese durch die Anzahl aller Codierungen. Wenn also zwei Codierer jeweils 100 Untersuchungseinheiten codiert haben, von denen 50 übereinstimmen, erhält man einen Quotienten von 0,50. Der Reliabilitätskoeffizient schwankt demnach zwischen 0 und 1. Bei der Interpretation des Koeffizienten ist zu berücksichtigen, um welche Kategorie es sich handelt. Bei der Verschlüsselung des Datums wird man sich mit einem Koeffizienten von 0,8 nicht zufrieden geben, während dieser Wert für die Verschlüsselung inhaltlicher Kategorien annehmbar ist. Der kombinierte Reliabilitätskoeffizient aller Kategorien sagt etwas über die Güte des Codebuches aus, nämlich darüber, wie gut es gelungen ist, die Codierer zu übereinstimmenden Codierungen anzuleiten. Mit der Konzeption des Kategorienschemas, das die Schulung der Codierer und die Überprüfung der Gültigkeit und Zuverlässigkeit des Messinstrumentes umfasst, liegt das Kernstück einer jeden Inhaltsanalyse vor. Zwei Fragen, die unmittelbar mit der Konzeption des Forschungsvorhabens zusammenhängen, sind die nach der richtigen Stichprobe und der Wahl der Untersuchungs- bzw. Analyseeinheit.

9.6 Grundgesamtheit und Stichprobenziehung

Die Frage nach der optimalen Stichprobe richtet sich nach dem Forschungsvorhaben und den zur Verfügung stehenden Mitteln. Eng umgrenzte Fragestellungen können möglicherweise sogar mit einer Vollerhebung untersucht werden, beispielsweise die Berichterstattung über einen Staatsbesuch, der ja nur einige Tage dauert. Je breiter die Fragestellung, je länger der Untersuchungszeitraum, je mehr Medien in die Analyse eingeschlossen werden, desto stärker wird die Notwendigkeit einer Stichprobenziehung sein. Wer etwas über die Wirtschaftsberichterstattung der letzten dreißig Jahre sagen will, wird keine Vollerhebung machen, sondern muss eine wohlbegründete Stichprobe ziehen. Die Prinzipien der Stichprobenziehung bleiben allerdings gleich, die Stichprobe soll ein verkleinertes Abbild der Grundgesamtheit sein, wobei die Grundgesamtheit hier durch die jeweils vollständige Berichterstattung definiert ist.

Bei der Inhaltsanalyse ist es, anders als bei der Befragung, auch prinzipiell möglich, größere Mengen von Zeitungen, Fernsehsendungen oder Bildmaterial zu untersuchen, vorausgesetzt das Material ist irgendwann einmal archiviert worden. Man könnte theoretisch die gesamte Berichterstattung einer Tageszeitung von 1947 bis ins Jahr 2000 untersuchen, weil das Material physisch als Grundgesamtheit in einem Archiv vorhanden ist. Die Bestimmung einer Grundgesamtheit ist also bei der Inhaltsanalyse nicht nur praktisch, sondern auch theoretisch einfacher als bei der Methode der Befragung.[38]

➢ ***Die Grundgesamtheit einer Inhaltsanalyse bestimmt sich, aus der Forschungsfrage abgeleitet, nach zwei Kriterien: dem zu untersuchenden Zeitraum und dem zu untersuchenden Medium.***

Während das erste Kriterium noch recht leicht zu bestimmen ist, fällt die Auswahl der Medien schon schwerer. Dies liegt hauptsächlich daran, dass unklar ist, welche Relevanz einzelne Publikationen für die Fragestellung haben, und die Menge der möglichen Medien viel zu groß ist. Wenn beispielsweise die AIDS-Berichterstattung untersucht werden soll, dann ist offensichtlich, dass man die aktuellen Nachrichtenmedien (Zeitung, Radio, Fernsehen) untersuchen sollte. Aber sind auch Frauen- oder Programmzeitschriften relevant? Auch muss man sicherlich aus den verfügbaren Medien wenige auswählen, also auch hier eine Stichprobe ziehen. Warum wurde dann ausgerechnet diese und keine andere Auswahl als Grundgesamtheit der Untersuchung getroffen? Generell gibt es eine konzeptionelle Leitlinie, die im weitesten Sinn die *Hypothese der Koorientierung* zugrunde legt: Journalisten orientieren sich an den Inhalten der Beiträge ihrer Kollegen, und Journalisten einer Lokalzeitung tun dies insbesondere bei Kollegen von überregionalen Blättern. Diejenigen Medien, die überregional verbreitet sind und einen gewissen Qualitätsstandard haben, werden von Journalisten anderer, eher lokal ausgerichteter Medien, rezipiert. Somit erscheint es dann plausibel, dass sich der Tenor der Berichterstattung aus den großen überregionalen Tageszeitungen in den kleineren wiederfindet. Man kann argumentieren, dass für die Untersuchung überregionaler Themen die Auswahl der entsprechenden überregionalen Tages- bzw. Qualitätszeitungen ausreichend ist, man also nicht jedes regionale Blatt in eine Stichprobe aufnehmen muss. Solche Probleme müssen bedacht und gelöst werden. Wie immer man sich in so einem Fall entscheiden würde, die Begründung muss logisch und nachvollziehbar sein.

Ebenso wie bei Befragungen Individuen nicht in ihrer Gesamtheit, sondern nur in Bezug auf bestimmte Merkmale untersucht werden, betrachtet man nicht die Gesamtheit der Berichterstattung eines Mediums, beispielweise einer Tageszeitung, sondern nur den für die Untersuchung relevanten Teil, etwa Artikel des politischen Teils, den Stellenmarkt oder die Anzeigen. Die Grundgesamtheit ist demnach ebenfalls eine wohl definierte Menge von n Elementen.

➢ ***Bei Inhaltsanalysen werden einfache Zufallsauswahl, systematische Zufallsauswahl oder Klumpenstichproben angewendet. Üblich sind mehrstufige Verfahren.***

38 Zur Erinnerung: Bevölkerungsbefragungen sind unter diesem Aspekt theoretisch nicht sauber, weil die Grundgesamtheit weder physisch noch symbolisch dauerhaft vorliegt.

Eine reine Zufallsauswahl bedeutet, dass man aus allen Elementen der Grundgesamtheit (zum Beispiel aus dem politischen Teil eines Mediums von 1950 bis 1990) per Zufall eine Stichprobe zieht. Wenn die Merkmalsträger Zeitungsartikel wären, müsste man also zunächst eine Liste aller relevanten Artikel anlegen und dann daraus eine Zufallsstichprobe ziehen. Dies ist vor allem dann, wenn die Zeitungen gebunden oder auf Mikrofiche vorliegen, sehr unpraktisch. Ein weiterer Grund spricht in vielen Fällen gegen eine reine Zufallsauswahl. Wenn man zeitbezogene Analysen macht, also den Zeitverlauf untersuchen will, führen reine Zufallsstichproben sachlogisch dazu, dass beispielsweise zwei Zeitungsausgaben hintereinander gezogen werden und gleichzeitig an anderen Stellen größere zeitliche Lücken entstehen. Deshalb verwendet man bei zeitbezogenen Fragestellungen in aller Regel keine reine Zufallsauswahl, sondern bedient sich einer systematischen Zufallsauswahl, die in den meisten Fällen auch noch in mehreren Schritten erfolgt.

Nach einem festgelegten Schlüssel wird zunächst entweder jede n-te Zeitungsausgabe gezogen oder alle Zeitungsausgaben einer bestimmten Teilperiode des Jahres (alle Septemberausgaben beispielsweise). Wenn der Auswahlmodus und die Auswahlfrequenz feststehen, gelten diese natürlich für alle zu untersuchenden Medien in gleicher Weise. Innerhalb der untersuchten Ausgaben kann man dann noch einmal Stichproben von Beiträgen ziehen (jeden zweiten Beitrag) oder alle in Frage kommenden Beiträge verschlüsseln.

Einfache systematische Auswahlverfahren offenbaren allerdings bei bestimmten Fragestellungen Schwächen, bzw. müssen mit Vorsicht vorgenommen werden. Gerade wenn man Themenstrukturen im Zeitverlauf darstellen möchte, kann eine solche Auswahl zu verzerrten Ergebnissen führen. Wenn man zum Beispiel nur die Samstage einer überregionalen Tageszeitung berücksichtigt, würde diese Stichprobe die durchschnittliche Themenstruktur des Blattes nicht widerspiegeln, weil unter Umständen an Samstagen andere Themen im Vordergrund stehen als an einem Wochentag. Wenn man durch systematische Zufallsauswahl nur die Frühjahrs- und Herbstausgaben einer Frauenzeitschrift der letzten dreißig Jahre auswählt, wären Schlankheitskuren und Weihnachtsdekorationen die wichtigsten Themen. Man würde also nicht die tatsächliche Themenverteilung erheben und hätte vor allem starke saisonale Schwankungen in der Themenwahl nicht abgebildet. In der Praxis sind deshalb geschichtete Stichproben der Zeitverläufe üblich.

➢ ***Mit einer Schichtung in Bezug auf den Zeitverlauf stellt man sicher, dass keine saisonal bedingten Faktoren Einfluss nehmen.***

Will man also Themenkarrieren bzw. Trends in der Berichterstattung über einen bestimmten Zeitraum innerhalb eines Mediums erheben, bildet man sogenannte *Künstliche Wochen*. Man teilt die Grundgesamtheit, also zum Beispiel die Berichterstattung des politischen Teils einer Tageszeitung der letzten dreißig Jahre, zunächst in Wochenabschnitte auf. Somit erhält man 30x52 Wochen. Auf der nächsten Stufe, einer reinen Zufallsauswahl, wird für jede Woche ein Wochentag gezogen. Für die erste Woche wird zum Beispiel der Mittwoch gezogen. Für die zweite Woche steht der Mittwoch nicht mehr zur Verfügung (Zufallsauswahl ohne Zurücklegen); man zieht vielleicht den Montag. Auf diese Weise kommt für die ersten sieben Wochen eine *Künstliche Woche* zusammen. So verfährt man, bis allen Wochen ein Tag zugeordnet ist. Die Berichterstattung der gezogenen Tage wird dann komplett untersucht, für alle eingeschlossenen Medien natürlich dieselben Tage.

Je nach Fragestellung müssen Stichproben so gewählt werden, dass ein Vorher und ein Nachher miteinander verglichen werden können. Immer wenn Veränderungen von Themen, Blattlinien oder ähnlichem interessant sind, braucht man als Referenzdaten diejenigen vor einem Schlüsselereignis (Naturkatastrophen, Chemieunfälle, Brandanschläge, die Enttarnung der Hitler-Tagebücher uvm.) und die Daten in einem gewissen Zeitraum nach dem Schlüsselereignis. Auch hier wird also durch die zentrale Forschungsfrage der Untersuchungszeitraum festgelegt. Im Folgenden können dann wieder künstliche Wochen gezogen werden.

9.7 Analyseeinheiten

Die Merkmalsträger in der Inhaltsanalyse nennt man Analyseeinheiten. Für diese Analyseeinheiten werden Merkmale erhoben. Eine häufig verwendete Analyseeinheit ist bei Printmedien der Artikel, also Meldungen, Berichte, Dokumentationen und ähnliche Formen der Berichterstattung. Der Artikel ist eine in sich geschlossene Einheit, die in der Regel von einem oder manchmal auch mehreren Urhebern zusammen verantwortet und in der ein bestimmtes Thema abgehandelt wird. Bei Radio- und Fernsehmaterial fällt die Definition dessen, was eine Analyseeinheit ist, schon etwas schwerer. In den Printmedien bietet schon allein die Anschauung, nämlich die räumliche Aufteilung einer Seite, die Grundlage der Definition. Will man dagegen Nachrichten im Rundfunk untersuchen, gibt es verschiedene Möglichkeiten. Man kann zunächst einen thematisch abgegrenzten Sachverhalt als Trennkriterium einführen, oder Nachrichten in Bezug auf ihre Stilformen voneinander abgrenzen. Ein Beispiel: Der Nachrichtensprecher beginnt mit einer Meldung, dass im Kosovo wieder gekämpft wird. Zum selben Thema folgt dann eine sogenannte NiF, Nachricht im Film. Von einem anderen Redakteur läuft ein Film über die Kämpfe im Kosovo ab, danach ist der Tagesschausprecher wieder zu sehen. Er schaltet nach Bonn zu einem Politiker, der ebenfalls im Bild zu sehen ist und befragt diesen Politiker zum Kosovo-Konflikt. Danach leitet er zu anderen Meldungen über. Im Fall einer thematischen Abgrenzung der Analyseeinheit gehören Anmoderation, Filmbericht und Interview zusammen. Unterteilt man die Analyseeinheiten nach Stilform, hat man drei Analyseeinheiten: die Anmoderation Kosovo, den Filmbericht Kosovo und das Interview Kosovo, die allerdings untereinander durch das gemeinsame Thema zusammengehören. Die thematische Abgrenzung stellt die Analyseeinheit höherer Ebene dar, die einzelnen Stilformen innerhalb dieses Themas sind Analyseeinheiten der zweiten Ebene. In diesem Fall spricht man von einer hierarchischen Anordnung der Analyseeinheiten.

Die Festlegung der Analyseeinheit ist wichtig, weil die Ergebnisse alle in Bezug auf diese Analyseeinheit zu sehen sind. Dies ist vergleichbar mit der Ergebnisdarstellung von Befragungen. Auch dort legt man eine Analyseeinheit fest, in der Regel Personen (Merkmalsträger!). Alle Aussagen über Häufigkeiten, Zusammenhänge oder Durchschnittswerte beruhen dann auf dieser Analyseeinheit. Bei hierarchisch aufgebauten Analyseeinheiten kann die Auswertung auf der oberen (hier: thematische Beiträge) oder auf der unteren Ebene (hier: Stilformen) erfolgen. Auch bei Zeitungen gibt es solche hierarchischen Anordnungen, wenn man beispielsweise innerhalb von Artikeln einzelne Aussagen als Merkmalsträger untersucht.

- ***Die erste Ebene der Analyse ist meistens ein thematisch abgegrenzter Beitrag, die zweite Analyseeinheit können die Aussagen (Zeitung) oder Stilformen (Fernsehen) innerhalb des thematischen Kontextes sein.***

Man könnte sogar noch eine weitere Analyseeinheit einführen, nämlich das einzelne Wort innerhalb von Aussagen. Insbesondere bei computerunterstützten Inhaltsanalysen werden solche wort- oder phrasenbezogenen Zählungen durchgeführt. Die Häufigkeit des Wortes wird dann als Indikator für bestimmte Trends angesehen.[39] Es gibt beispielsweise Inhaltsanalysen, die die Häufigkeit von Worten wie „Rezession“ in der Wirtschaftsberichterstattung in einem definierten Zeitraum untersuchen. Man erhält dann Verlaufskurven, die man mit der tatsächlichen Wirtschaftsentwicklung vergleichen kann. Dadurch kann man nachweisen, ob eine negative Wirtschaftsberichterstattung einen Einfluss auf die tatsächliche Wirtschaftslage (Inflationsrate, Staatsverschuldung, etc.) ausübt oder ob die Bevölkerungsmeinung über die Wirtschaft sich an der tatsächlichen Lage oder an der Berichterstattung orientiert.

Das Wort ist also die einfachste Analyseeinheit. Worte bilden zusammen Sätze, Sätze formen sich zu Aussagen, und Aussagen lassen sich in Absätze zusammenfassen, die wiederum Artikel bilden. Jeder Baustein für sich kann eine Analyseeinheit sein. Häufig laufen Inhaltsanalysen auf zwei hierarchisch gegliederten Ebenen ab. Zunächst misst man bestimmte Dinge auf Artikelebene, wie etwa Themenstrukturen. Innerhalb des Artikels misst man auf Aussage- oder Aussageträgerebene, um damit Hinweise auf die Kommunikatoren zu erhalten.

Bei Inhaltsanalysen zu Rundfunkbeiträgen definieren sich die Analyseeinheiten analog. In der Regel werden dort unterschieden: Kameraeinstellungen, die sich zu Stilformen addieren, die sich wiederum zu thematischen Beiträgen zusammenfassen lassen. Die Einstellungen lassen sich durch die Art der Kameraführung relativ gut feststellen: Ein Schnitt, ein Zoom oder ein Schwenk beendet eine Einstellung, und die nächste Einstellung beginnt. Stilformen, also Anmoderation, Nachricht im Film oder Interview, lassen sich auch relativ einfach identifizieren. Zusammengenommen bilden sie dann die thematische Analyseeinheit, also auch hier ein hierarchisches Schema. Komplizierter wird es, wenn Unterhaltungssendungen untersucht werden.

39 Die Vor- und Nachteile dieser Vorgehensweise werden ausführlich im nächsten Abschnitt behandelt.

Natürlich kann man die einzelne Sendung als ganz große Analyseeinheit definieren. Innerhalb dieser Sendungen fehlen dann aber häufig klare thematische und stilistische Abgrenzungen. Bei Talkshows könnte man die Frage oder Antwort eines Gastes als Analyseeinheit nehmen, bei „Wetten, dass..." eine Wette, bei Soap Operas einen Handlungsstrang.

9.8 Ablauf einer Inhaltsanalyse

Anhand eines Beispiels sollen noch einmal alle Phasen des Ablaufs einer Inhaltsanalyse vergegenwärtigt werden. Die einzelnen Schritte entsprechen wie bei der Befragung dem generellen Schema zum Ablauf des empirischen Forschungsprozesses.

9.8.1 Entdeckungszusammenhang: Ein Phänomen aus der sozialen Wirklichkeit wird in eine wissenschaftliche Fragestellung überführt

Der Auftrag, bzw. das allgemeine Forschungsinteresse sei, die Berichterstattung über den Bundestagswahlkampf 1998 zu untersuchen. *„Wie haben die Medien über die Kanzlerkandidaten und über den Wahlkampf selbst berichtet?"* wäre die generelle Fragestellung, die sich aus dem konkreten Phänomen der sozialen Wirklichkeit herleitet. Man übersetzt die allgemeine Problemstellung in eine wissenschaftliche Fragestellung, die in diesem Fall mittels einer Inhaltsanalyse empirisch überprüft werden soll. Es werden mehrere Hypothesen entwickelt, eine davon könnte lauten: „Es gibt eine zunehmende *Amerikanisierung* des Wahlkampfes, bzw. der Berichterstattung über den Wahlkampf." Damit wäre ein Schwerpunkt gesetzt, nicht die Berichterstattung in ihrer gesamten Komplexität, sondern nur ein Ausschnitt davon wird untersucht.[40]

9.8.2 Begründungszusammenhang: Definition der Begriffe, Operationalisierung des theoretischen Konstruktes, Konzeption des Codebuches, Codierung, Auswertung

An dieser Stelle taucht der erste Definitionsbedarf auf: Was versteht man unter Amerikanisierung? Welche Definitionen wurden bisher in der Literatur angeboten, und welche Begriffsbestimmung soll im vorliegenden Fall zugrunde liegen? Das theoretische Konstrukt wird über die Zerlegung in verschiedene Teilkonstrukte expliziert. Diese könnten sein:

- *Konzentration der Berichterstattung auf die Person des Kandidaten;*
- *Vernachlässigung der Themen;*
- *Verwendung emotionalisierender Bilder;*
- *Stil eines „horse race journalism".*[41]

---

40 Näheres zu diesem Thema findet man bei Brettschneider (2000).

41 Dieser Begriff beruht auf einer Feststellung, die in den USA gemacht wurde. Im Wahlkampf konzentriert sich die Berichterstattung weniger auf die Themen des Wahlkampfes als vielmehr auf den

Über diese Teilkonstrukte wiederum findet sich einiges in der Fachliteratur. Die einschlägigen Untersuchungen, deren Ergebnisse und Argumentationslinien werden geprüft und mit der angemessenen Tiefe für die Fundierung der eigenen Untersuchung dargestellt. Man muss sicher nicht jede Literaturstelle kennen und zitieren. Es geht bei der Darstellung des Forschungsstandes und der damit verbundenen theoretischen Grundlegung der eigenen Arbeit vielmehr darum, einhellige oder kontroverse Standpunkte zum Forschungsgebiet so zu nutzen, dass sie sachdienliche Hinweise für das Konzept der anstehenden Studie liefern. Das Studium der Literatur ist deshalb keine Pflichtarbeit, die irgendwie zur Abfassung einer Studie dazugehört, sondern schon in dieser recht frühen Phase der Konzeption die Grundlage und ein professionelles Korrektiv für die eigene Argumentation und den Aufbau der Untersuchung.

Die zentrale Aufgabenstellung bei einer Inhaltsanalyse ist die theorie- und empiriegeleitete Kategorienbildung, also die Entwicklung des Codebuchs. Theoriegeleitet meint u.a. den Umstand, dass aus bereits vorhandener Literatur entnommen wird, welche Kategorien bisher zu diesem Thema entwickelt wurden. Häufig erfasst man aber das Spezifische eines Untersuchungsthemas besser, wenn man zusätzlich die eigenen Ideen nutzt, also sich das zu untersuchende Material zunächst einmal ansieht und so empiriegeleitet weitere Kategorien gewinnt.[42] So könnte das Ergebnis einer Inhaltsanalyse sein, dass im Zusammenhang mit der Bundestagswahl 1998 immer auf 16 Jahre Kanzlerschaft von Helmut Kohl hingewiesen wird. Also wird man mit einer zusätzlichen Kategorie diesen Bereich abdecken.

- ***Der Prozess der Kategorienbildung läuft sowohl deduktiv (theoriegeleitet aus der Literatur) als auch induktiv (empiriegeleitet aus eigener Anschauung) ab. Nur dadurch ist gewährleistet, dass man einen Gegenstandsbereich vollständig erfassen kann.***

Durch das Kategorienschema werden also Indikatoren gebildet und die theoretischen Konstrukte *operationalisiert*. Unter Hinzuziehung theoretischer und empirischer Überlegungen werden zugleich die Vollständigkeit und Trennschärfe der Kategorien hinsichtlich des theoretischen Konstruktes immer wieder geprüft. Das Ergebnis dieses Schrittes ist ein erster Codebuchentwurf. Wie bei einer Befragung folgt nun eine Phase, in der diejenigen, die später das Material codieren sollen, zum ersten Mal mit dem Messinstrument vertraut gemacht werden, um zu prüfen, ob das entwickelte Instrument überhaupt handhabbar ist. Man diskutiert in Codiererbesprechungen, ob die Kategorien wirklich trennscharf und die Kodieranweisungen verständ-

---

Wettkampf zwischen zwei oder mehreren Kandidaten. Berichtet wird, wer um wie viele Längen „vorne" liegt, ganz wie bei einem Pferderennen.

42 Die Entwicklung eines Kategorienschemas, die Auswahl der Medien, die Ziehung der Stichprobe und die Rekrutierung der Codierer laufen im Prinzip parallel ab. Was in der abstrakten Form des Schemas wie ein zeitliches Hintereinander wirkt, ist in der Praxis eher ein gleichzeitig ablaufender Prozess, in dem sich Erkenntnisse zum Beispiel aus der Stichprobenziehung bei der Kategorienbildung verwerten lassen. Nicht zuletzt Geld- und Zeitnot befördern diese Arbeitsweise.

lich aufbereitet sind. Und dann werden die ersten Probecodierungen vorgenommen. Der Pretest erfolgt dann mit einer Teilmenge des tatsächlich relevanten Materials, wobei die Codierer während des gesamten Pretests in der Regel etwa 10 Prozent des nachher tatsächlich zu codierenden Materials probecodieren.

Beim nächsten Codierertreffen werden die Ergebnisse der ersten Codierung diskutiert. Von einander abweichende Codierungen geben meistens schnell Hinweise auf die gröbsten Schwächen des Codebuchs. Kategorien werden dann vielleicht mit neuen Ausprägungen versehen, Codieranweisungen mit noch mehr Beispielen bestückt und deutlicher gemacht. Erneut werden die Codierer gebeten, Material zu codieren, das dann wiederum beim nächsten Treffen besprochen wird. Die Pretestphase ist also ein *iterativer Prozess*, an dessen Ende das fertige Codebuch steht. Der Pretest durchläuft dabei wiederholt drei Phasen: Codierung, Kontrolle und Anpassung des Codebuches. Dies geschieht so lange, bis eine befriedigende Inter- und Intracoderreliabilität festgestellt werden kann, d.h. die Codierer fast immer die gleichen Codierungen vornehmen. Die Dauer dieses Prozesses hängt von der Kompliziertheit des Codebuches und der Erfahrung der Codierer ab.

Nun folgt die eigentliche Codierung, bei der die Verteilung des Materials an die Codierer eine wichtige Rolle spielt. Es sei daran erinnert, dass wir mittels einer Stichprobe das zu codierende Material festgelegt hatten. Wichtig ist, dass das Untersuchungsmaterial *einer* Zeitung oder aus *einem* Zeitraum nicht von *einem* Codierer verschlüsselt werden darf, sondern dass das zu codierende Material möglichst mit einem Zufallsalgorithmus auf die Codierer verteilt wird. Warum dies sinnvoll ist, ist unschwer zu verstehen. Menschen lernen und reifen, so auch Codierer. Sie entwickeln (ungewollt) eine besondere Art und Weise, die Analyseeinheiten zu verschlüsseln. Auch wenn eine gute Reliabilität während der Pretestphase gemessen wurde, ist nicht zu verhindern, dass sich durch diese Reifungsprozesse bei einzelnen Codierern Fehler einschleichen, so dass durch individuelle Interpretationen des Materials keine reliable Anwendung der Kategorien erfolgt. Deshalb werden bei größeren Forschungsvorhaben auch während der Codierung Reliabilitätstests durchgeführt. Wenn *ein* Codierer das Material *eines* Mediums, der zweite das zweite Medium verschlüsselt, können systematische Fehler auftreten, die am Ende die ganze Untersuchung unbrauchbar machen. Variiert man dagegen das Untersuchungsmaterial zufällig oder systematisch, werden auch Codierfehler zufällig auftreten und vermutlich innerhalb der Toleranzen der Irrtumswahrscheinlichkeit liegen. Sowohl die Zeiträume als auch die Medien müssen also so auf die Codierer verteilt werden, dass sich keine Häufungen bei bestimmten Medien oder bestimmten Zeiträumen ergeben.

Der letzte Schritt in der Phase des Begründungszusammenhangs ist die Auswertung, d.h. die Dateneingabe (sofern sie nicht im Zuge der Codierung am PC bereits erfolgte), die Datenbereinigung und die komplette Analyse plus Ergebnisdarstellung. Hier wird die zentrale Fragestellung mit den Datenanalyseverfahren beantwortet, bzw. der Rückbezug vom zahlenmäßigen Ergebnis auf die soziale Realität vorgenommen. Kam es nun zu einer Amerikanisierung des Wahlkampfes? Eine Antwort könnte darin bestehen, dass sich in der Berichterstattung zum Bundestagswahlkampf 1998 23 Prozent aller Aussagen auf den Wahlkampf selbst („horse race“)

bezogen haben. Die Zahl sagt an sich noch nichts über Amerikanisierung, gewinnt aber dann an Wert, wenn man diese fiktiven 23 Prozent mit Ergebnissen früherer Studien vergleicht (oder selbst einen Vergleich zum Beispiel zwischen der Berichterstattung von 1994 und 1998 gemacht hat). Die signifikante Zunahme des Zahlenwertes würde dann die These über die Amerikanisierung stützen, bezogen auf den Indikator „horse race journalism". Man hat also ganz im Sinn des Zieles einer Inhaltsanalyse systematisch und quantitativ die Mitteilung von massenmedial verbreiteten Texten beschrieben und mit dieser Hilfe von einem manifesten Text auf einen nicht-manifesten Kontext geschlossen.

9.8.3 Verwertungszusammenhang: der praktische und theoretische Gehalt der Studie wird genutzt

Die Studie erhält nur dann eine Relevanz, wenn die Ergebnisse in die Öffentlichkeit gelangen. Üblicherweise versucht der Forscher, einen Aufsatz in den einschlägigen Fachpublikationen unterzubringen, ein Buch zu schreiben und vielleicht seine Erkenntnisse auf einer Tagung zur Diskussion zu stellen. Ziel der Forschung ist es ja, mit jeder Studie zur Entwicklung der theoretischen Grundlagen des jeweiligen Fachs beizutragen. Auf der Seite der Öffentlichkeit soll die Studie einen bestimmten gesellschaftlichen Prozess (zum Beispiel die „Entpolitisierung der Politik") kritisch begleiten. Sie liefert mit derartigen Untersuchungen im Idealfall dann das Material für eine breite Diskussion über dieses Phänomen. Dass die Argumente der Wissenschaft dann durchaus instrumentell eingesetzt werden, steht wieder auf einem anderen Blatt.

10. Kapitel
Inhaltsanalyse III: Computerunterstützte Inhaltsanalyse

Ebenso wie die Computerunterstützung bei Befragungen (CATI und CAPI) hat der Computer auch bei der Durchführung von Inhaltsanalysen seinen Einzug gehalten. Herkömmliche Inhaltsanalysen beanspruchen hohe Personalkosten, egal, ob es sich um kommerzielle Projekte oder öffentlich finanzierte Forschungsvorhaben handelt. Diese Kosten drücken besonders dann, wenn es sich bei der Untersuchung um Codierungen handelt, die vergleichsweise einfache Zählungen umfassen, zum Beispiel das Wort ‚Rezession' aus dem Wirtschaftsteil von Tageszeitungen der letzten dreißig Jahre heraussuchen. Codierer, die vor einer solchen Aufgabe stehen, bekommen nicht nur Geld, sondern unter Umständen auch Sinnkrisen angesichts der langwierigen und eintönigen Arbeit. Ein Computer ist wesentlich geduldiger. Die Amerikaner haben für ihn auch schon ein hübsches Wort parat: *The dumb clerk* – der stumme Gehilfe, der im Dienst der Wissenschaft unverdrossen und zuverlässig Wortauszählungen macht. Was in den USA schon seit über zwanzig Jahren gang und gäbe ist, hält in der Bundesrepublik erst seit etwa Mitte der Neunziger Jahre auf breiter Front Einzug: computerlesbare Texte. Eine der größten Datenbanken mit computerlesbarem Textmaterial heißt Lexis-Nexis. In dieser Datenbank, die auch über Internet zugänglich ist, sind Zeitungen aus aller Welt vertreten. Man ist in der Lage, mit relativ einfachen Suchroutinen aus allen wichtigen Tageszeitungen und Zeitschriften weltweit Beiträge herunterzuladen, die eine gewünschte Textpassage enthalten. Mittlerweile sind die großen deutschen Tages- und Wochenzeitungen auch hierzulande auf CD-Rom erhältlich. Die computerlesbaren Texte und entsprechende Analyseprogramme sind die Voraussetzung für die *computerunterstützte Inhaltsanalyse* (CUI).

Die erste Einschränkung liegt bereits auf der Hand: CUI ist zunächst nur im Printbereich einzusetzen, und immer nur für Analysen, die sich auf Zeiträume beschränken, für die computerlesbares Material vorliegt. Die Ausführungen zu diesem Verfahren beziehen sich also auf Inhaltsanalysen von Texten. Bei computerlesbaren Dateien unterscheidet man zwei Varianten: die sogenannte *Volltextvariante* und eine *Clip-Version*, bei der man zwar den Text sieht, ihn aber nicht bearbeiten kann, weil er als Bilddatei eingescannt wurde. Solche Clip-Datenbanken werden dann in der Regel vom jeweiligen Medienunternehmen verschlagwortet, d.h. es werden für jeden Beitrag relevante Schlagworte zu Inhalt und Personen angelegt, die dann wie aus einer Bibliotheksdatei abzurufen sind. Bei der Volltextversion kann man seine eigenen Suchbegriffe eingeben und hat damit erweiterte Untersuchungsmöglichkeiten. Dass man mit diesen Versionen völlig unterschiedliche Suchstrategien und -erfolge hat, liegt auf der Hand. Ist ein Text bereits mit Schlagworten versehen, erhält man eine präzise Trefferquote. Der Nachteil besteht darin, dass man nur finden kann, was auch einmal als Schlagwort aufgenommen wurde, denn zwischen dem

Originaltext und dem Treffer, der am Bildschirm angezeigt wird, sitzt eben ein Mensch, der nach seinen oder vorgegebenen Kriterien Schlagworte vergeben hat. Sucht man also nach ungewöhnlichen Schlagworten oder Schlagwortkombinationen, erzielt man eine höhere Trefferquote bei den Volltextversionen. Auch hier folgt der Nachteil auf dem Fuß: Man erhält tatsächlich jeden Beitrag, in dem das gesuchte Wort vorkommt, auch wenn es in einem ganz anderen Sinne gemeint ist. Beispielsweise will man alle Beiträge herausfiltern, in denen Bundeskanzler „Kohl" vorkommt. Man erhält aber auch Beiträge über die Kohlernte in Südhessen. Andererseits erhält man keine Beiträge in denen der Politiker nur umschrieben ist, die Buchstabenkombination selbst aber nicht vorkommt.

Als Erweiterung und Verbesserung haben sich heute die sogenannten *„key word in context"-Darstellungen* durchgesetzt, die genau auf dieses Problem zugeschnitten sind: Hier kann man Kombinationen von Suchbegriffen oder Suchlisten eingeben, so dass man detailliertere Suchergebnisse erhält. Das Problem, dass der Computer mit Bedeutungsambivalenz nicht umgehen kann, bleibt aber prinzipiell bestehen. Daher ist in vielen Fällen menschliche Nachbearbeitung notwendig, z.B. indem man je nach gewünschter Ausführlichkeit die zehn vorhergehenden und nachfolgenden Wörter des Suchbegriffs mit dargestellt erhält und auf diese Weise entscheiden kann, ob man diesen Beitrag überhaupt braucht oder nicht. Dies sind die materiellen Voraussetzungen, die man vorfindet, wenn man eine CUI in Erwägung zieht. Im Folgenden soll nun das Prinzip einer CUI dargestellt, mit einer herkömmlichen Inhaltsanalyse verglichen und Vor- und Nachteile beleuchtet werden.

10.1 Ziele und Strategien der computerunterstützten Inhaltsanalyse

Mittels Computerunterstützung sollen Merkmale von Texten systematisch und intersubjektiv nachvollziehbar beschrieben werden. In den beiden letzten Abschnitten wurde dargestellt, wie Texte auf ihre für die Untersuchung relevanten Gesichtspunkte reduziert und in einem Kategorienschema verschlüsselt wurden. Texte, die das Material von Inhaltsanalysen bilden, werden demnach nicht wie ein Gedicht in ihrer gesamten Komplexität erfasst und interpretiert, sondern immer nur bestimmte Merkmale; ganz so wie bei einer Befragung, bei der nicht der Mensch als ganzes, sondern bestimmte Merkmale, zum Beispiel seine politische Einstellung, interessant sind. Die Zielsetzung von Inhaltsanalysen ist also ganz allgemein die Reduktion von Texten auf ihre zu messenden Merkmale. Dies geschieht durch die hypothesengeleitete Selektion von Begriffen und deren Klassifikation in das entwickelte Kategorienschema. Die CUI verfolgt generell dasselbe Ziel, unterliegt jedoch aufgrund der technischen Möglichkeiten bestimmten Restriktionen. Oder positiv ausgedrückt: Es müssen Bedingungen erfüllt werden, unter denen die CUI funktioniert.

10.2 Anwendungsgebiete der CUI

Je besser ein Gegenstandsbereich durch ihm eigene Begriffe charakterisiert ist, desto besser greift eine CUI. Je stärker es auf die Anzahl der Beiträge oder die Häufigkeit von relativ groben Themen ankommt, desto besser ist die CUI geeignet. Schlechter geeignet ist sie, wenn Bewertungen erfasst werden sollen oder wenn relativ ambivalente Gegenstände oder Medien untersucht werden. Der Spiegel ist beispielsweise schwerer mit einer CUI zu untersuchen, weil der Schreibstil oft mehrdeutig und relativ komplex ist. Anwendungsgebiete der computerunterstützten Inhaltsanalyse sind vor allen Dingen solche Bereiche, die sich durch Schlagworte, durch *Ein-Wort-Suchstrategien* gut erschließen lassen. Alle Hypothesen bzw. Forschungsfragen, die mit Einzelworten operationalisiert werden, können sehr gut mit der CUI bearbeitet und überprüft werden. ‚Rezession' als Indikator für eine negative Einschätzung der Wirtschaftslage ist ein gutes Beispiel für eine Einwort-Operationalisierung.

- ***Fragestellungen aus dem Bereich des Agenda-Setting, Themendarstellungen und Trends in der Berichterstattung sind die wichtigsten Forschungsgebiete, auf denen die CUI in dieser einfachen Form erfolgreich eingesetzt wird.***

Vermutlich würde es schwer fallen, die politische Kultur in Deutschland mit einer computerunterstützten Inhaltsanalyse zu untersuchen, weil keine valide und reliable Suchstrategie für diesen komplexen Bereich zur Verfügung stünde. Nur: Wie bereits bei der Methode der Befragung und auch der herkömmlichen Inhaltsanalyse schon erwähnt: Nicht jede Methode ist für jede Fragestellung die richtige. *‚Großer Lauschangriff'* dagegen wäre wieder ein Wort, das nur in einem bestimmten Kontext verwendet wird. Der Computer würde alle relevanten Beiträge und nur diese herausfinden, die sich mit dem großen Lauschangriff, der das Synonym für die erweiterten Möglichkeiten des Abhörens von privaten Wohnungen ist, beschäftigen. Generell gilt also, dass Themenanalysen, Häufigkeit von Themen und die Darstellung von Trends, nicht jedoch Bewertungen eines Sachverhalts gut mit der CUI bearbeitet werden. Erschwerend für den Einsatz der CUI kommt noch dazu, dass die deutsche Sprache wegen ihrer vielen Endungen und Umlaute die Anwendung der CUI erschwert. Bis heute ‚verstehen' nur wenige Suchmaschinen Endungen und Umlaute, so dass diese mühsam mit bei der Suche berücksichtigt werden müssen. Die Kombination von Such- bzw. Schlagwortketten erweitert natürlich den Einsatz der CUI. Man kann feststellen, in welchen Kontexten Begriffe verwendet werden, in welchen Kombinationen mit anderen Begriffen, ob der Begriff eher in positiven oder negativen Zusammenhängen auftaucht, und ähnliche Überlegungen. Es liegt also auf der Hand, dass je nach der Güte dieser Suchbedingungen auch die Aussagekraft der Ergebnisse gehaltvoller wird. Eine computerunterstützte Inhaltsanalyse steht und fällt mit der Güte des Suchalgorithmus, bzw. den Wortlisten die einen zentralen Begriff operationalisieren.

10.3 Wesentliche Kennzeichen der CUI

Was sind nun die theoretischen Voraussetzungen, damit CUI angewendet werden kann? Die CUI kann nur dann als Hilfsmittel zur Selektion und Klassifikation von Texteinheiten verwendet werden, wenn die Vercodungsregeln als explizite *Wenn-Dann-Beziehungen* formuliert sind. Der PC erkennt nur die Buchstabenkombination seiner Form nach, nicht aber die Bedeutung eines Begriffs. Der Ausgangspunkt einer CUI ist also das Wort, bzw. das Zeichen. Mit einem bestimmten Suchauftrag versehen, klassifiziert er zu analysierende Texte blitzschnell, kann aber nicht erkennen, ob es sich bei Birne um eine Frucht, eine Verballhornung des Alt-Bundeskanzlers oder um eine Glühbirne handelt. Anders ausgedrückt: Seine Stärke sind *kontextfreie Einwort-Codierungen.* Das Problem im Vergleich zur konventionellen Inhaltsanalyse ist natürlich, dass man einem menschlichen Codierer per Codiereranweisung genau erläutern kann, welche Bedeutung ein bestimmter Begriff im vorliegenden Fall ausfüllt und mit welchen Kategorien und Ausprägungen er operationalisiert ist. Diese operationalen Definitionen kann man bei der CUI im Prinzip auch durchführen, nur ist es ungleich aufwendiger, weil der PC als *dumb clerk* nie über das Suchen von bestimmten Buchstabenkombination, und seien sie konditional miteinander verknüpft, hinauskommt.

Das Wort ‚Rezession' lässt sich also mit dem Computer schnell und zielsicher aus einer großen Textmenge herausfischen. Gibt man sich in seiner Fragestellung mit einer reinen Häufigkeitsauszählung zufrieden, so hat die CUI ihren Dienst erfüllt. Fragt man allerdings nach negativen oder positiven Äußerungen, die im Umfeld des Wortes stehen, ob sich der Gebrauch auf die Vergangenheit, Gegenwart oder Zukunft richtet, so ist die *Erstellung eines relativ komplexen Wörterbuches* unumgänglich, das zum Teil auch noch manuell bearbeitet werden muss. An diesem Punkt überschneiden sich dann auch konventionelle und computerunterstützte Inhaltsanalyse. Letztere dient bei komplexen Fragestellungen in erster Linie der Auswahl bzw. Reduktion von Textmengen, die in einem zweiten Schritt von menschlichen Codierern weiterbearbeitet werden.

10.4 Kombinationen von herkömmlichen und computerunterstützten Inhaltsanalysen

Zwei Varianten der computerunterstützten Inhaltsanalysen, die mehr leisten als reine Wortauszählungen, sind die Wortschatzanalyse und die CUI als Vorbereitung für die konventionelle Bearbeitung von Texten.

10.4.1 Wortschatzanalysen

Wortschatzanalysen beschäftigen sich mit der Wortwahl, dem Duktus bestimmter Personen, zumeist Politikern, aber auch Sendungen im Rundfunk, wie etwa der Tagesschau. Derartige Analysen sind dann besonders spannend, wenn man vergleichend vorgeht.

- *Wie hat sich die Nachrichtensprache in den letzten zwanzig Jahren entwickelt?*
- *Wie verschieden drücken sich Schröder und Stoiber aus?*
- *Kann man kulturelle Unterschiede, etwa zwischen der Bundesrepublik und Frankreich, an der Wortwahl erkennen?*

Der Einsatz der CUI drängt sich geradezu auf, weil man zumindest im ersten Schritt blitzschnell eine Art Wörterbuch ausgeben lassen kann, in dem alle verwendeten Worte entsprechend ihrer Häufigkeit gelistet sind. Man kann also Rangordnungen erstellen und diese über verschiedene Medien und Zeiten hinweg miteinander vergleichen und daraus eventuell Schlüsse auf die jeweiligen Kommunikatoren ziehen.

10.4.2 CUI als Vorbereitung für eine konventionelle Inhaltsanalyse

An einem Beispiel soll dargestellt werden, wie man die CUI als Hilfe für eine herkömmliche Inhaltsanalyse einsetzen kann.[43] Während des Präsidentenwahlkampfes 1992 in den USA wurden die dort üblichen Fernsehdebatten zwischen den Kandidaten Clinton, Bush und Perot jeweils in den landesweiten Zeitungen abgedruckt. Diese Texte sind die *Grundgesamtheit für eine Untersuchung*, die der Frage nachging, wie häufig soziale Gruppen in den Redebeiträgen der einzelnen Kandidaten vorkommen. Das bedeutet häufig, dass nicht alle Textteile relevant sind, also erst einmal eine Vorauswahl, eine *Reduzierung der Textmenge*, vorgenommen werden muss. Es war aber auch nicht ausreichend, einfach die Begriffe suchen zu lassen. Dies würde einer reinen Häufigkeitsauszählung entsprechen. Vielmehr wollte man ja wissen, in welcher Art und Weise sich die Kandidaten äußern.

10.4.2.1 Das Wörterbuch der CUI

Die Entwicklung des sogenannten Wörterbuches für eine CUI entspricht der Konzeption des Kategorienschemas. Für die Auswahl der Texteinheiten wird ein solches Kategorienschema entwickelt, das neben den Hauptkategorien sowohl theorie- als auch empiriegeleitet Unterkategorien mit allen notwendigen Ausprägungen und entsprechenden Skalierungen aufweist. In der Soziologie ist der Begriff *‚soziale Gruppe'* wohldefiniert. Das heißt, man wird theoriegeleitet alle einschlägigen und aktuellen Definitionen des theoretischen Konstruktes aufarbeiten und für die eigene Untersuchung fruchtbar machen. Mit computerunterstützten Wortauszählungen kann man dann empiriegeleitet alle sozialen Gruppen auflisten, die überhaupt in den Reden vorkommen. Es ist dann die Aufgabe des Forschers zielführende Kategorien aus dem schieren Textmaterial zu entwickeln. In dieser Phase der Konzeption müssen alle Begriffe *monosemiert* werden, das heißt, dass alle Zweideutigkeiten eliminiert werden müssen. Im vorliegenden Fall war dies recht einfach. Es stellte sich mit

---

43 Vgl. Geis & Züll (1998), die anhand dieses Beispiels den detailgenauen Ablauf eines bestimmten CUI-Programms darstellen. Wer also in die Welt der CUI tiefer einsteigen möchte, dem sei diese Lektüre empfohlen.

Hilfe der *key word in context-Funktion* heraus, dass das Wort *‚general'* stets im Sinne von ‚allgemein' und nicht als Bezeichnung für einen Militär benutzt wurde, deshalb nicht in die Liste der sozialen Gruppen aufgenommen werden musste. Nach dieser Rohfassung des Wörterbuchs, die vielleicht der ersten Fassung eines Codebuches entspricht, müssen die Begriffe zur Kontrolle in ihrem Kontext erfasst werden. Es wird also ein Pretest vergleichbar mit dem einer konventionellen Inhaltsanalyse durchgeführt. Hier wird ein- oder notfalls mehrfach geprüft, ob die Begriffe im definierten Kontext vom Computer ausgewählt werden.

10.4.2.2 Durchführung der CUI mit anschließender konventioneller Inhaltsanalyse

Wie gesagt: *Textreduktion ist das Ziel*, dass bei dieser Anwendung der CUI erreicht werden soll. In diesem Beispiel konnten von insgesamt 575 Redeeinheiten nach dem computerunterstützten Durchgang knapp 400 aus der Inhaltsanalyse ausgeschlossen werden. Hier wird der große Vorteil der CUI deutlich. Menschliche Codierer hätten das komplette Textmaterial durchforsten müssen, hätten unter Umständen einzelne Redeeinheiten übersehen und hätten in jedem Fall unendlich viel länger an dieser Aufgabe gesessen als der Computer. Wenn also die Vorbereitung, sprich das Wörterbuch, das dem PC sagt, was er suchen soll, sorgfältig vorbereitet wurde, ist die CUI eine hervorragende Erleichterung. Der Vorteil wird um so größer, je kleiner der Anteil der relevanten Textmenge an der gesamten Textmenge ist. Wenn man beispielsweise wissen will, wie über Kindesentführungen von 1950 bis 2000 berichtet wurde, dann würde ein Großteil der Zeit, die Codierer mit dieser Aufgabe verbringen, das Suchen von relevanten Artikeln sein. Mit einem adäquaten Wörterbuch und einer CUI könnten diese Artikel schnell gefunden werden; vorausgesetzt natürlich, die entsprechenden Medien sind elektronisch in diesem Untersuchungszeitraum verfügbar.

Zurück zu den amerikanischen Wahlen: Nachdem die relevanten Textpassagen gefunden wurden, treten die vernunftbegabten Codierer in Aktion. Bisher kann man nur festhalten, wie viel die Kandidaten über soziale Gruppen sagen. Die CUI liefert jedoch keine Bewertungen. Bewertungen sind schon in konventionellen Inhaltsanalysen nicht immer leicht zu codieren. Die Schritte, die nun bei der konventionellen Inhaltsanalyse folgen, also die Pretests, die Codiererschulung, die Verschlüsselung und anschließende Auswertung laufen nun wie im letzten Abschnitt beschrieben ab.

Tabelle 12: Überblick über Stärken und Schwächen konventioneller und computerunterstützter Inhaltsanalysen

Art der Inhaltsanalyse	Vorteile	Nachteile
Computerunterstützte Inhaltsanalyse (CUI)	• Verarbeitung großer Textmengen in kurzer Zeit • Kategorienschema jederzeit erweiterbar • Wiederholbarkeit • Bei entsprechender Vorarbeit (Wörterbuch) 100% Reliabilität	• Einwort-Suchstrategien • Mehrdeutigkeit von Suchbegriffen, doppelte Verneinungen, Substitution von Begriffen durch Pronomina • Verschlüsselung ohne Kontext • Hohe Redundanz in Wortwahl erforderlich
Konventionelle Inhaltsanalyse	• Erfassung des semantischen Gehalts möglich • Komplexe Verschlüsselungen möglich	• Hohe Personalkosten • Reliabilitätsprobleme bei umfangreichen Codebüchern

10.5 Zusammenfassung: Möglichkeiten und Grenzen der Inhaltsanalyse

In der Zusammenschau von CUI und herkömmlicher Inhaltsanalyse werden implizit schon die Probleme aufgegriffen, die allgemein bei der Inhaltsanalyse auftreten. Ganz zentral ist das *Problem der Mehrdeutigkeit von Begriffen*, die man mit Inhaltsanalysen nie ganz in den Griff bekommen kann. Begriffe haben nun einmal häufig mehrere Bedeutungsdimensionen, die, um sie systematisch zu erfassen, nicht in ihrer ganzen Weitläufigkeit erhoben, sondern bis auf ihren wohl definierten Bedeutungskern entkleidet werden. Das ist eine Reduktion, die jedoch bewusst vorgenommen wird, um ganz bestimmte Merkmale klar und deutlich heraus zu arbeiten. Mittels der Inhaltsanalyse abstrahiert man also explizit vom Gehalt eines singulären Textes. Das macht den Einsatz der Inhaltsanalyse vor allem für *große Textmengen, die massenmedial verbreitet* werden, interessant. Mit ihr werden Fragestellungen, die sich auf das Mediensystem selbst bzw. die Interdependenzen zwischen Gesellschaft und Mediensystem beziehen, beantwortet.[44]

Man will mit einer Inhaltsanalyse also nicht die ganze Komplexität eines Textes erfassen, sondern bewusst selektieren und reduzieren. Es werden nur bestimmte Merkmale des Textes herausgegriffen; alle anderen Merkmale fallen weg. Eine solche Reduktion ist generell das Kennzeichen empirischer Forschung, wobei das Selektions- bzw. Reduktionsmaß stark schwankt und immer von der zentralen Fragestellung abhängt. Wenn man viele Details über wenige Texte wissen will, dann ist

44 Im Vergleich dazu werden sogenannte qualitative Inhaltsanalysen eher für kleinere Textmengen und andere Forschungsgebiete, die eher in Pädagogik oder Psychologie angesiedelt sind, eingesetzt. In der empirischen Kommunikationsforschung finden qualitative Inhaltsanalysen seltener Anwendung.

eine quantitative Inhaltsanalyse nicht angebracht. Es bietet sich dann eher eine qualitative Inhaltsanalyse an[45]. Wenn Aussagen über eine große Menge von Merkmalsträgern gemacht werden sollen, wie zum Beispiel in der Wahlforschung, liegt eine Reduktion der Komplexität und die Konzentration auf bestimmte Merkmale nahe.

An dieser Stelle trifft man häufig auf den Vorwurf der Fliegenbeinzählerei, den man vor allem in Diskussionen mit nicht-empirischen Forschern immer wieder findet und der sich auf quantitative Inhaltsanalysen und Befragungen bezieht. Damit ist gemeint, dass man die Reduktion der Kategorien letztlich so weit treibt, dass über die Bedeutung von Texten keine Aussage mehr gemacht wird, sondern nur noch Partikularitäten beschrieben werden (Beispiel: Kohl wurde in seiner Kanzlerschaft insgesamt 117 mal mit dem Wort „nanu“ in den überregionalen Tageszeitungen zitiert). Diese Gefahr besteht bei Inhaltsanalysen, zumal wenn es sich bei computerunterstützten Inhaltsanalysen um Einwort-Verschlüsselungen handelt. Hier werden semantische Bedeutungen praktisch eliminiert, und es stellt sich wirklich die Frage, ob man eine derartige ‚Atomisierung' von Sinnhaftigkeit wieder in einer neuen sinnhaften Struktur zusammensetzen und rekonstruieren kann. Selbst bei eindeutigen Begriffen wie dem Wort Rezession bedarf es eigentlich einer theoriegeleiteten Ableitung oder zumindest starker empirischer Evidenzen, warum aus der Häufigkeit des Begriffs in Zeitungsartikeln auf einen wirtschaftlichen Sachverhalt geschlossen werden kann. Dasselbe Problem wurde schon implizit bei den Erläuterungen zu Rückschlüssen auf Rezipienten- bzw. Kommunikatorenebene angeschnitten. Es ist in der Tat fragwürdig, wenn Inhaltsanalysen auf Intentionen oder Wirkungen verweisen, ohne dass zusätzliche Methoden wie zum Beispiel eine Befragung auf Rezipientenseite eingesetzt werden.

Problematisch bei der Inhaltsanalyse sind neben der sachgerechten Erfassung von Bedeutung (Problem der Reliabilität einer Messung) auch *sequentielle Aspekte*, die bei komplexeren Untersuchungen mit bedacht werden müssen. Egal, ob man eine Nachrichtensendung hört, ein Buch oder die Zeitung liest: Der Inhalt einer Analyseeinheit baut sich unter Umständen über mehrere Sätze hinweg auf, verändert die Bewertungsrichtung von positiv zu negativ und endet völlig anders, als er angefangen hat. Ein Sachverhalt wird zunächst ganz neutral, dann emotional geschildert, vage Schilderungen werden plötzlich präzise, eingangs aufgestellte Behauptungen werden im nächsten Halbsatz wieder zurückgenommen. Dies alles sind sequentielle Aspekte, die ein Codierer beachten muss, wenn er zum Beispiel Bewertungen verschlüsseln soll. Was soll er tun, wenn ein Aussageträger sich in einem Satz widerspricht? Da kommt es dann auf die Güte und Tiefe des Codebuches an, dass derartige Probleme eindeutig verschlüsselt werden können und die Reliabilität nicht leidet.

45 Z. B. Mayring (1997) oder Wagner (1999).

11. Kapitel
Beobachtung I: Grundlagen

11.1 Grundzüge

In Kapitel 7 über Befragung hatten wir bereits auf das Problem hingewiesen, dass Menschen die eine Sache sagen und die andere tun. Selbstauskünfte und Verhalten sind somit nicht unbedingt identisch. In vielen Fällen ist Verhalten der bessere Indikator für ein kommunikationswissenschaftlich relevantes Phänomen. Wenn wir beispielsweise Mediennutzer befragen, ob sie ein neues Medienangebot für einen bestimmten Eurobetrag abbonieren würden, dann wird die Zahl derjenigen, die mit „ja" antworten größer sein als die Anzahl derer, die das Angebot dann tatsächlich wahrnehmen und Geld bezahlen. Das Abonnieren ist hier das Verhalten, das Befragungsergebnis die Selbstauskunft. Dass solche Unterschiede von vitaler Bedeutung sind, wird aus diesem Beispiel deutlich. In diesem Fall wird sich jemand, der sich auf die Ergebnisse der Befragung (Selbstauskünfte) verlässt, möglicherweise die falschen Schlussfolgerungen ziehen und damit die falschen Entscheidungen treffen.

Verhalten erfassen wir mit der Methode der Beobachtung. Volker Gehrau, der das für die Kommunikationswissenschaft einschlägige Lehrbuch zu dieser Methode verfasst hat und an dem wir uns im Wesentlichen orientieren, definiert, nachdem er mehrere Definitionen anderer Autoren aneinander gereiht hat, Beobachtung im Sinne einer Arbeitsdefinition wie folgt:

- ***„Die wissenschaftliche Beobachtung ist die systematische Erfassung und Protokollierung von sinnlich oder apparativ wahrnehmbaren Aspekten menschlicher Handlungen und Reaktionen, solange sie weder sprachlich vermittelt sind noch auf Dokumenten basieren. Sie dient einem wissenschaftlichen Ziel, dokumentiert ihr Vorgehen und legt alle relevanten Aspekte offen." (Gehrau, 2002: 25f.)***

Damit wird zunächst die wissenschaftliche von der Alltagsbeobachtung abgegrenzt. So wie wir auch im Alltag Fragen stellen, so beobachten wir auch im Alltag das Verhalten unserer Mitmenschen und richten unser eigenes Verhalten danach. Die wissenschaftliche Beobachtung basiert auf der „systematischen Erfassung und Protokollierung" von Verhalten, so wie es generell von einer Methodik auch verlangt wird. Der zweite Aspekt der Definition bezieht sich auf die Art der Phänomene, die am Verhalten beobachtbar sind. Diese müssen „sinnlich oder apparativ" wahrnehmbar sein. Mit dem ersten ist dabei gemeint, dass Personen als Beobachter dienen, die bestimmte Aspekte des Verhaltens meist mit den Augen wahrnehmen und protokollieren. Mit dem zweiten ist gemeint, dass das Verhalten durch Messgeräte aufgezeichnet wird. Dies spielt in der Kommunikationswissenschaft eine große Rolle. In der Mediennutzungsforschung wird beispielsweise über speziell in den Fernseher eingebaute Geräte aufgezeichnet, wann und auf welchem Programm der Fernseher eingeschaltet ist. Damit wird das Nutzungs*verhalten* eines Haushalts erfasst, ohne dass ein menschlicher Beobachter anwesend ist. Als Beobachtung gilt nach dieser Definition auch die Erfassung physiologischer Messdaten, beispielsweise der Herzfrequenz oder des Hautwiderstands.

Gleichzeitig schließt Gehrau solche Verhaltensäußerungen aus, die sprachlich vermittelt sind oder auf Dokumenten basieren. Dies ist deshalb notwendig, damit wir die von der Beobachtung Inhaltsanalyse und Befragung als eigenständige Methoden abgrenzen können. Die Beobachtung sprachlichen Verhaltens wäre letztlich nichts anderes als eine Befragung, bei der wir sprachliches Verhalten gezielt hervorrufen. Insgesamt zeigt die Definition, wie schwer es ist, die Beobachtung als Methode einzugrenzen und von den beiden bereits beschriebenen abzugrenzen. Wir vertreten hier eine leicht andere Meinung als Gehrau:

1. Menschliches Verhalten unterteilt man bezüglich der kommunikativen Funktion häufig in verbales, paraverbales und nonverbales Verhalten. *Verbales Verhalten* umfasst dabei die sprachlichen Äußerungen von Menschen. Diese kann man natürlich sehr wohl beobachten, beispielsweise kann man erfassen, wie viel aggressive Bemerkungen oder Worte ein Mensch in einer bestimmten Situation, z.B. dem Besuch eines Fußballspiels, benutzt. Wenn der gleiche Mensch seine Aggressivität aufgrund einer Frage des Interviewers einschätzt, handelt es sich um eine Befragung und keine Beobachtung. *Paraverbales Verhalten* bezieht sich auf die Art und Weise, mit der Sprache vorgetragen wird, also Lautstärke, Stimmhöhe oder Sprachfluss. Dies ist in gleicher Weise der Beobachtung zugänglich. *Nonverbales Verhalten* bezieht sich auf Gestik, Mimik etc. Dies kann parallel zu verbalem Verhalten untersucht werden, aber natürlich auch unabhängig davon. Wir glauben also, dass man auch sprachlich vermitteltes Verhalten als Phänomen der Beobachtung zugänglich machen muss, und zwar immer dann, wenn das verbale Verhalten keine Reaktion auf Fragen eines Interviewers darstellt, sondern in einer sozialen Situation von sich aus geäußert wird.

2. Die Einschränkung, dass Beobachtung nicht auf in Dokumenten aufgezeichnetem Verhalten beruhen kann, ist zumindest zu präzisieren. Eindeutig der Inhaltsanalyse zuzuordnen sind wohl die textlichen Teile von Medieninhalten. Wenn im Fernsehen das Verhalten von Personen gezeigt wird, ist dies wohl auch eher der Inhaltsanalyse zuzuordnen. Schließlich geht es um die Analyse der Inhalte. Wenn aber Menschen in ihrem Alltagsleben gefilmt werden und dieses Material untersucht werden soll, müssen wir eher von Beobachtung sprechen. Der Unterschied kann ja nicht allein darin liegen, ob wir „live" etwas beobachten. So wäre das Verhalten von Menschen *vor* dem Fernseher, auch wenn es von einer Filmkamera aufgezeichnet wird, der Beobachtung zugänglich. Wir schränken damit Beobachtung auf das (mehr oder weniger) *authentische* Verhalten von Menschen in ihren jeweiligen sozialen Situationen ein und weisen alle Formen von *medial inszeniertem Verhalten* der Me-

thode der Inhaltsanalyse zu. Dass dann Inhaltsanalyse und Beobachtung zum Teil ähnliche Analyseinstrumente verwenden, werden wir weiter unten noch erläutern.

3. In der weitesten Definition umfasst der Begriff des Verhaltens sowohl das sichtbare (meist willkürliche und bewusste) Verhalten („overt behavior") als auch das autonome meist nicht sichtbar und nicht bewusste Verhalten („covert behavior"). Ein Großteil des autonomen Verhaltens (z.B. der Hautwiderstand) lässt sich über physiologische Messungen erfassen, die aber auch dazu dienen können, sichtbares Verhalten zu erfassen (z.B. die Muskelaktivität beim Fernsehen). Die breite Definition von Verhalten scheint uns aus praktischen Überlegungen wenig zweckreich zu sein, zumal physiologische Messergebnisse meist schwer zu interpretieren sind und in der Regel nicht in der natürlichen Umgebung von Personen erhoben werden. Daher würden wir die Beobachtung als Methode auf das *sichtbare Verhalten* von Personen beschränken. Wir kämen dann zu folgender Definition, die neben Gehrau auch auf Friedrichs (1980: 269) und Atteslander (1995: 87) rekurriert:

- ***Die wissenschaftliche Beobachtung ist die selektive und systematische Erfassung und Protokollierung von sinnlich wahrnehmbaren Aspekten prinzipiell sichtbaren menschlichen Verhaltens. Die Erfassung beruht auf einem hierfür konzipierten Erhebungsinstrument und kann durch menschliche Beobachter oder apparative Vorrichtungen erfolgen. Sie beruht auf einer wissenschaftlichen Fragestellung, ist in ihrem Vorgehen intersubjektiv nachprüfbar und wiederholbar, indem alle relevanten Aspekte offen gelegt werden.***

Auch diese Definition ist sicherlich angreifbar, ist doch auch sie mit dem Problem konfrontiert, dass die Beobachtung eine äußerst umfassende und vielseitige Methode der Datenerhebung darstellt. Eine vollständig trennscharfe Aufteilung in die Bereiche Befragung, Inhaltsanalyse und Beobachtung ist schon deshalb schwer, weil Medieninhalte eben auch menschliches Verhalten zeigen, das letztlich durch die Medienschaffenden schon einmal beobachtet und verändert wurde.

11.2 Beobachtung im Vergleich der Datenerhebungsmethoden

Die folgende Tabelle verdeutlicht noch einmal die Unterschiede und Gemeinsamkeiten der drei Datenerhebungsmethoden. Mit der Befragung hat die Beobachtung gemein, dass Merkmale von Personen (einmal Selbstauskunft, einmal Verhalten) im Mittelpunkt stehen. Dadurch ist die Grundgesamtheit in der Regel die Bevölkerung oder ein Teil derselben. Aufgrund der sehr aufwändigen Durchführung von Beobachtungen (hierzu später mehr) ist die Fallzahl aber häufig kleiner als bei Befragungen. Größere Stichproben werden meist mit Hilfe apparativer Verfahren ermöglicht, z.B. telemetrische Erhebungen der Fernsehnutzung. Die Datenerhebung selbst ist eher wie bei der Inhaltsanalyse eine Codierung bzw. Protokollierung durch entsprechend geschultes Personal. Dadurch ergeben sich die schon bei der Inhaltsanalyse diskutierten Probleme mit Gütekriterien wie Objektivität, Vollständigkeit, Trennschärfe, Reliabilität und Validität. Das Erhebungsinstrument besteht ähnlich wie bei der Inhaltsanalyse aus einem „Codebuch", mit welchem die Beobachter Anweisungen zur Durchführung der Beobachtung erhalten sowie einem „Codebogen", oft auch Protokollbogen genannt, auf dem die Beobachter die Ergebnisse ihrer Beobachtung festhalten.

In Bezug auf die Reaktivität verhält es sich bei der Beobachtung weniger eindeutig als bei Befragung und Inhaltsanalyse. Sie kann sowohl reaktiv als auch nicht reaktiv sein, abhängig von der Art der Beobachtung. Wenn der Beobachter in der Situation, die er beobachtet, am Geschehen teilnimmt oder gar das Geschehen beeinflusst, ist die Beobachtung ein reaktives Verfahren. Wenn der Beobachter aufgezeichnetes Material, beispielsweise aus einer Gruppendiskussion, codiert, dann ist die Beobachtung nonreaktiv. Das letztere spielt auch eine Rolle bei der Frage des Realitätsbezugs. Befragungen kann man eindeutig nur in der Gegenwart durchführen; Inhaltsanalysen kann man auch mit Material aus der Vergangenheit (z.B. archivierte Zeitungen) vornehmen. Insofern kann man Verhalten von Menschen zunächst prinzipiell nur in der Gegenwart beobachten, außer man konserviert es durch die Aufzeichnung in Form von Audio- und/oder Videosignalen.

Tabelle 13: Elemente von Befragung, Inhaltsanalyse und Beobachtung

Kriterien	**Befragung**	**Inhaltsanalyse**	**Beobachtung**
Grundgesamtheit	(Teile der) Bevölkerung	(Teile der) Berichterstattung der Massenmedien	(Teile der) Bevölkerung
Merkmalsträger	Personen	Texte, Spielfilme, Reden, Artikel, Teile davon	Personen
Datenerhebung	Interview	Codierung	Codierung, Protokollierung
Erhebungsinstrument	Fragebogen /Leitfaden	Codebuch (mit Codebogen)	Beobachtungsschema (mit Protokollbogen)
Reaktivität	Ja	Nein	Je nach Form der Beobachtung
Realitätsbezug	Gegenwart	Gegenwart, Vergangenheit	Gegenwart, (Vergangenheit)

11.3 Einsatzmöglichkeiten der Beobachtung

In der Kommunikationswissenschaft hat sich die Methode der Beobachtung in vielerlei Forschungsbereichen etabliert, von denen hier einige beispielhaft dargestellt werden sollen. Dabei soll auch deutlich werden, wie breit das Spektrum von Beobachtungsformen letztlich ist.

11.3.1 Telemetrische Zuschauerforschung

Das Verhalten der Menschen im Umgang mit Medien allgemein und mit Fernsehen im Besonderen ist ein zentraler Forschungsgegenstand der Kommunikationswissenschaft, der auch an verschiedenen Stellen dieses Buches thematisiert wird. Die akademische bzw. universitäre Forschung interessiert vor allem, wie und mit welchen Motiven Menschen Medien nutzen (vgl. den vielzitierten Uses-and-Gratifications-Ansatz; im Überblick Schweiger, 2007). Die kommerzielle Publikums- und Zuschauerforschung interessiert vor allem, wer, wann wie viel und welche Medieninhalte nutzt). Die unter dem Begriff der „Einschaltquoten" auch im Alltagsleben gemessene Menge des Fernsehkonsums wird beispielsweise von den Fernsehredaktionen und von den Werbetreibenden intensiv genutzt. Die Programmforschung möchte dabei Hinweise erhalten, welches Programm auf welchem Sendeplatz passt oder welche Stellen innerhalb einer Sendung die Zuschauer zum Wegschalten veranlassen. Die Werbeforschung möchte aufgrund der Zuschauerzahlen ihre Werbung im Programmumfeld an den Stellen platzieren, wo die meisten Menschen, die das entsprechende Produkt verwenden könnten, zu erreichen sind. Da es hier um große Investitionsentscheidungen geht, wird die Fernsehnutzung der Deutschen sehr detailliert erfasst.

Zur Erfassung bietet sich zunächst auch die Methode der Befragung an: Man kann Menschen befragen, wie lange sie im Durchschnitt fernsehen und welche Inhalte sie nutzen. Dies kann mittels direkter Befragung oder durch die Tagebuchmethode erfolgen. Bei einer solchen Erhebung handelt es sich letztlich um eine Form der Selbstbeobachtung. Die Befragten werden gebeten, anhand eines in Viertelstunden aufgeteilten Tagebuchs zu verzeichnen, was sie in der jeweiligen Zeiteinheit gemacht haben. Falls sie ferngesehen haben, werden sie gebeten, den Sender oder die Sendung aufzuschreiben. Allerdings gibt es eine ganze Reihe von Verzerrungen des Antwortverhaltens, mit denen man rechnen muss und die man unter drei Punkte subsumieren kann.

1. Mangelnde Erinnerung: Viele Menschen können sich nicht mehr im Einzelnen an ihren Fernsehkonsum erinnern, zumal an den, der schon länger zurückliegt. Selbst wenn man nach dem Fernsehkonsum gestern fragt, haben die Rezipienten vielleicht kurze Einschaltungen vergessen.

2. Soziale Erwünschtheit: Es mag Rezipienten geben, die nur ungern zugeben, dass sie Genres wie Talk-Shows, Erotikfilme oder Boulevard-Magazine ansehen. Sie geben für entsprechende Sendungen geringere Nutzungsdauern an, während sie für „seriöse" Sendungen wie Nachrichten, Kulturprogramme und Bildungsfernsehen längere Nutzungsdauern nennen.

3. Konzentration auf das Wesentliche: Kurze Umschaltungen haben Rezipienten schon vergessen oder sie scheinen ihnen nicht wesentlich zu sein. Ebenso wird Werbung vielleicht unterschlagen. Es kann auch sein, dass die Zuschauer angeben, den ganzen Spielfilm angesehen zu haben, während der Werbepausen haben sie aber tatsächlich weggeschaltet (Zapping) oder den Raum verlassen.

Auch wenn die Tagebuchmethode zwar grobe aber doch einigermaßen verlässliche Daten liefert, reicht die Genauigkeit der kommerziellen Zuschauerforschung nicht aus. Dies wendet daher heute die genauere aber auch wesentlich teurere *Telemetrie* an.

> ➢ ***Bei telemetrischen Verfahren werden durch Messeinrichtungen, die in das Fernsehgerät einer Stichprobe von Zuschauern eingebaut werden, alle An- Um- und Ausschaltvorgänge der Menschen vor diesem Gerät erfasst. Die Erfassung erfolgt mit hoher zeitlicher Auflösung (häufig sekundengenau).***

Letztlich wird das Fernsehverhalten der Zuschauer also apparativ gemessen, wobei die Haushalte über das Vorhandensein des Apparates informiert sind auch ihr Einverständnis erklärt haben. Durch eine spezielle Fernbedienung meldet sich jede Person, die das Gerät einschaltet oder bei einer laufenden Sendung hinzukommt, bei System an. Die entsprechenden Daten werden per Telefonleitung an eine Zentrale übermittelt. Dort werden die Werte aggregiert und auf die Grundgesamtheit hochgerechnet. Einmal im Jahr nehmen sämtliche Personen in der Stichprobe an einer Strukturbefragung teil, in der Merkmale des Haushaltes (Waschmaschine ist drei Jahre alt) und der einzelnen Personen (interessiert für Golfspielen) erhoben werden. Diese Strukturdaten werden dann mit den sekundengenauen Daten der Fernsehnutzung zusammengeführt. Zusätzlich werden Daten zu den Fernsehinhalten hinzugespielt, also zu welcher Uhrzeit auf welchem Sender welche Sendung oder welcher Werbespot lief. Die Zusammenführung der Daten und die Hochrechnung auf die Gesamtbevölkerung ermöglicht dann, eine ganze Reihe von Kennwerten zu berechnen, die das Fernsehverhalten der Zuschauer beschreiben.

- Die *Einschaltquote* sagt aus, wie viel Haushalte oder wie viele Personen eine bestimmte Sendung gesehen haben. Dabei werden Zuschaueranteile verrechnet. Haben also beispielsweise zwei Zuschauer die Sendung jeweils zur Hälfte gesehen, bilden sie sozusagen einen (virtuellen) Zuschauer. Die Quote kann in Prozent aller Fernsehzuschauer oder in Millionen ausgedrückt werden.
- Der *Marktanteil* bezieht diejenigen Haushalte oder Personen, die eine bestimmte Sendung sehen, auf alle gerade fernsehenden Haushalte und Personen. Da nachts deutlich weniger Menschen fernsehen, kann eine Sendung leicht einen Marktanteil von 20 Prozent erreichen, obwohl nur wenige tausend Zuschauer eingeschaltet sind.
- Die *Verweildauer* sagt aus, wie viele Minuten die einzelnen Menschen am Tag fernsehen.

Viele weitere Kennwerte werden in der Praxis der Zuschauerforschung berechnet. Die Kennwerte können dann auch für spezifische Personengruppen (häufig auch Zielgruppen genannt) ermittelt werden. Zum Beispiel kann man feststellen, wie viel Prozent der Haushalte, die sich in nächster Zeit ein neues Auto anschaffen wollen, den Volkswagen-Werbespot bei der ARD-Sportschau am letzten Samstag gesehen haben. Oder man kann berechnen, wie alt die Zuschauer der heute-Nachrichten des

ZDF sind. Wenn die Daten für wissenschaftliche Zwecke zur Verfügung gestellt werden, können auch interessante theoretische Fragestellungen untersucht werden. Ettenhuber (2007) und Reiter (2006) haben beispielsweise untersucht, wie viel Prozent aller Zuschauer, die eine Sendung einschalten, diese auch zu Ende sehen, oder wie lange eigentlich Zuschauer bei einem bestimmten Sender bleiben, bevor sie wieder weiterschalten.

Die automatische Erfassung der Fernsehnutzung durch Telemetrie scheint also sehr detaillierte Daten zu liefern. Allerdings gibt es auch einige methodische Probleme, die mit der Methode und ihrer Anwendung einhergehen. Da ist zunächst die *Kontaktqualität* zu nennen. Die Telemetrie liefert uns Informationen, *dass* ein Zuschauer vor dem Fernseher bzw. in dem entsprechenden Raum sitzt, nicht *wie*. Ob jemand gerade mit höchster Aufmerksamkeit die Fernsehnachrichten verfolgt oder nebenbei telefoniert, isst, sich unterhält, bügelt oder gar schläft, kann die Methode nicht sagen. Gerade in den letzten Jahren hat aber die Menge der Nebentätigkeiten beim Fernsehen – ähnlich wie schon länger beim Radiohören – deutlich zugenommen. Die Betreiber solcher Systeme stellen durch „coincidental checks" zumindest stichprobenartig sicher, dass diejenigen, die laut Aufzeichnung fernsehen müssten, dies tatsächlich tun und ob umgekehrt, diejenigen auch angemeldet sind, die gerade fernsehen. Durch Telefonanrufe bei den Haushalten wird dies ermittelt[46]. Dabei scheint sich der Anteil derjenigen, die laut Apparat fernsehen, dies aber nach telefonischer Auskunft gerade nicht tun, dem Anteil derjenigen, die angeben, dass sie gerade fernsehen, obwohl der Apparat keine Nutzung vermeldet, in etwa zu entsprechen.

Ein weiterer Kritikpunkt bezieht sich auf die Reaktivität des Verfahrens: Wenn Menschen wissen, dass eine Apparatur ihre Fernsehnutzung erfasst, werden sie möglicherweise anders fernsehen, als sie das sonst getan hätten. Die Messung beeinflusst also das Ergebnis. Offenbar verlieren aber Teilnehmer an den telemetrischen Verfahren nach einiger Zeit das Gefühl, beobachtet zu werden und verhalten sich wieder eher natürlich. Dies lässt sich aber nicht mit Sicherheit und für alle Situationen bestätigen. In der Praxis wird des Weiteren die *Panelqualität* kritisiert. In der Regel werden Quotenstichproben verwendet. Da die Fernsehhaushalte nach einiger Zeit aus den verschiedensten Gründen aus dem Panel aussteigen (Umzug oder kein Interesse mehr), werden „baugleiche" Haushalte zusätzlich rekrutiert. Diese haben die gleichen soziodemographischen Merkmale wie die ausgeschiedenen Haushalte. Dennoch kann sich die Stichprobe verzerren, weil entsprechend der Logik der Quotenstichprobe nur die quotierten Merkmale gleich sind, die nicht-quotierten es nicht sein müssen. Die Betreiber von telemetrischen Verfahren (in Deutschland die GfK) treiben allerdings enormen Aufwand, um die Repräsentativität ihrer Panel zu überprüfen und zu gewährleisten.

---

46 Diese Checks sind bedeutsam, weil sie die Qualität der telemetrischen Methode bestimmen. Neuere Zahlen liefert die Arbeitsgemeinschaft Fernsehforschung (AGF), an der neben den Fernsehsendern auch Agenturen und Forschungsinstitute beteiligt sind.
Vgl. http://www.agf.de/agf/presse/?name=PM_AGF-Forum2006.

Auch bei der Nutzung anderer Medien spielt die apparative Beobachtung eine Rolle. So wird zurzeit eine sogenannte *radio watch* entwickelt, ein uhrgroßes, am Handgelenk tragbares Gerät, das die Töne der Umgebung des Trägers aufnehmen und versenden kann. Durch den Abgleich des Langspektrums mit diversen Radio- oder Fernsehsendungen kann ein Zentralrechner erkennen, welches Medium ein Rezipient gerade nutzt. Dass auch vielfältige private Geräusche übertragen werden und die Aufnahmequalität erheblich schwanken kann, dürfte der Validität und Akzeptanz der radio watch möglicherweise abträglich sein. Durch das Verfahren ist es aber prinzipiell möglich, auch mobile Nutzung elektronischer Medien zu erfassen, was durch die Telemetrie nicht gelingt.

Die Nutzung des Internet kann ebenfalls apparativ erfasst werden. Die von Nutzern angeklickten Links können von den Betreibern einer Website registriert werden, so dass man weiß, wie häufig eine Seite insgesamt angeklickt wurde. Die Informationsgesellschaft zur Erfassung der Verbreitung von Werbeträgern (IVW) ermittelt so nach Angaben der Seitenbetreiber die Anzahl der „Visits" und „Page impressions", mit denen die Reichweite von Websites bestimmt werden kann. Auf Seiten des genutzten Computers können durch *Logfileanalysen* die besuchten Seiten identifiziert werden und somit der Verlauf der Nutzung eines einzelnen Benutzers nachgezeichnet werden. Dabei werden ebenfalls die angeklickten Links aufgezeichnet. Man könnte das Nutzerverhalten auch durch nicht-apparative Verfahren mit menschlichen Beobachtern erfassen, wenn beispielsweise durch eine Software der Bildschirminhalt parallel aufgezeichnet wird, den dann später ein Beobachter nach Kategorien auswerten kann.

11.3.2 Redaktionsforschung

Eine ganz andere Form der Beobachtung kommt in der Redaktionsforschung zum Einsatz. Hier werden journalistisches Handeln und Entscheidungsabläufe in Redaktionen untersucht (vgl. als Beispiel Esser, 1998; Quandt, 2005). Dies geschieht in der Regel dadurch, dass Wissenschaftler einzeln in die Redaktion gehen und *teilnehmend* die Vorgänge verfolgen und mit Beobachtungsinstrumenten protokollieren. In Gegensatz zu den großzahligen Untersuchungen der apparativen Beobachtung liegt es in der Natur der Sache, dass Redaktionsbeobachtungen eher Einzelfallcharakter haben. Meist werden Redaktionsbeobachtungen mit anderen Methoden kombiniert, um die Validität ihrer Ergebnisse zu erhöhen. In der Regel sind dies Leitfadeninterviews mit den beteiligten Journalisten. Hinzu kommt auch vielfach eine gezielte Dokumentensammlung, um Hintergrundinformationen zur redaktionellen Organisation und den Entscheidungsabläufen zu sammeln. Als Vorbild für Redaktionsbeobachtungen im deutschsprachigen Raum gilt vor allem die Pionierstudie Rühls (1969), jüngere Arbeiten liegen u.a. mit der Studie Quandt (2005) vor.

Am Beispiel dieser Studie kann auch der Ablauf einer Redaktionsbeobachtung verdeutlicht werden. Das Ziel der Arbeit bestand darin, Muster im Handeln von Online-Redakteuren zu identifizieren und auf dieser Basis die Bildung von Handlungsregeln im Online-Journalismus nachvollziehen zu können. Auf der Grundlage theoretischer Überlegungen postulierte Quandt zunächst beobachtbare Elemente des Handelns von Journalisten: Hierzu gehören neben dem Handlungstyp selbst auch Ort und Zeit, einbezogene Ressourcen und gegebenenfalls auch Kontaktpersonen, sowie der weitere Kontext des Handelns (d.h. z.B. die Zuordnung zu privaten oder professionellen Zusammenhängen, das Handeln in Beauftragung oder in autonomer Entscheidung usf.). Für diese Handlungselemente, die quasi die Variablen zur Beschreibung der Einzelhandlungen darstellen, wurden dann verschiedenste Ausprägungen (Codewerte) identifiziert, die in einem Codeschema festgehalten wurden. Das Schema wurde anschließend in Pretests nochmals überprüft und modifiziert.

Die Studie selbst wurde in fünf Online-Redaktionen durchgeführt, die auf Basis theoretischer Erwägungen ausgewählt wurden. Beobachtungsobjekt war jeweils ein Redakteur, der für zwei Wochen während seiner gesamten Arbeitszeit beobachtet wurde und dessen Handeln in codierter Form in speziellen Codebögen eingetragen wurde. In Ergänzung zu den vorab festegelegten Ausprägungen wurden zudem Adhoc-Codierungen durchgeführt, falls für bestehende Handlungen keine Codewerte zur Verfügung standen; d.h. das Codebuch wurde im Prozess des Codierens noch erweitert. Darüber hinaus bestand die Möglichkeit für ergänzende Anmerkungen in einem freien Eintragungsfeld. Typisch für Redaktionsbeobachtungen kamen weitere ergänzende Instrumente zum Einsatz: Leitfadeninterviews mit den Redakteuren und den Redaktionsleitern, ein Codierungstagebuch, in dem Beobachtungseindrücke und Notizen zur Befragung festgehalten wurden; zudem wurden die redaktionellen Räumlichkeiten fotografiert und ihr Grundriss skizziert, um auch die Bewegungen der Redakteure innerhalb der Redaktion erfassen zu können.

Die Nutzung eines weitgehend geschlossenen Instruments, das auch spätere statistische Analysen ermöglicht, ist in der deutschsprachigen Kommunikationswissenschaft mehrfach erprobt worden. Allerdings werden davon abweichend auch des Öfteren nur schwach oder gar nicht strukturierte Redaktionsbeobachtungen durchgeführt, bei denen in der Hauptsache die Eindrücke des Beobachters mit Hilfe eines Tagebuches ‚frei' aufgezeichnet werden. Diese Form der redaktionellen Beobachtung ist jedoch umstritten und wird kritisiert, da klare Durchführungsregeln fehlen und das Vorgehen mithin kaum nachvollziehbar ist.

Insgesamt gilt aber für alle Redaktionsbeobachtungen, dass die Auswahl der Beobachtungssubjekte, damit auch verbunden der Orte, Zeiträume und Kontexte der Beobachtung, natürlich nicht zufällig erfolgen kann. Weiterhin können kaum die redaktionellen Prozesse in einer Redaktion oder gar in einem ganzen Journalismusbereich in ihrer Gänze erfasst werden. Insofern sind die Schlüsse auf Basis solcher Beobachtungen kaum inferenzstatistisch abzusichern, sondern müssen durch eine transparente Untersuchungsanlage, umfassende Darstellungen der Beobachtung und klar nachvollziehbare Ableitungen ‚intersubjektiv nachvollziehbar' gemacht werden.

11.3.3 Rezeptionsforschung

Studien, die sich mit dem Prozess der Rezeption befassen, nutzen ebenfalls Beobachtungsdaten. Dies kann klassisch dadurch geschehen, dass menschliche Beobachter das Verhalten von Personen im Umgang mit Medien erfassen. Damit kann man beispielsweise ermitteln, wie angespannt bzw. aufmerksam Rezipienten die jeweiligen Medieninhalte verarbeiten. Eine besonders augenfällige Fragestellung ergibt sich aus den Einschränkungen der apparativen Telemetrie (s.o.). Um zu ermitteln, *wie* Zuschauer fernsehen, haben englische Forscher in den Wohnzimmern einer Stichprobe von Haushalten Kameras auf die Fernsehgeräte installiert, die das Verhalten der Zuschauer aufzeichneten. Die aufgezeichneten Verhaltensweisen wurden dann mit einem Codebuch analysiert, z.B. nach der Art der Tätigkeit (Bügeln, telefonieren, essen, etc.), nach der Körperhaltung (sitzend, liegend, etc.) oder nach der Blickrichtung (voll zum Gerät gewandt, vollständig abgewandt). Die Ergebnisse solcher Beobachtungsstudien können helfen, die oben erwähnte Kontaktqualität während des Fernsehens zu beschreiben. Ob durch die Analyse der Körperhaltung und der Blickrichtung tatsächlich Aufmerksamkeit erfasst werden kann, werden wir im nächsten Kapitel bei der Beschreibung der Gütekriterien für Beobachtungen diskutieren. Eine weitere Form der Beobachtung während der Mediennutzung bezieht sich auf die Reaktionen der Zuschauer auf das laufende Programm. Es handelt sich hier um eine Form der Selbstbeobachtung. Rezipienten erhalten einen Schiebe- oder Drehregler, der beispielsweise erfasst, wie gut oder schlecht sich ein Zuschauer gerade fühlt, Die entsprechende Methode wird mit „continuous response measurement" (CRM) oder „real time response" (RTR) bezeichnet.

11.3.4 Werbewirkungsforschung

In der Werbewirkungsforschung (vgl. Brosius & Fahr, 1996) wird untersucht, welche Wirkungen Werbebotschaften auf das Erleben und Verhalten von Konsumenten bzw. Rezipienten haben. Dabei geht es nicht allein um die Frage, ob Menschen beworbene Produkte auch tatsächlich kaufen, sondern auch um durch Werbung beeinflusste Meinungen, Einstellungen, Urteile, Kenntnisse, Kaufabsichten. etc. Während meist Befragungen eingesetzt werden (z.B. Fragebögen zur Erinnerungsleistung oder zur Bewertung von Werbespots) gibt es auch Beobachtungsmethoden.

Eine relativ einfache Beobachtungssituation stellen sogenannte *Kaufbühnen* dar. Nach einer Präsentation von Werbebotschaften (in Form von Anzeigen oder Werbespots) werden den Versuchspersonen verschiedene Produkte dargeboten, die in der rezipierten Werbung vorkamen oder nicht. Dabei wird den Personen häufig gesagt, sie könnten sich als Belohnung für ihre Teilnahme an der Untersuchung ein Produkt aussuchen. Kombiniert man diese Methode mit experimentellen Vorgehensweisen (Kapitel 13 bis 15), kann man Kaufentscheidungen nachbilden. Eine Versuchsgruppe würde beispielsweise einen Werbeblock präsentiert bekommen, in dem ein bestimmter Werbespot enthalten ist. Eine andere Gruppe würde den gleichen Block ohne genau diesen Spot bekommen. „Kauft" die erste Gruppe nachher häufiger das beworbene Produkt, kann man davon ausgehen, dass der entsprechende Werbespot gewirkt hat.

Eine weitere Form der Beobachtung im Umfeld von Werbeforschung ist die sogenannte *Blickbewegungsregistrierung*. Dabei wird mit verschiedenen Messverfahren der Blickverlauf beim Betrachten meist statischer Reizvorlagen (hier in der Regel Printanzeigen) erhoben. Meist wird dabei die sogenannte Corneal-Reflex-Methode verwendet. Dabei wird ein Infrarotstrahl auf das Auge gelenkt. Durch das Verhältnis des Pupillenreflex zum Hornhautreflex kann nach einer Kalibrierung die Blickrichtung eindeutig identifiziert werden. Eine Kamera zeichnet dann praktisch den Blickverlauf auf, dieser kann graphisch über die jeweilige Reizvorlage gelegt werden. Diese Methode erlaubt es den Versuchspersonen, ihren Kopf relativ frei und unbeeinträchtigt zu bewegen. Man kann durch diese ebenfalls technische Beobachtungsmethode ermitteln, welche Stellen einer Anzeige wie lange betrachtet werden. Dadurch kann man Schwächen der Anzeigengestaltung auf die Spur kommen. Häufig kann man beispielsweise zeigen, dass sexuelle Elemente in einer Anzeige den Blick anziehen, die zentrale Botschaft der Anzeige dagegen nicht bewusst wahrgenommen wird. Dies wird in der Literatur häufig als Kannibalisierungseffekt bezeichnet.

11.3.5 Gewaltforschung

Die Theorie des sozialen Lernens von Bandura (siehe Bandura, Ross & Ross, 1963; Bandura, 1973) geht davon aus, dass Menschen, also auch Fernsehzuschauer durch Beobachtung ein bestimmtes Verhalten zunächst einmal lernen. Die Nachahmung eines beobachteten Verhaltens wird dann begünstigt, wenn Belohnung folgt; sie wird gehemmt, wenn es bestraft wird (Bandura, 1973: 71-72). Auf die Medienwirkungsforschung übertragen bedeutet dies, dass mediale Gewalt zu verstärkter Aggression beim Rezipienten führt, wenn der Aggressor in einem Film für sein Verhalten Anerkennung erhält und umgekehrt.

Um die soziale Lerntheorie zu überprüfen, haben die Autoren 1963 ein Experiment veröffentlicht, in dem die Methode der Beobachtung zur Anwendung kam. Die Autoren stellten die Hypothese auf, dass frustrierte Versuchspersonen, die Aggression beobachten, aggressiver sind, als jene, die kein aggressives Verhalten gezeigt bekommen. Untersucht wurden 48 Jungen und 48 Mädchen einer Vorschule der Stanford Universität. Die Kinder waren zwischen drei und sechs Jahren alt. Sie wurden in drei Experimental- und eine Kontrollgruppe zu je 24 Kindern aufgeteilt. Vor dem Experiment bewerteten ein Vorschullehrer und der Versuchsleiter das aggressive Verhalten der Kinder, nach dem sie dann gleichmäßig auf die verschiedenen Gruppen verteilt wurden. Die Versuchspersonen der ersten Experimentalgruppe saßen an einem Spieltisch mit Malutensilien, während ein Erwachsener in einer anderen Ecke des Zimmers eine große Clownpuppe („bobo doll") aggressiv traktierte. Dabei boxte die Person die Puppe, schrie sie an, trat auf sie ein, setzte sich darauf, schlug mit einem kleinen Hammer auf ihren Kopf und äußerte dabei verbale Aggressionen. In der zweiten Experimentalgruppe erhielten die Kinder ebenfalls Malutensilien und während sie an einem Bild arbeiteten, wurde ihnen ein Film gezeigt, der die erwachsene Person bei dem aggressiven Verhalten gegenüber der Puppe darstellte. Die dritte Experimentalgruppe bekam auch die Gelegenheit zu malen, während ein Zeichentrickfilm vorgeführt wurde. Darin traktierte eine als

Katze verkleidete Person, auf gleiche Art und Weise wie in den anderen beiden Experimentalgruppen die Clownpuppe. Um die Unwirklichkeit des Cartoons zu erhöhen, enthielt der Film eine zeichentrickähnliche Phantasiekulisse und Musik. Der Kontrollgruppe wurde kein aggressives Verhalten vorgeführt.

Anschließend wurden die Kinder frustriert, indem ihnen verboten wurde, mit bestimmten Spielsachen zu spielen. In der letzten Phase des Versuchs erhielten alle Kinder die Möglichkeit, sich mit verschiedenen Spielsachen 20 Minuten in dem Experimentalzimmer zu beschäftigen. Unter den Spielsachen befand sich auch die Clownpuppe. Das Verhalten der Kinder wurde von geschulten Codierern beobachtet. Dabei wurden verschiedene Kategorien verwendet, u.a. auch verschiedene für aggressives Verhalten. Die Ergebnisse zeigen, dass alle Kinder aus den Experimentalgruppen aggressiver waren als jene in der Kontrollgruppe. Die Beobachtung eines aggressiven Films rief dabei am meisten aggressives Verhalten bei den Kindern hervor.

Die Qualität der Studie hängt dabei erkennbar von der Reliabilität des Beobachtungsinstruments ab (vgl. Kapitel 3.2.1). Können die beteiligten Codierer zuverlässig erfassen, wann ein kindliches Verhalten der Puppe gegenüber als aggressiv einzustufen ist und wann nicht? Gerade in Fällen, in denen Verhalten weniger offensichtlich mit inneren Zuständen von Personen in Zusammenhang gebracht werden kann, muss auch die Frage der Validität eine Rolle spielen. Erfasse ich also tatsächlich die Art von Verhalten, die ich untersuchen möchte? Bei der Telemetrie war dies vergleichsweise einfach. Der Aufenthalt von Fernsehzuschauern vor dem Fernseher kann zuverlässig ermittelt werden, wenn die beteiligten Haushaltsmitglieder tatsächlich die Fernbedienung entsprechend benutzen. Allerdings war auch dort schon die Frage, was ich eigentlich genau messe bzw. welche Qualität das Fernsehen einer bestimmten Person eigentlich hat.

Aggressives Verhalten wird in der Gewaltforschung auch noch auf andere Art erfasst. In zahlreichen Experimenten (beispielhaft Berkowitz & Geen, 1967) wurden Probanden zunächst frustriert. In dem vorliegenden Experiment wurden sie von einer eingeweihten Person durch sieben Elektroschocks verärgert, nachdem sie eine schriftliche Aufgabe gelöst hatten. Anschließend sahen zwei Drittel eine Filmsequenz eines Preisboxkampfs. Es gab eine Version mit gerechtfertigter Aggression und eine mit ungerechtfertigter Aggression. Das andere Drittel sah einen aufregenden Film über ein Rennen. Anschließend erhielten die Probanden die Gelegenheit, ihrem Frustrator Elektroschocks zu geben. Die Menge und die Stärke der ausgeteilten Elektroschocks wurden als Indikator für die Stärke der Aggressivität der Probanden genommen. Letztlich handelt es damit auch um eine apparativ gestützte Form der Beobachtung, von der Höhe der Voltzahl wird auf eine innere Disposition der Probanden geschlossen. In Frage steht hier letztlich die Validität, messen also Elektroschocks tatsächlich aggressives Verhalten? So ist ungeklärt, ob die Vergabe von Elektroschocks eine Folge von Gehorsam gegenüber dem Versuchsleiter oder von Aggression ist. Die Versuchspersonen durften zwar frei entscheiden, ob sie Elektroschocks verteilen, jedoch werden sie vom Versuchsleiter explizit dazu angehalten.

12. Kapitel

Beobachtung II: Varianten und Durchführung

12.1 Klassifikation von Beobachtungsformen

Nachdem im vorigen Kapitel einige Anwendungsgebiete der Beobachtung dargestellt wurden, soll das folgende Kapitel vor allem dabei helfen, die unterschiedlichen Varianten einzuordnen. Die Beobachtung ist vermutlich die vielseitigste Methode der Datenerhebung mit einer erheblichen Anzahl von Varianten. Im Folgenden versuchen wir, in Anlehnung an Gehrau (2002) die verschiedenen Formen zu systematisieren. Dies geschieht anhand einer Reihe von dichotomen Kriterien, nach denen konkrete Beobachtungsstudien klassifiziert werden können. Diese Kriterien können – wie in der nachfolgenden Abbildung dargestellt – den drei Bereichen ‚Beobachter', ‚Situation' und ‚Erhebung' zugeordnet werden.

Abbildung 12: Systematisierung der Beobachtungsvarianten

Beobachter	Interne Beobachter versus extern beauftragte Beobachter
	Selbst- versus Fremdbeobachtung
	Teilnehmende versus nicht teilnehmende Beobachtung
Beobachtungs-situation	Offene versus verdeckte Beobachtung Wissentliche versus unwissentliche Beobachtung
	Feld- versus Laborbeobachtung
	Beobachtung mit versus ohne Stimulus
Erhebungs-verfahren	Standardisierte versus nicht standardisierte Protokollierung
	Direkte Beobachtung versus indirekt über Verhaltensresultate
	Unvermittelte Beobachtung versus vermittelt über Aufzeichnung
	Manuelle versus automatisierte Protokollierung

nach Gehrau (2002: 28)

12.1.1 Beobachter

Hinsichtlich der Person bzw. Rolle des Beobachters lassen sich drei Merkmale unterschieden. Dabei sollte vor allem die Entscheidung, ob der Beobachter selbst an dem zu beobachtenden Geschehen teilnimmt, gut überlegt sein.

12.1.1.1 Forscher als Beobachter versus beauftragte Beobachter

Bezüglich der Person des Beobachters lässt sich zunächst zwischen Untersuchungen unterscheiden, bei denen der Forscher die Beobachtung selbst durchführt und solchen, bei denen extern beauftragte Personen zum Einsatz kommen. Bei der Entscheidung dieser Frage stehen oft forschungsökonomische Gründe im Vordergrund. Bei geringem Budget werden Beobachtungen somit meist vom Forscher selbst bzw. von Seminarteilnehmern durchgeführt. Das hat den Vorteil, dass der Beobachter mit der wissenschaftlichen Fragestellung vertraut ist. Er weiß, auf welches Verhalten es ankommt und kann bei der Beobachtungsprotokollierung irrelevantes auslassen. Dass der Forscher aber mit dem Beobachtungsziel vertraut sind, kann ebenso eine Störquelle darstellen und somit die Validität der Ergebnisse gefährden. Dieser Aspekt ist vergleichbar mit sogenannten Versuchsleitereffekten bei Experimenten (vgl. Kapitel 14). Bei der Beobachtung ist der Ausgangspunkt für solche Fehler eine in Richtung der zu erwartenden Ergebnisse verfälschte Wahrnehmung und Interpretation der zu beobachtenden Handlungen.

Bei einer Inhaltsanalyse müssen Codierer beispielsweise eine Aussage oder einen Artikel interpretieren, um erfassen zu können, welche Position zu einem Sachverhalt eingenommen wird. Gleichermaßen bedeutet auch Beobachten, menschliches Verhalten zu interpretieren. Beobachten Forscher selbst, kann ihre Wahrnehmung durch Voramnahmen über das zu erwartende Verhalten verzerrt sein. Externe Beobachter kann man als Forscher über den Hintergrund der Untersuchung zumindest teilweise im Unklaren lassen. Sie werden folglich das Verhalten der Beobachteten unvoreingenommen erfassen. Der Einsatz von gut geschulten externen Beobachtern, die sich im Zweifelsfall bei anwesenden Forschern rückversichern können, wäre folglich wünschenswert. Dies ist jedoch die teuerste und zeitaufwendigste Variante.

12.1.1.2 Selbst- versus Fremdbeobachtung

Der zweite Aspekt betrifft die Frage, ob man andere oder sich selbst beobachtet. Was Fremdbeobachtung bedeutet, muss nicht weiter erläutert werden. Die Selbstbeobachtung oder Introspektion wurde hauptsächlich in der Psychologie entwickelt und ist vor allem dazu geeignet, Prozesse abzubilden, die sich der direkten Beobachtung entziehen, da sie nicht oder nur kaum mit extern erfassbaren Reaktionen einhergehen. So können z.B. psychische Prozesse untersucht werden.

Weiterhin wird die Selbstbeobachtung eingesetzt, wenn sich aufgrund des Untersuchungsgegenstandes eine Fremdbeobachtung ausschließt. Ein Beispiel sind Zeitbudgetstudien. Externe Beobachter, die eine Person den ganzen Tag über begleiten und beobachten, sind kaum denkbar: Abgesehen davon, dass sich kaum jemand dazu bereit erklären würde, an einer derartigen Studie teilzunehmen, ist es sehr unwahrscheinlich, dass sich diese natürlich und nicht aufgrund der Anwesenheit des Beobachters anders verhalten würden (Reaktivität). Die Teilnehmer dokumentieren somit selbst, welcher Tätigkeit sie jeweils im Tagesverlauf nachgegangen sind. An diesem Beispiel erkennt man den fließenden Übergang zwischen der Selbstbeobachtung und der Befragung. Eine genaue Abgrenzung ist nur schwer möglich, da auch Antworten auf Fragen nach dem Verhalten in einem Fragebogen strenggenommen auf einer Selbstbeobachtung beruhen.

Kritikwürdig ist an der Methode der Selbstbeobachtung vor allem, dass das Vorgehen und die Ergebnisse schlecht intersubjektiv nachvollziehbar und somit auch nicht durch andere replizierbar sind. Nur der (Selbst-) Beobachter kann nachvollziehen, wie die Ergebnisse zustande kamen und deren Validität abschätzen. Das bedeutet aber keineswegs, dass die Selbstbeobachtung als wissenschaftliche Methode generell ablehnt werden sollte. Wie erwähnt basieren auch Antworten auf Fragen nach Verhalten in einer Befragung im Prinzip auf einer Selbstbeobachtung. Deren Ergebnisse sollten aber, ebenso wie die einer Selbstbeobachtung, reflektiert und unter Berücksichtigung möglicher Verzerrungen interpretiert werden.

12.1.1.3 Teilnehmende versus nicht teilnehmende Beobachtung

Die Entscheidung darüber, ob der Beobachter an dem Geschehen, das er beobachten soll, teilnimmt, ist von zentraler Bedeutung für die Validität einer Untersuchung. Hierbei stehen drei Fragen im Mittelpunkt:

- *Kann ein teilnehmender Beobachter das Geschehen adäquat beobachten und festhalten?*
- *Gibt es eine Rolle, die der teilnehmende Beobachter einnehmen kann, ohne dass er zu großen Einfluss auf die Situation ausübt?*
- *Wie groß ist die Wahrscheinlichkeit, dass die Anwesenheit eines nicht teilnehmenden Beobachters das zu beobachtende Verhalten beeinflusst?*

Zunächst muss hier überlegt werden, ob ein teilnehmender Beobachter in der Lage ist, die relevanten Handlungen überhaupt wahrzunehmen und festzuhalten. Vor allem komplexe Situationen und komplexe Erhebungsinstrumente stellen hierbei ein Problem dar. Ist der Beobachter Teil des Geschehens, übersieht er möglicherweise relevante Handlungen anderer Personen. Dieses Problem wird umso größer, je aktiver der Beobachter am Geschehen beteiligt ist. Darüber hinaus ist er als Teilnehmer evtl. nicht in der Lage, alles zu protokollieren und muss dies im Nachhinein aus seiner Erinnerung heraus nachholen.

Die zweite und dritte Frage beziehen sich auf den gleichen Sachverhalt. Die Rolle des Beobachters sollte so gewählt werden, dass dieser möglichst wenig Einfluss auf das zu beobachtende Verhalten ausübt. Es interessiert den Forscher in der Regel nicht, wie sich Journalisten oder Mediennutzer verhalten, wenn sie das Gefühl haben, dass ihre Handlungen beobachtet werden. Ziel sollte sein, ihr ‚natürliches' unvoreingenommenes Verhalten zu erfassen. Wenn Beobachter nicht am Geschehen teilnehmen, wirken sie oft wie ein ‚Fremdkörper' (zumindest, wenn es sich um eine offene Beobachtung handelt; vgl. Kapitel 12.1.2). Ihre Anwesenheit macht es den Teilnehmern bewusst, dass sie beobachtet werden. Sie werden sich Gedanken darüber machen, welches Verhalten von ihnen erwartet wird und wie ihr Verhalten auf die Beobachter wirken könnte. Viele werden darüber hinaus versuchen, ihre eigene Rolle möglichst positiv darzustellen. Diese Gefahr ist umso größer, je wertbeladener das zu beobachtende Verhalten ist.

Nehmen Beobachter dagegen am Geschehen teil, ist darauf zu achten, dass sie sich möglichst passiv verhalten, und nicht aktiv in das Geschehen eingreifen. Je aktiver Beobachter in der Situation auftreten, desto größer ist die Gefahr, dass sie das Geschehen verfälschen und Ergebnisse produzieren, die vor allem auf ihre Anwesenheit zurückzuführen sind. Es muss also in der Situation eine Funktion geben, die Beobachter übernehmen können, ohne dass sie dadurch zu großen Einfluss auf die Ergebnisse ausüben.

Insgesamt ist je nach Untersuchungsgegenstand und -anlage sehr genau abzuwägen, welches Risiko höher einzuschätzen ist. Betrifft der Untersuchungsgegenstand allerdings den Bereich abweichenden Verhaltens oder sind Angehörige höherer sozialer Schichten involviert, ist meist nur eine teilnehmende Beobachtung möglich. Eine Besonderheit stellen noch solche Untersuchungen dar, in denen das zu beobachtende Verhalten normalerweise nicht oder nur selten auftritt. Dann können Beobachter in die Situation auch eingreifen und das entsprechende Verhalten erleichtern bzw. sogar provozieren. Fragen der Validität entsprechender Untersuchungsergebnisse müssen dabei natürlich berücksichtigt werden.

12.1.2 Beobachtungssituation

Hinsichtlich der Situation der Beobachtung lassen sich vier Aspekte unterscheiden, wobei die ersten beiden eng miteinander verknüpft sind und deshalb gemeinsam dargestellt werden. Geht man vom Beobachter aus, kann dieser offen zu sehen sein oder im Verborgenen bleiben. Geht man von den Beobachteten aus, bezieht sich die Unterscheidung auf deren (Nicht-)Wissen darüber, dass sie beobachtet werden. Gleichzeitig stellt dies die wichtigste Entscheidung hinsichtlich der Situation dar. Die beiden letzten Gesichtspunkte hängen wiederum zusammen, beziehen sich aber eher auf das Untersuchungsdesign und weniger auf die Methode.

12.1.2.1 Wissentliche versus unwissentliche Beobachtung

Die Frage, ob die Beobachtung offen oder verdeckt erfolgt, ist eng mit dem Aspekt verbunden, ob den Beobachteten bewusst ist, dass sie beobachtet werden, aber nicht identisch. So kann (z.B. in einer Laborsituation) die Beobachtung durchaus verdeckt erfolgen, sich der Beobachtete aber gleichzeitig bewusst sein, dass sein Verhalten beobachtet wird. Im günstigsten Fall ‚vergisst' der Beobachtete jedoch nach einiger Zeit, dass er beobachtet wird und zeigt sein natürliches Verhalten. Im ungünstigen Fall kann aber gerade dieses ‚Nichtsehen' ein unangenehmes Gefühl bei den Beobachteten verursachen und deren Verhalten massiv beeinflussen. Meist wird eine offene Beobachtung auch mit Wissen der handelnden Personen stattfinden und umgekehrt. Zwei Aspekte sind zentral und sollten bedacht werden:

- *Wie groß ist die Wahrscheinlichkeit, dass das Wissen um die Beobachtung das zu beobachtende Verhalten beeinflusst?*
- *Handelt es sich um ein Verhalten, das ohne Wissen der handelnden Personen beobachtet werden darf?*

Die erste Frage bezieht sich wiederum auf die Natürlichkeit des Verhaltens und ist bereits im letzten Teilabschnitt diskutiert worden. Im Vordergrund steht die Frage, ob valide Ergebnisse zu erwarten sind, wenn die Beobachteten vorher eingeweiht werden. Dies ist unwahrscheinlich, wenn man z.B. die Reaktion von Passanten auf die Schlagzeilen von Straßenverkaufszeitungen untersuchen will. Spricht man sie zehn Meter vor den „stummen Verkäufern" an, um sie über die Beobachtung zu informieren, wird man ihre Reaktion beim Passieren der Verkaufskästen sicher beeinflussen, da sie möglicherweise erst so darauf aufmerksam wurden. Wenn also eine Beobachtung mit Wissen der handelnden Personen nicht in Betracht kommt, muss sehr genau überlegt werden, ob eine „heimliche" Beobachtung überhaupt zulässig ist.

Es muss sichergestellt sein, dass eine verdeckte Beobachtung die Privatsphäre der beobachteten Personen nicht verletzt. Es spricht sicher nichts dagegen, wie im genannten Beispiel, die Reaktionen von Passanten auf die Schlagzeilen der Straßenverkaufszeitungen an Kiosken oder Verkaufsständern zu beobachten. Problematischer wird die Sache schon, wenn Gespräche und Interaktionen von Menschen in Gaststätten oder am Arbeitsplatz ohne deren Wissen beobachtet werden sollen. Dass das Anbringen von Kameras und Mikrofonen in einem Wohnzimmer zum Zweck der Beobachtung der Rezeptionssituation nur mit Zustimmung aller dort wohnenden Personen erfolgen kann, muss nicht diskutiert werden.

12.1.2.2 Feld- versus Laborbeobachtung

Die beiden folgenden Merkmale, anhand derer Beobachtungsstudien klassifiziert werden können, beziehen sich eher auf die Untersuchungsanlage als auf die Methode. Zunächst kann an dem Ort beobachtet werden, wo das zu untersuchende Verhalten natürlicherweise auftritt. Also in Redaktionen, Wohnzimmern, Cafes, auf der Straße etc. Da fehlende Authentizität des erfassten Verhaltens die Ergebnisse jeder Beobachtung nahezu wertlos macht, finden viele Studien „im Feld" statt. Hier ist die Wahrscheinlichkeit, authentisches Verhalten zu beobachten höher. Das soll allerdings nicht bedeuten, dass dies nicht auch im Labor möglich wäre. Der Vorteil der Beobachtung im Labor liegt dagegen in der Möglichkeit, Störvariablen auszuschließen oder zumindest zu kontrollieren. Daher wird man vor allem im Rahmen einer experimentellen Untersuchungsanlage überlegen, die Beobachtung im Labor durchzuführen.

In den Kapiteln zum Experiment wird noch detaillierter auf den Begriff „Labor" eingegangen. Nur soviel schon vorweg: Damit ist keineswegs ein steriler Raum gemeint, an den man wahrscheinlich zunächst bei diesem Begriff denkt. Als Kommunikationswissenschaftler kann man ein Labor auch wie ein Wohnzimmer mit Sofa, Pflanzen, Fernseher etc. einrichten. Wichtig ist dabei, dass man selbst den Raum nach den Erfordernissen der Untersuchung gestalten kann. So soll beispielsweise beobachtet werden, wie Menschen fernsehen, ob sie dabei eine Programmzeitung nutzen und welchen Einfluss dies auf die Fernsehnutzung hat. Man könnte also ein Labor mit Fernseher, Sessel, Couchtisch und Fernsehzeitschrift einrichten. Mögliche Drittvariablen, die wirksam werden könnten, wenn man die Beobachtung bei den Personen zu Hause durchführt, können so ausgeschaltet werden. Dort gäbe es beispielsweise unterschiedliche Fernseher mit einer unterschiedlichen Senderplatzbelegung, ein Teilnehmer würde alleine wohnen, ein anderer in einer großen WG, wo laufend jemand das gemeinsame Wohnzimmer betritt, usw.

An diesem Beispiel wird aber auch deutlich, was es bedeutet, wenn dem erfassten Verhalten ein Teil der Natürlichkeit verloren geht. Selbstverständlich kann der Beobachtete im Labor umschalten, in der Fernsehzeitschrift lesen oder eben den Fernseher ausschalten. Viel mehr Handlungsmöglichkeiten stehen ihm aber nicht zur Verfügung. Zu Hause könnte er aber auch den PC einschalten und nur noch nebenbei fernsehen. Er könnte telefonieren, sich etwas zu essen holen etc.

12.1.2.3 Beobachtung mit oder ohne Stimulus

Dieses Merkmal ist eng mit dem vorhergehenden verknüpft, wiederum aber nicht damit identisch. Besonders wenn das interessierende Verhalten nur relativ selten auftritt und man einen sehr langen Zeitraum darauf warten müsste, stellt sich die Frage, ob man die Teilnehmer nicht zum dem Verhalten auffordern oder dieses zumindest provozieren sollte. In dem genannten Beispiel könnte man sie somit bitten, auch einmal in die Programmzeitschrift zu schauen oder diese zumindest prominent auf dem Couchtisch vor dem Fernsehsessel platzieren.

12.1.3 Erhebungsverfahren

Die dritte Dimension, anhand derer sich Beobachtungen einteilen lassen, stehen im Zusammenhang mit der Art und Weise der Protokollierung. Die beiden letzten Gesichtspunkte (unvermittelte vs. vermittelte und manuelle vs. automatisierte Beobachtung) sind eher technische Aspekte. Verhaltensresultate lassen sich in unserem Fach selten gut beobachten und vor allem selten eindeutig auf die zu untersuchende Handlung zurückführen. Daher ist die Entscheidung umso bedeutender, ob der Beobachter frei oder anhand eines strukturierten Beobachtungsschemas protokolliert.

12.1.3.1 Strukturierte versus unstrukturierte Protokollierung

Dieser Aspekt ist mit dem Standardisierungsgrad der Befragung vergleichbar. Dort reicht die Spanne von vollkommen standardisierten Interviews bis hin zu Leitfadeninterviews (vgl. Kapitel 6.2). Ausschlaggebend für die Entscheidung über den Standardisierungsgrad ist dabei nicht zuletzt das Vorwissen über den Untersuchungsgegenstand. Dies trifft auch auf die Beobachtung zu. Unstrukturierte Beobachtungsprotokolle kommen vor allem dann zum Einsatz, wenn der Untersuchungsgegenstand bislang wenig erforscht ist. In diesem Fall ist eine strukturierte Protokollierung wenig sinnvoll. Der Vorteil der offenen Erfassung liegt in der potentiell hohen Validität der so gewonnenen Daten. Die Beobachter protokollieren frei in ihren eigenen Worten. Allerdings müssen sie dafür gut geschult werden, damit sie das relevante Verhalten erkennen und aufzeichnen. Daneben müssen sie den Spagat zwischen Beobachten und Protokollieren beherrschen, da man eben nur entweder beobachten oder protokollieren kann. Soll die Protokollierung im Nachhinein aus dem Gedächtnis erfolgen, muss auch dies trainiert werden. Das so gewonnene Material muss später vom Forscher gesichtet und systematisiert werden, bevor mit der Ergebnisdarstellung und -interpretation begonnen werden kann.

Bei einer strukturierten Protokollierung ist ein Teil dieser Arbeit bereits im Vorfeld erfolgt. Diese kann nur zum Einsatz kommen, wenn ausreichendes Vorwissen über den Untersuchungsgegenstand vorhanden ist. Auf Basis solchen Vorwissens wird ein Beobachtungsschema erstellt, das detaillierte Instruktionen enthält, welches Verhalten wie zu protokollieren ist. Die Protokollierung erfolgt nicht in Worten, sondern mit Hilfe festgelegter Kategorien und deren Ausprägungen, die der unmittelbaren Klassifikation des zu beobachtenden Verhaltens dienen. Diese Kategorien sind Teil des bereits erwähnten Beobachtungsschemas, das mit dem Codebuch einer Inhaltsanalyse vergleichbar ist (vgl. Kapitel 9). Bei strukturiertem Vorgehen müssen Beobachter meist „nur" Ausprägungen für bestimmte Handlungen vergeben. Es ist daher wesentlich einfacher, gleichzeitig zu beobachten und zu protokollieren. Während sich somit die unstrukturierte Erfassung durch eine potentiell hohe Validität auszeichnet, ermöglicht die strukturierte Protokollierung eine hohe Reliabilität der Messung. Sie erfordert einen größeren Arbeitsaufwand vor Beginn der Feldphase, dafür „spart" man bei der Ergebnisauswertung an Zeit.

Natürlich ist auch die Kombination beider Varianten denkbar. Die Beobachter bekommen dabei einen strukturierten Beobachtungsbogen und einen Notizblock mit der Anweisung, hier zu vermerken, was ihnen im Zusammenhang mit der beobachteten Handlung noch aufgefallen ist. Diese, in vielen Fällen sicherlich wünschenswerte, Kombination erhöht allerdings wiederum den Aufwand.

12.1.3.2 Direkte Beobachtung versus Analyse von Verhaltensresultaten

Oft wird das zu untersuchende Verhalten direkt, das heißt unmittelbar beobachtet. Dies ist aber nicht immer möglich und es stellt sich die mehrfach diskutierte Frage, ob das Verhalten der Beobachteten nicht hierdurch beeinflusst wird. Eine direkte Beobachtung ist demnach nicht möglich oder zu präferieren, wenn (1) die Privatsphäre der Beobachteten verletzt würde oder (2) eine Verhaltensbeeinflussung zu erwarten ist. Dieser Problematik kann begegnet werden, indem nicht das Verhalten an sich, sondern Verhaltensresultate erfasst werden. Stellen wir uns einen Redakteur vor, der Meldungen von Nachrichtenagenturen liest und diese nach ihrer Publikationswürdigkeit sortiert. Uns interessiert, welche Meldungen unterschiedliche Journalisten auswählen und wie sie diese weiterverarbeiten. Nun wäre es möglich, jeden von ihnen bei dieser Tätigkeit zu beobachten, um zu erfassen, welche Meldungen sie aussortierten, welche sie bearbeiten (nach eigener Recherche aber z.B. wieder verwerfen) und welche Artikel sie schließlich den Ressortleitern vorlegen. Dies führt allerdings evtl. dazu, dass sich einige Journalisten nicht nur beobachtet, sondern auch kontrolliert fühlen und von ihrem ‚normalen' Verhalten abweichen.

Bei diesem Untersuchungsgegenstand wäre es (dann allerdings in Absprache mit dem Chefredakteur) auch möglich, am Ende des Tages die Resultate ihrer Handlungen zu erfassen. Welche Meldungen sind in den Papierkorb gewandert, welche sollten morgen in der Zeitung stehen? Was war der genaue Text der Agenturmeldung, was hat der einzelne Journalist daraus gemacht? Anhand der Analyse dieser Verhaltensresultate sind Rückschlüsse auf die Handlung der Journalisten zulässig. Gerade im Zeitalter der digitalen Bearbeitung von Material kann durch Logfileanalysen sehr genau erfasst werden, was Journalisten getan haben. Dabei werden sämtliche aufgerufene Seiten oder Dateien aufgezeichnet. Solche Analysen sind im Bereich der Internetforschung auch dazu geeignet, das Nutzungsverhalten von Internetnutzern aufzuzeichnen.

12.1.3.3 Unvermittelte Beobachtung versus Aufzeichnung

Ein weiteres Unterscheidungsmerkmal von Beobachtungsstudien ist, ob das zu beobachtende Verhalten aufgezeichnet oder direkt beobachtet wird. Ist der Beobachter vor Ort, erhält er zwar einen authentischen Eindruck der Situation. Dennoch kann es sinnvoll sein, dass Geschehen aufzuzeichnen und die Handlungen später zu erfassen. Dabei geht zwar etwas vom Eindruck der Gesamtsituation verloren. Die Validität der Erhebung verringert sich – abhängig von der Qualität der Aufzeichnung – so evtl. etwas. Gleichzeitig bietet die Aufzeichnung die Möglichkeit, das Geschehen mehrfach zu beobachten, was besonders bei komplexen Beobachtungen hilfreich ist. Unter dem Gesichtspunkt einer hohen Reliabilität ist die Aufzeichnung demnach zu befürworten. An dieser Stelle sei ausdrücklich darauf hingewiesen, dass die Aufzeichnung und Speicherung von Bild- und vor allem Tondateien nur mit Wissen und Einverständnis der zu beobachtenden Personen erfolgen sollten.

12.1.3.4 Manuelle versus automatisierte Protokollierung

Bei der manuellen Protokollierung ist der Beobachter vor Ort und erfasst mithilfe seines Beobachtungsbogens die relevanten Handlungen oder er protokolliert anhand von Video und/oder Tonaufzeichnungen. Der Nachteil der manuellen Erhebung liegt auf der Hand: Man benötigt dafür Menschen. Die kosten Geld und können Fehler machen. Eine andere Möglichkeit ist die automatisierte Protokollierung, die beispielsweise bei der telemetrischen Zuschauerforschung zum Einsatz kommt (vgl. Kapitel 11.3.1). Deren Vorteil liegt in der hoher Reliabilität (vorausgesetzt die Geräte funktionieren einwandfrei). Allerdings nimmt man dabei meist Abstriche im Hinblick auf die Validität in Kauf, da so nur eine sehr begrenzte Anzahl an Merkmalen erfasst werden kann. Ein menschlicher Beobachter könnte festhalten, ob eine Person konzentriert fernsieht oder nebenbei liest, ob sie lacht oder Verärgerung äußert usw.

Abgesehen davon, dass die automatisierte Protokollierung einen zeitintensiven Vorlauf benötigt und die technische Realisierung meist sehr teuer ist, sollte man also sehr genau abwägen, ob das Forschungsinteresse eine automatisierte Beobachtung zulässt.

12.1.4 Zusammenfassung

Anhand dieser Merkmale der drei Dimensionen ‚Beobachter', ‚Situation' und ‚Erhebungsverfahren' kann jede Beobachtungsstudie charakterisiert werden. Dabei ist nicht jede Entscheidung gleichwichtig, oft determiniert der Untersuchungsgegenstand eine der Varianten oder legt die Entscheidung zumindest nahe. Zentrale Entscheidungen bei der Konzeption einer Beobachtungsstudie sind,

- *ob der Beobachter selbst am Geschehen teilnehmen soll,*
- *ob die Beobachtung offen oder verdeckt erfolgt und*
- *ob die Datenerhebung strukturiert vorgenommen wird.*

Dass diese drei Merkmale grundlegend für die Charakterisierung der unterschiedlichen Varianten sind, zeigt sich nicht zuletzt bei einem Blick in die Fachliteratur (vgl. hierzu Gehrau, 2002: 29): Diese drei Aspekte werden in nahezu jedem Titel zur Beobachtung direkt oder indirekt thematisiert. Gehrau weist allerdings zu Recht darauf hin, dass auch die übrigen Gesichtspunkte bei der Konzeption der Beobachtung bedacht werden sollten. Bei sehr komplexen Vorgängen ist die Aufzeichnung des zu beobachtenden Verhaltens sinnvoll. Wenn Verhaltensresultate dazu geeignet sind, zuverlässig auf das zugrundeliegende Verhalten zu schließen, sollten diese analysiert werden. Es sollte weiterhin klar geworden sein, dass nicht alle Varianten frei miteinander kombinierbar sind. Alle Entscheidungen, die bei der Konzeption einer Beobachtung anstehen, sollten auf Basis von Überlegungen über Reliabilität und Validität getroffen werden.

➢ ***Um eine hohe Reliabilität und Validität zu erreichen, sollte sichergestellt sein, dass das relevante Verhalten von den Beobachtern (oder automatisiert) gut erfasst werden kann und die Beobachtung selbst dieses Verhalten nicht (in zu starkem Maße) beeinflusst.***

12.2 Durchführung einer Beobachtungsstudie

In den folgenden Abschnitten sollen nun die Schritte, die bei der Konzeption und Durchführung einer Beobachtungsstudie anfallen, dargestellt werden. Dabei ist es ratsam, sich (wie bei Befragung und Inhaltsanalyse) an dem im ersten Kapitel dargestellten Ablauf des Forschungsprozesses zu orientieren. Dieses Vorgehen mit Entdeckungs-, Begründungs- und Verwertungszusammenhang ist bereits mehrfach erörtert worden, daher beginnt die folgende Darstellung direkt beim Schritt der empirischen Umsetzung. Welche Vielzahl von Varianten bei der Beobachtung denkbar sind und welche Vor- und Nachteile diese besitzen, ist im letzten Abschnitt erörtert worden.

12.2.1 Untersuchungseinheiten

Um wissenschaftlichen Standards zu genügen und intersubjektive Nachvollziehbarkeit zu gewährleisten, muss die Untersuchungseinheit definiert werden. Bei der Inhaltsanalyse wird diese als Analyseeinheit bezeichnet, bei der Beobachtung als Beobachtungseinheit. Die Festlegung erfolgt dabei in drei Schritten. Das *Beobachtungsfeld* definiert das zu beobachtende Verhalten räumlich und zeitlich. Der Beobachter darf nicht willkürlich auswählen, wo und wann er beobachtet. Das Beobachtungsfeld kann durch räumliche Grenzen (Redaktionsbüro) aber auch anderweitig (fünf Meter Umkreis um einen Zeitungskiosk) definiert sein. Weiterhin wird festgelegt, in welchem Zeitintervall beobachtet wird.

Nachdem das Beobachtungsfeld definiert wurde, muss innerhalb des Feldes das *Beobachtungsobjekt* festgelegt werden. Objekte der Beobachtung können sein:

- *einzelne Personen (z.B. ein Journalist),*
- *eine Gruppe von Personen (z.B. Angehörige einer Redaktion) oder*
- *ein Objekt, in Bezug auf das gehandelt wird (z.B. Meldung einer Nachrichtenagentur)*

Schließlich muss der *Beobachtungsfall* definiert werden. Dieser kann muss aber nicht mit dem Beobachtungsobjekt identisch sein. Wenn beide identisch sind, werden die Handlungen einer Person oder Gruppe insgesamt erfasst. So kann beispielsweise festgehalten werden, wie viele Minuten ein Zuschauer aufmerksam fernsieht, wie viele Minuten er abwesend wirkt und wie viele Minuten er mit Nebentätigkeiten beschäftigt ist. Der einzelne Zuschauer liefert somit einen Fall. Ebenso ist es aber auch möglich, nach unterschiedlichen Sendungen oder Sendungstypen zu differenzieren. Dann würde z.B. pro Sendungstyp aufgezeichnet, wie viele Minuten er aufmerksam, abwesend oder mit Nebentätigkeiten beschäftigt fernsieht. Ein Zuschauer (Beobachtungsobjekt) steht dann für mehrere Beobachtungsfälle. Dies entspricht im Wesentlichen der hierarchischen Codierung bei der Inhaltsanalyse: So wie ein Artikel mehrere Aussagen enthalten kann, kann eine beobachtete Person mehrere Verhaltensweisen ausüben.

> ***Die Einheit der Beobachtung ist die Beobachtungseinheit. Sie wird über Beobachtungsfeld, Beobachtungsobjekt und Beobachtungsfall definiert. Die Beobachtungseinheit entspricht dem Merkmalsträger, über den später Aussagen getroffen werden. Ähnlich wie bei der Inhaltsanalyse können Beobachtungseinheiten hierarchisch strukturiert sein.***

12.2.2 Stichprobenziehung

Im vierten Kapitel haben wir dargestellt, dass die Zufallsstichprobe im Normalfall die einfachste und zuverlässigste Methode ist, um eine Stichprobe zu erhalten, die ein verkleinertes Abbild der Grundgesamtheit darstellt. Leider ist die Ziehung einer solchen Stichprobe bei den meisten Beobachtungsstudien schwierig. Mit diesem Problem sehen sich vor allem Beobachtungen konfrontiert, die im Feld stattfinden. Natürlich kann man dort z.B. jeden n-ten Passanten beobachten. Die Problematik liegt in der unterschiedlichen Wahrscheinlichkeit, mit der die Elemente der Grundgesamtheit in das Beobachtungsfeld kommen und somit zu Beobachtungsobjekten werden. Diese unterschiedliche Wahrscheinlichkeit resultiert ganz einfach aus der unterschiedlichen Mobilität von Menschen.

Oft wird daher eine quotierte Auswahl oder die Auswahl von typischen Fällen eingesetzt (beides Formen der bewussten Auswahl). Handelt es sich um Daten aus einer automatisierten Beobachtung (z.B. telemetrische Daten zur Fernsehnutzung) wird man dagegen wie bei einer Inhaltsanalyse vorgehen und z.B. eine künstliche Woche bilden. Sind Beobachtungsobjekt und Beobachtungsfall nicht identisch, werden entweder alle Fälle zu einem Objekt beobachtet oder es ist ein weiteres Auswahlverfahren notwendig.

12.2.3 Beobachtungsinstrument

Die Entscheidung über die Art der Protokollierung ist wie dargestellt nur eine, wenn auch eine sehr wichtige, Entscheidung innerhalb der Konzeption einer Beobachtung. An einem Beispiel soll verdeutlicht werden, wie ein unstrukturiertes und ein strukturiertes Protokoll aussehen könnte. Der Untersuchungsgegenstand ist die Funktion von Massenmedien in der interpersonalen Kommunikation[47]. Dazu sollen Gespräche an unterschiedlichen Orten wie Gaststätten, Universitäten, Wohnungen etc. beobachtet werden. Die Beobachtung wird als verdeckte, teilnehmende Beobachtung durchgeführt. Das Beobachtungsfeld ist über vorgegebene Orte und Zeitpunkte definiert. Beobachtungsobjekte sind Personen, die an Gesprächen teilnehmen. Der Beobachtungsfall sind die Äußerungen des einzelnen Gesprächsteilnehmers zu einem Thema. Zu einem Beobachtungsobjekt können somit mehrere Fälle protokolliert werden, wenn das Gesprächsthema wechselt.

Im ersten Fall soll ein *unstrukturiertes Beobachtungsprotokoll* zum Einsatz kommen. Die Beobachter erhalten zur Orientierung eine Liste mit Merkmalen, die sie notieren sollen. Festgehalten werden sollen der Ort des Gesprächs, die Dauer, die Anzahl der Beteiligten und das Thema bzw. mehrere Themen. Ansonsten sind die Beobachter in ihrem Vorgehen relativ frei. Sie sollen alles zu notieren, was in den Gesprächen im Zusammenhang mit Aussagen über Medieninhalte und Massenme-

47 Kepplinger und Martin führten eine solche Studie durch (1986). Die folgende Darstellung erfolgt in Anlehnung an die Untersuchung, ohne dabei die Studie in ihren Einzelheiten wiederzugeben.

dien steht. Mit diesem Vorgehen erhält man eine große Menge an Informationen über die Art und Weise, wie sich Menschen in Gesprächen auf Medien beziehen.

Bevor aber die Ergebnisdarstellung beginnen kann, müssen die Inhalte der Beobachtungsprotokolle *systematisiert* werden. Dies erfolgt schrittweise. (1) Zunächst werden die relevanten Passagen aus den Protokollen ausgewählt. In unserem Fall also diejenigen, die Angaben zur Funktion der Medieninhalte in den Gesprächen enthalten. (2) Diese werden sortiert und anhand von Gemeinsamkeiten zu Gruppen zusammengefasst. (3) Im letzten Schritt wird unter Rückbeziehung auf die Theorie versucht zu erklären, wie und warum diese Gruppen zustande kamen. In unserem Fall liefert diese Systematisierung mehrere Erkenntnisse. Es zeigt sich unter anderem, dass häufig solche Gesprächsteilnehmer Medieninhalte zur Unterstützung der eigenen Position anführen, die eine dominante Rolle in der Gesprächsführung einnehmen.

Im zweiten Fall soll nun ein *standardisiertes Beobachtungsprotokoll* zum Einsatz kommen. Für dessen Konstruktion müssen die eben dargestellten Aufgaben bereits vor der eigentlichen Erhebung erledigt werden. Deshalb können solche Protokolle nur bei genügend großem Vorwissen eingesetzt werden. Man wird also theoriegeleitet oder aufgrund einer Voruntersuchung mit einer kleinen Fallzahl ein Beobachtungsschema mit Kategorien entwickeln. Das Beobachtungsschema ist mit dem Kategoriensystem, der Beobachtungsbogen mit dem Codebogen bei der Inhaltsanalyse vergleichbar. An die Kategorien und Kategoriesysteme sind identische inhaltliche und formale Anforderungen zu stellen, wie bei der Inhaltsanalyse. Sie müssen trennscharf und vollständig sein.

Wir entscheiden uns unter anderem für die Kategorien „Funktion der Medieninhalte“ und „Rolle des Gesprächsteilnehmers“. In einem strukturierten Beobachtungsprotokoll kommen häufig Skalen zum Einsatz (vgl. zu den unterschiedlichen Skalierungsverfahren Kapitel 3). Die Ausprägungen der Kategorie „Funktion“ entsprechen einer Nominalskala, die Rolle des Gesprächsteilnehmers wird anhand einer metrischen Skala mit den Eckpunkten „passiv/zurückhaltend“ und „aktiv/dominierend“ erfasst. Die Beobachter werden angewiesen, die Erfassung anhand des Anteils der Redebeiträge vorzunehmen.

Abbildung 13 zeigt einen Ausschnitt aus dem strukturierten Beobachtungsbogen. Mit diesem Beobachtungsbogen werden die Beobachter ins Feld geschickt. Im Gegensatz zur unstrukturierten Protokollierung wird man nun eine größere Fallzahl an Beobachtungen anstreben. Evtl. wird man für die Auswahl der Beobachtungsobjekte Quoten wie Alter, Geschlecht, Anzahl der Gesprächsteilnehmer oder Ort der Beobachtung vorgeben. Auf diese Weise kann später analysiert werden, ob den Massenmedien beispielsweise in einem Gespräch von zwei Personen andere Funktionen zukommen als in einer größeren Gruppe.

Abbildung 13: Ausschnitt aus einem Beobachtungsbogen

Beobachter:

1) Ort: ______________________

2) Dauer in Minuten: _________

3) Anzahl Gesprächsteilnehmer: __________

4) Gesprächsthema: ________________________

5) Funktion der Massenmedien

Der Medieninhalt ...

- ❑ wurde angeführt, um die eigene Position zu unterstützen
- ❑ wurde angeführt, um die Position eines anderen Gesprächsteilnehmers zu unterstützen
- ❑ war an sich zentraler Gegenstand des Gesprächs
- ❑ wurde nur am Rande erwähnt

6) Rolle des Gesprächsteilnehmers

passiv/ zurückhaltend ☐—☐—☐—☐—☐ aktiv/ dominierend

...

12.2.4 Beobachterschulung

Nach der Konzeption des Beobachtungsinstrumentes müssen die Beobachter lernen, mit diesem zu arbeiten und auf ihre Rolle als Beobachter vorbereitet werden. Dabei sollte man nicht dem Irrtum unterliegen, dass Personen, die an der Erstellung des Instrumentes beteiligt waren, nicht geschult werden müssen. Auch wenn für die Schulung bei externen Beobachtern ein längerer Zeitraum einkalkuliert werden sollte: auch Forscher müssen geschult werden.

Bei einer strukturierten Protokollierung gleicht der Schulungsprozess, was die Protokollierung angeht, dem der Codiererschulung bei Inhaltsanalysen. Weiterhin müssen alle Beobachter hinsichtlich der definierten Auswahl der Beobachtungsobjekte und ihres eigenen Verhaltens in der Situation geschult werden. Es muss klar sein, welche Personen oder Gruppen zu Beobachtungsobjekten werden. Zusätzlich müssen die Beobachter wissen, welche Rolle sie einnehmen sollen, wo sie sich aufhalten sollen, wie sie reagieren sollen, wenn sie von den Beobachteten etwas gefragt werden etc. Um hier eine möglichst große Übereinstimmung zwischen allen Beobachtern zu erreichen, ist eine gründliche Schulung unabdingbar.

Die letztgenannten Anforderungen treffen natürlich auch auf eine unstrukturierte Protokollierung zu. Bei dieser Variante müssen die Beobachter zusätzlich lernen, das Verhalten in ihren eigenen Worten wiederzugeben und vor allem, das Protokollieren in der Beobachtungssituation üben, bzw. ihr Gedächtnis trainieren, wenn erst im Nachhinein protokolliert wird.

12.2.5 Auswertung

Auf das unterschiedliche Vorgehen bei der Auswertung von strukturierten und unstrukturierten Protokollen wurde bereits hingewiesen. Die Ergebnisse vieler Beobachtungen lassen sich weiterhin gut mit denen einer Inhaltsanalyse oder Befragung kombinieren. So können z.B. Umschaltvorgänge beim Fernsehen unter Berücksichtigung der gesehenen Inhalte interpretiert werden. Telemetrische Beobachtungsdaten werden dann mit den Inhaltsanalysedaten der gesehenen Sendungen kombiniert, um Aussagen darüber machen zu können, wer welche Sendung wie lange gesehen hat und wann weg- oder ausgeschaltet wurde. In Abhängigkeit von den Kategorien des Beobachtungsschemas werden dann Mittelwerte oder Häufigkeiten berechnet. So lässt sich beispielsweise ermitteln, wie lange Zuschauer ferngesehen haben oder wie oft sie innerhalb einer Zeiteinheit umgeschaltet haben (Darstellung als Mittelwert: Zuschauer haben pro Stunde im Durchschnitt 6,4 mal umgeschaltet). Man kann aber auch erheben, ob Zuschauer während des Fernsehens telefoniert haben (Häufigkeit: 35 Prozent der Zuschauer haben während des Fernsehens telefoniert).

12.3 Gütekriterien und Fehlerquellen

Für die Beobachtung gelten – wie auch für Befragung oder Inhaltsanalyse – die gleichen Gütekriterien. Diese sind bereits an mehrere Stellen angesprochen worden und sollen hier kurz zusammengefasst werden, bevor abschließend auf mögliche Fehlerquellen bei der Beobachtung eingegangen wird. Voraussetzung für die folgenden Aussagen ist eine sinnvolle Konzeption der Untersuchung.

Die *Validität* einer Beobachtung steht und fällt mit der Authentizität des beobachteten Verhaltens. Um eine hohe *Reliabilität* zu erreichen, müssen die Beobachter sorgfältig geschult werden. Sie müssen lernen, das relevante Verhalten zu erkennen und es präzise und nachvollziehbar zu protokollieren. Daneben müssen sie lernen, sich in der Beobachtungssituation richtig zu verhalten. Bei einer strukturierten Protokollierung muss ihnen ein Beobachtungsschema zur Verfügung stehen, dessen Kategorien *trennscharf* und *vollständig* sind. Die Auswahl der Untersuchungseinheiten und die Stichprobenziehung müssen dokumentiert werden, um *intersubjektive Nachvollziehbarkeit* zu gewährleisten.

Die folgenden Ausführungen sollen nun relativ knapp die unterschiedlichen Fehlerquellen dargestellt werden. Wir orientieren uns dabei an der Systematik von Greve und Wentura (1997), ohne hier auf alle detaillierten Beispiele einzugehen. Für eine ausführliche Darstellung der Probleme und die zugrundeliegenden Mechanismen sei auf diesen Titel verwiesen. Als Fehlerquellen kommen (1) der Beobachter selbst, (2) die Konzeption der Untersuchung bzw. die Tatsache, dass beobachtet wird und (3) äußere Bedingungen in Betracht. Auf einzelne Fehlerquellen ist bereits im Laufe des Kapitels hingewiesen worden. An dieser Stelle werden sie zusammengefasst und ergänzt.

12.3.1 Fehler zu Lasten des Beobachters

Manuelles Beobachten bedeutet, wie dargestellt, Handlungen wahrzunehmen, zu interpretieren, evtl. zu erinnern und schließlich wiederzugeben. Alle diese Leistungen muss der Beobachter erfüllen. Er wird dabei zur potentiellen Fehlerquelle. Beispiele für *Wahrnehmungs- und Interpretationsfehler* sind z.B. Konsistenz- oder Erwartungseffekte des Beobachters und die Tendenz zur Mitte. Konsistenzeffekte entstehen aus der Tendenz, widerspruchsfrei urteilen zu wollen. Beobachter können daher von einem schnellen ersten Eindruck über einen Beobachteten für den Rest der Beobachtung beeinflusst werden. Erwartungseffekte wurden bereits thematisiert als die Nachteile von Forschern als Beobachtern dargestellt wurden. Sie bewirken, dass die Wahrnehmung in Richtung der Erwartungen verzerrt wird. Mit der Tendenz zur Mitte (zentrale Tendenz) ist gemeint, dass Personen die Tendenz haben, die Eckpunkte einer Skala zu vermeiden, wenn sie menschliches Verhalten einschätzen sollen.

Erinnerungsfehler sind selbstverständlich nur zu erwarten, wenn das Geschehen nicht sofort codiert oder aufgezeichnet wird. Hierbei spielt die Kapazität der Beobachter eine wichtige Rolle. Ist eine Protokollierung im Nachhinein vorgesehen, darf die Dauer der Beobachtung und die Anzahl der zu erfassenden Merkmale die Erinnerungsleistung der Beobachter nicht überfordern. Daneben sei auf die bereits bekannten Primacy- oder Recency-Effekte (vgl. Kapitel 5.4.5) verwiesen, die dazu führen, dass vor allem Handlungen vom Beginn und Ende der Beobachtung erinnert werden. *Wiedergabefehler* betreffen hauptsächlich unstrukturierte Beobachtungen. Vor allem ungeübte Beobachter werden Schwierigkeiten haben, ihre Beobachtungen valide in eigenen Worten niederzuschreiben.

Häufig wird als Ausweg die apparative Beobachtung empfohlen. Apparate können aber ebenso gut Fehler produzieren, indem sie z.B. störanfällig sind. Wesentlich zentraler ist aber, dass Apparate – ähnlich wie Computer bei der computerunterstützten Inhaltsanalyse – relativ blind für die Vielfalt der Beobachtungssituationen und die Qualität des beobachteten Verhaltens sind. *Wie* ferngesehen wird, kann ein telemetrisches Gerät eben nur unzureichend erfassen.

12.3.2 Fehler zu Lasten der Situation und der Konzeption

Der erste hier zu nennende Grund für Fehler ist relativ naheliegend und trivial. Das Beobachtungsfeld muss so gewählt sein, dass das zu beobachtende Verhalten überhaupt stattfinden kann. Wenn ich das Mediennutzungsverhalten von Jugendlichen beobachten will, kann ich diese Untersuchung nicht in einem Labor mit einem alten schwarz-weiß Fernseher und den gesammelten Werken von Kleist durchführen. Ebenso muss bei einer strukturierten Beobachtung darauf geachtet werden, dass das Beobachtungsschema eine valide Erfassung der Handlungen zulässt.

Viel schwieriger vorherzusehen und abzustellen sind die Probleme, die sich aufgrund der Tatsache, *dass überhaupt* beobachtet wird, ergeben. Der Fachbegriff dafür ist „Reaktivität der Methode". Dieser Sachverhalt ist bereits an mehreren Stellen thematisiert worden, wenn die Authentizität oder Natürlichkeit des zu beobachteten Verhaltens im Mittelpunkt stand. Reaktiv ist eine Methode immer dann, die Erhebung selbst den Untersuchungsgegenstand verändert. Problematisch ist bei der Beobachtung vor allem die schlechte Abschätzbarkeit. Ob ein Beobachtungsbogen „funktioniert" hat oder nicht, werden die Beobachter dem Wissenschaftler auf Nachfrage sagen können. Ob sich aber die Beobachteten authentisch verhalten haben oder nicht, darüber kann nur gemutmaßt werden. Man kann sie dazu leider nicht im Nachhinein sinnvoll befragen. Entweder haben sie sich unbewusst anders verhalten, oder die Gründe für ihr unnatürliches Verhalten würden dazu führen, dass sie auch die anschließenden Fragen nicht wahrheitsgemäß beantworten. Allenfalls könnte man in Situationen, die sowohl eine Beobachtung mit als auch ohne Wissen der handelnden Personen zulassen, die Ergebnisse beider Varianten vergleichen. Natürlich erhöht dies den Aufwand deutlich.

12.3.3 Fehler aufgrund äußerer Bedingungen

Schließlich können äußere Einflüsse zum Problem werden. So kann beispielsweise aufgrund der Lichtverhältnisse oder etwaiger Hindernisse die Sicht des Beobachters auf das Beobachtungsfeld eingeschränkt sein. Bei einer vermittelten Beobachtung kann die Ton- oder Bildqualität zu schlecht sein, als dass der Beobachter alle relevanten Handlungen und Äußerungen genau wahrnehmen kann. Die Wahrscheinlichkeit, dass solche Probleme auftreten kann allerdings gut durch sorgfältige Planung und einen Pretest minimiert werden.

13. Kapitel

Experiment I: Grundlagen

13.1 Einordnung in die Forschungslogik

Die empirische Kommunikationsforschung untersucht Phänomene der sozialen Realität mit dem allgemeinen Ziel, diese Phänomene systematisch zu beschreiben und Erklärungen bzw. Prognosen daraus abzuleiten. Wissenschaft wie Alltagsverstand geben sich jedoch nie mit der Darstellung einer Tatsache, eines Zusammenhangs zufrieden, sondern wollen die *Ursache* wissen. Der Alltagsverstand, und das kann jeder schnell nachvollziehen, ist voll mit sogenannten *Kovariationen*, mit denen man sich das Leben offenbar leichter und besser erklären kann:

- *„Weil ich heute mit dem falschen Fuß aufgestanden bin, bin ich schlecht drauf."*
- *„Weil ich einen Frust habe, ziehe ich mir eine Komödie im Fernsehen rein."*
- *„Weil die Leute rauchen wie ein Schlot, kriegen sie Lungenkrebs."*
- *„Weil sich Jugendliche Splatterfilme ansehen, sinkt ihre Hemmschwelle für Gewalttaten."*

Es ist keineswegs gesagt, dass diese Zusammenhänge falsch sein müssen. Bloß: Beweisen kann man es streng genommen nicht. Solche Einsichten dienen eher dazu, für das eigene Verhalten und das der anderen plausible Begründungen zu finden, die einem das Leben zumindest subjektiv erklären.

➢ ***Wissenschaftliche Experimente sind Untersuchungsanordnungen, mit denen Kausalzusammenhänge überprüft werden.***

Damit unterscheidet sich das Experiment ganz grundsätzlich von den Methoden der empirischen Kommunikationsforschung, die bisher vorgestellt wurden. Das wissenschaftliche Experiment ist streng genommen *keine Methode der Datenerhebung* wie die Befragung oder die Inhaltsanalyse, sondern bezeichnet lediglich eine bestimmte Form der Untersuchungsanlage. Schematisch kann man das folgendermaßen ausdrücken:

Abbildung 14: Einordnung in die Forschungslogik: Das Experiment

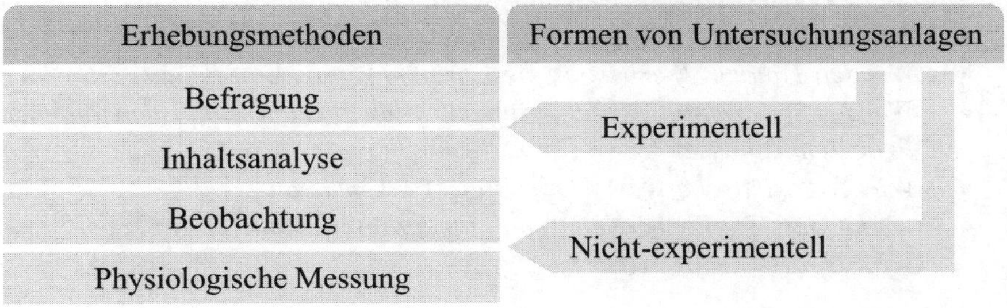

Im Rahmen einer experimentellen Untersuchungsanlage kann man Befragungen durchführen, Menschen beobachten oder Texte inhaltsanalytisch untersuchen. Im Unterschied zu nicht experimentellen Untersuchungsanlagen muss jedoch eine entscheidende Bedingung erfüllt sein, damit man Ursachen für bestimmte Wirkungen tatsächlich nachweisen kann: Man braucht einen Vergleichspunkt, einen Maßstab, um zum Beispiel sagen zu können, dass das Aggressionspotential von Jugendlichen steigt, wenn sie Splatterfilme sehen. Man braucht also Jugendliche, die keine Splatterfilme sehen, um die Steigerung der Aggressivität wirklich auf die Filme zurückzuführen. Allgemein gesprochen:

- ***Ein wissenschaftliches Experiment untersucht den Einfluss einer unabhängigen Variablen (Splatterfilm) auf zu messende abhängige Variablen (Aggressivitätsniveau).***

Um gemessene Veränderungen der abhängigen Variablen tatsächlich auf den Einfluss der unabhängigen Variablen (und nicht etwa anderer Einflussfaktoren) zurückzuführen, vergleicht man zwei Gruppen von Versuchspersonen miteinander:

- ***Die Gruppe, die einen Stimulus (eine Ausprägung der unabhängigen Variablen) bekommt, nennt man Experimentalgruppe, diejenige, die den Stimulus nicht bekommt (die andere Ausprägung der unabhängigen Variablen), die Kontrollgruppe. Bis auf die Variation der unabhängigen Variablen müssen sich Kontroll- und Experimentalgruppe in ihren sonstigen Merkmalen vollständig gleichen.***

Experimente werden häufig in den Naturwissenschaften, aber auch in der Psychologie durchgeführt. Medizinische Versuche, die Wirkung von Medikamenten zu testen, sind beispielsweise dadurch bekannt geworden, dass man den sogenannten Placebo-Effekt[48] entdeckte. In der Kommunikationswissenschaft werden diese Un-

48 Placebo-Effekt: Das subjektive Schmerzgefühl bei Patienten verringert sich nicht wegen einer Schmerzsubstanz, sondern aufgrund der Auskunft, daß sie eine Schmerzsubstanz bekommen hätten, während sie tatsächlich nur eine Zuckerpille erhielten.

tersuchungsanlagen insbesondere in der *Markt- und Werbepsychologie,* der *Gewaltforschung* oder der Wirkung von *Fernsehnachrichten* eingesetzt. Typische Fragestellungen sind zum Beispiel:

- *Werden Tandem-Werbespots besser erinnert als Einzelspots?*
- *Werden Werbespots besser erinnert, wenn sie zum Inhalt des laufenden Programms passen?*
- *Wirken sexistische Werbespots anders als neutrale?*
- *Wirkt der Medienkonsum von Jugendlichen auf ihre Gewaltbereitschaft?*

13.2 Untersuchung kausaler Zusammenhänge

Wir erleben die Welt als ein komplexes Gefüge von Wenn-Dann-Beziehungen bzw. Zusammenhängen. Dabei ist man geneigt, Korrelationen, also Zusammenhänge aller Art, als Kausalitäten wahrzunehmen. Dass zwei Dinge miteinander verknüpft sind, heißt aber noch lange nicht, dass das eine *wegen* des anderen existiert. Ein beliebtes Beispiel aus der Statistik: Man kann nachweisen, dass in Gegenden, in denen viele Störche nisten, die Kinderzahl signifikant höher ist als in Gegenden ohne Störche. Werden Kinder also von Störchen gebracht, sind also die Störche die *Ursache* für den Kinderreichtum? Warum ist diese Vermutung falsch, obwohl dieser Zusammenhang nachweislich existiert? Zwei Gründe gibt es dafür. Zum einen könnte es sein, dass die vermutete Wirkung umgekehrt funktioniert: Wo viele Kinder geboren werden, siedeln sich gerne Störche an. Ein Zusammenhang kann also prinzipiell immer in zwei Richtungen interpretiert werden, wenn man nach der Ursache und nach der Wirkung fragt. Zweitens besteht die Möglichkeit, dass beide Phänomene (Anzahl der Störche und Kinderreichtum) durch dritte Größen beeinflusst werden, so dass wir es mit einen Scheinzusammenhang zu tun haben: Störche nisten lieber auf Reetdächern als auf Hochhäusern, und ländliche Gegenden sind ein besserer Platz, um Kinder groß zu ziehen als Städte. Der Urbanisierungsgrad einer Gegend ist also eine *Drittvariable,* die den von uns vermuteten Zusammenhang beeinflusst.

Ein Zusammenhang zwischen zwei Variablen lässt sich also in dreierlei Richtung kausal interpretieren: A beeinflusst B, B beeinflusst A, C beeinflusst A und B gleichermaßen. In nicht-experimentellen Untersuchungsanlagen kann man einen Zusammenhang aufgrund dieser Unschärfe nie kausal interpretieren. Nur ein experimentelles Untersuchungsdesign ist in der Lage, ein *Ursache-Wirkungsverhältnis* zu identifizieren.

13.3 Manipulation und Kontrolle

Bei der Identifizierung einer Ursache-Wirkungs-Beziehung steht zunächst eine unüberschaubare Zahl von *intervenierenden Sachverhalten* im Weg. Beispielsweise hat die Frage „Verursacht Rauchen Lungenkrebs?“ ganze Generationen von Wissenschaftlern beschäftigt. Ist es wirklich das Rauchen, oder gibt es ganz andere Ursachen, z.B. Umweltverschmutzung. Wie findet man nun heraus, was *wirklich* die Ursache ist. Durch Befragungen oder einfache Beobachtungen lässt sich die Frage nicht lösen. Zum Beispiel stellt man fest, dass 90 Prozent der Lungenkrebsopfer früher geraucht haben, was aber – siehe oben – keinen Beweis für die kausale Verknüpfung darstellt, denn es handelt sich hier um eine *Kovariation.* Es gibt tausend andere Dinge, in denen sich Raucher von Nichtrauchern unterscheiden und die ebenso für den Lungenkrebs verantwortlich sein könnten. Haben Raucher vielleicht ein bestimmtes Gen, das den Lungenkrebs auslöst? Empfinden Raucher Stress stärker als Nichtraucher? Trinken Raucher mehr Alkohol als Nichtraucher? A priori ist nicht zu entscheiden, welche Variable oder welche Kombination von Einflussfaktoren den Lungenkrebs bei Rauchern auslösen.

Hier kommt die Logik des Experiments zum Tragen. Wir stellen zwei völlig gleiche Versuchsgruppen her, die sich in ihren sozialen, genetischen oder sonstigen Merkmalen überhaupt nicht unterscheiden. Die eine Gruppe raucht über einen längeren Zeitraum, die andere Gruppe nicht. Wir messen einige Zeit später, wie viele Personen der Rauchergruppe und der Nichtrauchergruppe an Lungenkrebs erkrankt sind. Sind es in der Rauchergruppe mehr Personen, dann muss das Rauchen, denn nur darin unterscheiden sich die beiden Gruppen, die Ursache für Lungenkrebs sein. Dieses *Konstanthalten der Untersuchungsbedingungen* und die bewusste Variation der einen uns interessierenden Variablen (Rauchen vs. Nichtrauchen) sind grundlegend für jedes Experiment.

- ***Manipulation und Kontrolle heißt: Es wird systematisch mindestens eine unabhängige Variable variiert und dann gemessen, welchen Effekt diese Veränderung auf die abhängige Variable hat. Gleichzeitig werden mögliche Wirkungen von anderen (Stör-)Variablen ausgeschaltet.***

Das Experiment stellt, und darauf war dieses Beispiel auch angelegt, eine künstliche Situation dar, die möglicherweise nicht dem Alltagsleben entspricht. Immerhin zwingen wir Menschen, die eigentlich nicht rauchen, zu rauchen. Wir *manipulieren* die natürlichen Bedingungen so weit, dass nur noch eine einzige Ursache (zum Beispiel Rauchen) übrigbleibt, um die vermutete Wirkung (Lungenkrebs) herauszufinden. Wir *kontrollieren* alle andere Bedingungen derart, dass sich die beiden Untersuchungsgruppen ansonsten nicht unterscheiden.

13.4 Unabhängige und abhängige Variablen

Bei wissenschaftlichen Experimenten unterscheidet man grundsätzlich zwischen *unabhängigen Variablen*, die aktiv vom Forscher verändert werden, und den *abhängigen Variablen*, mit deren Messung eine Veränderung beobachtet werden soll. Im Beispiel ist das Rauchen bzw. Nichtrauchen die unabhängige Variable, das Auftreten von Lungenkrebs die abhängige. In der Kommunikationsforschung handelt es sich bei unabhängigen Variablen häufig um *variierte Medieninhalte*, im Prinzip kann aber jeder Sachverhalt, den der Forscher *manipuliert*, unabhängige Variable[49] sein:

- *Filmsequenzen,*
- *Werbespots,*
- *Kleidung eines Versuchsleiters,*
- *Raumausstattungen.*

Ein konkretes Beispiel für eine unabhängige Variable in der Kommunikationswissenschaft wäre die Bebilderung von Fernsehnachrichten. Wir wollen feststellen, ob Bilder die Informationsaufnahme bei Nachrichten fördern oder eher vom Nachrichtentext ablenken. Einer Gruppe von Versuchspersonen wird eine Nachricht mit Fernsehbildern (Bebilderung ja) präsentiert, einer in ihren Merkmalen identische Gruppe werden die Nachrichten ohne Bilder (Bebilderung nein) gezeigt. Die abhängigen Variablen sind Merkmale, deren Veränderung gemessen wird. In unserem Beispiel könnte das die Erinnerungsleistung an die Inhalte der Fernsehnachrichten sein. Diese würde im Anschluss an die Präsentation gemessen werden, so dass damit unsere Forschungsfrage beantwortet werden könnte. In der Kommunikationswissenschaft sind diese abhängigen Variablen üblicherweise Urteile, Einstellungen, Wissen oder Verhaltensweisen von Menschen, im Zusammenhang mit Experimenten auch *Versuchspersonen* genannt. Merkmale, deren Veränderung beobachtet wird, könnten sein:

- *Aggressionspotential,*
- *Gehorsam,*
- *Erinnerung,*
- *Einstellung gegenüber Fremden.*

13.5 Störvariablen

Störvariablen sind all jene Einflussfaktoren, die die abhängige Variable ebenfalls beeinflussen und im Ablauf eines Experiments *unkontrolliert* auftreten. In jedem Fall beeinträchtigen sie das generelle Ziel von wissenschaftlichen Experimenten, nämlich einen kausalen Zusammenhang zwischen Ursache (z.B. Bebilderung) und Wirkung (z.B. Erinnerungsleistung) zu identifizieren. Störvariablen sind Sachverhalte oder Merkmale, die durch die Zusammensetzung der Versuchspersonen, die Durchführung des Experiments oder den Messvorgang bedingt sein können. Ziel eines jeden Experiments ist es deshalb, die Wirkung von Störvariablen entweder zu *neutralisieren* oder *aktiv* in die Untersuchung *einzubeziehen.* Das setzt allerdings voraus, dass man die Störvariable kennt und sie dann als zusätzliche unabhängige Variable ins Untersuchungsdesign einfügen kann. Störvariablen könnten in unserem

49 Die unabhängigen Variablen werden in der Literatur auch als Treatment oder als Stimulus bezeichnet.

Beispiel zu Fernsehnachrichten darin bestehen, dass (1) sich die beiden Versuchsgruppen nicht völlig gleichen (in der einen sind beispielsweise mehr Personen, die regelmäßig Nachrichten sehen), (2) während der Untersuchung der einen Gruppe ein Handwerker den Raum betritt und die Versuchspersonen ablenkt oder (3) der Fernseher aussetzt, so dass die Nachrichten unterbrochen wurden.

13.6 Konfundierung

Störvariablen können auch im Treatment selbst, also im Kontext der Variation der unabhängigen Variablen angesiedelt sein. Wenn man beispielsweise (wie die ersten Experimente zur Gewaltforschung) seine unabhängige Variable so konzipiert, dass Gruppe A einen Gewaltfilm, Gruppe B überhaupt keinen Film sieht und man nachher nach dem Aggressionspotential der Versuchspersonen fragt, könnte eine solche Störvariable schon in der Anlage der Untersuchung liegen. War es wirklich der Gewaltfilm oder vielleicht eher die Tatsache, dass die eine Gruppe einen Film vorgesetzt bekam und die andere nichts, also warten musste? In diesem Fall hätten wir also nicht eine unabhängige Variable (Gewaltfilm versus kein Gewaltfilm), sondern zwei unabhängige Variablen (Film versus kein Film und Gewalt versus keine Gewalt) variiert. Man spricht hier von einer Konfundierung von zwei Variablen. Diese besteht darin, dass die beiden Gruppen sich nicht in einem, sondern in zwei Merkmalen unterscheiden. Das Ergebnis des Experiments, dass eine Gruppe gewalttätiger als die andere wurde, kann man nicht kausal auf eine Ursache zurückführen, wenn die beiden Gruppen sich in zwei Sachverhalten unterscheiden. Das Experiment ist in bezug auf die Wirkung von Gewalt wertlos.

Die Lösung in diesem Fall wäre, beiden Gruppen einen Film zu zeigen. Eine Gruppe bekommt nun einen Naturfilm vorgesetzt, die andere den Gewaltfilm. Auch hier kann man als Kritiker „Konfundierung!“ rufen, denn es muss nicht die Gewalthaltigkeit des Films sein, die die Experimentalgruppe gewaltbereiter gemacht hat. War es nicht eher der schnellere Schnitt des Gewalt- im Vergleich zum Naturfilm, der die Versuchspersonen unruhig und aggressiv machte? Man müsste also die Schnittfolgen angleichen, so dass auch diese Störvariable kontrolliert, d.h. gleichgehalten werden kann. Der Kritiker ist immer noch nicht zufrieden, denn er bemängelt, dass in einem Fall Menschen, im anderen Tiere gezeigt werden, und das würde doch auf das Gewaltniveau wirken. ... Eine solche Vorgehensweise mag zwar kleinkariert klingen, sie schützt jedoch letztlich vor irreführenden Ergebnissen, und Kritik bzw. Vorsicht hat Wissenschaft noch selten geschadet.

Man kann sich ausmalen, welche Variablen noch aufzufinden wären. Festzuhalten ist in jedem Fall folgender Aspekt: Das Auffinden von Konfundierungen heißt zwar unter Umständen, dass ein Experiment im Nachhinein nicht mehr viel wert ist. Entscheidend ist jedoch, dass ein neues Untersuchungsdesign häufig der Schritt zu einem differenzierteren Umgang mit dem Untersuchungsgegenstand ist.

➢ ***Das Aufdecken von Konfundierungen befruchtet deshalb den Forschungsprozess, anstatt ihn zu behindern.***

Man erfährt mehr über Randbedingungen, Wirkungszusammenhänge und ist sogar in der Lage, die einst störenden Drittvariablen konstruktiv in ein weiteres Experiment mit einzubauen. Man lernt an diesem Beispiel, dass *die Gefahr einer Konfundierung steigt, je komplexer ein Stimulus ist.* Filme oder allgemeiner: Medieninhalte sind natürlich äußerst komplex und nie bis ins letzte in einem Experiment zu kontrollieren. Der Ausweg, der deshalb gewählt werden muss, ist der Versuch, wirklich nur ein minimales Detail zu manipulieren, in dem sich die Gruppen unterscheiden. Man würde also im vorliegenden Fall beiden Gruppen denselben Film vorführen und vielleicht eine kleine Gewaltsequenz variieren. Je stärker der experimentelle Ablauf kontrolliert wird und je geringer das Ausmaß der experimentellen Manipulation ist, desto unwahrscheinlicher sind Konfundierungen.

Aber Achtung: Die Kontrolle sämtlicher möglicher Einflussfaktoren und die Standardisierung des experimentellen Ablaufs können dahin führen, dass das Experiment unter völlig unrealistischen Bedingungen abläuft und damit nicht mehr sichergestellt ist, dass man die Ergebnisse überhaupt auf die Realität übertragen kann (vgl. Kapitel 16). Wenn man beispielsweise Versuchspersonen auf einem Stuhl anbindet und den Kopf in Apparaturen einspannt, so dass man Augenbewegungen beim Überfliegen von Zeitschriftenseiten genau messen kann, dann hat man in einer solchen Anordnung alle Störvariablen kontrolliert. Der große Nachteil allerdings ist, dass eine völlig künstliche Situation geschaffen wird, die mit der realen Wahrnehmung nicht mehr viel zu tun hat. Kein Mensch liest in einer solchen Situation in Zeitschriften. Die Ergebnisse sind dann im Rahmen des Experiments mustergültig, man muss sich jedoch fragen, ob sie auch Gültigkeit in Bezug auf das wirkliche Leben haben.

13.7 Experimental- und Kontrollgruppen

Eine experimentelle Anordnung zur Überprüfung eines Ursache-Wirkungs-Zusammenhangs sieht gegenüber einer nicht-experimentellen Untersuchungsanlage immer vor, dass ein Vergleich zwischen *zwei gleichen Gruppen* angestellt wird: der *Experimentalgruppe und der Kontrollgruppe*. Die Herstellung zweier (oder mehrerer) Vergleichsgruppen ist der Ausgangspunkt eines jeden Experiments, ohne Kontrollgruppe sind Wirkungen eines Treatments, das die Experimentalgruppe erhält, nicht interpretierbar.

➢ ***Die Experimentalgruppe erhält ein Treatment, die Kontrollgruppe bekommt dieses Treatment nicht.***

Alle anderen Bedingungen werden *gleich gehalten, das heißt kontrolliert.* Beide in ihren sonstigen Merkmalen vergleichbaren Gruppen unterscheiden sich nur in der *Gabe des experimentellen Stimulus*. Nur dieses Treatment und nichts anderes kann dann für Unterschiede verantwortlich sein, die man später zwischen den beiden Gruppen misst. Um die Wirkung von Rauch auf das Ausbrechen von Lungenkrebs festzustellen, werden häufiger Tierversuche angestellt, denn mit Menschen kann man ein solches Experiment wohl kaum durchführen. Man würde also Ratten eines Wurfs nehmen, die genetisch völlig identisch sind, um natürliche Voraussetzungen für das Ausbrechen von Lungenkrebs für alle Versuchstiere gleich zu halten. Zwanzig Ratten werden in zwei Gruppen geteilt. Sie leben in Räumen, die völlig identisch sind. Das Futter ist das gleiche, die Fütterungszeit, die Raumtemperatur, die Hygiene: alle Umweltbedingungen sind gleich, bis auf eine: Bei einer Gruppe wird in regelmäßigen Abständen Zigarettenrauch in den Raum geblasen. Die Untersuchung läuft dann vielleicht ein ganzes Jahr. Im Anschluss an diese Phase werden die Ratten auf Lungenkrebs untersucht. Stellt man signifikante Unterschiede zwischen beiden Gruppen fest, kann man sagen, dass bei dieser Gruppe von Ratten der Rauch eine ursächliche Wirkung auf den Lungenkrebs hatte. Diese Untersuchungsanlage erfüllt beide Voraussetzungen eines Experiments: Manipulation des experimentellen Stimulus und Kontrolle der Versuchsbedingungen.

13.7.1 Selbstselektion

Einmal abgesehen davon, dass Ergebnisse, die man bei Ratten findet, nicht auf Menschen übertragen werden können, wird man derart extreme Untersuchungsanlagen mit Menschen nicht durchführen können. Zunächst findet man keine ‚baugleichen' Menschen; die genetischen Bedingungen sind individuell verschieden. Menschen haben im Gegensatz zu Ratten einen selbstbewussten Willen, d.h. Raucher und Nichtraucher haben sich entschieden, ob sie rauchen oder nicht rauchen wollen. Und natürlich kann man bei Versuchspersonen die Lebensbedingungen nicht in derselben Art und Weise kontrollieren wie im Tierversuch. Jetzt kann man einwenden, wir können doch einfach Raucher und Nichtraucher, die in einer relativ ähnlichen Umwelt unter relativ gleichen Bedingungen leben, untersuchen, beispielsweise Soldaten in einer Kaserne. Wir hätten doch dann eine Experimental- und eine Kontrollgruppe, oder?

Eine solche Untersuchungsanordnung stellt kein Experiment dar, weil die Versuchspersonen sich selbst in die Experimental- oder Kontrollgruppe gewählt haben, indem sie nämlich rauchen oder nicht rauchen. Sobald Menschen sich durch Selbstselektion der einen oder anderen Gruppe zuordnen, sind die Gruppen von vorneherein nicht mehr vergleichbar. Die Grundbedingung, um später Unterschiede eindeutig als Wirkung eines Merkmals interpretieren zu können, wird verletzt. Selbstselektion muss also bei der Rekrutierung von Versuchspersonen unter allen Umständen ausgeschaltet werden. Anderenfalls haben wir wieder das Problem, dass sich Raucher und Nichtraucher in tausend anderen Merkmalen unterscheiden. Ließe man in einem Experiment zur Gewaltforschung den Versuchspersonen die Wahl, ob sie lieber einen Gewalt- oder einen Naturfilm sehen wollten, würden vielleicht alle gewaltbereiten Personen in die eine, alle Sanftmütigen in die andere Gruppe gehen. Schon sind die Ergebnisse beider Gruppen nicht vergleichbar, weil sich beide in mindestens einem anderen Merkmal (nämlich der vorherigen Gewaltbereitschaft) als dem experimentellen Stimulus unterscheiden.

- ***Eine Grundbedingung des wissenschaftlichen Experiments, nämlich die Vergleichbarkeit von Gruppen, wird durch Selbstselektion verletzt. Die Ergebnisse eines solchen Experiments lassen sich nicht kausal interpretieren.***

13.7.2 Ethische Probleme

Menschen sind keine Versuchskaninchen. Man kann viele Experimente mit Menschen nicht durchführen, weil man ihre persönliche Freiheit oder ihre Selbstbestimmung grob verletzen würde. Allerdings ist die Spannweite dessen, was man ihnen als Versuchspersonen zumutet, recht groß. Insbesondere dann, wenn Menschen nicht wissen, dass sie an einem Experiment teilnehmen oder über den wahren Zweck einer Untersuchung getäuscht werden, werden experimentelle Designs fragwürdig. Überaus kritisch wird die Situation, wenn Menschen durch das Experiment in irgend einer Art geschädigt werden. Damit ist nicht unbedingt eine körperliche, sondern auch eine psychische Schädigung gemeint. Wenn man beispielsweise von der schädlichen Wirkung von Pornographie überzeugt ist, ist es zumindest fragwürdig, in einem Experiment der Experimentalgruppe mehrere Pornofilme zu zeigen und der Kontrollgruppe normale Spielfilme. Man würde ja dadurch in Kauf nehmen, dass die Mitglieder der Experimentalgruppe einen psychischen Schaden davontragen. Fragwürdig ist aber auch, wenn man Versuchspersonen für das Experiment ein anderes als das eigentliche Forschungsziel nennt. Eine solche Täuschung kann notwendig sein, damit die Versuchspersonen nicht schon im Wissen über den Zweck des Experimentes sich ganz anders verhalten, als sie das sonst tun würden. Nachdem das Experiment abgeschlossen ist, sollten die Versuchspersonen dann über den wahren Sachverhalt aufgeklärt werden. Man nennt das *debriefing*.

14. Kapitel

Experiment II: Validität und Fehler

Gerade weil es beim Experiment darauf ankommt, eine kausale Beziehung zwischen zwei Sachverhalten herauszufinden und zugleich aber klar ist, dass es in der Kommunikationswissenschaft keine monokausalen Zusammenhänge gibt, nimmt die Begutachtung der *Randbedingungen* einen breiten Raum ein. Experimente sind immer unter dem Aspekt zu prüfen, ob ein Ergebnis tatsächlich ein Ursache-Wirkungs-Verhältnis abbildet oder möglicherweise durch andere, unkontrollierte Variablen zustande gekommen sein könnte. Bevor die eigentliche Durchführung eines Experiments ansteht, muss man sich deshalb größtmögliche Klarheit über denkbare *Interventionen* machen, die das Ergebnis verfälschen könnten.

14.1 Repräsentativität experimenteller Ergebnisse

Experimente und ihre Ergebnisse leben vom Vergleich. Der *Unterschied* zwischen Experimental- und Kontrollgruppe ist es, der ein Experiment aussagekräftig macht. Die absolute Höhe der gemessenen abhängigen Variablen kann nicht von der verwendeten Stichprobe auf die Grundgesamtheit hochgerechnet werden. Wie im Abschnitt 5 über die Auswahlverfahren ausführlich dargestellt, ist ein Repräsentationsschluss nur dann zulässig, wenn die untersuchte Stichprobe durch ein zufälliges Auswahlverfahren gewonnen wird. Bei einem Experiment werden die Teilnehmer zwar nach einem Zufallsprinzip der Experimental- bzw. Kontrollgruppe zugeschlagen (vgl. dazu „Parallelisieren, Randomisieren" in Kapitel 17). Sie stehen jedoch in der Regel nicht für eine Grundgesamtheit, d.h. die Summe der Teilnehmer der Experimental- und Kontrollgruppe ist nicht repräsentativ. Bis auf den Sonderfall, dass innerhalb einer repräsentativen Befragung bestimmte Frageformulierungen experimentell variiert werden (Split-Ballot), handelt es sich bei experimentellen Stichproben in der Regel um *eine bewusste Auswahl.* Während das generelle Ziel von repräsentativen Bevölkerungsumfragen verallgemeinerbare Aussagen über eine bestimmte Population ist, will das Experiment *relative Aussagen* machen: Wie hat sich eine Variable aufgrund eines experimentellen Stimulus verändert? Dafür ist hinsichtlich der Zusammensetzung von Experimental- und Kontrollgruppe lediglich von Bedeutung, dass sie zufällig und nicht aufgrund individueller Vorlieben zustande kommt.

Man darf aufgrund von experimentellen Untersuchungen also sagen, dass Alkohol am Steuer die Fahrtüchtigkeit beeinträchtigt oder dass unter bestimmten Bedingungen Gewaltfilme die Gewaltbereitschaft erhöhen. Man darf nicht unbedingt sagen, um wie viel Prozent die Fahrtüchtigkeit verringert wird, da das Experiment beispielsweise nur bei bestimmten sozialen Gruppen durchgeführt wurde und insofern die Ergebnisse *nicht generalisierbar* sind. Die *Verfügbarkeit von Versuchsper-*

sonen ist in der Tat ein Problem, weshalb sich bewusste Auswahlverfahren nicht vermeiden lassen. Immer dort, wo Menschen zumeist aus beruflichen Gründen zusammenkommen und deshalb verfügbar sind, liegt es für die Forschung nahe, diese Gruppe für ihre Untersuchung zu rekrutieren. Auf diese Weise werden besonders häufig Studierende, Soldaten, Schüler oder Arbeiter in einem großen Betrieb in Experimenten untersucht.

Die Kritik bleibt nicht aus: Man messe ja nur Medienverhalten, Aggressivität oder ähnliches von Studenten und nicht von *der* Bevölkerung. Studenten seien in ihrem Medienverhalten aber völlig anders als die allgemeine Bevölkerung, deshalb seien einschlägige Ergebnisse nicht verallgemeinerbar. Unter bestimmten Umständen ist der Vorwurf berechtigt. Man muss allerdings differenzieren: Messergebnisse sind generalisierbar, wenn der zu untersuchende Sachverhalt unabhängig von der jeweiligen Teilgruppe existiert, an der er untersucht wird. Dies ist etwa bei den klinischen Tests für neue Schmerzmittel der Fall, in der eine Gruppe die Schmerzsubstanz, die andere ein Placebo bekommt. Wenn man dann feststellt, dass bei denjenigen, die die Schmerzsubstanz erhalten hatten, sechzig Prozent und bei denjenigen, die das Placebo nahmen, nur dreißig Prozent von einer Linderung ihrer Schmerzen sprechen, dann kann man feststellen, dass das Medikament wirkt. Und es gäbe in so einem Fall keinen Grund anzunehmen, dass das Schmerzmittel bei Studenten anders als bei der allgemeinen Bevölkerung wirkt. Ob das Schmerzmittel in der Bevölkerung im Durchschnitt in 60 Prozent der Fälle wirkt, darf man allerdings nicht verallgemeinern.

Ähnliches gilt für unser Beispiel der Bebilderung von Fernsehnachrichten. Vermutlich wird sich der Unterschied in der Erinnerungsleistung zwischen bebilderten und nicht bebilderten Nachrichten, der bei Studierenden gefunden wurde, bei anderen Bevölkerungsgruppen auch finden, wenn auch auf einem anderen Niveau. Ein anderes Beispiel sind Experimente zur Werbewirksamkeit von Tandemspots. Die Versuchspersonen werden in Gruppen eingeteilt und bekommen alle einen Film, den höchstwahrscheinlich niemand kennt, mit Werbeunterbrechung zu sehen. Der Werbeblock besteht aus zehn Spots und wird ebenfalls allen Versuchsgruppen vorgeführt. Die Variation besteht darin, dass ein Teil (Experimentalgruppe) sogenannte *Tandemspots* zu sehen bekommt, während dem anderen Teil (Kontrollgruppe) die zweite Hälfte des Spots vorenthalten wird. Dieses Experiment wurde mit studentischen Versuchspersonen durchgeführt. Man weiß nun, dass Menschen Werbung unterschiedlich aufmerksam verarbeiten, und dass sie auch sicher einen Tandemspot unterschiedlich gut behalten. Die Erinnerung von Werbung ist von bestimmten sozialen Merkmalen abhängig, aber es gibt keinen Grund zu vermuten, dass die gemessenen Unterschiede innerhalb der angebotenen Tandemspots von sozialen Merkmalen abhängen. Es mag sein, dass die Unterschiede bei Studenten auf einem anderen Behaltensniveau auftreten als beispielsweise bei Rentnern. Auch in diesem Fall könnte man die Ergebnisse also generalisieren.

14.2 Externe und interne Validität

Unmittelbar an das Problem der Verallgemeinerungsfähigkeit von experimentell gewonnenen Ergebnissen schließt sich die Frage nach der Validität an. Die Validität macht ja Aussagen darüber, ob ein Messinstrument wirklich das misst, was es messen soll. In Kapitel 4 wurde dargestellt, dass sich die Gültigkeitsprüfung auf die *Vollständigkeit der ausgewählten Dimensionen (Inhaltsvalidität)* und die *theoretische und sachlogische Angemessenheit* der verwendeten empirischen Indikatoren im Verhältnis zum theoretischen Konstrukt *(Konstruktvalidität)* bezieht. Auch bei einem wissenschaftlichen Experiment stellt sich der Forscher dem Problem der Gültigkeit, mehr noch, der Begriff der Validität ist hier entscheidend erweitert.

Nehmen wir ein Beispiel aus der experimentellen Forschung zur Wirkung von Mediengewalt: Es soll gemessen werden, unter welchen Bedingungen Personen auf Gewaltfilme aggressiv reagieren. Die Versuchspersonen werden einzeln in einem Labor untersucht.[50] Dieses Labor besteht aus zwei Räumen. Im ersten Raum ist eine sogenannte Aggressionsmaschine aufgebaut, die über eine Tastatur mit verschieden starken Voltzahlen verfügt. Die Versuchsperson wird in diesen ersten Raum gebeten. Die zweite Person ist eine studentische Hilfskraft, die in die Versuchsanordnung eingeweiht ist und schauspielert, was die echte Versuchsperson natürlich nicht weiß. Die beiden setzen sich, werden dann verkabelt und müssen sich nun gegenseitig Fragen stellen. Wenn die Frage falsch beantwortet wurde, soll man zur Bestrafung einen Elektroschock seiner Wahl geben. Der Versuch läuft unter zwei verschiedenen experimentellen Bedingungen. Einer Gruppe von Versuchspersonen werden auch dann (ungefährliche) Schocks verteilt, wenn sie eine richtige Antwort gegeben hatten, die andere Gruppe erhält keine Elektroschocks (weil die Fragen so einfach gehalten sind, dass sie normalerweise immer richtig beantwortet werden können). Wir haben also eine Experimentalgruppe, die das Treatment ‚Provokation' erhält, während die Kontrollgruppe nicht provoziert wird. Danach werden beide Versuchspersonen in den anderen Raum geführt, wo sie einen Film sehen. Das ist entweder ein Gewaltfilm oder ein Naturfilm. Danach wird das Spiel mit den Elektroschocks noch einmal durchgeführt.

Die Annahme ist, dass Personen, die gewalthaltige Medieninhalte konsumieren, nur dann aggressiver werden, wenn sie vorher frustriert bzw. provoziert wurden. Die Höhe der Elektroschocks ist also ein *Indikator für Gewaltbereitschaft*. Zwei einander unbekannte Menschen sitzen sich also gegenüber, verabreichen einander Elektroschocks mit der Unterstellung, dass die Höhe der Elektroschocks ein Indikator für Aggressivität sei. Es mag nun sein, dass die echte Versuchsperson tatsächlich frustriert ist und sie die Elektroschocks tatsächlich als Zeichen ihrer Aggressivität einsetzen. Das bedeutet also, dass in der experimentellen Situation tatsächlich gemessen

---

50 Im Zusammenhang mit wissenschaftlichen Experimenten spricht man gerne von einem Labor, um die *Künstlichkeit der Situation* zu unterstreichen.

wird, was gemessen werden soll. In diesem Fall ist die interne Validität des Experimentes gegeben.

- ***Die interne Validität sagt etwas darüber aus, inwieweit innerhalb der experimentellen Situation das gemessen wird, was gemessen werden soll.***

Die interne Validität stellt somit sicher, dass die Veränderung einer abhängigen Variablen tatsächlich auf die unabhängige zurückgeführt werden kann und Konfundierungen zwischen der unabhängigen und einer Störvariable ausgeschlossen werden können. Erst wenn alle Variablen kontrolliert sind, kann man sicher sein, dass ein Kausalschluss zulässig ist. Mit der vollständigen Kontrolle der experimentellen Situation erreicht man andererseits, dass die Situation so unnatürlich wird, dass sie in der tatsächlichen Realität nicht oder kaum je auftreten wird. Diesen Sachverhalt bezeichnet die externe Validität.

- ***Die externe Validität sagt etwas darüber aus, inwieweit sich die Ergebnisse eines Experimentes auf die Realität generalisieren lassen, also auch außerhalb des Labors auftreten.***

Die interne Validität eines Experiments ist die notwendige Bedingung, um ein Ursache-Wirkungsverhältnis zu identifizieren. Die Forschungsfrage des Experiments bezog sich aber auf den kausalen Zusammenhang zwischen gewalthaltigen Medieninhalten und Aggressionspotential von Mediennutzern. Hier kann man zurecht fragen, wann in der Realität jemand gewalthaltige Medieninhalte konsumiert und danach die Möglichkeit hat, an einer solchen Aggressionsmaschine Elektroschocks an einen unbekannten Gegenüber auszuteilen. In solchen Fällen muss man zurecht fragen: *Darf man die gefundenen Ergebnisse auf die soziale Realität übertragen?* Werden Menschen tatsächlich aggressiver, wenn sie Gewaltfilme konsumiert haben und wie äußern sie dies dann?

Experimentelle Untersuchungsanlagen aus dem Bereich der Marktforschung verdeutlichen das Problem noch einmal: In diesem Bereich beschäftigt man sich häufig mit der Frage, wie Anzeigen bzw. Werbebotschaften wahrgenommen werden. Für die werbetreibende Wirtschaft ist das natürlich eine spannende Frage, denn sie will wissen, wie die Anzeigen platziert werden müssen und wie man sie optimal gestaltet. Man kann die Wahrnehmung der Verbraucher direkt messen: Wo schauen sie beim Betrachten einer Zeitschriftenseite zuerst hin? Wie lange fixieren sie bestimmte Regionen auf einer Seite? Wo gehen sie aus der Seite heraus? Eine experimentelle Untersuchungsanlage würde dann verschiedene Details einer Zeitungsseite variieren und diese den Gruppen vorlegen. Wenn man wissen will, worauf der Blick zuerst springt, müsste man also jedes Detail bis auf ein Merkmal gleichhalten. Um die Augenbewegungen der Personen reliabel zu erfassen, würden die Probanden auf einen Stuhl gesetzt, womöglich festgeschnallt, das Kinn auf eine Ablage, der Kopf fixiert ... und dann sollen sie Zeitung lesen. Natürlich übertreiben wir hier und beschreiben eine fiktive Untersuchungsanlage. Das Problem sollte aber dennoch deutlich werden. Die Erhöhung der internen Validität durch Kontrolle aller Variablen geht häufig zu Lasten der Übertragbarkeit der Ergebnisse auf die Realität außerhalb des experimentellen Labors: Je höher die interne Validität einer Untersuchungsanlage, desto geringer wird die externe – und umgekehrt.

Die externe Validität einer experimentellen Untersuchungsanlage wird nicht nur durch die Künstlichkeit der Laborsituation verringert. Zwei weitere Gesichtspunkte müssen bei der Konzeption des Forschungsvorhabens berücksichtigt werden: Egal, ob man Versuchspersonen über den Zweck des Experimentes zunächst täuscht oder nicht: Sie werden immer versuchen, sich selbst eine Erklärung zurechtzulegen, was wohl demnächst von ihnen verlangt wird, insbesondere dann, wenn die Laborsituation hochgradig künstlich ist wie im geschilderten Fall. Vielleicht sind sie wider besseres Wissen in dieser speziellen Situation der Auffassung, dass sie Voltstöße verteilen müssen, obwohl ihnen gesagt wurde, dass sie gefährlich sind. Gerade die Unsicherheit der Situation führt dazu, dass sich Versuchspersonen Hypothesen über den Grund für das Experiment zurecht legen. Sogenannte *demand characteristics* beeinflussen die externe Validität der Ergebnisse, weil sich Personen im Experiment völlig anders verhalten, als sie es außerhalb tun würden. Möglicherweise identifizieren die Versuchspersonen in unserem Beispiel die experimentelle Anordnung als eine Art Videospiel, bei dem man seinen Spieltrieb austoben kann. Hinzu kommt die Tatsache des *forced exposure.* Die Versuchspersonen haben in einer Laborsituation keine Chance, sich anders zu verhalten, als man es ihnen vorgibt. Sie können nicht einfach nach Hause gehen oder mit der Fernbedienung das Gewaltprogramm wegzappen. Dies beeinträchtigt ebenfalls die Übertragbarkeit des Messergebnisses auf die tatsächliche Realität.

Generell besteht bei der Abklärung sowohl der internen als auch der externen Validität das Problem, dass man sie nicht – wie etwa die Intercoderreliabilität einer Inhaltsanalyse – mathematisch genau bestimmen kann. Die Wissenschaftler müssen sich auf ihre Erfahrung, auf das Urteil vorangegangener Untersuchungen und nicht zuletzt auf den Alltagsverstand verlassen, um ein vertretbares Maß zwischen interner und externer Validität herzustellen. Entscheidend ist natürlich letztlich die externe Validität, denn wir wollen ja Probleme unserer gesellschaftlichen Realität lösen. Die Vernachlässigung der internen Validität macht aber möglicherweise die Ergebnisse des Experimentes unbrauchbar, weil wir den angestrebten Kausalschluss nicht belegen können.

14.3 Zufällige und systematische Fehler

14.3.1 Zufällige Fehler

Die eben geschilderte experimentelle Untersuchungsanlage zur Messung des Aggressionspotentials ist als Einzeluntersuchung konzipiert. Jede Versuchsperson (ob Teil der Experimental- oder Kontrollgruppe) betritt allein das Labor und bekommt die Treatments einzeln verabreicht. Dabei wird bei der Konzeption des Untersuchungsdesigns darauf geachtet, dass alle Bedingungen der Untersuchung kontrolliert, d.h. gleichgehalten werden. Dies betrifft den Ablauf, die zweite Person, die am Experiment teilnimmt sowie alle situativen Faktoren wie die Ausstattung des Labors, die Temperatur, vielleicht sogar die Tageszeit, zu der der Versuch durchgeführt wird. Trotzdem kann es passieren, dass während des Ablaufs eine unvorhergesehene Situation eintritt. Es kann sein, dass der Versuchsperson schlecht wird und sie deshalb für die Ergebnisauswertung nicht mehr in Frage kommt. Es kann sein, dass die studentische Hilfskraft eines Tages schwer erkältet ist und das Mitleid der Versuchsperson derart erregt, dass alle Aggressivität wie weggeblasen ist. Oder es könnte vorkommen, dass ein Stromausfall die gesamte Untersuchungsanlage durcheinander bringt. Hinzu kommen natürlich zahlreiche Störfaktoren die man entweder nicht kennt (z.B. die Stimmung der Versuchspersonen) oder die man übersieht. Allerdings, und das ist der große Vorteil von Einzelversuchen, sind nicht alle, sondern nur diese singulären Messungen von bekannten oder unbekannten Störvariablen beeinflusst. Man hat es in diesem Fall mit einem *zufälligen Fehler* zu tun.

- ***Ein zufälliger Fehler verringert lediglich die Genauigkeit der Ergebnisse, beeinflusst diese aber nicht in eine bestimmte Richtung.***

Je mehr zufällige Fehler auftreten, desto ungenauer werden die Ergebnisse, was im Extremfall dazu führen kann, dass ein vorhandener Unterschied zwischen Experimental- und Kontrollgruppe verdeckt wird.

14.3.2 Systematische Fehler

Angenommen, man teilt ein studentisches Seminar in zwei Gruppen. Die Experimentalgruppe erhält als Treatment einen Gewaltfilm, die anderen bekommen einen Naturfilm zu sehen. Bei diesem Design stimmen Experimental- und Kontrollgruppe mit den zu untersuchenden Gruppen überein, man führt also einen Gruppenversuch durch. Beide Gruppen werden zur selben Zeit in getrennte Räume, die natürlich vollständig identisch ausgestattet sind, geführt, und der Film beginnt. Nach zehn Minuten betreten bei der Experimentalgruppe drei Handwerker den Raum und erklären, sie müssten die Heizung reparieren. Natürlich werden sie vom Versuchsleiter sofort verjagt – aber trotzdem: Veränderungen des Aggressionspotentials, die bei der Experimentalgruppe gefunden werden, können nicht mehr kausal auf den Stimulus Gewaltfilm zurückgeführt werden, weil eine Störvariable vorliegt und es letztlich zu einer Konfundierung zwischen Gewaltfilm und Störung gekommen ist.

- ***Systematische Fehler bewirken eine Konfundierung: Störung und Treatment gehen eine Wechselwirkung ein, so dass die Veränderung eines Merkmals nicht mehr kausal auf die eigentliche unabhängige Variable zurückgeführt werden kann.***

Die beiden Gruppen unterscheiden sich nicht nur in der Präsentation des Filmes, sondern auch in dem Vorhandensein einer Störung, was sich als *systematischer*

Fehler im Messergebnis niederschlägt. Die gemessenen Ergebnisse sind für die Prüfung eines kausalen Zusammenhangs zwischen Ursache (Gewaltfilm) und Wirkung (Aggressionspotential) letztlich unbrauchbar. Theoretisch müsste man das Experiment wiederholen, was immer ein Zeit- und Kostenproblem ist. Um die Gefahr von systematischen Fehlern, die auf Umweltbedingungen zurückzuführen sind, auszuschließen, werden deshalb in der Regel Einzelversuche durchgeführt. Die drei Handwerker stören dann nicht eine komplette Gruppe, sondern nur eine Versuchsperson, so dass bei einer Gruppenstärke von beispielsweise 30 Versuchspersonen eben nur ein Dreißigstel der Messungen der Experimentalgruppe nicht verwendet werden können. Das Messergebnis dieser Versuchsperson verändert die Genauigkeit des Gesamtergebnisses um ein Dreißigstel. Die Genauigkeit der Ergebnisse wird demnach durch zufällige Fehler beeinflusst, während systematische Fehler das Ergebnis insgesamt verzerren. Nicht das Auftreten eines bestimmten Sachverhaltes an sich bestimmt, ob es sich um einen systematischen oder zufälligen Fehler handelt, sondern ob dieser Sachverhalt systematisch mit der Experimental- und Kontrollgruppe variiert. Die Handwerker sind in einem Fall ein systematischer, im anderen Fall ein zufälliger Fehler.

Die Entscheidung für Einzelversuche ist aus methodischen Erwägungen heraus also notwendig. Wer eine Experimentalgruppe mit 5000 Versuchspersonen als Einzeluntersuchung ablaufen lässt, wird selbst beim Auftreten mehrerer Zufallsfehler immer noch ein extrem genaues Ergebnis präsentieren können. In der Praxis wird aber auch hier eine Abwägung zwischen Kosten und Nutzen zu treffen sein. Einzelversuche kosten deutlich mehr Zeit und Geld als Gruppenversuche. Wie so oft liegt der Kompromiss je nach Finanzstärke irgendwo in der Mitte: Je nach Zeit und Geld wird man deshalb die große Gruppe in mehrere kleine teilen, ohne gleich zu Einzelversuchen zu gelangen. Natürlich hängt es auch vom Inhalt und der Messmethode ab, ob eher Einzel- oder Gruppenversuche gemacht werden. Will ich beispielsweise Gehirnströme aufzeichnen, muss es im Einzelversuch geschehen, liegt meine experimentelle Variation in gedruckten Zeitungsartikeln, kann ich in Unterrichtsstunden mehrere Personen parallel untersuchen.

Neben der Frage nach dem zeit- und kostenmäßigen Aufwand von Einzelversuchen rückt ein zweites Problem ins Blickfeld: Da Einzelversuche zwangsläufig über einen längeren Zeitraum laufen müssen, können – je nach Thema – *Lern- und Reifungseffekte* eine intervenierende Rolle auf die Güte der Versuchsergebnisse ausüben: (1) *Die Versuchsleiter werden erfahrener.* Sie werden vermutlich die erste Versuchsperson anders behandeln und einweisen als die letzte Versuchsperson. Sie werden möglicherweise nicht mehr mit derselben Sorgfalt bei den Erklärungen vorgehen, wenn sie das Procedere schon hundertmal durchgemacht haben. (2) *Der Versuch spricht sich herum.* Meistens werden wissenschaftliche Experimente in einem relativ begrenzten sozialen Raum durchgeführt, sei es eine Universität, ein Krankenhaus oder ein Freizeitzentrum. Nachfolgende Versuchspersonen entwickeln also andere Vorstellungen vom Sinn und Zweck der Untersuchung als die ersten, wissen vielleicht schon, was von ihnen verlangt wird und werden entsprechend ihr Verhalten danach richten.

14.4 Versuchsleiter als Quelle zufälliger und systematischer Fehler

Eine ganz markante Störquelle stellen die *Versuchsleiter* dar. Der oder die Versuchsleiter sind in aller Regel nicht identisch mit dem Forscher. Die Gründe für diese Trennung liegen nicht nur in den zeitlichen bzw. physischen Beschränkungen. Indem der Forscher die Feldarbeit, also die eigentliche Durchführung der Befragung, der Inhaltsanalyse oder des Experiments geschulten Personen überlässt, versucht er, größtmögliche Objektivität und Neutralität in der Vorgehensweise zu erreichen. Wie man ja weiß, ist dies ein wesentlicher Punkt, Forschungsergebnisse intersubjektiv nachvollziehbar zu machen. Durch die Trennung der Rollen von Forscher und Versuchsleiter will man verhindern, dass die Wissenschaftler bewusst oder unbewusst durch ihre Hypothesen die Erhebung beeinflussen. Deshalb sind Interviewer, Codierer und Versuchsleiter nicht in die Zielsetzung der Untersuchung eingeweiht. Sie haben lediglich ihre genauen Anweisungen, wie in diesem Fall eine experimentelle Untersuchung durchzuführen ist. Die Versuchsleiter erklären den Ablauf des Experiments, führen die Messungen durch, präsentieren den Versuchspersonen das Stimulusmaterial (z.B. einen Fernsehfilm), achten auf die gleichbleibende Situation und geben den Versuchspersonen bei Rückfragen Hilfestellung.

Ebenso wie bei persönlichen Interviews kann es bei experimentellen Anordnungen zu unerwünschten Effekten kommen, die auf die Versuchsleiter zurückzuführen sind und sich systematisch auf die Messergebnisse auswirken. Der Versuchsleiter wird aufgrund der unsicheren Situation im Labor genau beobachtet und die Versuchsperson versucht, aus ihm herauszulesen, um was es wohl gehen könnte. Oder man findet ihn schlicht attraktiv, hat Mitleid mit ihm oder glaubt, ihm einen Gefallen zu tun, wenn man sich auf eine besondere Weise *verhält*. Das ist dann genau das Problem: Das Verhalten der Versuchspersonen ist nicht mehr natürlich, sondern wird *auch* durch die Person des Versuchsleiters beeinflusst. Unerwünschte Versuchsleitereffekte kann man grob in drei Kategorien einteilen. Dabei ist immer unterstellt, dass die Versuchsleiter aufgrund dieser Merkmale das Untersuchungsergebnis *unbewusst* beeinflussen:

- *Effekte, physischer oder sozialer Merkmale der Versuchsleiter,*
- *Lern- und Gewöhnungseffekte,*
- *Effekte von Erwartungen der Versuchsleiter an die Untersuchung.*

In die erste Gruppe gehören *Merkmale wie Alter und Geschlecht* des Versuchsleiters, sein Dialekt, seine physische Attraktivität: Attribute, die schon in den Abschnitten zur Befragung problematisiert wurden. In die zweite Gruppe gehören die schon erwähnten *Reifungs- und Lernprozesse*, durch die sich das Verhalten der Versuchsleiter während der Untersuchung verändert. Die Versuchsleitereffekte, die aufgrund bestimmter Erwartungen der Versuchsleiter nachgewiesen werden können, sind eng mit dem Namen *Rosenthal* verbunden, der diesen Effekt Mitte der 60er Jahre nachweisen konnte: Rosenthal verwendete für sein Experiment, bei dem die vermeintlichen Versuchsleiter tatsächlich seine Versuchspersonen waren, eine in der Tierpsychologie gängige Untersuchungsanlage. Ratten lernen, sich in einem Labyrinth zu recht zu finden, in dem sie am Ausgang eine Futterpille bekommen. Die Versuchsleiter sollten messen, wie schnell die Ratten das Labyrinth durchlaufen. Bei den Versuchspersonen handelte es sich um Psychologiestudenten, die mit diesen Untersuchungsanlagen vertraut waren. Rosenthal täuschte sie nun über den wahren Grund der Untersuchung, indem er zwei verschiedene Erwartungen bei der Experimental- und der Kontrollgruppe schuf. Der einen Gruppe erzählte er, dass es sich um einen Versuch mit genetisch veränderten Ratten handele, deren Intelligenz messbar höher liege als bei durchschnittlichen Ratten. Die Kontrollgruppe erhielt die gegenteilige Auskunft: Eure Ratten sind nachweisbar dumm. Die „Versuchsleiter" sollten nun die Zeit messen, welche die Tiere brauchten, um die Futterpille zu erreichen. Tatsächlich handelte es sich aber um genetisch identische Ratten aus einem Wurf. Die Hypothese war nun, dass die Erwartung des Versuchsleiters systematisch das Messergebnis verzerren kann. Es kam, wie man schon ahnt, zu den prognostizierten Ergebnissen. Die angeblich schlauen Ratten unterschieden sich von ihren dummen Kollegen dadurch, dass sie deutlich schneller durchs Labyrinth fanden! Die Erwartungen der Versuchsleiter hatten einen Effekt produziert, der tatsächlich nicht vorhanden war. Diese Anordnung ist ein schlagender Beleg dafür, dass die Kenntnis von Versuchsleitern über den Sinn und Zweck der Untersuchungsanlage einen Effekt auf das Ergebnis haben kann. Insbesondere aus diesem Grund ist beim wissenschaftlichen Experiment die Trennung von Forscher und Versuchsleiter von größter Bedeutung für die Validität der Messergebnisse.

14.5 Kontrolle der Versuchsleitereffekte

Versuchsleitereffekte sind nichts anderes als Konfundierungen: Das Verhalten des Versuchsleiters ist konfundiert mit der experimentellen Bedingung, weshalb die Ergebnisse nicht kausal interpretiert werden dürfen. Es gibt nun verschiedene Möglichkeiten, solche Effekte in den Griff zu bekommen.

14.5.1 Ausschalten bzw. Standardisierung der Versuchsleitereffekte

Das Ideal der Kontrolle von derlei Effekten ist natürlich die vollständige Ausschaltung, was allerdings nicht in jeder Anordnung möglich ist, denn nicht immer kommt man ohne einen Versuchsleiter aus. Will man Versuchsleitereffekte komplett vermeiden, müsste man die Person zum Beispiel durch eine schriftliche Instruktion ersetzen. Damit vermeidet man zwar nicht, dass sich die Versuchspersonen ihre Gedanken zur Anordnung machen. Aber zumindest können sie sich nicht am Verhalten des Versuchsleiters orientieren. Auch beim Einsatz von Versuchsleitern kann man die Standardisierung der Situation verbessern, beispielsweise durch Vorlage einer schriftlichen oder aufgezeichneten Instruktion. Dadurch vermeidet man Effekte, die sich schon durch die Betonung und andere Merkmale der Sprache einschleichen könnten. Allerdings ist hier wiederum zu beachten, dass dies die Künstlichkeit der Situation erhöht. In den Fällen, in denen ein lebendiger Versuchsleiter anwesend sein muss, braucht es eine intensive Schulung dieser Personen, um ein halbwegs standardisiertes Verhalten zu erreichen. Sie müssen lernen, die Instruktion immer in derselben Stimmlage vorzulesen, müssen wissen, wie sie auf Nachfragen seitens der Versuchspersonen reagieren dürfen, etc.

14.5.2 Ausschaltung von Erwartungseffekten

Um zu testen, ob tatsächlich eine Gleichhaltung der Erwartungen von Versuchsleitern (zum Beispiel durch entsprechende Schulung) gelungen ist, kann man sogenannte Erwartungskontrollgruppen einsetzen. Dieser Gruppe, der dritten neben der Experimental- und Kontrollgruppe, wird ebenso wie der Kontrollgruppe der experimentelle Stimulus nicht appliziert, die Erwartung des Versuchsleiters wird allerdings in der Weise manipuliert, dass er ein Ergebnis wie in der Experimentalgruppe zu erreichen glaubt. Findet man dann tatsächlich vergleichbare Ergebnisse in der Experimental- und der Erwartungskontrollgruppe, hatte die Erwartung des Versuchsleiters immer noch einen Einfluss auf das Messergebnis.

Sehr gebräuchlich, vor allem in medizinischen Tests, sind die sogenannten Doppelblindversuche, die die Placeboeffekte bei der Gabe von Medikamenten kontrollieren bzw. aufdecken, um so die tatsächliche Wirksamkeit eines Medikaments auf dessen Inhaltsstoffe und nicht aufgrund von (sozialen) Rahmenbedingungen belegen. Der Placeboeffekt ist ja bekannt: Der Arzt verschreibt Zuckerpillen, sagt seinem Patienten, dass es sich hier um ein neues Medikament handelt, und prompt wirkt es auch. Die Gründe können vielfältig sein: Vielleicht sagt der Patient nur, dass es ihm besser geht, weil er seinem Arzt einen Gefallen tun will; vielleicht ist eine Spontanheilung eingetreten; vielleicht nützt das ‚Handauflegen' des Arztes ja auch etwas.

Der erste Schritt zur Kontrolle dieses Placeboeffektes ist also eine Täuschung der Versuchspersonen. Man sagt ihnen nicht, ob sie Zucker oder Medikament erhalten. Und trotzdem: Der Placeboeffekt kann immer noch nachgewiesen werden. Warum? Weil der Versuchsleiter eingeweiht ist. Offenbar verhält sich ein Arzt, der seinen Patienten ein Medikament verabreicht, unbewusst anders als wenn er ihnen Zucker verschreibt. Vielleicht fragt er in der Experimentalgruppe so lange nach, ob das ‚Medikament' auch wirklich geholfen hat, bis der Patient ja sagt. Vielleicht vermittelt er in der Kontrollgruppe unbewusst den Eindruck, dass die Pille doch nicht hilft. Deshalb laufen medizinische Experimente *‚doppelt blind'*: Weder der Arzt noch der Patient wissen, was sie verschreiben bzw. schlucken. Der Arzt hat keine Chance, sich hypothesenkonform zu verhalten, der Patient kann weder aufgrund des Verhaltens des Arztes noch aus eigener Kenntnis entscheiden, was er wirklich bekommen hat. Nur der Forscher im Hintergrund weiß Bescheid über die eigentliche Untersuchungsanlage, weiß, was Arzt A an diesem Tag Patient 1 wirklich für eine Substanz gibt. Damit wird ausgeschlossen, dass der Arzt sich hypothesenkonform verhalten kann, wie es der Versuchleitereffekt voraussagt, und da alle Patienten etwas bekommen, wird der Placeboeffekt ebenfalls ausgeschlossen. Nicht ausgeschlossen sind dadurch natürlich „Forschereffekte", durch die der Forscher die Ärzte schon hypothesenkonform instruiert.

15. Kapitel

Experiment III: Varianten und Durchführung

15.1 Typen von Experimenten

Die bisher dargestellten Beispiele experimenteller Anordnungen beziehen sich alle auf sogenannte *Laborexperimente.* Es gibt allerdings noch weitere Möglichkeiten, unter experimentellen Bedingungen kausale Zusammenhänge zwischen einem Stimulus und einer abhängigen Variablen aufzudecken. Dies soll im folgenden systematisch dargestellt werden. Bleiben wir zunächst beim Laborexperiment.

15.1.1 Laborexperimente

Als Labor, in dem ein Experiment durchgeführt wird, bezeichnet man die Untersuchungsräume, die speziell für den Forschungszweck ausstaffiert werden. Die strikte Kontrolle bzw. Gleichhaltung der Versuchsbedingungen erfordert, dass ein Labor in der Regel relativ einfach ausgestattet ist, so dass die Versuchspersonen nicht abgelenkt werden. Wird die Reduktion auf die grundlegenden Elemente des Experiments allerdings zu stark, leidet die Übertragbarkeit auf die Realität (externe Validität). Man kann daher die Situation auch so gestalten, dass die Versuchspersonen sich möglichst natürlich verhalten können. Für Fernsehexperimente bedeutet dies beispielsweise, dass man eine Tisch oder eine Couch aufstellt und damit ein ‚Wohnzimmer' nachstellt, vielleicht sogar Snacks und Chips auslegt und den Versuchspersonen die Möglichkeit gibt, etwas zu trinken.

> ***Laborexperimente zeichnen sich in erster Linie durch die Manipulation der unabhängigen Variablen und eine starke Kontrolle der Versuchssituation aus.***

Die experimentellen Bedingungen sind in einer Laborsituation also vollkommen standardisiert. Gerade weil jedes Detail bis auf den experimentellen Stimulus für alle Versuchspersonen gleich sein soll, ist man mit dem Problem einer eher niedrigen *externen Validität* konfrontiert. Man stellt eine Situation her, in der jedes Detail festgelegt ist, die interne Validität also hoch ist. Wenn also Chips und Getränke, dann für alle. Wegen der Künstlichkeit der Situation muss man jedoch Abstriche bei der Generalisierbarkeit der Ergebnisse machen.

15.1.2 Feldexperimente

Sogenannte Feldexperimente unterscheiden sich in einigen wesentlichen Punkten vom Laborexperiment. In einem Feldexperiment wird die natürliche Umgebung, in der Leute sich bewegen, weitgehend beibehalten. Feldexperimente finden an Orten statt, in denen sich Menschen normalerweise aufhalten. Die experimentelle Variation, die vorgenommen wird, sowie die Teilung von Versuchspersonen in Experimental- und Kontrollgruppe, sind weitgehend in diese Lebenssituation mit eingebaut. In der Regel wissen die Versuchspersonen nicht, dass sie an einem Experiment teilnehmen, verhalten sich also vollkommen natürlich.

- ***Feldexperimente zeichnen sich durch eine hohe externe Validität aus.***

Der Nachteil ist spiegelbildlich, d.h. der Versuchsleiter kann weder den experimentellen Stimulus aktiv variieren, noch die Situation und den Ablauf kontrollieren, was zu Lasten der internen Validität geht. Problematisch ist insofern auch die Interpretation solcher Untersuchungen, weil eine unbekannte Zahl von Störvariablen auf das Ergebnis Einfluss nehmen kann.

Tabelle 14: Vergleich zwischen Labor- und Feldexperimenten hinsichtlich ihrer Versuchsplanung

Kriterien	**Labor**	**Feld**
Ort der Untersuchung	Spezielle Räumlichkeiten	Natürliche Umgebung
Manipulation der UV	Auf allen gewünschten Stufen möglich	Nur soweit es der natürlichen Umgebung angemessen ist
Kontrolle der Situation	Ja, soweit man Störvariablen kontrollieren kann	Einfluss von Störungen kann nicht verhindert werden
Verhalten der VPn	Instruiertes Verhalten	Natürliches Verhalten
Interne Validität	Hoch	Niedrig
Externe Validität	Niedrig	Hoch

Zur Verdeutlichung der Unterschiede zwischen Labor- und Feldexperimenten sind oben die Kriterien schematisch zusammengefasst. Die Frage, ob man eine Labor- oder eine Feldsituation wählt, hängt natürlich in erster Linie vom Erkenntnisinteresse ab. Mit Kindern wird man beispielsweise eher in ihrer natürlichen Umgebung (Kindergarten) arbeiten. Die Situation während des Experiments ist dann allerdings sehr anfällig für Störungen. Ähnliches gilt, wenn man Experimente in Fußgängerzonen oder anderen öffentlichen Orten durchführt. Zentral ist auch für Feldexperimente, dass sich die Versuchspersonen nicht durch Selbstselektion für die Experimental- oder Kontrollgruppe entscheiden können. Eine Unterform des Feldexperiments ist das *soziale Experiment*.

- ***In einem sozialen Experiment werden natürliche Veränderungen der Lebensbedingungen genutzt, um Experimental- und Kontrollgruppen zu schaffen.***

In der Literatur häufig erwähnt sind Untersuchungen, die in den fünfziger und sechziger Jahren zum Einfluss des Fernsehens auf die Lebensverhältnisse von Menschen gemacht wurden (vgl. z.B. Williams, 1986). In dieser Studie wurden die Lebensgewohnheiten von Menschen zweier Orte untersucht. Die Orte glichen sich in ihrer soziodemographischen Struktur, unterschieden sich aber dadurch, dass in einem Dorf der Empfang von Fernsehen möglich war, im anderen noch nicht, jedoch in Kürze seinen Einzug halten sollte. Williams fand also eine Lage vor, in der durch diese technische Bedingung zwei Populationen in Experimental- und Kontrollgruppe geteilt werden konnten. Ein *Versuchsplan* zu dieser Untersuchung könnte etwa so aussehen:

Abbildung 15: Versuchsanordnung in einem sozialen Experiment

	Messung t1 vor Einführung TV	UV	Messung t2 nach Einführung TV
Experimentalgruppe: Dorf ohne TV	AV: Einstellungen, Lebensgewohnheiten	Einführung TV	AV: Einstellungen, Lebensgewohnheiten
Kontrollgruppe: Dorf mit TV	AV: Einstellungen, Lebensgewohnheiten	TV wie gehabt	AV: Einstellungen, Lebensgewohnheiten

Der gravierende Nachteil dieser Methode und allgemein von Feldexperimenten ist die mangelhafte Kontrolle möglicher intervenierender Variablen. Dies kann in Konfundierungen münden, durch die eine kausale Interpretation der Unterschiede zwischen den Orten unmöglich gemacht wird. Selbst wenn Einwohnerzahl, Familienzusammensetzung, das Einkommen, also der sozioökonomische Status in beiden Populationen ähnlich ist, kann man nicht ausschließen, dass sie sich generell in einer wesentlichen Variable unterscheiden, so dass das Anliegen, den Einfluss des Fernsehens kausal zu interpretieren, deutlich beeinträchtigt ist. Vielleicht gibt es in einem Dorf einen Pfarrer, der das Gemeindeleben stark prägt oder einen Sportverein, der seine Mitglieder jeden Samstag aufs Spielfeld ruft.

Die Ausgangssituation solcher Forschung ist dennoch ausgesprochen reizvoll. Man konnte unter natürlichen Bedingungen untersuchen, was passiert, wenn im zweiten Dorf das Fernsehen eingeführt wird. Wie *verändern* sich Einstellungen und

Meinungen zur politischen Lage, Konsum- und Freizeitverhalten, überhaupt die Lebensgewohnheiten bis hin zu familiären Aktivitäten gegenüber der fernsehlosen Zeit? Die Messung erfolgte durch Befragungen, und zwar zu zwei Zeitpunkten t_1 und t_2 in beiden Dörfern. Zeitpunkt t_1 in der Experimentalgruppe ist sozusagen eine Nullmessung, die als Maßstab für spätere veränderte Messwerte gilt. Die Messungen t_1 und t_2 in der Kontrollgruppe dienen der Überprüfung: Wenn die Ergebnisse beider Messungen gleich sein würden, könnte man etwaige Unterschiede aus den Erhebungen im Experimentaldorf tatsächlich auf die Einführung des Fernsehens zurückführen. Würden sich die Messungen im Kontrolldorf signifikant von einander unterscheiden, wäre dies ein Hinweis auf eine oder mehrere intervenierende Variable. Denkbar wäre zum Beispiel, dass eine Präsidentenwahl, eine Naturkatastrophe oder die Olympischen Spiele systematisch auf die sonst üblichen Lebensverhältnisse Einfluss nehmen könnten.

Auch in Deutschland sind derartige Feldexperimente gemacht worden, beispielsweise bei der Einführung des privaten Fernsehens in den sogenannten Kabelpilotprojekten in Ludwigshafen, Berlin, Dortmund und München. Die Experimentalgruppe bestand aus Haushalten, die bereits an das Kabel angeschlossen waren oder sich anschließen lassen wollten, die Kontrollgruppe aus Haushalten, die weiterhin nur über Antenne Fernsehen empfangen und die privaten Kanäle nicht sehen konnten. Dadurch konnten Untersuchungen des Fernseh- und Freizeitverhaltens in einer Experimental- und einer Kontrollgruppe mit *Messwiederholungen* (Vorher-Nachher-Messung) durchgeführt werden. Die zentrale Forschungsfrage war, wie sich durch die Vervielfältigung der Kanäle die Sehgewohnheiten verändern, wie sich dies wiederum auf das familiäre Zusammenleben auswirkt und wie sonstige Freizeitgewohnheiten beeinflusst werden. Man fand heraus, dass *bestimmte Zuschauersegmente*, die sehr unterhaltungszentriert fernsehen, in einer Vielkanalumgebung systematisch um Informationsprogramme ‚herumkurven', Nachrichtensendungen zugunsten von Talkshows, Quiz- oder Sportsendungen regelrecht vermeiden (*Unterhaltungsslalom).* Die wichtigste Variable war natürlich die Nutzungsdauer. Sie hat tatsächlich zugenommen, allerdings nicht so deutlich wie angenommen. Von damals, 1984, nimmt sie übrigens noch bis heute langsam, aber stetig zu und liegt momentan durchschnittlich bei mehr als drei Stunden täglich.

15.2 Ein- und mehrfaktorielle Untersuchungsdesigns

Von einfaktoriellen Untersuchungsanlagen spricht man, wenn *eine* unabhängige Variable auf zwei oder mehr Stufen variiert wird. Bei mehrfaktoriellen Designs werden die entsprechenden Stufen bzw. Ausprägungen von *zwei oder mehr* unabhängigen Variablen miteinander kombiniert.

15.2.1 Einfaktorielle Untersuchungsdesigns

Im einfachsten Fall, aus dem auch die bisherigen Beispiele stammen, ergibt sich bei einer einfaktoriellen Anordnung auf zwei Stufen die Ausprägung Experimentalgruppe und Kontrollgruppe. Es sind jedoch auch einfaktorielle Designs denkbar, die mehr als zwei Stufen aufweisen. Ein Beispiel wäre die Wirkung verschiedener medialer Präsentationsformen auf die Behaltensleistung der Nutzer. Die unabhängige Variable könnte auf vier Stufen variiert werden:

- *Nachricht im TV;*
- *Nachricht im Hörfunk;*
- *Nachricht im Printmedium;*
- *Nachricht im Internet.*

Man gibt vier Gruppen dieselbe Nachricht in der jeweiligen medialen Aufbereitungsform zu lesen und befragt sie anschließend zu den Inhalten. Man kann zunächst erkennen, dass in einem solchen Fall die Unterscheidung in Experimental- und Kontrollgruppe überflüssig wird, denn alle Gruppen werden miteinander verglichen und kontrollieren sich sozusagen gegenseitig.

15.2.2 Mehr- oder multifaktorielle Untersuchungsdesigns

Es gibt aber auch Experimente, in denen mehr als ein Faktor variiert wird. Dies wurde schon im Experiment zur Wirkung von Gewaltfilmen auf das Aggressionsniveau angedeutet. In diesem Fall war das Untersuchungsdesign zweifaktoriell; man spricht auch von einem 2x2-Design: Zwei Faktoren werden auf jeweils zwei Stufen miteinander kombiniert, so dass insgesamt vier Gruppen untersucht werden. Würde man einen Faktor auf drei und den anderen Faktor auf zwei Stufen variieren, läge ein 3x2-Design mit sechs Versuchsgruppen vor. Ein dreifaktorieller Untersuchungsplan mit je zwei Stufen beschreibt man als 2x2x2-Design.

Ein Vorteil solcher mehrfaktoriellen Designs ist die größere Differenziertheit der Aussagen. Wenn zwei oder mehr unabhängige Variable gleichzeitig in ihrem Einfluss auf die abhängige Variable untersucht werden, entspricht dies eher der Komplexität der sozialen Realität. In einer derartigen Untersuchungsanlage ist man vor allem in der Lage, mögliche Wechselwirkungen zwischen den Variablen zu bestimmen.

Abbildung 16: Zweifaktorielles Untersuchungsdesign

	UV2a: Naturfilm	UV2b: Gewaltfilm	
UV1a: Frustration	Messung: 20 Volt	Messung: 40 Volt	Summe: 60 Volt
UV1b: keine Frustration	Messung: 20 Volt	Messung: 20 Volt	Summe: 40 Volt
	Summe: 40 Volt	Summe: 60 Volt	

Hätte man lediglich die Variation Natur- vs. Gewaltfilm untersucht (UV1b), würde man (fälschlicherweise) schließen, dass Gewaltfilme das Aggressionsniveau nicht erhöhen. Indem man jedoch eine weitere unabhängige Variable (in diesem Fall die Frustration) mit berücksichtigt, fällt das Ergebnis differenzierter aus: Gewaltfilme erhöhen das Aggressionspotential nur dann, wenn Rezipienten vorher frustriert wurden. Man kann sich leicht vorstellen, dass gerade auf diesem politisch und pädagogisch brisanten Feld solch differenzierte Aussagen zur Versachlichung der Diskussion beitragen können.

Was wir in dem vorliegenden Fall gefunden haben, ist eine sogenannte Wechselwirkung, oder Interaktion. Durch das Zusammenspiel von mehr als einer Variablen entstehen Effekte, die man bei isolierter Betrachtung der unabhängigen Variablen allein nicht nachweisen könnte. Für die statistische Analyse solcher Wechselwirkungen setzt man mehrfache Varianzanalysen ein. Wechselwirkungen erlauben, wie im vorliegenden Fall, differenziertere Aussagen über Ursache-Wirkungs-Verhältnisse bzw. über die soziale Realität, als dies durch mehrere einfaktorielle Untersuchungsdesigns möglich wäre.

In der Regel fängt wissenschaftliche Forschung meist mit einfaktoriellen Designs an. Man hat eine allgemeingültige Hypothese und untersucht einen einfachen Zusammenhang. Nach und nach stößt man jedoch auf intervenierende Variablen, die den untersuchten Zusammenhang modifizieren (stärken oder auch abschwächen), die durch mehrfaktorielle Designs überprüft werden können. Dieses Vorgehen hat natürlich seine Grenzen. Bei mehr als drei Faktoren werden die Versuchspläne ziemlich unübersichtlich, zumal nicht unbedingt alle ‚Zellen' wirklich relevant sind. Zudem gehen dem Forscher in der Regel das Geld und vor allem die Versuchspersonen aus. Wenn man davon ausgeht, dass bei einem dreifaktoriellen 3x3x3-Design bereits 27 Gruppen à zwanzig bis dreißig Versuchspersonen benötigt werden, sind schnell die Grenzen der Machbarkeit erreicht. Bei der Variation von vier Faktoren wären es schon 81 Versuchsgruppen.

In bestimmten Fällen behilft kann man durch sogenannte Messwiederholungen Zellen einsparen. Während man bei einem echt faktoriellen 3x3x3-Design 27 experimentelle Gruppen untersucht, wären es beim Lateinischen Quadrat nur 3x3 = 9 Zellen, wenn man den dritten Faktor als Messwiederholungsfaktor konzipiert. In diesem Fall werden die gleichen Versuchspersonen nacheinander drei experimentellen Treatments (den drei Variationen des dritten Faktors) ausgesetzt. Um nicht Reihenfolgeeffekte zu erzeugen, werden die Treatments in Form sogenannter Lateinischer Quadrate eingesetzt, was im nachfolgenden Schema verdeutlicht wird. Dabei seien die ersten echten beiden unabhängigen Variablen (Faktoren) mit A und B bezeichnet, der Messwiederholungsfaktor mit C:

Abbildung 17: Realisierung eines Untersuchungsplanes mit drei Faktoren als Lateinisches Quadrat

	A1	A2	A3
B1	C1, C2, C3	C2, C3, C1	C3, C1, C2
B2	C2, C3, C1	C3, C1, C2	C1, C2, C3
B3	C3, C1, C2	C1, C2, C3	C2, C3, C1

Ein solcher Messwiederholungsfaktor könnte beispielsweise die Bebilderung eines Zeitungsbeitrags sein, die in drei Variationen vorliegt: keine Bebilderung (C1), Schwarz-Weiß-Bild (C2) und Farbbild (C3). Die Versuchspersonen lesen nacheinander drei Beiträge, jeder in einer anderen Bebilderungsform. Zusätzlich wurde in diesem fiktiven Element die Bedingungen „Schriftgröße" (Faktor A) und „Quelle des Beitrags" (Faktor B) jeweils dreifach variiert. Würde man jeder Person nur einen Beitrag zu lesen geben, bräuchte man 27 Versuchsgruppen, bei Messwiederholung nur 9.

Messwiederholungen werden auch vorgenommen, wenn man in Experimenten zu verschiedenen Messzeitpunkten die gleiche abhängige Variable erhebt. Wenn wir beispielsweise in unserem Gewaltexperiment das Aggressionsniveau sofort und eine Woche später erheben, haben wir einen Messwiederholungsfaktor gebildet, der formal den Zeitabstand zwischen Treatment und Messung bezeichnet.

Eine weitere Besonderheit faktorieller Designs kann auftreten, wenn aufgrund der Eigenschaften der unabhängigen Variablen nicht alle Zellen sinnvoll besetzt werden können. In diesem Fall spricht man von *unvollständigen faktoriellen Designs*.

Abbildung 18: Unvollständiges Versuchsdesign

	UV Text ja	UV Text nein
UV Bild ja	Bild/Text	Bild
UV Bild nein	Text	???

Wenn man untersuchen möchte, mit welcher Kombination eine Nachricht am ehesten behalten wird, ist ein 2x2-Design denkbar. Man kombiniert entsprechend und erzeugt notgedrungen eine Zelle, in der die Variation ‚Nichts' vorliegt, die nicht realisiert werden kann. Die eigentliche Stärke mehrfaktorieller Designs, nämlich Wechselwirkungen zwischen beiden Variablen darzustellen, kommt hier nicht zum Tragen. Denn was tatsächlich vorliegt, ist ein einfaktorieller Untersuchungsplan mit drei Versuchsgruppen. In der Zusammenschau kann man demnach folgende grundlegenden Designtypen unterscheiden:[51]

- *Ein- und mehrfaktorielle Designs;*
- *Vollständige und unvollständige Designs;*
- *Designs mit und ohne Messwiederholung (Zeitfaktor).*

15.3 Durchführung wissenschaftlicher Experimente

Nachdem in den letzten beiden Abschnitten ein erster Überblick zu den generellen Zielsetzungen wissenschaftlicher Experimente gegeben wurde und eine Einführung in das spezielle Vokabular sowie die vielfältigen Rahmenbedingungen dieses Verfahrens gegeben wurde, kann mit diesem Rüstzeug ein prototypischer Ablauf durchgespielt werden. Dabei werden wir uns als Beispiel auf das Experiment zur Wirkung von gewalthaltigen Medieninhalten auf das Aggressionsniveau von Versuchspersonen beziehen.

Die Durchführung von Experimenten läuft im Prinzip nach dem bekannten Schema *Entdeckungs-, Begründungs- und Verwertungszusammenhang* ab, wie es ausführlich im ersten Abschnitt dargestellt wurde:

- *Formulierung einer zentralen Fragestellung,*
- *Zerlegung in überprüfbare Hypothesen,*
- *Hinzuziehung relevanter Theorien und Darstellung des Forschungsstandes,*
- *Definitionen und Operationalisierung,*
- *Entwicklung des methodischen Instrumentariums sowie der Vorgehensweise,*
- *Stichprobe/Auswahlverfahren,*
- *Feld- bzw. Laboruntersuchung/Datenerhebung,*
- *Datenanalyse, Ergebnisdarstellung,*
- *Interpretation und Forschungsbericht.*

Soweit ganz grob das allgemeine Vorgehen. Experimentelle Anordnungen unterscheiden sich von nicht-experimentellen Vorgehensweisen insbesondere in der Untersuchungsplanung und in der Durchführung.

15.3.1 Operationalisierung der Hypothesen

Wie im Kapitel 2 geschildert, beschäftigt sich die Kommunikationsforschung in der Regel mit *deskriptiven Begriffen, die einen indirekten empirischen Bezug* haben. Es handelt sich um theoretische Konstrukte, die mittels *Indikatoren messbar* gemacht werden müssen. *Politische Partizipation, Gewaltbereitschaft, Erinnerung, Werbe-*

---

51 Experimentelle Designs können noch wesentlich komplizierter sein, es gibt auch alle möglichen Mischformen. Weiterführend sei hier auf Campbell & Stanley (1963) verwiesen.

wirkung sind nur einige Beispiele, die hier schon öfter herangezogen wurden. Die Zerlegung eines theoretischen Konstrukts in verschiedene Indikatoren muss dabei folgende Kriterien erfüllen: Bilden die Indikatoren das theoretische Konstrukt vollständig, exklusiv und angemessen ab? Die Besonderheit des Experiments liegt nun in der allgemeinen Zielsetzung, *Veränderungen* der abhängigen Variable(n), zumeist Merkmale von Versuchspersonen, zu erfassen und nicht das Konstrukt in seiner ganz Vielfalt abbilden zu wollen. In unserem Gewalt-Experiment wird die Aggression der Versuchspersonen durch die Stärke der Stromstöße operationalisiert, die sie an der Aggressionsmaschine austeilen. Die allgemeine Fragestellung in unserem Beispiel lautete ja, ob gewalthaltige Medieninhalte aggressiv machen. Eine Arbeitshypothese war, dass nur unter bestimmten Umständen ein Effekt zu beobachten sei. Demnach sind in diesem Fall zwei unabhängige und eine abhängige Variable zu operationalisieren:

- *UV 1 = Frustrierung der Versuchsperson*
- *UV 2 = Medieninhalt*
- *AV = Aggressionsniveau*

Bekanntermaßen wurden UV 1 und UV 2 mit jeweils zwei Ausprägungen operationalisiert also *auf zwei Stufen variiert.* Entweder wurde die Versuchsperson durch ein falsches Verhalten der zweiten Person frustriert oder nicht; entweder bekam die Versuchsperson einen Gewaltfilm oder einen Naturfilm zu sehen. Die Gewaltbereitschaft wurde mit dem Indikator ‚Verteilen von Stromschlägen' intervallskaliert erhoben.

Üblicherweise handelt es sich bei den unabhängigen Variablen um nominal skalierte, bei den abhängigen Merkmalen um intervallskalierte Variablen. Auf wie vielen Stufen die experimentellen Stimuli variiert werden, hängt natürlich vom Erkenntnisinteresse und der Komplexität des zu untersuchenden Konstrukts ab. Darüber hinaus bemisst sich die Aufteilung der unabhängigen Variablen auch an den zeitlichen und finanziellen Möglichkeiten. Denn je mehr Stufen man einführt, desto mehr Versuchspersonen werden benötigt.

15.3.2 Entwicklung des Untersuchungsdesigns

Hand in Hand mit der Operationalisierung der zentralen Begriffe geht die Entwicklung des Versuchsplans, auch experimentelles Design genannt. Hier wird genau festgelegt, welche abhängigen Variablen zur Prüfung der Arbeitshypothesen gemessen werden müssen und wie die zu untersuchenden Gruppen genau aussehen:

Abbildung 19: Versuchsplan Gewaltbereitschaft und Medieninhalte

Versuchs-personen	UV Frust Messung t1 AV Strom	UV Film	Messung t2 AV Strom
A	Ja	Gewalt	
B	Nein	Gewalt	
C	Ja	Natur	
D	Nein	Natur	

Zwei unabhängige Variablen (Frustration, Art des Films) werden auf je zwei Stufen (Frust ja/nein und Film Gewalt/Natur) variiert. Man spricht in diesem Fall von einem *2x2-Design.* Die zusätzliche Besonderheit an diesem Versuchsaufbau ist, dass die abhängige Variable zu *zwei verschiedenen Zeitpunkten* gemessen wird, nämlich während der Frustrierung/Nichtfrustrierung und nach der Vorführung des Films. Man hat es hier mit einer *Vorher-Nachher-Messung* zu tun, die notwendig wird, um die Hypothese zu operationalisieren und zu überprüfen. Die erste Messung kann man als *Nullmessung* auffassen, mit der das Aggressionsniveau geeicht wird. Die zweite Messung zeigt dann mögliche Veränderungen der abhängigen Variable Gewaltbereitschaft. Dabei wird geprüft, ob sich die Versuchspersonen, die einem Gewaltfilm ausgesetzt waren, aggressiver als vorher verhalten, während dies in den anderen Gruppen nicht der Fall ist. Streng genommen haben wir also ein dreifaktorielles Experiment, wobei der Messzeitpunkt als dritte experimentelle Variable als Messwiederholungsfaktor konstruiert ist.

15.3.3 Kontrolle der Störvariablen von Versuchspersonen

15.3.3.1 Randomisieren

Beim Randomisieren werden nach dem Prinzip der *Zufallsauswahl,* wie man sie bei den Stichprobenziehungen von Befragungen kennt, die Versuchspersonen auf die verschiedenen experimentellen Bedingungen (Kontrollgruppe, Experimentalgruppe) verteilt.

- ***Mit dem Randomisieren erreicht man, dass potentielle in den Versuchspersonen begründete Störvariablen sich in gleicher Weise auf die verschiede-***

nen Versuchsgruppen verteilen, so dass die Gruppen sich nur in bezug auf die unabhängigen Variablen unterscheiden.

Bei der Randomisierung ist es wichtig, ein Zufallskriterium zu wählen, dass mit Sicherheit nicht in Verbindung mit dem experimentellen Stimulus steht. Will man etwa ein Seminar in zwei Gruppen teilen, wird man als Trennkriterium nicht die Sitzordnung wählen. Vielleicht sitzen die Aufmerksamen vorne, die Schläfrigen weiter hinten, und man kann nicht ausschließen, ob nicht das Merkmal ‚Wachheit' mit den beiden unabhängigen Variablen Frust und Film konfundiert sein könnte. Also wird man vielleicht das Geburtsdatum wählen: Alle, die an einem geraden Tag geboren wurden, bilden die Experimentalgruppe, die mit ungeraden Tagen die Kontrollgruppe. Man darf annehmen, dass gerade und ungerade Geburtsdaten etwa gleich häufig vorkommen, also die Gruppenstärke in etwa gleich groß sein wird. Man darf weiterhin annehmen, dass diese Zahl keine Beziehung mit den unabhängigen Variablen hat. Andere gängige Verfahren sind Loseziehen oder Würfeln. In jedem Fall wird der Zufall dafür sorgen, dass alle weiteren Merkmale der Versuchspersonen in den beiden Gruppen gleich verteilt sind. Der Nachteil des Verfahrens liegt darin, dass die Randomisierung nur bei größeren Gruppen gut funktioniert, d.h. alle Merkmale von Versuchspersonen mit hoher Wahrscheinlichkeit in den Gruppen gleich verteilt sind, so dass keine potentiellen Störvariablen auftreten. Praktisch heißt das, dass die Gruppenstärke in jeder experimentellen Bedingung mindestens dreißig Versuchspersonen bei einfaktoriellen und 20 Personen bei mehrfaktoriellen Designs umfassen sollte. Wenn man randomisiert, ist es auf jeden Fall angebracht, eine Überprüfung hinsichtlich der Gleichverteilung der zentralen Merkmale vorzunehmen. Man würde also nach dem Experiment den Versuchspersonen einen Fragebogen vorlegen und ihnen Fragen zu den Variablen stellen, deren Gleichverteilung für die Interpretation der Ergebnisse wichtig wäre. Somit kann man sich bis zu einem gewissen Grad rückversichern, dass das Randomisieren auch tatsächlich den gewünschten Effekt, nämlich das Merkmal in beiden Gruppen gleich stark zu streuen, erreicht hatte.

15.3.3.2 Parallelisieren/Matchen

Die zweite Methode, das sogenannte Parallelisieren oder Matching-Verfahren, wird wesentlich seltener angewandt. Beim Parallelisieren besteht das Prinzip darin, bestimmte Merkmale zu identifizieren, von denen man weiß, dass sie für die Untersuchung ganz zentral sind. Wenn man die Möglichkeit hat, das Aggressionspotential von Versuchspersonen vor der Gabe eines Stimulus (Gewaltfilm) valide zu messen, würde man die Gruppen so einteilen, dass das Merkmal Aggressionspotential in allen Gruppen gleich groß ist. Legte man ein besonderes Augenmerk auf den Zusammenhang zwischen Geschlecht und Gewalttätigkeit, würde man Männer und Frauen in den Gruppen gleich verteilen. Im Grunde besteht das Verfahren des Matchens in nichts anderem als dem, was ein Sportlehrer in der Schule bei der Zusammenstellung von zwei Fußballmannschaften macht. Wenn er zwei gleichstarke Mannschaften bilden will, steckt er den oder die Beste in die erste, den zweit- und drittbesten Spieler in die zweite Mannschaft, der vier- und fünfbeste käme dann wieder in die erste Mannschaft usw., bis die ganze Klasse *hinsichtlich ihrer Spielstärke* parallelisiert ist. Dabei hat er zunächst *die gesamte Klasse nach Spielstärke in eine Rangfolge gebracht* und danach die Spieler hinsichtlich ihrer Stärke gleich verteilt. Dies kann auch dadurch geschehen, dass man *statistische Zwillinge* bildet, also Personen, bei denen nicht nur eines sondern viele Merkmale gleich sind, und diese dann jeweils auf Experimental- und Kontrollgruppe verteilt. Anders als beim Randomisieren überlässt man somit das zentrale Merkmal einer experimentellen Untersuchung nicht dem Zufall, sondern wählt bewusst aus, um sicher zu gehen, dass diese Variable in allen Gruppen gleich verteilt ist.

Aber es ist natürlich denkbar, dass andere Merkmale nach dem Parallelisieren in den Gruppen eben nicht gleich verteilt sind. Beim Randomisieren hatte man ja den Vorteil, dass alle Merkmale wegen der Zufallsauswahl mit großer Wahrscheinlichkeit gleich verteilt sind. Anders ausgedrückt: Man weiß nichts über die Merkmale, die nicht parallelisiert wurden und die daher extrem ungleich verteilt sein können.

Der zweite Nachteil des Parallelisierens besteht in dem ungleich größeren Aufwand, den es gegenüber dem Randomisieren bedeutet. In der Regel muss man einen Fragebogen entwerfen, mit dem man die zu parallelisierenden Merkmale erfasst. Dazu müssen die Versuchspersonen bereits vor dem eigentlichen Experiment untersucht werden. Das ist nicht nur ein Zeitproblem. Es könnte auch unerwünschte Auswirkungen auf das Experiment haben. Wenn man Versuchspersonen vorab auf Aggressivität prüft, wäre es denkbar, dass sie während des Experiments Vermutungen über einen Zusammenhang von beiden Tests anstellen, so dass ihr Verhalten nach dem Treatment systematisch beeinträchtigt wird. Randomisierung ist also üblicherweise das Mittel der Wahl, wenn Experimental- und Kontrollgruppen zusammengestellt werden. Parallelisierung wird nur dann vorgenommen, wenn die Vorabuntersuchung nicht allzu aufwendig ist und diese Messung vermutlich keinen Einfluss auf das Experiment hat.

15.3.3.3 Kontrolle von Messwiederholungseffekten

Bei experimentellen Designs werden häufig vor und nach der Präsentation des Treatments Messungen durchgeführt. Dadurch kann man Veränderungen der abhängigen Variablen feststellen oder auch für das Parallelisieren notwendige Informationen sammeln. Die zweimalige Messung kann aber selbst unerwünschte Effekte nach sich ziehen. Versuchspersonen können sich bei der zweiten Messung bewusst anders verhalten, weil sie die Erwartung des Versuchsleiter spüren, dass sich bei ihnen was getan hat, weil sie gelernt haben oder ähnliches. Um solche unerwünschten Effekte zu kontrollieren, kann man ein Experiment mit den sogenannten Solomon'schen Vierfelderdesign durchführen. Dabei werden die Experimental- und Kontrollgruppe (Gruppe 1 und 2) wie geplant zweimal (vorher und nachher) untersucht, um den Einfluss der unabhängigen Variablen zu messen. Zusätzlich werden zwei weitere Gruppen gebildet, mit denen keine Vorhermessung durchgeführt wird. Die eine erhält das experimentelle Treatment (Gruppe 3) und ist damit auch eine Experimentalgruppe, die andere erhält das Treatment nicht und ist damit auch Kontrollgruppe (Gruppe 4). Durch den Vergleich zwischen Gruppe 1 und Gruppe 3 bzw. Gruppe 2 und 4 kann man Effekte einer Vorhermessung überprüfen. Gibt es einen solchen Messeffekt, dann müssten sich die beiden Paare unterscheiden, gibt es ihn nicht, müssten sich die Ergebnisse gleichen. Die eigentlichen Ergebnisse des Experiments ergeben sich dann aus dem Vergleich der Gruppen 1 und 2.

Abbildung 20: Versuchsanordnung nach dem Solomon'schen Vierfelderdesign

	Schritt 1	Schritt 2	Schritt 3	Zum Ausgangswert in t1 kommen hinzu
EG 1	Messung t1	Treatment	Messung t2	Treatment Messwiederholung Störvariablen
KG 1	Messung t1		Messung t2	Messwiederholung Störvariablen
EG 2		Treatment	Messung t2	Treatment Störvariablen
KG 2			Messung t2	Störvariablen

15.3.4 Kontrolle der Störvariablen während der Durchführung

Die Kontrolle der Störvariablen betrifft die Detailplanung des gesamten Experiments und erfordert insbesondere Überlegungen hinsichtlich:

- *Räumlichkeiten: Licht, Temperatur, Ausstattung, Lärm;*
- *Wahl der Zeitpunkte für die Durchführung;*
- *Unterbringung und Behandlung der Versuchspersonen;*
- *Instruktionen durch den Versuchsleiter;*
- *Kontext des Einsatzes des Treatments.*

Generell will man erreichen, dass alle Bedingungen, denen die Versuchspersonen ausgesetzt werden, bis auf den experimentellen Stimulus gleich gehalten werden. Da die Experimente nicht im ‚luftleeren Raum' stattfinden und auch das sterilste Labor einen Eindruck von Räumlichkeit, Wohl- oder Unwohlsein vermittelt, kann man mögliche Einflüsse nicht völlig eliminieren, wohl aber konstant halten. Damit ist nicht gemeint, dass eine konstante Raumtemperatur, dasselbe Licht, dieselbe Verpflegung bei allen Versuchspersonen auch gleich wirkt. Jeder reagiert anders auf diese Bedingungen. Auch hier darf man allerdings annehmen, dass sich diese unterschiedlichen Störungen zufällig gleich verteilen, so dass Untersuchungsergebnisse nicht systematisch verzerrt, also unbrauchbar werden.

Im Fall der Störvariable Versuchsleiter kann man auch den umgekehrten Weg gehen. Man hält diese Störquelle nicht konstant, sondern variiert sie systematisch, indem man unterschiedlichen Gruppen unterschiedliche Versuchsleiter vorsetzt. Auch auf diese Weise wird erreicht, dass etwa Sympathien für oder gegen einen Versuchsleiter in den Gruppen zufällig streuen und insofern nicht ins Gewicht fallen. Allerdings darf man nicht der Experimentalgruppe immer den einen und der Kontrollgruppe immer den anderen Versuchsleiter zuordnen, dann würde es sich um einen systematischen Fehler handeln und die unabhängige Variable wäre mit dem Typ des Versuchsleiter konfundiert.

Ziel kommunikationswissenschaftlicher Experimente ist es, für die Versuchspersonen eine Umgebung zu schaffen, die nicht nur für alle dieselbe ist, sondern eine möglichst natürliche Atmosphäre imitiert. Man wird dann zum Beispiel im Falle von Medienwirkungsstudien die Probanden nicht in einem weißen Labor fernsehen lassen, sondern einen Wohnraum nachbilden. Man wird darauf achten, dass kein grelles Licht die Versuchspersonen blendet oder irgendwie irritiert. Generell ist eine Umgebung angebracht, die dem adäquat ist, was von den Versuchspersonen verlangt wird.

Ähnliche Überlegungen gelten auch für die Wahl der Zeitpunkte zur Durchführung der Experimente. Es ist ja bekannt, dass der Mensch im Verlauf eines Tages Höhen und Tiefen durchmacht. Mittags ist er eher schlapp, gegen Abend steigert sich sein Biorhythmus. Es ist also angebracht, auf Gleichhaltung oder systematische Variation der Zeitpunkte zu achten. Denn Müdigkeit ist sicher bei einer Vielzahl kommunikationswissenschaftlicher Fragestellungen eine intervenierende Variable. Möglicherweise wird man den Durchgang auch nicht morgens um 9 Uhr abspulen – wer schaut da schon Gewaltfilme an? Wieder gilt aber, dass Zeitpunkt und unabhängige Variable nicht konfundiert sein dürfen, etwa indem alle Mitglieder der Kontrollgruppe morgens und alle der Experimentalgruppe abends untersucht werden.

Diese Gesichtspunkte leiten schon über auf den Bereich der Behandlung von Versuchspersonen, der hier stichpunktartig erwähnt werden soll. Es beginnt mit der Rekrutierung. Erstes Gebot ist natürlich Freiwilligkeit. Wer Studenten eines Seminars zur Teilnahme an einem Experiment zwingt, muss mit einer geringen internen Validität der Ergebnisse rechnen. Ebenso wie bei Befragungen gilt, dass man den Versuchspersonen nichts über Länge und Umfang des Experiments vormacht, um die Aussteigerquote gering zu halten. Eine Minimalcheckliste für den sorgsamen Umgang mit Versuchspersonen sähe etwa so aus:

- *Rekrutierung: Bietet man eine Belohnung an oder nicht?*
- *Zeitlicher Umfang des Experiments: Den Versuchspersonen einen realistischen Zeitbedarf nennen.*
- *Versprechen, die gemacht werden, einhalten.*
- *Höfliches und freundliches Verhalten während der Dauer des Experiments, keine Instrukteursallüren.*
- *Kontakt zwischen nachfolgenden Versuchspersonen vermeiden, also Zeitpuffer einplanen.*

15.3.5 Instruktion

Nun ist die Planungs- und Vorbereitungsphase abgeschlossen, die Durchführung beginnt mit der Instruktion der Versuchspersonen. Bei der Instruktion handelt es sich um die Einführung der Versuchspersonen in den genauen Ablauf der Versuchsanordnung. Sie wird in aller Regel nicht vom Forscher selbst, sondern vom Versuchsleiter durchgeführt. Der Versuchsleiter selbst hat wiederum seine genauen Anweisungen, wie er die Probanden auf die Versuchsanordnung vorbereiten muss. Die Analogie zur Schulung von Interviewern bei Bevölkerungsumfragen liegt auf der Hand:

> ***Wichtigstes Kriterium der Instruktion ist die möglichst immer gleiche Art und Weise, in der der Versuchsleiter die Versuchspersonen einweist.***[52]

Der Instruktion kommt eine große Bedeutung zu, wenn man in Rechnung stellt, dass in der experimentellen Situation selbst alles wie am Schnürchen laufen muss. Da ist keine Zeit für Zwischenfragen oder gar einen Abbruch. Die Versuchspersonen müssen ganz genau verstehen, was von ihnen verlangt wird. Aus diesem Grund empfiehlt sich auch nachzufragen, ob der Ablauf wirklich verstanden wurde. Um eine Instruktion verständlich und eindeutig zu gestalten, empfiehlt Huber (1995: 127) u.a.:

- *die Instruktion in kurzen Sätzen abzufassen,*
- *sie vor dem Experiment zu testen,*
- *eine einfache Sprache ohne Fachvokabular zu verwenden,*
- *nichts bei den Versuchspersonen vorauszusetzen.*

Die Instruktion kann sowohl mündlich als auch schriftlich erfolgen; auch der Einsatz von Instruktionen per Video ist ein gängiges Mittel, was insbesondere Vorteile hinsichtlich der Gleichhaltung der sozialen Situation (Versuchsleiter – Versuchsperson) hat. Schriftliche Instruktionen können zum Beispiel bei experimentellen Anordnungen, in denen die Versuchspersonen einen Fragebogen ausfüllen müssen, eingesetzt werden. Generell kann man sagen, dass die Instruktion zur Art des Experiments passen muss. Bei Versuchen, die sich auf das Medium Computer beziehen, wie etwa die Wirkung von Bannerwerbung oder Tests zu Verständlichkeit von Hypertexten, ist es sinnvoll, auch die Instruktion auf dem Computer zu präsentieren.

Was sagt man nun eigentlich? Einerseits muss die Instruktion für die Versuchspersonen logisch nachvollziehbar, plausibel und glaubwürdig sein. Versuchspersonen dürfen nicht den Eindruck bekommen, dass im Folgenden inkonsistentes oder irgendwie unnatürliches Verhalten von ihnen erwartet wird. Überhaupt soll die Instruktion so ausgelegt sein, dass (falsche) Erwartungshaltungen erst gar nicht aufge-

---

52 Deshalb ist es eher günstig, wenn die Versuchsleiter die wissenschaftliche Zielsetzung des Experiments nicht kennen. So können sie erst keine Erwartungen aufbauen, die sie dann bewusst oder unbewusst an die Versuchspersonen weitergeben.

baut werden. Andererseits wird man häufig den wahren Zweck der Untersuchung zumindest verschleiern müssen. Würde man etwa im Fall eines Experiments zur Wirkung von Tandemwerbung die Forschungsfrage den Versuchspersonen mitteilen, wäre die natürliche Rezeption der Filme systematisch beeinflusst. Jeder würde nur noch auf die Tandemwerbung achten und sich vermutlich wesentlich mehr als in einer natürlichen Rezeptionssituation merken. Bei diesen und ähnlichen Werbewirkungsstudien wird deshalb bei der Instruktion das Augenmerk der Versuchpersonen von der Werbung selbst abgelenkt und stattdessen auf das umgebende Fernsehprogramm gelenkt. Das könnte sich etwa so anhören: „Unser Team arbeitet an der Frage zur Komik in Serials. Ich zeige Ihnen jetzt eine Folge von Mr. Bean, wie sie kürzlich im Fernsehen lief. Danach füllen Sie bitte den Fragebogen aus, den ich Ihnen dann austeilen werde..." Die Versuchspersonen werden sich auf den Film konzentrieren und die Werbung als unvermeidliche Unterbrechung ansehen. Damit versucht man, eine möglichst natürliche Sehsituation zu imitieren: Kaum jemand wird sich explizit für Werbespots interessieren. Tatsächlich beginnt dann der nachher ausgeteilte Fragebogen mit einer Frage zu Mr. Bean und Komik, bevor die Fragen zu den Werbespots im Allgemeinen und der Tandemwerbung im Besonderen gestellt werden. Die Versuchspersonen wurden über den wahren Zweck des Experiments getäuscht. Die Bandbreite zwischen Wahrheit und Täuschung ist groß, wie weit sie im Einzelfall gehen kann, muss man sorgfältig abwägen.

15.3.6 Datenauswertung und Verfassen des Forschungsberichts

Nach der Durchführung beginnt (wie bei den anderen Methoden auch) die Dateneingabe, die Bereinigung der Daten und natürlich ihre Auswertung. Dabei gilt wieder, dass sich die Ergebnisse auf die zuvor entwickelten Hypothesen und ihre Prüfung beziehen sollen. Spätestens jetzt zeigt sich, ob in der Planungsphase bedacht wurde, mit welchen statistischen Verfahren welche Hypothese belegt bzw. falsifiziert werden kann. Dies jedoch nur als Hinweis am Rand, da wir uns in dieser Einführung nicht mit der Datenauswertung im Einzelnen befassen wollen. Der Forschungsbericht, auch dies sei als Wiederholung erwähnt, enthält alle Schritte, die dem Leser einen transparenten Eindruck über Zielsetzung und Ergebnis des Forschungsvorhabens geben. Dazu gehören:

- *Entwicklung der Forschungsfrage und zugrunde gelegte Theorien,*
- *Entwicklung der Hypothesen,*
- *Entwicklung des Versuchsplanes und methodisches Vorgehen,*
- *Stichprobe,*
- *Darstellung der Durchführung,*
- *Erstellen von Tabellen und Schaubildern mit den zentralen Befunden,*
- *Ergebnisdarstellung und Diskussion der Ergebnisse im Verhältnis zur Forschungsfrage,*
- *Zusammenfassung und Ausblick,*
- *Verwendete Literatur und Anhang mit notwendigen methodischen Details (Fragebogen, Instruktionen, einzelnen Berechnungen o.ä.).*

Wer sich mit einem wissenschaftlichen Experiment beschäftigt, wird schnell merken, dass vor allem die zweite Bedingung experimenteller Anordnungen, nämlich die Kontrolle der Störvariablen, in der Forschungspraxis nur schwer in den Griff zu bekommen ist. Der Raum, der eigentlich versprochen war, ist nun doch besetzt. Das Setting mit Stühlen und Fernseher ist wieder auseinandergerissen, weil jemand das Gerät brauchte, die Handwerker machen doch Lärm, und so weiter, und so fort. Das sind zwar streng genommen alles Fehler, die die Interpretation von kausalen Zusammenhängen beeinträchtigten. Wichtig ist aber, dass man bei der Vorbereitung und Durchführung solche Störungen berücksichtigt und die geeigneten Maßnahmen ergreift, sie möglichst weitgehend zu vermeiden. Auch hier lernt man durch Erfahrung. Methoden aus einem Buch lernen und Methoden praktisch anwenden, sind zwei verschiedene Fähigkeiten. Insofern hoffen wir, Ihnen mit diesem Buch einen ersten Überblick über die Methoden geliefert zu haben, so dass Sie mit einem Grundverständnis in die praktische Anwendung der einzelnen Methoden einsteigen können. Nur durch Übung und Anwendung ist man letztlich in der Lage, den theoretischen Anspruch einer Methode empirisch adäquat umzusetzen.

Literatur

Allgemeine Einführungen

Atteslander, Peter (1995). *Methoden der empirischen Sozialforschung.* Berlin: de Gruyter.

Berger, Arthur A. (1991). *Media Research Techniques.* Newbury Park: Sage.

Berry, William D.; Lewis-Beck, Michael S. (Hg.) (1986). *New Tools for Social Scientists. Advances and Applications in Research Methods.* Newbury Park: Sage.

Brewer, John; Hunter, Albert (1989). *Multimethod Research. A Synthesis of Styles.* Newbury Park: Sage.

Brinberg, David; McGrath, Joseph E. (1985). *Validity and the Research Process.* Newbury Park: Sage.

Diekmann, Andreas (2002). *Empirische Sozialforschung. Grundlagen, Methoden, Anwendungen.* Reinbek: Rowohlt.

Flick, Uwe (2002). *Qualitative Sozialforschung. Eine Einführung.* Reinbeck bei Hamburg: Rohwolt.

Friedrichs, Jürgen (1990). *Methoden empirischer Sozialforschung.* Opladen: Westdeutscher Verlag.

Kromrey, Helmut (2006). *Empirische Sozialforschung. Modelle und Methoden der standardisierten Datenerhebung und Datenauswertung.* Stuttgart: UTB.

Laatz, Wilfried (1993). *Empirische Methoden. Ein Lehrbuch für Sozialwissenschaftler.* Thun; Frankfurt: Harri Deutsch.

Mayntz, Renate; Holm, Kurt; Hübner, Peter (1978). *Einführung in die Methode der empirischen Soziologie.* Opladen: Westdeutscher Verlag.

Merten, Klaus; Rutenfranz, Uwe; Uhr, Friederike (1998). *Empirische Kommunikationsforschung. Darstellung, Kritik Evaluation.* Konstanz: UVK-Medien.

Schenk, Michael (2002). *Medienwirkungsforschung.* Tübingen: Mohr

Schnell, Rainer; Hill, Paul B.; Esser, Elke (2005). *Methoden der empirischen Sozialforschung.* München: Oldenbourg.

Schweiger, Wolfgang (2007). *Theorien der Mediennutzung. Eine Einführung.* Wiesbaden: Verlag für Sozialwissenschaften.

Wissenschaftstheorie

Albert, Hans (Hg.) (1972). *Theorie und Realität. Ausgewählte Aufsätze zur Wissenschaftslehre der Sozialwissenschaften.* Tübingen: Mohr.

Böhm, Jan (Hg.) (2002). *Karl Poppers kritischer Rationalismus heute. zur Aktualität kritisch-rationaler Wissenschaftstheorie.* Tübingen: Mohr.

Chalmers, Alan (2001). *Wege der Wissenschaft. Einführung in die Wissenschaftstheorie.* Berlin: Springer.

Essler, Wilhelm; Labude, Joachim; Ucsnay, Stefanie (2000). *Theorie und Erfahrung. Eine Einführung in die Wissenschaftstheorie.* Freiburg; München: Alber.

Foerster, Heinz von (1985). *Sicht und Einsicht. Versuche zu einer operativen Erkenntnistheorie.* Braunschweig; Wiesbaden: Vieweg.

Friedrichs, Jürgen (1990). *Methoden empirischer Sozialforschung.* Opladen: Westdeutscher Verlag.

Holzkamp, Klaus (1972). *Kritische Psychologie.* Frankfurt/Main: Fischer.

Kriz, Jürgen; Lück, Helmut; Heidbrink, Horst (1996). *Wissenschafts- und Erkenntnistheorie. Eine Einführung für Psychologen und Humanwissenschaftler.* Opladen: Leske und Budrich.

Lamnek, Siegfried (1980). *Sozialwissenschaftliche Arbeitsmethoden. Für Mediziner, Soziologen, Psychologen.* Weinheim: Beltz.

Morgan, M., & Shanahan, J. (1997). Two Decades of Cultivation Research: An Appraisal and Metaanalysis. In: Burleson, Brant R.; Kunkel, Adrian W. (Hg.): *Communication Yearbook 20.* Thousand Oaks: Sage, S. 1-45.

Opp, Karl-Dieter (1995). *Methodologie der Sozialwissenschaften. Einführung in Probleme ihrer Theorienbildung.* Opladen: Westdeutscher Verlag.

Popper, Karl R. (1982). *Logik der Forschung.* Tübingen: Mohr.

Prim, Rolf; Tilmann, Heribert (1989). *Grundlagen einer kritisch-rationalen Sozialwissenschaft. Studienbuch zur Wissenschaftstheorie.* Heidelberg: UTB.

Schneiderbauer, Christian (2001). *Talkshows unter der Lupe.* München: Fischer.

Speck, Josef (1980). *Handbuch wissenschaftstheoretischer Begriffe.* Göttingen: Vandenhoeck.

Ströker, Elisabeth (1992). *Einführung in die Wissenschaftstheorie.* Darmstadt: Wissenschaftliche Buchgesellschaft.

Theimer, Walter (1985). *Was ist Wissenschaft? Praktische Wissenschaftslehre.* Tübingen: Mohr.

Topitsch, Ernst (Hg.) (1993). *Logik der Sozialwissenschaften.* Königstein/Ts.: Hain.

Wagner, Hans (1999). *Verstehende Methoden in der Kommunikationswissenschaft.* München: Fischer.

Befragung

Adams, R.C. (1989). *Social Survey Methods for Mass Media Research.* Hillsdale: Lawrence Erlbaum.

Alreck, Pamela L.; Settle, Robert (1985). *The Survey Research Handbook.* Homewood/Illinois: Richard D. Irving.

Alt, Christian; Bien, Walter (1991). Wie zuverlässig ist die Verwirklichung von Stichprobenverfahren. Random Route versus Einwohnermeldeamtstichprobe. *ZUMA-Nachrichten*, 28, S. 65-72.

Bradburn, Norman M.; Sudman, Seymour (1988). *Polls and Surveys. Understanding What They Tell Us.* San Francisco: Jossey-Bass.

Campbell, John P.; Daft, Richard L. (1982). *What to study. Generating and Developing Research Questions.* Beverly Hills: Sage.

Converse, Jean M.; Presser, Stanley (1986). *Survey Questions. Handcrafting the Standardized Questionnaire.* Berverly Hills: Sage.

Davis, James A.; Smith, Tom W. (1992). *The NORC General Social Survey A. User's Guide.* Newbury Park: Sage.

Douglas, Jack D. (1985). *Creative Interviewing.* Beverly Hills: Sage.

Dreher, Walter (1994). *Wer dreht an Volkes Meinung?* Focus, Heft 2/1994, 42-49.

Eckardt, Heinz (1970). *Die Technik der schriftlichen Umfrage.* Hamburg: Verlag für Buchmarkt-Forschung.

Fowler, Floyd J. Jr.; Mangione, Thomas W. (1990). *Standardized Survey Interviewing. Minimizing Interviewer-Related Error.* Newbury Park: Sage.

Gabler, Siegfried; Häder, Sabine (1997). Überlegungen zu einem Stichprobendesign für Telefonumfragen in Deutschland. *ZUMA Nachrichten, 41*, S. 7-18.

Groves, Robert M. (1989). *Survey Errors and Survey Costs.* New York: Wiley.

Gutjahr, Gert (1985). *Psychologie des Interviews in Praxis und Theorie.* Heidelberg: Sauer.

Hamelink, Cees J; Linné, Olga (Hg.) (1994). *Mass Communication Research. On Problems and Policies. The Art of Asking the Right Questions.* Norwood, N.J.: Ablex.

Haunberger, Sigrid (2006). Das standardisierte Interview als soziale Interaktion: Interviewereffekte in der Umfrageforschung. *ZA-Information, 58,* S. 23-46.

Haupt, Klaus (1995). Bewertung und Beurteilung von Fragebogen durch Gruppendiskussionen. *Context,* Heft 16, S. I-IX.

Henry, T. Gary (1990). *Practical Sampling.* Newbury Park: Sage.

Institut für Demoskopie Allensbach (1994). *Gruppendiskussion und Einzelinterview: Ein Methodenexperiment.* Allensbach.

Holm, Kurt (Hg.) (1991). *Die Befragung. Band 1: der Fragebogen, die Stichprobe.* Heidelberg: UTB.

Janetzko, Dietmar (1999). *Statistische Anwendungen im Internet.* München: Addison-Wesley.

Knobloch, Silvia; Knobloch, Martin (1999). Computergestützte Befragung. Der Computer in der Funktion von Interviewer und Fragebogen. *Rundfunk und Fernsehen, 47*, 61-77.

Laatz, Wilfried (1993). *Empirische Methoden.* Frankfurt: Harri Deutsch.

Lake, Celinda C. (1987). *Public Opinion Polling. A Handbook for Public Interest and Citizen Advocacy Groups.* Washington D.C.: Island Press.

Lamnek, Siegfried (1998). *Gruppendiskussion. Theorie und Praxis.* Weinheim: Beltz.

Mayer, Horst (2002). *Interview und schriftliche Befragung. Entwicklung, Durchführung und Auswertung.* München: Oldenburg.

Miller, Delbert C. (1991). *Handbook of Research Design and Social Measurement.* Newbury Park: Sage.

Noelle-Neumann, Elisabeth; Petersen, Thomas (2005). *Alle, nicht jeder. Einführung in die Methoden der Demoskopie.* Berlin: Springer.

Pötschke, Manuela; Simonson, Julia (2001). Online-Erhebungen in der empirischen Sozialforschung: Erfahrungen mit einer Umfrage unter Sozial-, Markt- und Meinungsforschern. *ZA-Information, 49,* S. 6-28.

Reinecke, Jost (1991). *Interviewer- u. Befragtenverhalten. Theoretische Ansätze und methodische Konzepte.* Opladen: Westdeutscher Verlag.

Ring, Erp (1992). *Signale der Gesellschaft. Psychologische Diagnostik in der Umfrageforschung.* Göttingen: Verlag für Angewandte Psychologie.

Scholl, Armin (1993). *Die Befragung als Kommunikationssituation. Zur Reaktivität im Forschungsinterview.* Opladen: Westdeutscher Verlag.

Schwarz, Norbert; Hippler, Hans J. (1995). Subsequent Questions May Influence Answers to Proceeding Questions in Mail Surveys. *Public Opinion Quarterly, 59*, 93-97.

Van Eimeren, Brigit; Frees, Beate (2006). ARD/ZDF-Online-Studie 2006. Schnelle Zugänge, neue Anwendungen, neue Nutzer? *Media Perspektiven, o. Jg.*, 402-415.

Inhaltsanalyse

Berelson, Bernhard (1952). *Content Analysis in Communication Research.* Glencoe: The Free Press.

Bos, Winfried; Tarnai, Christian (1989). *Angewandte Inhaltsanalyse in Empirischer Pädagogik und Psychologie.* Münster: Waxmann.

Brosius, Hans-Bernd; Staab, Joachim F. (1989). Messung und Wahrnehmung politischer Tendenzen in der Berichterstattung der Massenmedien. *Publizistik, 34*, 46-61.

Frey Siegried; Bente, Gary (1989). Mikroanalyse medienvermittelter Informationsprozesse. Zur Anwendung zeitreihen-basierter Notationsprinzipien auf die Untersuchung von Fernsehnachrichten. In: Kaase, Max; Schulz; Winfried (Hg.): *Massenkommunikation.* Köln: Westdeutscher Verlag.

Früh, Werner (1989). Semantische Struktur- und Inhaltsanalyse (SSI). Eine Methode zur Analyse von Textinhalten und Textstrukturen und ihre Anwendung in der Rezeptionsanalyse. In: Kaase, Max; Schulz; Winfried (Hg.): *Massenkommunikation.* Köln: Westdeutscher Verlag.

Früh, Werner (2001). *Inhaltsanalyse. Theorie und Praxis.* Konstanz: UVK-Medien.

Herkner, Werner (1974). Inhaltsanalyse. In: Van Koolwijk, Jürgen; Wiekenmayser, Maria (Hg.). *Techniken der empirischen Sozialforschung. Bd. 3. Erhebungsmethoden: Beobachtung und Analyse von Kommunikation.* München, Wien: Oldenbourg, S. 158-191.

Holsti, Ole R. (1969). *Content Analysis for the Social Sciences and Humanities.* Reading: Addison-Wesley.

Hovland, Carl I; Irving, L. Janis; Kelley, Harold H. (1961). *Communication and Persuasion. Psychological Studies of Opinion Change.* New Haven: Yale University Press.

Kepplinger, Hans Mathias (1989). Content Analysis and Reception Analysis. *American Behavioral Scientist, 33*, 175-182.

Lederer, Brigitte; Hudec, Marcus (1992). *Computergestützte Inhaltsanalyse.* Frankfurt/Main: Campus.

Lissmann, Urban (2001). *Inhaltsanalyse von Texten. Ein Lehrbuch zur computergestützten und konventionellen Inhaltsanalyse.* Landau: Verlag Empirische Pädagogik.

Mayring, Philipp (2000). *Qualitative Inhaltsanalyse. Grundlagen und Techniken.* Weinheim: Deutscher Studien Verlag.

Merten, Klaus (1995). *Inhaltsanalyse. Einführung in Theorie, Methode und Praxis.* Opladen: Westdeutscher Verlag.

Merten, Klaus; Großmann, Brit (1996). Möglichkeiten und Grenzen der Inhaltsanalyse. *Rundfunk und Fernsehen, 44,* S. 70-85.

Merten, Klaus; Teipen, Petra (1991). *Empirische Kommunikationsforschung. Darstellung, Kritik, Evaluation.* München: Ölschläger.

Neuendorf, Kimberly (2002). *The Content Analysis Guidebook.* Thousand Oaks: Sage.

Rössler, Patrick (2005). *Inhaltsanalyse.* Konstanz: UVK.

Schulz, Winfried (1989): Inhaltsanalyse. In: Noelle-Neumann, Elisabeth; Schulz, Winfried; Wilke, Jürgen: *Das Fischer Lexikon Publizistik/Massenkommunikation.* Frankfurt: Fischer, S. 33-50.

Wirth, Werner; Lauf, Edmund (2001). *Inhaltsanalyse. Perspektiven, Probleme, Potentiale.* Köln: Halem.

Beobachtung

Bandura, Albert (1973). *Aggression: A social Learning Analysis*. Englewood Cliffs, NJ: Prentice-Hall.

Bandura, Albert; Ross, Dorothea; Ross, Sheila A. (1963). Imitation of Film-mediated Aggressive Models. *Journal of Abnormal and Social Psychology, 66*, S. 3-11.

Berkowitz, Leonard; Geen, Russell (1967). Stimulus Qualities of the Target of Aggression: A Further Study. *Journal of Personality and Social Psychology, 5*, S. 364-368.

Ettenhuber, Andreas (2007). *Die Beschleunigung des Fernsehverhaltens. Sekundäranalyse von Daten aus dem GfK-Fernsehpanel*. München: Fischer.

Esser, Frank (1998). *Die Kräfte hinter den Schlagzeilen. Englischer und deutscher Journalismus im Vergleich.* Freiburg: Alber.

Faßnacht, Gerhard (1979). *Systematische Verhaltensbeobachtung. Eine Einführung in die Methodologie und Praxis*. München; Basel: Reinhardt.

Friedrichs, Jürgen; Lüdtke, Hartmut (1971). *Teilnehmende Beobachtung. Zur Grundlegung einer sozialwissenschaftlichen Methode empirischer Feldforschung*. Weinheim: Beltz.

Gehrau, Volker (2002). *Die Beobachtung in der Kommunikationswissenschaft. Methodische Ansätze und Beispielstudien*. Konstanz: UVK.

Greve, Werner; Wentura, Dirk (1997). *Wissenschaftliche Beobachtung. Eine Einführung*. Weinheim: Psychologie Verlags Union.

Kepplinger, Hans M.; Martin, Verena (1986). Die Funktionen der Massenmedien in der Alltagskommunikation. *Publizistik, 31*, S. 118-128.

Martin, Ernst; Wawrinowski, Uwe (2003). *Beobachtungslehre. Theorie und Praxis reflektierter Beobachtung und Beurteilung*. Weinheim; München: Juventa.

Quandt, Thorsten (2005). *Journalisten im Netz. Eine Untersuchung journalistischen Handelns in Online-Redaktionen*. Wiesbaden: Verlag für Sozialwissenschaften.

Reiter, Susanne (2006). *Nutzen und nicht Sehen. Zur Präzisierung des Nutzungsbegriffs in der Zuschauerforschung. Eine Sekundäranalyse telemetrischer Daten aus dem AGF/GfK-Fernsehpanel*. Unveröffentlichte Magisterarbeit. Ludwig-Maximilians-Universität München.

Rühl, Manfred (1969). *Die Zeitungsredaktion als organisiertes soziales System*. Bielefeld: Bertelsmann Universitätsverlag.

Experiment

Berkowitz, Leonard (Hg.) (1998). *Social Psychological Studies of the Self. Perspectives and Programs*. San Diego: Academic Press.

Brown, Steven R.; Melamed, Lawrence (1990). *Experimental Design and Analysis*. Newbury Park: Sage.

Campbell, Donald T.; Stanley, Julian L. (1963). *Experimental and Quasi-experimental Designs for Research.* Chicago: Rand McNally.

Campbell, Donald T.; Russo, Jean M. (1998). *Social Experimentation*. Thousand Oaks: Sage.

Czienskowski, Uwe (1996). *Wissenschaftliche Experimente: Planung, Auswertung, Interpretation*. Weinheim: Psychologie Verlags Union.

Huber, Oswald (2002). *Das psychologische Experiment: Eine Einführung*. Bern: Huber.

Kerlinger, Fred N. (1979). *Grundlagen der Sozialwissenschaften.* Weinheim: Beltz.

Williams, Tannis M. (Hg.) (1986). *The Impact of Television. A Natural Experiment in Three Communities.* Orlando: Academic Press.

Winer, Ben J. (1971). *Statistical Principles in Experimental Design.* New York: McGraw-Hill Book Company.

Westermann, Rainer (2000). *Wissenschaftstheorie und Experimentalmethodik. Ein Lehrbuch zur psychologischen Methodenlehre.* Göttingen: Hogrefe.

Zimmermann, Ekkart (1972). *Das Experiment in den Sozialwissenschaften.* Stuttgart: Teubner.

Sonstiges

Brettschneider, Frank (2000). Candidate-Voting. Die Bedeutung von Spitzenkandidaten für das Wählerverhalten in Deutschland, Großbritannien und den USA von 1960 bis 1998. In: Klingemann, Hans-Dieter; Kaase, Max (Hg.): *Wahlen und Wähler. Analysen aus Anlass der Bundestagswahl 1998.* Opladen: Westdeutscher Verlag, S. 1-49.

Brosius, Hans-Bernd; Esser, Frank (1998). Mythen in der Wirkungsforschung: Auf der Suche nach dem Stimulus-Response-Modell. *Publizistik, 43*, 341-361.

Groebel, Jo; Gleich, Uli (1993). *Gewaltprofil des deutschen Fernsehprogramms. Eine Analyse des Angebots privater und öffentlich-rechtlicher Sender.* Opladen: Leske + Budrich.

Noelle-Neumann, Elisabeth; Kepplinger, Hans M. (1978). Journalistenmeinungen, Medieninhalte und Medienwirkungen. Eine empirische Untersuchung zum Einfluss der Journalisten auf die Wahrnehmung sozialer Probleme durch Arbeiter und Elite. In Steindl, Gertraude (Hg.): *Publizistik aus Profession. Festschrift für Johannes Binkowski aus Anlass der Vollendung des 70. Lebensjahres.* Düsseldorf: Econ, S. 41-68.

Paus-Haase, Ingrid; Hasebrink, Uwe; Mattusch, Uwe; Keuneke, Susanne; Krotz, Friedrich (1999). *Talkshows im Alltag von Jugendlichen. Der tägliche Balanceakt zwischen Orientierung, Amüsement und Ablehnung.* Opladen: Leske & Budrich.

Rossmann, Raphael (2000). *Werbeflucht per Knopfdruck. Ausmaß und Ursachen der Vermeidung von Werbefernsehen.* München: Fischer.